Responsabilização na reforma do sistema de saúde
Catalunha e Brasil

Maria Arlete Duarte de Araújo

Responsabilização na reforma do sistema de saúde
Catalunha e Brasil

Copyright © 2010 Maria Arlete Duarte de Araújo

EDITORA FGV
Rua Jornalista Orlando Dantas, 37
22231-010 | Rio de Janeiro, RJ | Brasil
Tels.: 0800-021-7777 | 21-3799-4427
Fax: 21-3799-4430
editora@fgv.br | pedidoseditora@fgv.br
www.fgv.br/editora

Todos os direitos reservados. A reprodução não autorizada desta publicação, no todo ou em parte, constitui violação do copyright (Lei n° 9.610/98).

Os conceitos emitidos neste livro são de inteira responsabilidade da autora.

Este livro foi editado segundo as normas do Acordo Ortográfico da Língua Portuguesa, aprovado pelo Decreto Legislativo n° 54, de 18 de abril de 1995, e promulgado pelo Decreto n° 6.583, de 29 de setembro de 2008.

Impresso no Brasil | *Printed in Brazil*

1ª edição — 2010

PREPARAÇÃO DE ORIGINAIS: Paulo Telles
REVISÃO: Andréa Bivar e Sandro Gomes
DIAGRAMAÇÃO: FA Editoração
CAPA: Adriana Moreno

ESTE LIVRO É O RESULTADO DA PESQUISA FINANCIADA PELA COORDENAÇÃO DE APERFEIÇOAMENTO DE PESSOAL DE NÍVEL SUPERIOR (CAPES) DURANTE O ESTÁGIO PÓS-DOUTORAL DA AUTORA NA UNIVERSIDADE POMPEU FABRA, EM BARCELONA (ESPANHA), ENTRE AGOSTO DE 2008 E JULHO DE 2009.

FICHA CATALOGRÁFICA ELABORADA
PELA BIBLIOTECA MARIO HENRIQUE SIMONSEN/FGV

Araújo, Maria Arlete Duarte de
    Responsabilização na reforma do sistema de saúde : Catalunha e Brasil / Maria Arlete Duarte de Araújo. — Rio de Janeiro : Editora FGV, 2010.
    340 p.

    Inclui bibliografia.
    ISBN: 978-85-225-0799-3

    1. Reforma sanitária — Brasil. 2. Reforma sanitária — Catalunha (Espanha). 3. Política de saúde — Brasil. 4. Política de saúde — Catalunha (Espanha). I. Fundação Getulio Vargas. II. Título.

CDD – 614

Sumário

Agradecimentos	**7**
Prefácio	**9**
Introdução	**13**

Parte I – Os sistemas de saúde na Catalunha e no Brasil

1 — Reforma do Estado e dos sistemas de saúde	**25**
2 — A reforma do sistema de saúde na Catalunha	**43**
3 — A reforma do sistema de saúde no Brasil	**71**
4 — Catalunha e Brasil: uma análise comparativa	**115**

Parte II – A responsabilização nos sistemas de saúde

5 — Responsabilização na administração pública	**131**
6 — Responsabilização por competição administrada	**179**
7 — Responsabilização pelo controle social	**219**
8 — Responsabilização pelo controle de resultados	**249**

Conclusão

Uma análise comparativa das formas de responsabilização nos sistemas de saúde da Catalunha e do Brasil	**293**
Bibliografia	**319**
Siglas	**337**

AGRADECIMENTOS

Sempre que realizamos um trabalho, constatamos que a sua execução não dependeu apenas do nosso esforço solitário. Ele é fruto de nossa motivação e empenho, mas, em seu conjunto, é possível identificar contribuições, decisões, pessoas e encontros que, articulados, ajudam o projeto inicial a ganhar vida: vale dizer, coração e alma.

É com esse sentimento que desejo fazer alguns agradecimentos: à Universidade Federal do Rio Grande do Norte, por meio do Departamento de Ciências Administrativas, que autorizou meu afastamento para o estágio pós-doutoral; à Coordenação de Aperfeiçoamento de Pessoal de Nível Superior (Capes), que ao me conceder uma bolsa de estudos tornou possível esta pesquisa; à Universidade Pompeu Fabra, em Barcelona, na Espanha, que abriu as portas para a realização do estágio pós-doutoral; ao professor David Sancho Royo, da Universidade Pompeu Fabra, que desde os contatos iniciais apoiou o projeto e durante todo o trabalho realizou avaliações críticas do texto, e com o qual troquei muitas e valiosas ideias.

Além dos nomes já mencionados, sou grata a duas pessoas especiais em minha vida, às quais dedico este trabalho: Djalma Freire Borges, meu companheiro de muitas jornadas e lutas, que me apoiou incondicionalmente, incentivando, criticando e revisando o texto, trocando ideias e, principalmente, acreditando na minha capacidade de realizá-lo e suportando as horas que me ausentei de sua companhia. Meu pai, Abdon Florentino de Araújo, que aos 92 anos não perdeu o gosto e a vontade de viver e que por essa razão tem me incentivado sempre a ter projetos e a mobilizar energia para realizá-los.

Prefácio

Da perspectiva dos modelos de gestão de serviços públicos, podemos observar um conjunto de tendências nos países desenvolvidos nos últimos anos. Tais tendências constituem um grupo de estratégias comuns, desde a preocupação por reduzir o déficit fiscal mediante políticas de privatização e desregulamentação à busca de qualidade na prestação de serviços públicos a partir da orientação dos serviços para as necessidades concretas do cidadão, passando pela desconcentração funcional e a descentralização territorial, a maior participação na gestão de serviços por parte das organizações não governamentais ou a externalização dos serviços em empresas de caráter privado. As políticas tendentes a incrementar os mecanismos consultivos e de participação cidadã se situam também nessa linha de transformação da atividade administrativa, buscando aumentar seu grau de legitimidade.

Tudo isso aponta para um duplo objetivo: melhorar a capacidade estatal para prestar mais serviços, e de maior qualidade, com um uso eficiente do gasto público, e aumentar os espaços de transparência e participação com vistas a desenvolver mecanismos de boa governança. Há dois fatores que têm incentivado tal tendência. Em primeiro lugar, uma crescente demanda cidadã de melhoria dos serviços públicos e, em segundo lugar, o irrefreável desenvolvimento de modelos de responsabilidade social que procurem melhorar as formas de relação entre a administração pública e os cidadãos.

O desenvolvimento de fortes expectativas sociais de melhoria da gestão pública é um fenômeno que podemos detectar em todos os países desenvolvidos, fato que influi diretamente, por meio dos processos de escolha democráticos, nas prioridades dos responsáveis políticos que buscam dar resposta a essa demanda cidadã. Porém, em outro sentido, o ambiente de escassez de recursos em que se movem nossas administrações públicas leva a que nem sempre seja fácil assumir e implementar as inovações e melhorias demandadas por nossa sociedade. Os serviços públicos enfrentam assim, de forma constante, o desafio de aumentar e melhorar suas atividades por meio de políticas de gestão que não impliquem um aumento descontrolado dos gastos e que promovam mecanismos de receptividade e de prestação de contas.

O excelente estudo da professora Maria Arlete Duarte de Araújo introduz uma análise comparada dos modelos de desenho e implementação das políticas sanitárias no Brasil e na Catalunha. Seu trabalho é um referencial perfeito para repassar quais têm sido algumas das estratégias de melhoria na gestão dos programas de atuação pública introduzidas nos últimos anos. Em primeiro lugar, são repassadas as fórmulas de reforma dos sistemas de saúde, nas quais encontramos todo um conjunto de práticas administrativas cujo objetivo é reforçar a receptividade na prestação de serviços públicos. Intenta-se averiguar as necessidades e preferências reais do cidadão e, em função da revelação dessas necessidades, reestruturar os processos de gestão dos serviços sanitários. Dado que a qualidade de um bom sistema de governança vem definida pelo controle e pela participação da cidadania, o estudo introduz o conceito de responsabilização por controle social nos sistemas de saúde. Nessa linha de atuação, busca-se propiciar sistemas que considerem uma maior implicação e participação do cidadão no desenho e na implementação de serviços públicos. Os serviços sanitários prestados pelo governo necessitam da participação ativa do cidadão, ainda que às vezes o problema seja como fazer ver ao cidadão que ele deve assumir responsabilidades no processo.

A adaptação às necessidades concretas do cidadão pode aconselhar em certas ocasiões uma diversificação organizativa, criando-se organismos com finalidades específicas. O estudo da professora Maria Arlete Duarte de Araújo analisa as distintas modalidades de gestão dos programas de saúde. Tal difusão e fragmentação do setor público tem efeitos importantes na gestão pública, que demanda cada vez mais a utilização de sistemas de coordenação entre unidades administrativas. Assim, por exemplo, pode-se oferecer ao cidadão a possibilidade de escolher entre distintos prestadores de serviços públicos, implicando isso um mecanismo de controle comparativo entre diferentes tipos de prestação. Essa estratégia pode ser aplicada no seio da própria administração, possibilitando a um órgão administrativo optar entre contratar serviços que sejam ofertados por uma organização pública ou por uma organização privada. Há propostas que vão desde dividir uma organi-

Prefácio

zação para fazer os novos entes criados competirem pelos fundos orçamentários até dividir um serviço público e contratar cada parte do mesmo com organizações externas, para comparar qual das duas outorga melhores serviços ao menor preço. Daí a necessidade de focalizar as estratégias de controle por competição administrada, outro dos temas tratados em profundidade no estudo.

O tema está intimamente ligado à questão do controle da atividade da administração pública por meio da avaliação de políticas e programas ou mediante o estabelecimento de sistemas de indicadores de resultado da atividade pública. Isso implica uma mudança de perspectiva importante, pois, para a valoração da ação administrativa, devem-se utilizar, além de critérios relacionados com a legalidade, outros vinculados diretamente à forma de prestação dos serviços, à sua qualidade e ao seu rendimento em termos de eficácia. A responsabilização pelo controle de resultados aparece aqui como elemento relevante para entender o funcionamento de um sistema de gestão, terceira forma de responsabilização que a autora analisa com profundidade.

Todas as anteriores estratégias de melhoria na gestão de serviços públicos constituem uma autêntica mudança de cultura em nossas organizações públicas, introduzindo o que chamaríamos de um espírito de gestão empreendedora. Persegue-se uma ação administrativa que se centre no valor líquido oferecido ao cidadão com o objetivo de resolução de seus problemas. A preocupação básica do serviço se focaliza no cidadão, no valor que o programa de ação pública oferece ao cidadão, em lugar de focalizar somente as normas e os procedimentos de trabalho.

A partir do exame comparado das iniciativas de reforma e modernização dos sistemas de saúde no Brasil e na Catalunha, este livro desenvolve com grande maestria os elementos-chave a ter em conta no desenho da prestação de um serviço público e na configuração organizativa dos sistemas de saúde.

Foi para mim uma honra ter podido comentar e debater as ideias da professora Maria Arlete Duarte de Araújo no processo de gestação desta investigação. Sem dúvida o resultado de todo o seu trabalho é um texto estimulante que nos presenteia a todos com excelentes elementos de reflexão sobre a complexidade de gerir o público.

David Sancho Royo
Subdirector do Departamento de Ciencias Políticas y Sociales
Universidade Pompeu Fabra, Barcelona

Introdução

A partir dos anos 1960 tornou-se consenso, em diferentes países do mundo, a necessidade de reformar o Estado em razão de sua crise de legitimidade, expressa principalmente por um déficit de capacidade de gestão. As interpretações sobre a crise adicionavam a esse aspecto muitos outros fatores explicativos: globalização, impactos das mudanças tecnológicas, debilidade do papel regulador, crise fiscal, situação de ingovernabilidade e aumento das demandas dos cidadãos.

Do consenso sobre a necessidade de reformar o Estado não resultou, todavia, uma uniformidade de propostas, em razão das particularidades econômicas, políticas, culturais, sociais e tecnológicas de cada país. No entanto, prevaleceu, com diferentes matizes, orientações teóricas que privilegiaram a eficiência da gestão pública a partir da adoção de mecanismos amplamente aceitos no mercado, como forma de superação dos problemas de ineficiência apresentados pelo modelo burocrático de administração pública.

Uma das orientações mais aceitas reunia um conjunto de ideias que passou a ser conhecido como Nova Gestão Pública (NGP). Constituíam ideias centrais da NGP: Estado administrado ao estilo da iniciativa privada, contratos de gestão entre unidades, avaliação de desempenho, ênfase em resultados, redução do poder da burocracia, focalização na eficiência, busca de mecanismos regulatórios, introdução sistemática de conceitos de produtividade, flexibilidade, competitividade administrada, participação dos agentes sociais e controle dos resultados, foco no cidadão, orientação ao cliente, orçamento e avaliação por resultados, descentralização na formulação e execução de políticas e maior autonomia às unidades executoras.

É importante destacar que a adoção da NGP foi pautada pelo discurso de tornar o Estado mais ágil, menor e com capacidade de resposta ao aumento constante de demandas dos cidadãos tanto em países desenvolvidos como em desenvolvimento. Tornou-se lugar-comum falar de um Estado voltado para atender às necessidades do cidadão.

Igualmente, em todas as reformas, emergiu com força a ideia de responsabilização da administração pública (*accountability*), associada às preocupações com a eficiência da gestão, não mais restrita aos controles clássicos e parlamentares, mas incorporando as dimensões do controle por resultados, do controle por competição administrada e do controle social (Clad, 1998). A compreensão era que a melhoria do desempenho governamental seria uma tarefa fundamental da reconstrução do Estado e que dependeria dos mecanismos de responsabilização. A preocupação com a medição do desempenho público e a responsabilização dos gestores públicos, que era um assunto ausente da agenda política dos governos, passou a ocupar um lugar prioritário nos fóruns nacionais e internacionais.

Todavia, a ênfase dada à responsabilização na administração pública em todas as reformas realizadas ou em andamento suscita hoje importantes indagações: as formas de responsabilização presentes no discurso de reforma, como instrumentos de reconstrução do Estado, foram de fato concretizadas na administração pública? Quais as formas de responsabilização existentes no setor público e as condições políticas, econômicas e sociais viabilizadoras dessas formas? Quais os desafios e obstáculos encontrados para operacionalização das formas de responsabilização?

A preocupação em obter respostas a tais indagações, associada à insuficiência de estudos sobre as condições que possibilitem ou dificultem a adoção de mecanismos de responsabilização e sobre as formas que se consolidaram em diferentes ambientes nacionais, tornam pertinente uma investigação, a partir de análise comparativa, das formas de responsabilização na administração pública em países que empreenderam algum tipo de reforma do Estado. E a realização de semelhante investigação é o objetivo a que nos propomos.

Todavia, em razão da abrangência do tema, parece-nos conveniente limitar a análise a apenas dois países, nos quais o esforço de reforma tenha sido objeto de acentuada atenção de seus governos. Assim, escolhemos como objeto de estudo a Espanha e o Brasil. O primeiro, pelas características de país latino, de desenvolvimento econômico mais recente e forte esforço de modernização de sua administração pública e de suas instituições; e o segundo, por ser reconhecidamente o país da América Latina que fez o maior esforço nessa direção.

Por outro lado, para viabilizar a apreensão das formas de responsabilização que vigoram tanto na Espanha como no Brasil, exige-se um novo recorte analítico, dada a abrangência do aparato estatal. Assim, considerando que no passado recente desses dois países o setor de saúde foi objeto de um conjunto de reformas, privilegiaremos esse setor, procurando explorar as formas de responsabilização existentes após as reformas empreendidas em seus sistemas. Em função das diferentes condições econômicas, políticas e culturais sob as quais as reformas foram produzidas, um estudo comparativo permitirá um mapeamento mais completo das formas possíveis de responsabilização, as dificuldades encontradas, a orientação dada ao tema, o acento em maior ou menor grau nos mecanismos de mercado como solução para a gestão pública e a ênfase maior ou menor nas questões da cidadania.

Com o recorte analítico definido, deparamo-nos com o fato de que na Espanha, a partir dos anos 1970, as inovações no sistema de saúde foram marcadas por um conjunto normativo de leis, alcançando sua expressão maior em 1986, com a Lei Geral de Saúde, a reforma de atenção primária e a universalização da cobertura pública. A Lei Geral de Saúde procurava atender aos dispositivos constitucionais de que todos os cidadãos têm direito à proteção da saúde e a institucionalização de comunidades autônomas em todo o território do Estado espanhol, com amplas competências em matéria de saúde. Os princípios inspiradores da lei, que tinha o modelo britânico como referência, eram: cobertura universal e gratuita das necessidades sanitárias, financiamento público, descentralização e autonomia da gestão com integração de todas as redes de saúde, provisão de serviços fundamentalmente por meio de centros públicos e organização territorial dos serviços de saúde em áreas e zonas básicas.

A diretriz principal da reforma era a criação de um Sistema Nacional de Saúde que se concebia como o conjunto dos serviços de saúde sob a responsabilidade das comunidades autônomas e sob a coordenação do Estado. O processo de transferência das competências para as comunidades, iniciado em 1979, completou-se em janeiro de 2002 e, atualmente, todas elas têm competências exclusivas sobre a saúde em sua área territorial.

Em decorrência dessa transferência e do esvaziamento da competência do Estado espanhol na matéria, considerou-se que, para alcançar os objetivos propostos, a investigação sobre as formas de responsabilização nos sistemas de saúde deveria ser feita entre o Brasil e a comunidade autônoma da Catalunha, por ser a primeira a receber a transferência de competência em matéria de saúde — Real Decreto nº 1.949, de 31 de julho de 1980 — antes mesmo da Lei Geral de Saúde de 1986. Isso significa dizer que a Catalunha tem competência na gestão dos serviços sanitários, na elaboração e na execução de planos de investimento, no estabelecimento, gestão e atualização de convênios com outras instituições e na criação, transformação e ampliação de centros assistenciais. Além disso, a Catalunha é referência para outras comunidades autônomas na Espanha, pelo conjunto de inovações implantadas desde que assumiu as competências em matéria de saúde. A principal lei de organização sanitária da Catalunha foi a Lei nº 15/1990, de 9 de julho, que consagrou a saúde como um direito do cidadão, de caráter universal, como um serviço público com ênfase na promoção da saúde e prevenção da enfermidade e com base na equidade e superação das desigualdades territoriais e sociais na prestação dos serviços de saúde. A Lei também formalizou o modelo de saúde catalão — separação da função de financiamento e compra de serviços da provisão, diversificação de provedores, mercado misto de competência planificada e regulada, diversidade de fórmulas de gestão, descentralização de serviços e participação comunitária. A partir dessa data têm sido aprovados vários instrumentos normativos responsáveis pela configuração que o sistema de saúde vem assumindo.

No Brasil, a Constituição Federal de 1988, ao considerar a saúde como direito social, ao estabelecer um novo paradigma para a ação estatal na área — atendimento integral, descentralização político-administrativa e participação comunitária — e ao definir o Sistema Único de Saúde (SUS) como instância única da gestão pública responsável pela provisão universal, gratuita e integral de ações e serviços de saúde, inaugurou um novo período para a gestão pública da área.

O SUS veio a ser regulamentado pela Lei nº 8.080, de 19 de setembro de 1990, que trata do processo de descentralização, das competências das diferentes esferas de governo e da organização do sistema, e pela Lei nº 8.142, de 28 de dezembro de 1990, que versa sobre a participação da comunidade na gestão e controle do sistema, por meio de conselhos paritários organizados em cada nível de governo e sobre os mecanismos de transferência de recursos financeiros às demais instâncias de gerência, estabelecendo a previsão de remessas regulares e automáticas do governo federal. A operacionalização dessas políticas tem sido feita, a partir de 1991, por meio de um conjunto de portarias — as Normas Operacionais Básicas do SUS — em um processo permanente de construção social.

Tanto na Catalunha como no Brasil, as reformas nos sistemas de saúde procuraram criar uma nova relação entre o Estado e a sociedade, o que coloca o tema da responsabilização de forma prioritária na agenda.

Este livro é um estudo comparativo das novas formas de responsabilização nos sistemas de saúde na Catalunha e no Brasil, com o objetivo de identificar em que medida as formas de responsabilização por controle de resultados, por competição administrada e pelo controle social foram institucionalizadas a partir das reformas postas em prática nos sistemas de saúde. Um segundo objetivo, não menos importante, é o de estimular o debate e obter uma agenda sobre os desafios e dificuldades de se implementar a responsabilização em setores vitais para o cidadão, como é o caso da saúde.

O marco conceitual utilizado para analisar as formas de responsabilização é o da Nova Gestão Pública (NGP), que de forma hegemônica domina o discurso e as orientações de reforma do Estado em todos os países. No contexto de proposições da NGP para dotar o Estado de capacidade administrativa e institucional, as novas formas de responsabilização assumem uma dimensão gerencial em que se enfatiza a obrigatoriedade de o gestor público prestar contas sobre o desempenho alcançado e o direito do cidadão em cobrar um desempenho que seja satisfatório e que atenda às suas demandas. Nessa relação, está implícito que o alcance de um determinado resultado não se faz sem que os instrumentos de gestão sejam colocados em funcionamento. As formas surgidas no bojo da reforma do Estado — competição administrada, controle social e controle pelos resultados — atendem à preocupação de que o governo funcione bem dentro de uma lógica racionalizadora de eficiência, eficácia e efetividade, e que o faça em colaboração com o cidadão que passa a assumir um papel importante na formulação, implementação e avaliação das políticas públicas, portanto, na gestão. A problemática da institucionalidade da responsabilização está diretamente relacionada ao processo de condução político-gerencial para permitir que os cidadãos possam intervir na formulação, implantação e avaliação das políticas públicas, e que os gestores possam ser responsabilizados pelos resultados alcançados.

Em relação à responsabilização pelo controle social, a sua materialização depende da configuração de uma dinâmica de participação do cidadão nas decisões relativas às políticas públicas, que exige não só a ampliação de espaços públicos de atuação do cidadão, mas a capacidade de cobrança do desempenho dos gestores públicos.

No que se refere à responsabilização pelo controle de resultados, a expectativa é que as estratégias de gestão para a prestação dos serviços de saúde sejam pautadas por um modelo orientado para a satisfação dos cidadãos e não permaneçam presas ao modelo tradicional centrado na administração dos recursos públicos. Os resultados alcançados devem ser os esperados pelos cidadãos para solucionar as suas demandas, demandas essas que devem influenciar as decisões e avaliações da ação pública.

Quanto à responsabilização pela competição administrada, o que se espera é que os instrumentos de concorrência em um quase mercado consigam fazer com que o resultado da ação pública seja melhor dentro de padrões de racionalidade, de eficiência, de eficácia e de efetividade. O papel do cidadão é o de ajudar a consolidar esse ambiente à medida que se espera sua manifestação sobre a adequação ou não dos serviços que está recebendo.

A verificação da institucionalização das formas de responsabilização existentes foi feita por meio da análise do conjunto de instrumentos normativos aprovados pós-reformas dos sistemas de saúde, com a preocupação de examinar se eles configuram as condições para a existência das formas de responsabilização pela competição administrada, pelo controle de resultados e pelo controle social. Trata-se de identificar, na norma legal, a materialização do discurso da reforma em elementos consubstanciadores de formas de responsabilização que possam garantir o direito do cidadão em exigir a prestação de contas dos gestores públicos e a obrigatoriedade do gestor público em atender ao cidadão.

É claro que a norma por si só não é garantidora da responsabilização, uma vez que outros fatores, tais como cidadãos ativos, informação disponível, aparato estatal que estimule a participação e instrumentos diversos de promoção da cidadania, são fundamentais para potencializar a influência dos cidadãos na gestão. No entanto, assumimos como pressuposto que a norma na administração pública é a condição básica para a institucionalização de um conjunto de práticas e procedimentos, e que é a sua existência que permite aos cidadãos fazer valer o seu direito de cobrança dos gestores públicos por uma administração responsável, uma vez que eles influenciam a ação pública.

Nesse sentido, a principal fonte de referência deste trabalho é a legislação pertinente aos sistemas de saúde da Catalunha e do Brasil, aprovada após as reformas dos respectivos sistemas de saúde, secundada pela consulta de documentos oficiais, entrevistas e outras investigações. No caso da Catalunha, a legislação a partir da aprovação da Lei de Organização Sanitária da Catalunha (Locs) — Lei nº 15, de 9 de julho de 1990 — e, no caso do Brasil, a legislação a partir da aprovação do Sistema Único de Saúde (SUS), Lei nº 8.080, de 19 de setembro de 1990, e Lei nº 8.142, de 28 de dezembro de 1990.

No caso da Catalunha, para dar conta da distância entre norma e fato, foram realizadas entrevistas com dirigentes de hospitais públicos e privados, provedores pertencentes à Rede Hospitalar de Utilidade Pública, dirigentes da Associação de Provedores de Serviços de Saúde — entidade com mais de cem associados disseminados por todo o território catalão —, e docentes de universidades públicas

Introdução   **19**

e privadas de Barcelona, com interesse científico na área objeto da pesquisa. A precaução de analisar os instrumentos normativos da Catalunha também à luz dessas informações busca complementar as eventuais lacunas advindas da falta de experiência, vivência e conhecimentos prévios sobre suas especificidades.

Em decorrência da opção metodológica, os conteúdos dos instrumentos normativos foram analisados a partir de um conjunto de categorias vinculadas a cada uma das formas de responsabilização, definidas a partir da literatura que aborda a NGP. O exame de cada norma foi feito procurando identificar nos seus dispositivos quais se relacionavam de forma direta ou indireta às formas de responsabilização em análise. Em seguida, foi avaliado se os dispositivos normativos existentes asseguravam a institucionalização das formas de responsabilização em sua plenitude e quais as dificuldades encontradas.

Para a forma de responsabilização pela competição administrada, as categorias de análise foram: mecanismos de contrato existentes, pluralidade de prestadores de serviços, participação dos usuários na avaliação dos equipamentos sociais e estrutura de regulação da burocracia. O pressuposto é que esses elementos de forma isolada não garantem a institucionalização da responsabilização pela competição administrada, pois não se trata apenas de garantir um desempenho mais eficiente, mas assegurar que a constituição de uma lógica de funcionamento centrada em mecanismos de quase mercados leve em consideração as necessidades dos cidadãos, e que os gestores públicos possam ser responsabilizados pelas decisões tomadas.

Quanto à forma de responsabilização pelo controle de resultados as categorias foram: liberdade dos administradores para tomar decisões e administrar recursos, integração dos processos de programação orçamentária, execução e avaliação, indicadores de desempenho como ferramentas da gestão, existência de incentivos individuais e institucionais vinculados à eficiência e à produtividade, preocupação com a satisfação dos usuários e avaliação *ex post*. Para a responsabilização pelo controle de resultados, a premissa é de que as ferramentas de gestão mencionadas se articulam de forma dinâmica para focalizar os resultados da ação pública e não os procedimentos. Desse modo, asseguram que a orientação para os resultados privilegie a obtenção de padrões de desempenho que sejam os esperados pelos cidadãos, atores influentes do processo de definição, acompanhamento e controle das políticas.

Por fim, para a forma de responsabilização pelo controle social, foram definidas as seguintes categorias: canais institucionalizados de participação, instrumentos de ação diretos e indiretos à disposição dos cidadãos sobre a administração pública (revogação de mandato, recursos administrativos e judiciais), ações cidadãs na defesa de interesses públicos (direito de petição, ação popular, mandato), consagração jurídica de arenas públicas de deliberação (audiências públicas, exposição pública dos projetos) e direito de livre acesso dos cidadãos à informação pública (Cunill Grau, 2006). A proposição básica é que a forma de responsabilização pelo controle social demanda a constituição de um tecido social que crie as condições de participação ativa da cidadania na gestão pública, o que significa capacidade de influir nas decisões e de cobrar responsabilidade dos gestores em amplos e variados espaços públicos de decisão.

O método comparativo foi usado para entender a construção e os avanços em relação à responsabilização nos sistemas de saúde à medida que se procurava apreender os problemas e desafios envolvidos para a efetivação de cada forma de responsabilização. Nesta perspectiva, o objetivo era encontrar respostas para as seguintes questões: quais as formas de responsabilização existentes nos sistemas de saúde? Quais os elementos mais presentes em cada uma das formas de responsabilização? Quais os fatores que favorecem e/ou dificultam cada uma das formas de responsabilização?

Temos consciência dos problemas do método comparativo e compartilhamos da preocupação de Longo e Ariznabarreta (2000) quando afirmam que uma das tarefas mais complicadas das ciências sociais é comparar instituições de diferentes países, e que uma das dificuldades está em construir marcos conceituais e metodológicos suficientemente abstratos para apreender realidades distintas, mas suficientemente concretos para reconhecer os detalhes da realidade observada. Outra dificuldade consiste em ler a realidade com as lentes propostas no marco da comparação e tirar conclusões analiticamente sólidas. Tais desafios aumentam quando não há registros de que tenha havido um processo de avaliação mais ampliado das reformas postas em prática em todo o mundo, seja em relação aos seus efeitos, seja em relação à consecução da importante meta de eficiência ou dos efeitos sobre outras metas, como a de governança (Christensen e Laegreid, 2001), que pudesse ser utilizado como referência.

Ao considerar essas limitações, definimos um marco conceitual que contemple as formas de responsabilização e as categorias de análise que permitem tanto a apreensão das realidades distintas dos dois sistemas de saúde, como suas especificidades, tendo como referência os instrumentos normativos aprovados pós-reformas. Acreditamos que dessa forma conseguimos minimizar alguns dos problemas do método comparativo — unidades distintas de análise, unidades distintas de significado, escassez de dados, critérios múltiplos para os objetivos das reformas

Introdução

e o caráter evasivo das mudanças propostas. Por outro lado, ao delimitarmos a comparação à análise setorial da saúde e às formas de responsabilização com suas respectivas categorias de análise reduzimos o perigo de comparar "maçãs e peras" (Pollitt e Bouckaert, 2002).

De posse do mesmo marco comparativo, assumimos, na condução do estudo, as seguintes suposições:

- os instrumentos normativos que foram sendo aprovados ao longo do tempo podem não levar a uma coerência com as formas de responsabilização propostas pela literatura em toda a sua plenitude, pois é frequente a distância entre a retórica do modelo e a realidade normativa, mas podem expressar uma orientação em direção à configuração de uma ou outra forma de responsabilização ou de todas as formas;
- poderemos chegar a distinguir entre os planos do discurso das reformas e a realidade e distinguir os elementos que predominam na construção de cada uma das formas de responsabilização;
- os elementos constitutivos de cada forma de responsabilização, nos dois sistemas de saúde, podem não obedecer à mesma lógica e apresentar dificuldades diferenciadas.

É importante deixar claros os limites da análise em função das dificuldades de ordem metodológica já apontadas, além do fato de que nos baseamos primordialmente em instrumentos normativos e, como sabemos, nem sempre o que é normatizado é cumprido na realidade. A distância entre norma e realidade pode ser maior ou menor em função de particularidades do contexto no qual se aplica a norma, a gestão dos instrumentos normativos pode ser mais ou menos eficiente, alguns dispositivos normativos podem ter maior ou menor aderência à realidade. Esses são apenas alguns dos aspectos limitadores de um estudo com base normativa. Em sua defesa, há o argumento de que a norma na administração pública, em um ambiente democrático e de participação dos cidadãos, é indutora do comportamento dos gestores públicos, pois eles podem ser acionados a qualquer tempo pelo seu descumprimento. Nessa perspectiva, assume-se que os instrumentos normativos podem definir elementos configuradores das formas de responsabilização e criar as condições jurídicas necessárias para que se crie um ambiente que leve a consolidar a responsabilização como obrigação do gestor, dado que a responsabilização é eminentemente um processo político e social.

Para dar conta dessa problemática, no capítulo 1 será discutida a reforma do Estado com especial atenção para os seus rebatimentos nas reformas dos sistemas de saúde. Nos capítulos 2 e 3 serão analisadas as reformas na Catalunha e no Brasil, para compreendermos quais as concepções que orientaram as suas reformas e suas influências nas formas de responsabilização existentes. A perspectiva aqui é de ordem cronológica, o que permite identificar a lógica de construção dos sistemas de saúde e a orientação gerencial adotada. O capítulo 4, com base na análise realizada nos dois capítulos anteriores, faz então uma comparação entre os sistemas de saúde da Catalunha e do Brasil.

No capítulo 5 será abordado teoricamente o tema da responsabilização, com ênfase nas formas de responsabilização por competição administrada, pelo controle de resultados e pelo controle social. A preocupação é situar o debate sobre o tema, definindo conceitualmente cada forma de responsabilização, à medida que se apontam os problemas relacionados a cada uma dessas formas.

Os capítulos 6, 7 e 8 tratam de examinar, à luz da legislação e das categorias analíticas que compartilhamos, a construção das formas de responsabilização — por competição administrada, pelo controle social e pelo controle de resultados — encontradas nos sistemas de saúde da Catalunha e do Brasil. O objetivo é apontar quais são os elementos contidos em diversos instrumentos normativos vinculados às formas de responsabilização analisadas. Finalmente, na conclusão, realizamos uma análise comparativa sobre as formas de responsabilização nos sistemas de saúde da Catalunha e do Brasil. Nessa perspectiva, procuramos assinalar as semelhanças e as diferenças entre os dois sistemas e responder às indagações sobre as formas de responsabilização existentes e seus elementos constituintes.

Para terminar esta introdução, é importante dizer que a preocupação central que conduziu a elaboração deste estudo foi a de aprofundar o debate sobre a responsabilização, em um setor vital para o cidadão, de modo que ela seja não apenas uma questão de retórica para defender as reformas implantadas no aparato estatal, mas antes de tudo uma condição irrenunciável de qualquer gestor público.

PARTE I

OS SISTEMAS DE SAÚDE NA CATALUNHA E NO BRASIL

1

A reforma do Estado e dos sistemas de saúde

Crise e reforma do Estado

Em vários países desenvolvidos e em desenvolvimento, emergiram propostas de reforma do Estado a partir das três últimas décadas do século XX, resultantes da compreensão de que o Estado, em sua configuração vigente, era incapaz de dar conta das inúmeras demandas que sociedades cada vez mais complexas exigiam em um mundo globalizado. Se havia um consenso em relação a esse ponto, o mesmo não se pode afirmar sobre as causas geradoras dessa incapacidade.

Entre os principais gargalos que caracterizavam a crise do Estado, eram elencados a crise fiscal que ocasionava dificuldades de financiamento do déficit público, a expansão das estruturas governamentais, a internacionalização dos mercados, a paralisação do crescimento da economia, as novas formas de cooperação com outros atores e organizações, a pressão por democratização, as demandas dos cidadãos não atendidas tanto em termos de qualidade como de quantidade, a reestruturação do sistema produtivo com a adoção de novas tecnologias, a redução do poder de intervenção do Estado dado a volatilização dos capitais, a ineficiência na gestão dos serviços públicos, o enfraquecimento do seu papel regulador e a pressão dos grupos empresariais por maior volume de investimentos.[1]

Não era diferente a interpretação do Banco Mundial (1997) ao localizar a crise do Estado na sua incapacidade em dar respostas a um conjunto de pressões:

---

[1] Ver Martin, 2003; Pino, 2003; Abrucio, 1998; Costa, 2003; Marini, 2002; Nogueira, 1999; Ormond e Toffler, 1999; Clad, 1998.

Estado de bem-estar hipertrofiado nos países mais desenvolvidos *versus* aumento das demandas dos cidadãos, crise fiscal, exigência de maior transparência nas práticas dos governos pelos mercados e cidadãos e clamor por maior eficácia em muitos países em desenvolvimento, onde o Estado sequer proporcionava os bens públicos fundamentais.

O questionamento do êxito do Estado de bem-estar nos países desenvolvidos, impulsionado pela dinâmica da inovação tecnológica e das exigências dos usuários em termos tanto de qualidade como de novos produtos e/ou serviços, fez com que o mercado fosse redescoberto como o agente de alocação dos recursos e recolocou no centro do debate a necessidade de redefinição do papel do Estado. Nessa redefinição, tornava-se claro que, em função das mudanças sociais, tecnológicas, econômicas, políticas e culturais, a forma vigente de atuação do Estado não era capaz de processar as demandas sempre crescentes dos cidadãos. O questionamento da sociedade do bem-estar, produzido pela crescente dificuldade dos países em continuar financiando o gasto público que crescia continuamente, colocava na ordem do dia a discussão sobre a extensão e as funções que o Estado deveria assumir.

Todos esses fatores atingiram diretamente a organização das burocracias públicas. O Estado precisava lidar com menos recursos e aumentar a sua eficiência. Ou seja, independentemente do estágio de crescimento do país, era imperativo torná-lo mais eficiente e eficaz, e reduzir a brecha sempre crescente entre o que se espera do Estado e sua capacidade de resposta. A eficiência tornava-se assim referência máxima para a ação do Estado e um valor inquestionável para a solução de todos os problemas, pois daria segurança aos investimentos e ao funcionamento dos mercados, combateria os desperdícios, melhoraria a qualidade dos bens e serviços e facilitaria a governabilidade (Berrones, 2001).

Tornava-se então inevitável a pergunta: quais são as tarefas que cabem ao Estado? Em outras palavras, o que pode ou não fazer o governo e como deve gerenciar o seu desempenho?

Tal questão era central em todas as interpretações sobre a crise e, apesar das explicações divergirem aqui e ali, em todos os discursos se colocava a imperiosa necessidade de reformar o Estado para que se tornasse menor, mais ágil, flexível e eficiente no atendimento às inúmeras demandas. Há, no entanto, uma modificação do discurso a partir da segunda metade dos anos 1990, quando foi se tornando claro que as reformas estruturais prescritas no marco do Consenso de Washington (desregulamentação, privatização, descentralização e terceirização) eram insuficientes para promover o desenvolvimento. Assim, foi emergindo fortemente o discurso, sob influência do Banco Mundial, de que era necessário que as reformas contemplassem outros aspectos da gestão pública, particularmente o papel das regras legais e das instituições, para garantir a credibilidade dos contratos, para tornar os governos mais eficientes no provimento das políticas públicas e também mais responsáveis em relação às demandas dos cidadãos. Esse entendimento levou a um novo programa prescritivo, que se convencionou chamar de reformas de segunda geração, cujo foco era uma maior atenção ao marco institucional e às condições sociais (saúde, educação, conhecimento, infraestrutura) para um crescimento econômico duradouro. Segundo informe do Banco Mundial (1997:1), na redefinição do papel do Estado era necessário considerar que:

> *Un Estado eficaz es imprescindible para poder contar con los bienes y servicios — y las normas e instituciones — que hacen posible que los mercados prosperen y que las personas tengan una vida más saludable y feliz. En su ausencia, no puede alcanzarse un desarrollo sostenible ni en el plano económico ni en el social.*

Também o Banco Interamericano de Desenvolvimento (BID), em seu Informe de Progresso Econômico e Social (1997), chegava à conclusão de que as reformas estruturais ocorridas nos últimos anos não haviam produzido um desempenho econômico e social satisfatório na América Latina, e que se faziam necessárias, para superar a desigualdade, duas inversões principais: investimento em capital humano mediante o incremento da escolarização básica de cinco a nove anos e reforma radical do sistema institucional do Estado. Assim, era imperioso refundar o Estado, com papéis e capacidades novas para gerar condições para o funcionamento eficiente do setor privado e para garantir a coesão social. Um Estado provedor e garantidor de regulações (Catalã, 1998).

Tratava-se não apenas de melhorar a racionalidade instrumental do funcionamento do aparelho estatal, mas também de promover uma mudança do papel, dos atores, do poder, das habilidades e das competências. Para Diniz (2001), o que há é uma revalorização da capacidade de ação estatal como um pré-requisito do êxito dos governos na administração de situações de crise e transição.

Agora, a ideia era reconstituir o Estado como um agente capaz de satisfazer as demandas por bens e serviços básicos de forma eficaz, de garantir o bom funcionamento dos mercados e de reduzir a ineficiência na alocação de recursos e eliminar os problemas de corrupção e clientelismo que afetavam o desempenho econômico.[2]

---

[2] Popik, 1998; Paramio, 2004; Paramio, 2002; Abrucio e Loureiro, 2004.

Compartilhando do pensamento de Oszlak (2004), tratava-se, pois, de reduzir o déficit de capacidade institucional, conceito aplicado por muitos anos pelo Banco Mundial para formular os componentes de fortalecimento institucional incluídos nos projetos de reformas setoriais por ele assumidos. São déficits relacionados com as regras do jogo (normas, cultura, sanções), relações interinstitucionais disfuncionais, esquemas organizativos, inexistência ou insuficiência de recursos materiais e humanos, políticas de pessoal e ausência de conhecimentos e informações. A superação dos déficits implica a constituição de tecnologias de gestão para melhorar a capacidade estatal. São reformas "hacia dentro" do Estado (Oszlak, 2004), para que o mesmo tenha capacidade para formular, implantar, coordenar, monitorar, avaliar e prestar contas.

A ênfase então recaía sobre o Estado enquanto organização que precisava ser eficiente e efetiva. Abandonava-se uma visão mínima de Estado, destinado a ocupar um papel secundário a respeito dos mercados, e adotava-se uma visão mais realista de seu papel como regulador e organizador social, com capacidade de produzir a estabilidade necessária para um crescimento sustentado.[3] Renascia assim a preocupação com a governabilidade, entendida como a capacidade do Estado em manter a coesão social necessária para enfrentar os desafios da modernização.

Nesse sentido, a crítica reincidia fortemente na administração pública burocrática, pois vários ingredientes importantes para a modernização do setor público — flexibilização, democratização do serviço público, terceirização, novas formas de gestão, autonomia dos gestores, implantação de um modelo contratual — não estavam aí contemplados. Em decorrência disso, o que estava em xeque, principalmente, era a forma burocrática de administração do Estado, que não apresentava flexibilidade o suficiente para lidar com as novas demandas e nem os instrumentos para favorecer um comportamento voltado para a obtenção de resultados, transparência, responsabilização e eficiência. A administração burocrática era autorreferida e pouco atenta às demandas dos cidadãos. Era necessário, pois, reconstruir a capacidade administrativa e institucional do Estado, tornando-o mais forte do ponto de vista administrativo, e consequentemente mais fortalecido do ponto de vista fiscal e de legitimidade democrática (Oszlak, 2004). Capacidade administrativa é aqui entendida como a capacidade de produzir resultados dentro de padrões de eficiência e eficácia da ação pública, para atender as necessidades dos cidadãos; e capacidade institucional é aqui entendida como a capacidade de produzir decisões sustentáveis (Souza e Carvalho, 1999).

---

[3] Paramio, 2004a; Bresser-Pereira, 2004.

A reforma do Estado e dos sistemas de saúde

Para Behn (1998), o modelo de administração pública que estava sendo questionado se apoiava fortemente nas ideias de Woodrow Wilson (separação entre formulação e implementação das políticas), Frederick W. Taylor (administração como ciência) e Max Weber (burocracia como o mais eficiente mecanismo organizacional). Pela influência das ideias desses autores para a compreensão e o desenvolvimento da administração pública, faz-se necessária uma breve digressão sobre a contribuição de cada um deles.

Woodrow Wilson acreditava que, como a autoridade administrativa é decorrente da autoridade política, a primeira orienta-se por valores totalmente distintos daqueles que compõem a esfera política. Segundo Vincent Ostrom (apud Harmon e Mayer, 1999), as proposições básicas da ciência da administração de Wilson consistiam nos seguintes pontos: em qualquer centro de governo haverá um único centro de poder; quanto mais se divide o poder mais irresponsável ele se torna; a estrutura de uma Constituição define e determina a composição desse centro de poder e estabelece a estrutura política relativa à aplicação da lei; o âmbito da política fixa as tarefas da administração, porém o âmbito desta está fora da esfera política; um ordenamento hierárquico perfeito dá as condições estruturais necessárias para uma boa administração e leva ao máximo de eficiência. A principal consequência para a administração pública decorrente dessas proposições é a defesa de que a política e a administração são coisas distintas.

Frederick Winslow Taylor, considerado o pai da administração científica, por sua vez, preocupou-se em modificar a mentalidade dos gestores e trabalhadores para criar condições efetivas de uma gestão científica, motivado também pela busca de eficiência. O estudo de tempos e movimentos, incentivos econômicos, seleção científica, investigações sobre a fadiga, organogramas e cronômetros eram ferramentas, temas e técnicas da gestão científica.

Essas ideias podem ser entendidas como um esforço de racionalização para determinar o modo correto de fazer uma tarefa, de destruir os métodos empíricos para reconstruí-los cientificamente, de selecionar as pessoas, de definir a autoridade e modificar o ambiente de trabalho para conduzir a uma maior eficiência. Em consequência, Taylor defende a divisão do trabalho como a ferramenta essencial, a busca permanente da eficiência e, implicitamente, a separação entre política e administração. Nesse sentido, aproxima-se muito de Max Weber e Woodrow Wilson.

Max Weber considerava que a forma de organização e administração mais eficiente era a burocracia, pois concentraria o poder nas mãos de funcionários com competência técnica para desempenhar corretamente suas funções. A competência seria fundamental para isolar os funcionários das influências externas. Ao mesmo tempo, ao estruturar-se a partir de princípios hierárquicos, com linhas claras de autoridade e regras estabelecidas, dotava a organização de mecanismos racionalizadores importantes.

A lógica prevalecente no modelo burocrático era a de superioridade da razão técnica — a despolitização das decisões. Logo, da subordinação da política à lógica instrumental. Construído sob a forma de organização racional-legal, o modelo burocrático weberiano caracterizava-se pela impessoalidade, um conjunto de regras e procedimentos, a promoção baseada no sistema de mérito, a separação entre administração e propriedade, a especialização das tarefas, o trato justo e legal às demandas que recaíam sobre o Estado, o cumprimento rigoroso das normas, o controle por processos como um mecanismo seguro diante das incertezas e da alta complexidade dos problemas, a estrutura de autoridade impessoal, a sistemática e rigorosa disciplina e controle do cargo.

Todos eles, Wilson, Taylor e Weber, preocupavam-se em melhorar a eficiência, vista como um valor a ser alcançado por meio de organizações burocráticas, do exame rigoroso de processos de trabalho e da separação entre administração e formulação das políticas (Behn, 1998).

A burocracia como uma construção social requeria o desenvolvimento de uma completa infraestrutura de ordens e processos para assegurar a neutralidade da ação administrativa, o desenvolvimento do pessoal burocrático com suas próprias regras e isolado das influências políticas e o uso de mecanismos artificiais para a distribuição coletiva de recursos (Gault, 2002). Ao longo do tempo, apesar de privilegiar a eficiência, constatou-se que o modelo burocrático produziu muitas distorções e se tornou ineficiente para lidar com as mudanças em curso de um mundo globalizado — mudanças sociais, econômicas, tecnológicas, políticas, culturais e religiosas. Entre essas disfunções podemos citar a internalização das regras, o exagerado apego aos regulamentos e a categorização como base do processo decisório.

Idêntica compreensão é expressa por Kliksberg (1999), ao afirmar que a ideia que vigorou durante muito tempo de associar gerência de qualidade com organogramas precisos, divisão de funções, manuais de cargos, descrição de tarefas, procedimentos, controles e normas, sofrera um forte abalo diante das mudanças simultâneas que estavam ocorrendo no mundo — novas tecnologias, mundo interconectado, fronteiras imprecisas, reestruturação produtiva —, exigindo uma gerência fortemente adaptativa e com grande capacidade de inovação. Entre as novas demandas às quais a gestão pública precisava responder, encontravam-se as seguintes: que tipo de Estado devemos ter? Como lidar com a incerteza e a

A reforma do Estado e dos sistemas de saúde

complexidade em um mundo globalizado em que tudo se interconecta? Como melhorar radicalmente a qualidade dos serviços públicos? Como utilizar os modelos organizacionais para fomentar a participação cidadã e ingressar seriamente no tema do controle social? Como criar condições para o desenvolvimento humano? Diante de tantas demandas, o campo da gerência entrou em crise e exigiu um novo paradigma que pudesse incoporar a incerteza e a complexidade.

A partir dessas percepções surgiram muitas críticas ao modelo burocrático, centradas nos seguintes aspectos: dispersão de responsabilidade, multiplicação de mecanismos de proteção internos, inadequada adaptabilidade às mudanças, pouca orientação para os resultados a serem atingidos, precários mecanismos para promover as políticas públicas, poucas sanções para desempenho ruim, incapacidade para exercer controle sobre os gastos do governo e dificuldades de incorporar as inovações tecnológicas, aumentando as brechas de desempenho entre setor público e privado.[4]

É importante destacar que, além de todas as disfunções apresentadas, figura como uma das principais imaginar que política e administração são coisas inconciliáveis. Sendo a sociedade um campo de conflito, cooperação e incerteza, na qual os cidadãos defendem seus interesses e afirmam suas posições ideológicas, a crença em uma racionalidade absoluta que a burocracia deve garantir na condução dos assuntos públicos é insuficiente para lidar com o atendimento pelo Estado do interesse coletivo na produção de bens públicos ou "quase públicos" (Bresser-Pereira, 1998).

A partir de a década de 1970, a crítica à burocracia se acentuou à medida que a crise fiscal se tornou mais presente. O questionamento da estrutura burocrática se deu justamente na busca pela eficiência dos recursos públicos, no desejo de efetividade, na vontade de envolvimento do cidadão nas decisões relativas às ações públicas e na expectativa de descentralização para as esferas subnacionais das responsabilidades de provisão da infraestrutura e dos serviços sociais (Souza e Carvalho, 1999).

Apesar de as críticas não se restringirem ao modelo burocrático, foi sobre ele que a maior parte recaiu, principalmente em função do aprofundamento da crise do Estado, na década de 1980, e de um cenário político favorável em termos de novas formulações teóricas (a Teoria da Escolha Pública, a Teoria da Agência — principal/agente —, o novo gerencialismo público, o neopúblico e o neoinstitucionalismo), que acabaram por influir de forma decisiva nas orientações em torno da necessidade de reformar o Estado.

---

[4] Richardson, 2001; Rezende, 2002; Popik, 1998.

Em consequência dessa ambiência, os organismos internacionais, os países desenvolvidos e em desenvolvimento, deram início a um conjunto de iniciativas para repensar a função do Estado. É claro que os motivos para a revisão do papel do Estado nem sempre foram os mesmos, e as soluções apresentadas também foram condicionadas pelas particularidades econômicas, sociais, políticas e culturais de cada país, determinando inclusive a oportunidade e o momento para a adoção da reforma. No entanto, independentemente das diferenças existentes entre um e outro país, o certo é que se tornou lugar-comum a necessidade de transformação do Estado.

Segundo o informe do Banco Mundial (1997), a reforma do Estado devia contemplar duas estratégias básicas: acomodar a função do Estado à sua capacidade de empreender e promover de forma eficiente o interesse coletivo nas tarefas que pode realizar; e aumentar a capacidade do Estado mediante a revitalização das instituições públicas — estabelecer normas e controles, expor as instituições públicas a uma maior competição, estimular a participação e a descentralização.

Em relação à estratégia de acomodar a função do Estado à sua capacidade, o Banco Mundial defendia que o Estado teria cinco tarefas fundamentais:

- estabelecer um ordenamento jurídico básico;
- manter a estabilidade macroeconômica;
- investir em serviços sociais básicos e infraestruturais;
- proteger os grupos vulneráveis; e
- defender o meio ambiente.

Essas tarefas devem ser executadas a partir de uma ação de complementariedade com o mercado, pois a presença do Estado é essencial para definir as bases institucionais que o mercado exige. A credibilidade dos poderes públicos (previsibilidade e aplicação das normas e políticas) pode ser tão importante para atrair o investimento privado quanto o conteúdo das mesmas normas e políticas (Banco Mundial, 1997).

Em relação à revitalização das instituições estatais, o Estado deve oferecer aos funcionários públicos incentivos para melhorar o desempenho e, ao mesmo tempo, manter sob controle as possíveis arbitrariedades. São três os incentivos:

- normas e controles eficazes para criar um clima geral de responsabilidades;
- estímulos para uma maior competência no processo de contratação e promoção, na formulação de políticas e na forma pela qual se prestam os serviços;
- consulta e participação cidadã.

A reforma do Estado e dos sistemas de saúde

É importante ressaltar que o informe do Banco Mundial (1997) dá um destaque especial à participação cidadã para reduzir a distância entre governo, indivíduos e comunidades, e produzir uma maior transparência das ações públicas. Desse entendimento, derivam quatro imperativos:

- ampliação do debate público acerca da orientação e prioridades básicas da política (mecanismos de consulta);
- estímulo à participação direta dos usuários no desenho, execução e acompanhamento das atividades locais relacionadas à prestação de bens e serviços públicos;
- desenvolvimento de normas capazes de colocar um freio nas arbitrariedades; e
- fomento à responsabilidade e à competência.

Apesar de defender e estimular a participação, o informe chama a atenção para o fato de que, quanto maiores as chances de participação, maiores as reivindicações que serão formuladas, podendo também aumentar o risco de uma excessiva influência por parte de interesses mais agressivos em detrimento de interesses com menor poder de articulação.

As recomendações da Organização para a Cooperação e Desenvolvimento Econômico (OCDE), em 1996, para um novo papel do Estado, implicavam redefinir sua atuação em várias áreas, tais como (Meneguzzo, 1998):

- descentralização de responsabilidades;
- avaliação de desempenho e melhorias na função de controle;
- redimensionamento das organizações públicas;
- introdução de novas formas de gestão;
- orientação para o cliente;
- introdução de padrões de qualidade; e
- melhoria na informação e *accountability*.

A reforma deveria tornar a administração pública mais eficiente e voltada para as necessidades do cidadão, abandonar o modelo autorreferido da burocracia, repensar a questão da governança e dos modelos de gestão,[5] economizar face às decrescentes possibilidades da criação de novos impostos e melhorar a capacidade estatal para a prestação de serviços (Politt e Bouckaert, 2002).

Após a reforma burocrática, ou reforma do serviço público, que diz respeito à formação de um serviço público profissionalizado — ocorrida em meados do

---

[5] Kettl, 1998; Coutinho, 2000; Marini, 2002.

século XIX na Europa ocidental, no início do século XX nos EUA e na década de 1930 no Brasil —, tornava-se fundamental a reforma gerencial, para dar mais autonomia e flexibilidade à administração pública. Para o Clad (1999:130),

> a reforma gerencial é uma modificação estrutural do aparelho de Estado. Não pode ser confundida com a mera implementação de novas formas de gestão, como a da qualidade total. (...) O modelo gerencial tem um papel importante no aperfeiçoamento da governabilidade democrática à medida que pressupõe e procura aprofundar os mecanismos democráticos de responsabilização e transparência da administração pública.

Tratava-se de basear as ações do Estado cada vez mais nas características do setor privado provenientes das ciências administrativas — racionalização de estruturas e procedimentos, revisão dos processos de tomada de decisão, incremento da produtividade, aplicação das tecnologias da gestão privada nas organizações públicas, focalização nos resultados organizacionais e incentivos do mercado, princípios de descentralização, *accountability*, competição, clareza nos objetivos, presunção sobre maior eficiência do setor privado e desempenho. Seria fundamental rediscutir as ações da burocracia em busca de um incremento de responsabilidade de quem administra os serviços públicos e de maior autonomia para o atendimento das demandas. O ponto de chegada é um Estado que funcione com economia, eficiência e eficácia.

O cerne da questão era tornar o Estado mais acessível ao cidadão de modo a atender da melhor forma possível às suas demandas. Rejeitava-se, por sua ineficiência, o controle formal, e elegiam-se os controles de resultados e sociais para a proteção do cidadão e da *res publica*. A preocupação básica da prestação de serviços passa a ser o cidadão, no lugar das normas e procedimentos. A reforma deve levar a fortalecer os aspectos da cidadania — participação dos cidadãos, controle social e orientação política — e ampliar o espaço de inclusão do cidadão nas decisões de governo.[6] Tornara-se consenso que buscar a eficiência, a eficácia, a efetividade e a equidade constitui o maior desafio para o Estado, pois o cidadão, como contribuinte, tem o direito de conhecer e avaliar a forma como os recursos públicos são utilizados. A responsabilização dos gestores perante os cidadãos tornava-se assim um valor da gestão pública em sintonia com a necessidade de obtenção de resultados que atendessem às necessidades do cidadão.

---

[6] Coutinho, 2000; Marini, 2002; Bresser-Pereira, 1998a.

Ao se colocar o foco das proposições em fazer o governo funcionar melhor e com mais eficiência, com um forte acento gerencial e com a utilização de um conjunto de práticas da iniciativa privada, colocando em xeque as estruturas hierárquicas burocráticas com foco no processo e pondo em cena estruturas mais ágeis e flexíveis com foco no resultado, o aporte teórico da NGP acabou se definindo como a orientação mais importante para a condução da reforma do Estado. É claro que, como já mencionamos anteriormente, outros aportes teóricos também influenciaram a discussão sobre a necessidade de redefinir o papel e tamanho do Estado, mas sem dúvida o arcabouço propositivo da NGP foi determinante para as propostas que emergiram a partir dos anos 1970, ao enfatizar a incorporação de ferramentas de gestão empresarial, a introdução de competitividade no âmbito do setor público com os "quase mercados", a obtenção de resultados, a orientação ao cliente, a utilização de indicadores de desempenho para controlar e avaliar a gestão, o uso de mecanismos de participação e consulta, a preocupação com a qualidade, a delegação de autoridade e a preocupação com os custos de transação. A nova filosofia de gestão pública, na verdade, incorpora contribuições da Teoria da Escolha Pública, da Teoria da Agência e da Teoria dos Custos de Transação, orientações que perseguem ideias de competitividade, escolha, controle, custos contratuais, eficiência e introdução de mecanismos de mercado. Assim, algumas ideias tornam-se consensuais: flexibilidade gerencial, visão do cidadão como cliente, introdução de mecanismos de competição de mercado, externalização de atividades, foco na mudança de procedimentos e processos e arranjos organizacionais mais flexíveis.

As ideias da NGP ganharam difusão com a obra *Reinventando o governo*, de Osborne e Gaebler (1994). Para os autores, trata-se de reinventar a administração pública de modo a adequar a introdução de mecanismos gerenciais com a busca de equidade. Assim, listam dez princípios básicos para reinventar o governo:

- competição entre prestadores de serviços;
- descentralização da autoridade;
- redefinição dos usuários como clientes;
- transferência do controle das atividades à comunidade;
- medição do desempenho das agências por meio dos resultados;
- orientação por meio de objetivos e não por regras;
- preferência pelos mecanismos de mercado às soluções burocráticas;
- atuação na prevenção dos problemas;
- preferência de investimento na produção de recursos e não no gasto; e
- catalisação da ação dos setores públicos, privado e voluntário.

Lawrence e Thompson (1999) expressam muito bem este novo ideário defendido para a administração pública por meio da proposta de adoção dos conceitos de reestruturação (definir o que o Estado deve fazer), reengenharia (revisar os processos), reinvenção (criar uma cultura empresarial que facilite a introdução de mecanismos de mercado), realinhamento (adequar a estrutura às novas tarefas) e reconceitualização (desenvolver uma nova maneira de pensar o fenômeno gerencial na administração pública) para a ação modernizadora do Estado. A preocupação central reside em saber como obter eficiência na administração pública. A concepção de que com a ordenação formal da organização sob controle das normas e processos se obtém resultados — ideia que dominou a administração pública durante quase todo o século XX — não mais se sustenta diante de um mundo em que as mudanças são aceleradas, o grau de incerteza é elevado e se exige muito mais da gestão pública.

A gestão pública deveria, pois, apoiar-se em três valores básicos — eficiência, eficácia e economia — e ser orientada para a obtenção de resultados e não mais para o cumprimento dos dispositivos legais e burocráticos, para atender às necessidades dos cidadãos que esperam que o governo tenha um desempenho capaz de atender às suas demandas.

É importante ressaltar que a simples referência ao cidadão como eixo das reformas é insuficiente para informar sobre o caráter da reforma, e somente a apreensão dos conteúdos das reformas é que poderá dizer se de fato existe preocupação ou não com o atendimento das necessidades do cidadão e, em especial, a forma como se dá o envolvimento do cidadão.

Essa compreensão é decorrente dos próprios valores que orientam a administração pública — igualdade, equidade e justiça social — e que não têm lugar no mercado, que se orienta por uma lógica de custo/benefício. A administração pública se legitima pela busca de objetivos absolutamente distintos dos de mercado. A lógica centrada nas práticas gerenciais do mercado difundida pela NGP introduz assim novos elementos de conflitualidade na ação pública, que é o desafio de conciliar os objetivos da administração pública com a eficiência exigida pelo mercado.

Reforma dos sistemas de saúde

A fim de apreender os debates ocorridos nos sistemas de saúde, a partir das propostas de reforma do Estado, procuraremos evidenciar os princípios e filosofias

A reforma do Estado e dos sistemas de saúde

que passaram a orientar essas reformas, bem como as medidas adotadas em diferentes países. A configuração que as novas formas de gestão assumiram nesse processo em diferentes países é indicativa do grau de absorção das propostas, que visavam a melhorar a capacidade institucional do sistema de saúde com a adoção de um conjunto de práticas adotadas no setor privado.

Em vários países do mundo e, em especial, em países europeus, os sistemas de saúde têm sido submetidos a mudanças sistemáticas nas últimas três décadas. As modificações tentam dar respostas à crise de financiamento do sistema e de capacidade normativa do Estado, às políticas de ajustes macroeconômicos, aos crescentes custos relacionados ao envelhecimento da população, às inovações tecnológicas que pressionam os custos das prestações dos serviços de saúde, à queda na taxa de natalidade e enfermidades crônicas ao tempo em que valorizam as novas formas de gestão dos serviços, o poder de escolha do cidadão e a introdução de mecanismos de mercado para obtenção de mais eficiência no gasto público, com a suposição básica de que o risco e a concorrência que caracterizam o mercado estimulam melhor desempenho na prestação dos serviços de saúde. As mudanças ocorridas a partir dos anos 1970 foram marcadas pela influência da ideologia neoliberal de defesa do Estado mínimo e da substituição dos mecanismos burocráticos pelos mecanismos de mercado. A crise fiscal do Estado impulsionava o debate da reforma nos sistemas de saúde marcada pela necessidade de contenção dos gastos e pela busca de mais eficiência na prestação dos serviços.

No início dos anos 1980, dois modelos de sistema de saúde podiam ser encontrados na Europa Ocidental: um modelo em que a atenção primária era a porta de entrada para o atendimento das necessidades de saúde dos cidadãos; e outro, em que a atenção primária estava a cargo de profissionais independentes que ofereciam seus serviços ao setor público, dificultando a atenção integral ao longo da vida do cidadão (Garcia, 2005). O primeiro modelo estava em conformidade com a Conferência sobre Atenção Básica à Saúde, promovida pela Organização Mundial de Saúde (OMS), em Alma Ata, em setembro de 1976, que aprovou como objetivo dos governos conseguir "saúde para todos" até o ano 2000. Essa declaração propunha um conjunto de mudanças: organização dos serviços assistenciais com foco na atenção primária, promoção da saúde e prevenção da enfermidade, participação de profissionais de saúde e da comunidade, valoração das condições sociais, econômicas e ambientais como determinantes da saúde.

A partir dos anos 1990, como consequência do triunfo das propostas de reforma do Estado centradas nas ideias da NGP, em quase todos os países tornou-se dominante a noção de que era preciso realizar reformas nos sistemas de saúde destinadas a reorientar os serviços em conformidade com novas formas de gestão. Tais formas têm, conforme já visto, como foco central: o controle de gastos e a melhoria da eficiência; a introdução de mecanismos centrados na busca de eficácia, produtividade, controle de custos e de desempenho; a introdução de elementos de quase mercado nas relações entre entidades do setor público; os mecanismos de contratação externa com provedores públicos e privados; a busca de mecanismos de aproximação do cidadão das decisões públicas, na pressuposição de que a participação do cidadão constitui importante elemento de controle da ação pública, podendo assim contribuir para a eficiência e a eficácia do sistema de saúde. Em todas as inovações gerenciais propostas, o cidadão aparece como o eixo convergente de todos os esforços para produzir uma mudança cultural na forma de gerir os recursos públicos.

Os principais argumentos para justificar as reformas centravam-se na noção de que os serviços públicos eram ineficientes, caros, provocavam desperdícios, eram refratários a mudanças e inovações, e pouco motivadores à medida que não utilizavam incentivos vinculados ao desempenho. Logo, a melhoria na prestação dos serviços de saúde ao cidadão, a agilidade, a busca por eficiência e competitividade, a preocupação com a redução de custos e aumentos de produtividade, um atendimento de qualidade ao usuário e a busca por padrões elevados de desempenho, somente poderiam ocorrer com a adoção de um conjunto de procedimentos e práticas da iniciativa privada e de novos arranjos organizacionais.

Assim, as reformas propostas nos diversos países caracterizaram-se por um forte foco na gestão, próprio das reformas de segunda geração, em contraposição às reformas de primeira geração, centradas apenas no controle das despesas nacionais e ajuste dos gastos com a saúde. Essa reorientação estava em sintonia com as ideias da NGP e privilegiava resultados em lugar de insumos, padrões de desempenho, medidas de qualidade, concorrência interna, flexibilidade, produtividade e eficiência. Com forte ênfase no mercado interno, a oferta dos serviços passou a ser descentralizada e gerida de forma autônoma. Isso significou uma reestruturação do sistema de saúde em três níveis: o Estado (financiador), a autoridade de saúde (comprador) e os provedores que prestam serviços. A ideia é que a concorrência entre os provedores pela disputa do mercado conduza a uma maior produtividade do sistema, reduzindo custos e aumentando a qualidade (Ponte, 2005). Essas modificações preservavam os elementos de cobertura universal e financiamento majoritariamente público, características da maioria dos sistemas de saúde dos países desenvolvidos. Para Almeida (1999), a preservação desses elementos ocorria não como revalorização da solidariedade, mas como uma dimensão crucial da regulação estatal, asseguradora tanto da contenção quanto de padrões mínimos redistributivos.

A reforma do Estado e dos sistemas de saúde

As propostas de reforma vinculavam-se de modo muito particular à crise do Welfare State definida como crise financeira, de legitimidade, de eficiência e de aumento crescente do papel do Estado na distribuição de serviços e renda, à medida que os sistemas de saúde teriam que resolver uma crise de financiamento derivado do aumento dos gastos, uma crise de racionalidade gerada pela diminuição da eficácia e da eficiência, e uma crise nos níveis de satisfação da população com a prestação de saúde (Somoza, 1991; Almeida, 1996).

Igualmente, as reformas dos sistemas de saúde articulavam-se de forma estreita com a reforma do Estado, pois não se limitavam a apontar os vários problemas presentes no campo setorial, mas também mudavam o padrão de atuação do Estado na provisão de serviços públicos, à medida que a reestruturação do *mix* público/privado, e formas de coparticipação do usuário no custeio dos serviços, dominavam a agenda de discussões. As vinculações se expressavam por meio dos seguintes argumentos (Almeida, 1996):

- a escassez de recursos do Estado não permite a manutenção dos padrões anteriores de gasto com saúde e das formas de estruturação dos serviços de atenção médica vigentes;
- a necessidade de introdução de mecanismos competitivos e de inovações gerenciais típicas do setor privado para combater a ineficiência dos sistemas e a não responsabilização dos gestores no uso dos recursos;
- a necessidade de reduzir o descompasso entre investimentos realizados e resultados efetivos em termos de melhoria da saúde da população;
- a participação do usuário no financiamento da prestação dos serviços de saúde para conter a demanda;
- a abertura do mercado de serviços de saúde para a escolha do consumidor e eliminação dos serviços mais ineficientes.

Essas ideias de reforma estavam em sintonia com a perspectiva neoliberal de redução do tamanho do setor público e com os questionamentos sobre a real eficácia de um Estado provedor, e foram respaldadas por vários organismos internacionais. Em 1987, o Banco Mundial, no documento "Informe sobre la Financiación de los Servicios Sanitarios", recomendava a transferência aos usuários dos gastos pelo uso dos serviços, o oferecimento de seguro para as principais causas de riscos e a utilização de recursos privados de forma eficaz para descentralizar os serviços públicos de saúde. Em 1993, o "Informe sobre el Desarrollo en el Mundo", também do Banco Mundial, propunha duas estratégias para diminuir a mortalidade no mundo: introduzir as forças do mercado no campo da saúde e melhorar a distribuição de recursos públicos com critérios de eficiência técnica e instrumental, por meio de intervenções de alta efetividade e baixo custo. Por sua vez, o Acordo Geral sobre Comércio e Serviços (AGCS), da Organização Mundial do Comércio (OMC), definia um conjunto de medidas favoráveis a uma liberalização no tratamento das questões de saúde. Entre as medidas propostas constavam a redução das regulações internas inibidoras do comércio em nível internacional, a revogação de todos os procedimentos ou normas técnicas que impeçam ou limitem a implantação de hospitais e serviços privados, a introdução da gestão privada nos hospitais públicos e a externalização de serviços (Garcia, 2005).

É importante mencionar também o Tratado de Maastrich, pela sua importância para os países europeus e pelas suas consequências sobre o gasto público, com procedimentos destinados a criar um espaço sem fronteiras para o comércio e uma moeda comum, conter o déficit público (não deveria ultrapassar 3% do PIB) e a dívida pública (deveria ser inferior a 60% do PIB). Para Garcia (2005), como consequência direta da redução do gasto público, os orçamentos de saúde dos Estados da União Europeia se estabilizaram, ou melhor, diminuíram em porcentagem do PIB, na década de 1990. O Tratado de Maastrich também estabeleceu um sistema de contabilidade que não contemplava como endividamento público o contraído por empresas públicas submetidas à gestão privada ou por serviços contratados pelo sistema público com empresas privadas, criando um enorme apoio para a expansão do setor privado (FADSP, 2007).

Além dessas orientações dos organismos internacionais, no mundo acadêmico proliferavam muitos enfoques teóricos que privilegiavam uma perspectiva neoempresarial para a condução da gestão pública e, no plano político, assistia-se à ascensão de muitos governos de orientação conservadora. Em consequência, tornava-se consensual a necessidade de reformas no sistema de saúde com foco em um conjunto de estratégias centradas no mercado. Como afirma Navarro (2005:16-17):

> *Creo que la evidencia es muy fuerte: los establishments económicos, políticos y sanitarios del Norte, y especialmente los de Estados Unidos (incluyendo sus agencias, fundaciones e instituciones académicas líderes a nivel federal), tienen una enorme influencia en modelar la cultura, discursos, prácticas y políticas del mundo occidental, incluidas las agencias internacionales como el Fondo Monetario Internacional (FMI), el Banco Mundial, la Organización Mundial del Comercio (OMC) y la Organización Panamericana de la Salud (OPS). (...) El último ejemplo de esta situación es el documento en donde se evalúan los sistemas de salud de los países — Sistemas de Salud: Mejorando el Funcionamiento — preparado por la OMS hace dos años. Este es un documento fuertemente ideológico, que reproduce la ideología dominante que ha existido en Estados Unidos, y en menor grado en el Reino Unico, desde los años 1980.*

A reforma do Estado e dos sistemas de saúde

A evolução das publicações sobre as reformas de saúde e as influências que determinam sua orientação face aos princípios de equidade, qualidade e efetividade, eficiência, sustentabilidade e participação social, no período de 1990 a 2004, atestam que existem influências britânicas e americanas importantes. Entre 1990 e 1994, ocorreu um incremento de publicações sobre o tema nos Estados Unidos e Grã-Bretanha, mas foi a partir dessa última data, até 2004, que o amplo debate em torno das modificações implementadas pelo National Health Service (NHS) britânico e das reformas de saúde propostas pelo governo americano converteu-se em um grande impulso para a produção de trabalhos científicos; não é por acaso que a concentração de publicações sobre reformas na saúde está justamente entre os 15 países que as realizaram (Palma-Solís et al., 2006).

Definia-se, pois, a agenda de reforma dos sistemas de saúde centrada em uma mudança de paradigma da atuação do Estado, que agora deveria implementar um conjunto de inovações nas formas organizacionais e de distribuição dos serviços, redefinir o seu papel — agora mais regulador do que provedor —, e realizar reformas gerenciais que levassem à responsabilização em resposta às demandas dos cidadãos. Os elementos centrais dessa nova agenda de reforma, segundo a OCDE, seriam:

- transformação do compromisso governamental de garantia do direito de acesso aos serviços para todos os cidadãos em políticas que se baseassem em um conceito de demanda expressa segundo as preferências do consumidor;
- inovações nas formas de organização da distribuição dos serviços com a inclusão de grupos de pessoas e/ou empresas prestando serviços, sob o argumento de que o governo não seria o provedor de serviços por excelência;
- o financiamento dos serviços não deveria vir necessariamente dos impostos gerais;
- o Estado teria um papel regulador somente em atuações focais e seletivas;
- introdução de reformas gerenciais que levassem à responsabilização interna conceitos usuais do setor privado; e
- substituição das escolhas políticas ou burocráticas pelas escolhas do consumidor (Almeida, 1996).

É claro que a adoção dessas estratégias não se deu de forma homogênea entre os países. Em cada um deles, foram as condições políticas, econômicas e sociais que determinaram o grau em que as reformas internalizaram a dimensão de mercado. Mas, de um modo mais ou menos intenso, os países introduziram reformas que contemplaram:

- a introdução de mecanismos de coparticipação para financiamento da atenção à saúde, estabelecimento de acordos cooperativos, mercados internos e escolha do cidadão, contenção de gastos farmacêuticos, competitividade entre hospitais, gestão privada de fundos públicos (Palomo, 2005);
- a redução do papel do setor público como financiador e prestador de serviços, introdução do mercado e da concorrência como impulsionadores da racionalidade, eficiência e qualidade assistencial (Garcia, 2005);
- incremento do gasto privado, seja via exclusão de prestações dos catálogos de cobertura pública, seja por meio da deterioração do sistema público que obriga às pessoas a procurarem outra alternativa, seja por meio do estabelecimento de sistemas de coparticipação para o acesso a determinadas prestações;
- privatização do sistema de seguro;
- privatização da provisão, seja mediante a privatização do sistema público, ou reservando para ele um papel residual (Sánchez Bayle, 2004).

É nesse contexto que as reformas postas em prática nos sistemas de saúde no Brasil e na comunidade autônoma da Catalunha, na Espanha, foram produzidas. As reformas realizadas na Inglaterra, pelo seu pioneirismo, simbolismo e conjunto de inovações gerenciais constituíram as suas principais referências. Os próximos dois capítulos deste livro exploram as reformas implementadas na Catalunha e no Brasil com o objetivo de analisar a forma como os sistemas de saúde foram sendo construídos, destacando os aspectos relacionados ao seu desenho organizacional e seus mecanismos de gestão. Assim, não se pretende fazer uma discussão sobre os aspectos da saúde propriamente ditos, mas sim evidenciar os instrumentos gerenciais que foram sendo adotados e que explicam sua atual configuração. Ao mesmo tempo, procuraremos identificar nessa trajetória a inclusão na agenda da saúde dos temas da agenda de reforma do Estado e, em especial, do tema da responsabilização, com a compreensão de que os arranjos organizacionais produzidos atendem às preocupações de reforma contidas nas diferentes propostas de redefinição do papel do Estado. A legislação aprovada pós-reformas dos sistemas de saúde é a principal fonte de referência para análise. Portanto, analisaremos as principais inovações gerenciais incorporadas via dispositivos normativos à luz das orientações políticas das reformas implementadas, numa perspectiva cronológica, de modo que se possa apreender quais os dispositivos que de forma direta ou indireta se vinculam às formas de responsabilização pela competição administrada, pelo controle social e pelo controle de resultados.

2

A reforma do sistema de saúde na Catalunha

Marco inicial

Na Espanha, a partir da década de 1990, é especialmente visível o esforço de modernização e reforma na Administração Central do Estado e nas distintas administrações das comunidades autônomas. Fenômenos como a homogeneidade do contexto socioeconômico em que operam as administrações públicas contemporâneas, o elevado grau de aceitação dos postulados da NGP, a crescente complexidade dos assuntos públicos, a revolução tecnológica, a globalização e a crescente demanda dos cidadãos haviam colocado no centro do debate a necessidade de modernizar e reformar o Estado. Dessa maneira, começa a desenvolver-se uma nova visão da administração, em consonância com o que havia ocorrido em outros países europeus, com base em técnicas e experiências da iniciativa privada, que considera o cidadão um usuário dos serviços da administração ao qual ela deve servir satisfatoriamente e ao redor do qual deve girar toda a atividade.

Desde 1978, com a promulgação da Constituição e a criação de um Estado autônomo, mudara completamente o panorama administrativo espanhol, com a consagração dos direitos e liberdades que haveriam de inspirar o funcionamento administrativo, a aparição das novas administrações autônomas e o incremento da autonomia das corporações locais (Moreno, 2003). A Constituição de 1978, em seu artigo 137, afirma que municípios, províncias e comunidades autônomas gozam de independência para a gestão de seus respectivos interesses e, nos artigos 148 e 149, define as competências do Estado e das comunidades autônomas. Dessa forma, a Constituição definiu a coexistência de três níveis administrativos:

a administração-geral do Estado Espanhol, as administrações das comunidades autônomas e as administrações locais (municípios e províncias), em um claro reconhecimento aos direitos de nacionalidade e regiões da Espanha. Antes da Constituição de 1978, existiam apenas a administração central e as administrações locais, com a administração central assumindo a maior parte do poder.

De 1982 a 1995, surge um novo conjunto de dispositivos normativos importantes. Na década de 1980, as principais medidas de reforma da administração tiveram como foco a descentralização, o funcionamento das administrações autônomas e a articulação territorial patrocinadas pela Constituição. Pode-se destacar nesse período a Lei nº 30/1984, de Medidas para a Reforma da Função Pública, e o Real Decreto Legislativo nº 1.091/1988, com nova versão da Lei Geral Orçamentária, a Lei Geral de Saúde (Lei nº 14/1986) e a Lei Geral para a Defesa dos Consumidores e Usuários (Lei nº 26/1984).

Na década de 1990, aprofundou-se o debate sobre o funcionamento da administração pública e as estratégias de mudança. Em decorrência, aprovou-se em 1992 o Plano de Modernização da Administração-Geral do Estado, com os objetivos de melhoria da informação e participação dos cidadãos, melhoria da qualidade dos serviços públicos, aumento da eficácia da gestão interna e redução de custos, a Lei nº 30/1992, que trata do Regime Jurídico das Administrações Públicas e Procedimento Administrativo Comum, e a Lei nº 13/1995, relativa a Contratos das Administrações Públicas. Em todos esses documentos, a necessidade da reforma era apresentada como inevitável dado o novo contexto internacional e as mudanças experimentadas na realidade espanhola.

No período 1996-2003, o foco do esforço de reforma foi dirigido para a busca de qualidade, eficiência e novas tecnologias, tendo como estratégias a configuração de uma estrutura organizativa, ágil e flexível, o estabelecimento de um novo marco regulador de seus recursos humanos, a qualidade e eficácia da prestação de serviços, a incorporação da administração pública à sociedade da informação e do conhecimento. É desse momento o Plano de Qualidade, a regulação das Cartas de Serviços, a criação de prêmios para as melhores práticas e a institucionalização do Prêmio da Qualidade na Administração Pública. Em destaque, a aprovação da Lei nº 6/1997, de 14 de abril, de Organização e Funcionamento da Administração-Geral do Estado (Lofage) e, em 2000, do Livro Branco para a Melhora dos Serviços Públicos, que continha um amplo leque de medidas para obter a melhoria da atenção aos cidadãos, estabelecer um sistema integral de comunicação com a administração e promover a gestão de qualidade (Moreno, 2003).

A reforma do sistema de saúde na Catalunha

Devem-se também ressaltar, no conjunto de iniciativas empreendidas, pela sua importância na discussão do tema da responsabilização, as Cartas de Serviços, que a exemplo da Carta do Cidadão, na Inglaterra, preocupavam-se em introduzir a noção de qualidade na prestação de serviços e soberania do consumidor. As Cartas de Serviço correspondem a documentos e normas nos quais são especificados regras e objetivos claros para cada serviço público, acompanhados dos recursos disponíveis para a sua execução, assim como a identificação dos responsáveis pela sua provisão. Ao cidadão são dadas mais possibilidades de escolha e mecanismos para melhorar as alternativas, a qualidade, a avaliação e a quantificação dos serviços. A ideia consiste em converter o cidadão em cliente e tem por objetivo sacudir a inércia na prestação dos serviços. O cidadão tem o direito de exigir padrões mínimos de eficiência, informações sobre a prestação dos serviços, acesso aos serviços e conhecer as razões pelas quais não recebeu um serviço adequado.

Ao mesmo tempo em que se processavam essas reformas, também avançavam as reformas vinculadas aos processos de desconcentração funcional e territorial e a reconversão do Estado com funções de planificação e coordenação. Definia-se um novo papel para a administração central, agora orientado para tarefas reguladoras, de controle, de coordenação e de orientação das políticas públicas entre as comunidades autônomas e os níveis territoriais (Jordana, 2006). As grandes políticas sociais (educação, serviços sociais, saúde etc.) seriam de competência das comunidades autônomas.

A Catalunha foi a primeira comunidade autônoma da Espanha a assumir responsabilidades, antes mesmo da aprovação da Lei Geral de Saúde, que consagrou o Sistema Nacional de Saúde (SNS) como um sistema público, integrado por um conjunto de organizações públicas e privadas existentes, para a prestação dos serviços de saúde dentro dos princípios de integralidade, universalidade e equidade. A devolução de competências ocorrera em 1981, após a promulgação da Constituição em 1978, que havia desencadeado um processo de descentralização política e definido 17 comunidades autônomas e suas respectivas competências, com o Real Decreto nº 1.949/1980, sobre transferência de serviços do Estado Espanhol ao governo da Catalunha em matéria de saúde, serviços e assistências sociais. Nesse sentido, passaram a ser da competência da Catalunha:

- os serviços e as funções correspondentes aos centros e estabelecimentos de saúde, assistenciais e administrativos do Instituto Nacional de Saúde (Insalud) e do Instituto Nacional de Serviços Sociais (Inserso);
- a elaboração e execução dos planos de investimento em assistência e serviços sociais, assim como a gestão dos investimentos em curso;

- o estabelecimento, a gestão e a atualização dos convênios com as instituições que prestam serviços na Catalunha;
- a criação, transformação e ampliação de centros assistenciais; a gestão de centros, estabelecimentos e serviços.

A partir desse momento e até a aprovação da Lei nº 15/1990, outras iniciativas irão, mesmo que de forma ainda embrionária, conformando o modelo de gestão do sistema de saúde. Nessa perspectiva, situamos a criação do Instituto Catalão de Saúde (ICS), por meio da Lei nº 12/1983, como entidade gestora dos serviços e prestações sanitárias do governo e da Seguridade Social na Catalunha e, em 1983, a criação dos conselhos gerais do ICS e do Instituto Catalão de Assistência e Serviços Sociais, substitutos dos antigos Insalud e Inserso.

Em 1984, o Mapa Sanitário prevê a criação de uma rede de hospitais públicos com o objetivo de prestar assistência aos beneficiários da Seguridade Social, que vem a ser regulamentada pelo Decreto nº 202/1985, de 15 de julho de 1985, do governo da comunidade autônoma da Catalunha, que tem o nome de histórico, em catalão, de Generalitat.

Pensava-se que a rede hospitalar de utilidade pública poderia ser construída com toda a rede de serviços existente, independente de titularidade pública ou privada. Aproveitou-se a infraestrutura histórica de serviços de propriedade de administrações locais, ordens religiosas e da iniciativa civil, resultando na criação de um sistema misto de serviços, mediante a compra de serviços. A titularidade pública da rede hospitalar na Catalunha, em 1981, era de apenas 34%, enquanto no conjunto do Estado Espanhol era de 67% (Vidal de Llobatera, 1990).

Portanto, a inclusão de qualquer centro hospitalar na rede implicaria uma participação ativa na prestação de serviços. A inclusão/exclusão seria de responsabilidade do Departamento de Saúde e Seguridade Social da Generalitat, que regularia os procedimentos para credenciar os centros a partir da definição de um padrão mínimo de qualidade (Ordem de 21 de novembro de 1981 e Ordem de 25 de abril de 1983), bem como as condições em que se processariam as relações entre as entidades, que se daria por meio do instrumento convênio. Os critérios mínimos de qualidade deveriam ser alcançados pelas diferentes estruturas que compunham a rede hospitalar de modo que a qualidade estivesse presente de forma homogênea em toda a rede. Para tanto, analisaria-se sua estrutura física, orgânica e funcional. Somente poderiam integrar-se à rede os centros e hospitais compreendidos no desenvolvimento do Mapa Sanitário da Catalunha.

Em 1985, sob inspiração da Declaração de Alma Ata, aprovou-se, com o Decreto nº 84, de 21 de março, a reforma da atenção primária da saúde. Tal

A reforma do sistema de saúde na Catalunha

reforma estava em conformidade com o ideário social-democrata em favor do Estado de bem-estar. A reforma da atenção primária, preconizada pela OMS, consistia em uma estratégia de melhoria da eficácia do sistema de saúde, reorientando-o para as atividades de promoção e prevenção da saúde a partir de uma concepção integral de saúde. O Decreto nº 84/1985 definiu a atenção primária como o primeiro grau de acesso do cidadão à assistência que integra a atenção preventiva, curativa, reabilitadora e de promoção da saúde da comunidade. Em decorrência, a rede de atenção primária foi formatada com os seguintes critérios de setorialização:

- a Área Básica de Saúde (ABS), como unidade territorial elementar de atenção primária, tendo como núcleo fundamental de atividade o Centro de Atenção Primária (CAP);
- o Setor, como o conjunto de ABS, que integra as especialidades médicas de suporte e de referência. As especialidades médicas se estruturam em dois grupos hierarquizados. O primeiro grupo envolve aquelas que são próprias do âmbito extra-hospitalar e servirão de suporte e referência às ABS do Setor; e o segundo grupo compreende aquelas que se localizam nas dependências dos CAP e que permanecem vinculadas funcional e organicamente a uma instituição hospitalar. No Setor se integram as Equipes de Atenção Primária (EAP) das ABS, assim como os serviços hierarquizados das especialidades médicas de atenção primária. Dentro de um mesmo Setor poderão coexistir diversos CAPs. No âmbito de cada ABS serão coordenados todos os serviços de atenção primária de titularidade pública ou privada. A EAP é constituída pelo conjunto de profissionais de dentro e de fora da área de saúde com atuação na ABS e localização física principal no CAP. Integram a EAP médicos, auxiliares e também o pessoal não pertencente da área de saúde. Constituem, entre outras, funções das EAP a promoção da saúde e prevenção, a realização de estudos clínicos e epidemiológicos, a elaboração de diagnósticos de saúde para a ABS, a avaliação das atividades realizadas e a atenção individual e coletiva.

Também em 1985 foi criada a rede hospitalar de utilidade pública, mediante o Decreto nº 202/1985, que aglutina o conjunto de centros que fazem parte do sistema e que será determinante na configuração do modelo de saúde implantado. Entre 1989 e 1990, iniciou-se a separação entre o financiamento e a provisão de serviços de saúde, com a criação da Direção-Geral de Recursos Econômicos e da Seguridade Social — Decreto nº 55, de 13 de março de 1989 — e a reestruturação do ICS — Decreto nº 56, de 13 de março de 1989.

Formalização do modelo de saúde catalão

A partir dos anos 1990, as reformas passaram a ser formuladas com um forte acento gerencial, com a aprovação da Locs e da Lei nº 11/1995, de 29 de setembro, de modificação parcial da Lei de Organização Sanitária da Catalunha. A saúde é definida como um serviço público, financiado publicamente, com assistência universal, por meio de um sistema integrado com ênfase na promoção da saúde e prevenção da enfermidade, baseado nos princípios de equidade, superação das desigualdades territoriais e sociais na prestação de serviços, participação comunitária, setorialização da atenção e racionalização, eficácia, simplificação e eficiência.

No que se refere ao modelo de saúde, a Locs determina que seja configurado da seguinte forma:

- separação da função de financiamento e compra de serviços da função de provisão;
- diversificação de provedores;
- mercado misto de competência planificada e regulada;
- diversidade de fórmulas de gestão;
- descentralização de serviços;
- desconcentração de organização (regiões e serviços);
- participação comunitária (conselhos de direção, conselhos de saúde, participação de órgãos de governo das instituições de saúde).

É importante destacar as opções políticas feitas para o desenho do modelo. Em primeiro lugar, a concepção de que o sistema pode ser público, independente da titularidade das organizações prestadoras de serviço. A diversidade de provedores é vista como uma vantagem na oferta dos serviços na medida em que o poder público pode ter padrões de comparação na oferta e, dessa forma, ter maiores possibilidades de ganhos e economia de escala na compra dos serviços. Pluralidade de organizações e de serviços, uma concepção também mais econômica para o poder público, que não precisa alocar recursos para investimentos em prédios, instalações, equipamentos, recursos humanos e tecnológicos. É forte no modelo, portanto, a ideia de regulação a partir de um planejamento das necessidades da saúde.

Aposta-se também na descentralização de serviços e de fórmulas de gestão, à medida que ao poder público, agora, é reservado o papel de comprador, e não interessa a ele, a princípio, quais as formas de gestão dos seus prestadores de serviço, mas o serviço que eles oferecem. Esses princípios de gestão têm desdobramento na descentralização geográfica, que é também uma escolha do modelo e, finalmente, o

A reforma do sistema de saúde na Catalunha

modelo se completa com a participação da comunidade por meio dos conselhos de direção e dos conselhos de saúde, na expectativa de que as ações de saúde serão fiscalizadas e controladas pela comunidade, criando dessa forma anticorpos de proteção à apropriação do público pelo privado e elementos de controle da ação pública.

Para viabilizar esse modelo, a Locs definiu como sua coluna de sustentação o Serviço Catalão de Saúde (SCS), ente público vinculado ao Departamento de Saúde e Seguridade Social da Generalitat — governo da comunidade autônoma da Catalunha, mas que deve atuar em conformidade com o direito privado, e que é configurado por todos os centros, serviços e estabelecimentos públicos ou privados de cobertura pública. O SCS tem as funções de organização, planificação, programação e avaliação sanitárias e de saúde pública e a distribuição dos recursos econômicos afetos ao financiamento do sistema público, assim como as funções de gestão e administração dos centros.

Em suas atribuições, deve o SCS desenvolver fórmulas de gestão empresarial de modo a dar agilidade e eficiência às ações de saúde. A ideia subjacente era a criação de um mercado interno de saúde, a exemplo das reformas da Inglaterra e da Nova Zelândia, especialmente da primeira, grande inspiradora das reformas em curso. A aposta foi de que a concorrência entre distintos provedores levaria à eficiência e eficácia do sistema. A heterogeneidade dos provedores (tamanho, patrimônio, diversidade de produtos, formatos organizacionais) impulsionaria a busca por padrões elevados de qualidade, a custos menores. A organização do sistema público de saúde com fortes características burocráticas era visto como impeditiva para a obtenção de ganhos de eficiência e para o alcance de resultados e, em especial, para lidar com demandas crescentes da população e com a escassez de recursos.

O SCS está organizado em demarcações territoriais, denominadas regiões sanitárias, as quais se delimitarão atendendo a fatores geográficos, socioeconômicos, demográficos, laborais e culturais. Essas regiões constituirão órgãos desconcentrados de gestão do sistema público da Catalunha e corresponderão ao desenvolvimento das funções atribuídas como próprias ou as que sejam delegadas a elas pelos órgãos centrais do SCS. Entre suas principais funções, podemos citar: a gestão e administração dos centros, serviços e estabelecimentos de saúde integrados ao SCS, assim como dos serviços administrativos que conformam sua estrutura, e ainda a gestão dos acordos e convênios subscritos para a prestação de serviços em sua área territorial de atuação.

A região sanitária é constituída de subunidades territoriais que serão conformadas por um conjunto de setores. No âmbito do setor de saúde, são desenvolvidas e coordenadas as atividades de prevenção de enfermidades, promoção da saúde e saúde pública, a assistência sanitária, sociossanitária em seu nível de atenção primária e as especialidades médicas de apoio. Cada setor terá um hospital de referência pertencente à rede hospitalar de utilidade pública. Os setores estão constituídos pela agrupação de áreas básicas de saúde.

As ABS são delimitadas atendendo a fatores geográficos, demográficos, sociais, epidemiológicos e de vias de comunicação homogênea, e contam, como mínimo, com um CAP. A ABS é a unidade territorial elementar por meio da qual se organizam os serviços de atenção primária à saúde. São unidades territoriais formadas por bairros ou distritos em áreas urbanas ou por um ou mais municípios no âmbito rural. Em cada área básica de saúde deverão coordenar-se todos os serviços de saúde e sociosanitários de atenção primária de titularidade pública ou privada, a fim de alcançar uma homogeneidade de objetivos e um máximo de aproveitamento de recursos.

A EAP compreende o conjunto de profissionais com atuação na ABS, que desenvolve, de maneira integrada, atuações relativas à saúde pública e à promoção, prevenção e reabilitação da saúde individual e coletiva da população da área básica. Em consequência desse arranjo organizacional, por meio da estrutura de direção e gestão do setor de saúde, ela gerencia diretamente as equipes de atenção primária das áreas básicas de saúde, assim como os recursos sanitários, hospitalares e sociossanitários públicos e de cobertura pública situados no âmbito do território específico do setor.

O sistema se organiza em:

- *atenção primária*, que é o primeiro nível de acesso dos cidadãos à assistência à saúde, por meio dos CAPs que funcionam com as equipes de atenção primária. Os serviços de atenção primária incluem a atenção farmacêutica e uma série de prestações complementares, como o transporte de doentes ou a assistência ortopédica; e
- *atenção especializada*, que é o segundo nível de acesso, conta com: provedores especializados na atenção hospitalar, atenção sociossanitária, atenção psiquiátrica e saúde mental, atenção para dependentes de drogas e para a atenção farmacêutica e uma série de prestações complementares, como transporte ou assistência ortopédica.

Nessa estrutura, os municípios têm a responsabilidade de prestar os serviços de controle do meio ambiente, abastecimento de água, controle de resíduos e saneamento em edifícios e locais de convivência humana, distribuição e fornecimento

A reforma do sistema de saúde na Catalunha

de alimentos e bebidas, proteção sanitário-ambiental e proteção da salubridade pública. Percebe-se, portanto, que aos municípios está reservado um papel mais voltado ao controle do que às questões de assistência à saúde, estas da competência do governo da comunidade autônoma da Catalunha (Generalitat).

Outra definição importante da Lei nº 15/1990 é a reafirmação do conceito de rede hospitalar de utilidade pública, que consiste em todos os centros e estabelecimentos integrados no SCS, assim como aqueles outros que satisfazem regularmente as necessidades do sistema público de saúde da Catalunha, mediante os convênios pertinentes. Para viabilizar essa inclusão/exclusão, regularmente serão fixados critérios de credenciamento para avaliar, em termos de estrutura, equipamentos, instalações, recursos humanos e assistência, as condições mínimas adequadas para fazer parte da rede hospitalar pública, utilizando-se da experiência já acumulada em credenciamento, que vem de um período anterior à publicação da Locs.

Igualmente, serão fixados os critérios para garantir o nível de qualidade assistencial dos centros e da gestão econômica dos mesmos. Acredita-se que essas iniciativas — de credenciamento e de critérios de qualidade assistencial — sejam ferramentas gerenciais adequadas para lidar com a pluralidade de provedores de serviço. Os centros, serviços e estabelecimentos que passarem a fazer parte da rede hospitalar de utilidade pública terão que desenvolver tarefas assistenciais, de promoção da saúde e de medicina preventiva, submeter-se aos controles e inspeções periódicas e proceder a alterações em matéria de gestão e contabilidade para ajustar-se às orientações do setor público.

Para facilitar a constituição da rede, a Locs também disciplina que poderão ser constituídos consórcios de natureza pública com outras entidades públicas ou privadas, sem fins de lucro, para a consecução de fins assistenciais, de ensino e/ou de investigação em matéria de saúde. Aqui, inova-se no arranjo organizacional com a figura do consórcio que, juntamente com as figuras da empresa pública e da empresa privada, passam a constituir formas jurídicas alternativas para organizar a prestação de serviços.

Todas essas iniciativas deverão estar articuladas ao Plano de Saúde da Catalunha, que deverá conter uma avaliação da situação do estado de saúde, dos serviços e programas prestados, dos objetivos a alcançar com relação a indicadores de saúde, promoção da saúde, equilíbrio entre as regiões, habilitação de centros, serviços e estabelecimentos, a situação de cada região sanitária, o financiamento e os mecanismos de avaliação. A elaboração do Plano de Saúde da Catalunha levará em conta os planos de saúde formulados regionalmente e setorialmente. Estes, por sua vez, deverão perseguir os objetivos e índices básicos definidos pelo Departamento de Saúde e Seguridade Social do Generalitat, objeto de inclusão no Plano de Saúde da Catalunha. O Plano de Saúde é, portanto, a referência obrigatória para regiões e setores sanitários, áreas básicas de saúde, centros e estabelecimentos de serviços. A sistematização do plano pretende superar as dificuldades de uma elaboração de caráter centralizador, ao mesmo tempo em que responsabiliza as demais instâncias com os objetivos e metas delineadas no plano.

Da leitura da Locs constata-se que a orientação básica de gestão é a de que todos os centros e estabelecimentos deverão contar com um sistema integral de gestão, que permita implantar uma administração por objetivos e um controle por resultados, que delimite claramente as responsabilidades de direção e gestão e que possibilite um controle na avaliação dos parâmetros que influem nos custos e qualidade da assistência.

A Locs estabelece também que os centros, serviços e estabelecimentos devem dispor de sistemas que permitam a avaliação e o controle periodicamente. Da mesma forma, estabelece que os contratos de gestão de serviços de saúde e sociossanitários firmados com o SCS sejam igualmente verificados a fim de constatar o grau de qualidade dos serviços. O contrato passa a ser o instrumento de negociação para execução da política de saúde por meio dos provedores públicos e privados. Assume-se que o novo desenho organizacional resultará em melhoria de eficiência do sistema com a melhoria da gestão, o controle de gastos e a maior racionalidade do sistema em função do elevado grau de autonomia de cada provedor.

Outro aspecto importante é a possibilidade de que a gestão dos serviços possa se realizar mediante fórmulas de gestão diversas, por meio de entidades públicas ou privadas admitidas legalmente. Nesse novo arranjo, a gestão dos serviços do antigo Insalud passa ao ICS. O SCS passa a ser regido pelo direito privado, com competência para criar empresas públicas, e é permitido que as regiões sanitárias estabeleçam contratos para a gestão de centros de saúde e sociossanitários, com entidades de base associativa legalmente constituídas, com personalidade jurídica própria, à semelhança dos *fundholdings* britânico. Além desses aspectos, o sistema catalão de saúde caracteriza-se pela diversidade de provedores e de fórmulas de gestão, participação comunitária e desconcentração de regiões e setores.

Em função de todas essas reformas, mantém-se um sistema misto de saúde, com o SCS atuando como financiador, e o ICS e demais entidades, como provedores de serviços. Essa configuração foi se intensificando com o tempo na razão direta da introdução de novas formas de gestão e de consolidação do papel do SCS. Na atenção primária, por exemplo, no período de 1985 a 1990, o ICS era o único

A reforma do sistema de saúde na Catalunha

provedor, e a partir de 1996, após a diversificação das fórmulas de gestão, além dos provedores mais antigos, surge a gestão por profissionais de saúde. No ano de 2003, de finalização da reforma da atenção primária, das 346 EAPs em funcionamento, 269 eram administrados pelo ICS e 77 administradas por 36 entidades provedoras (Sanagustín e Saiz, 2006).

A argumentação principal em defesa das novas formas de gestão indireta, que se caracterizariam por mais flexibilidade no modo de atuação, é de que elas seriam capazes de melhorar o funcionamento da prestação dos serviços de saúde uma vez que estariam orientadas para a obtenção de resultados e não apenas para o controle de legalidade, próprio das administrações burocráticas. Daí a necessidade de que essas novas formas de gestão fiquem fora do alcance do direito administrativo tradicional para que possam agir com mais liberdade para a obtenção de ganhos de eficiência. As características mais evidentes das novas formas de gestão são:

- alto grau de mimetismo quanto às formas de organização e mercado de saúde das reformas realizadas em outros países;
- maior grau de diversificação das fórmulas de gestão do que em outros países, inclusive para gerir serviços;
- maiores dificuldades de controle da atividade dos centros;
- ausência de mecanismos de integração e coordenação do sistema; e
- facilidades para a criação de monopólios garantidos e a apropriação privada dos resultados de seu funcionamento (Fundación Alternativas, 2009).

Em janeiro de 1991, a fim de levar à prática as definições da Locs, consolida-se o SCS, constituindo-se definitivamente um sistema misto, com a integração em uma só rede de todos os recursos públicos ou privados. Esse modelo de integração, que teve seu início com a rede hospitalar de utilidade pública, vai se ampliando a outras linhas, como a saúde mental e os serviços de emergências e transporte sanitário.

Na consolidação do SCS se explicitaram, de forma mais clara, os papéis que ele e o Departamento de Saúde e Seguridade Social deveriam desempenhar. Para o SCS, os papéis seriam de planificação, financiamento, avaliação e compra dos serviços, ou seja, garantidor das prestações de saúde de cobertura pública. Ao Departamento de Saúde e Seguridade Social caberia planejar as diretrizes gerais do sistema a partir de informações sobre a situação geral de saúde e dos serviços e programas prestados.

Ainda em 1991, a Ordem de 10 de julho tornou obrigatório o processo de credenciamento dos provedores que fazem parte da rede hospitalar de utilidade pública. O conjunto de critérios e padrões de credenciamento se agrupa, entre outras, nas seguintes unidades:

- direção;
- administração e funcionamento geral;
- direção e serviços médicos;
- direção e serviços de enfermaria;
- admissão;
- qualidade assistencial;
- direitos do enfermo;
- sugestões e reclamações;
- trabalho social;
- estrutura física;
- hospitalização;
- consultas externas;
- farmácias;
- banco de sangue;
- bloco cirúrgico;
- esterilização;
- laboratório.

Em um processo de aprofundamento do modelo, a Lei nº 11/1995 efetivou alterações na norma legal originária, para regular com maior precisão o procedimento a ser seguido para a constituição de organismos que dependam do SCS, a formação de consórcios e a criação ou a participação do SCS em quaisquer outras entidades admitidas em Direito. A Lei nº 11/1995 também inclui normas para o estabelecimento de fórmulas para a gestão de centros, serviços e estabelecimentos que envolvam os profissionais no processo de desenvolvimento do sistema de saúde. Estabelece que os centros, serviços e estabelecimentos devem dispor de sistemas que permitam a avaliação e o controle periódico e que os contratos de gestão de serviços firmados com o SCS sejam igualmente verificados a fim de constatar a qualidade dos serviços. Assumem, portanto, centralidade as funções de controle e avaliação, que dada a diversidade de provedores exigirá do poder público uma estrutura organizacional focada nessas questões.

A Lei nº 11/1995 foi precedida pelo informe de uma comissão criada em 13 de fevereiro de 1990 para análise, avaliação e propostas de melhorias do SNS, conhecido como Informe Abril (1991:22-23), que apontava, entre outros problemas do SNS,

A reforma do sistema de saúde na Catalunha

en los equipos directivos, la responsabilidad de la gestión queda diluida o anulada por el excesivo centralismo y rigidez del sistema y por intervenciones administrativas previas de dudosa aportación; por sus estructuras de gestión, organización funcional y financiación, el Sistema Nacional de Salud está orientado básicamente al cumplimiento de los procedimientos formales de la función pública, antes que al logro de altos resultados mediante el empleo óptimo de recursos humanos y materiales de gran cualificación. Globalmente, los instrumentos de gestión y financiación son los que peor se han adaptado a las nuevas necesidades de los servicios sanitarios modernos. La situación práctica de monopolio estatal en la financiación y provisión de los servicios, la política inestable y restrictiva seguida con el sector privado y la utilización de instrumentos de gestión administrativos, frente a servicios muy complejos y sensibles, producen las mayores situaciones de ineficiencia.

O passo seguinte propunha a introdução progressiva da separação entre as competências de financiamento e compra dos serviços e as funções de gestão e provisão, de modo que a administração central e os governos autônomos seriam os financiadores principais; as áreas de saúde, compradores de serviços; os hospitais, centros de saúde, médicos em equipe ou individualmente e farmácias, provedores; e os usuários, clientes. Esse esquema permitiria que o setor privado, que regula sua atividade segundo as regras do jogo, pudesse competir, com segurança jurídica, com os provedores de titularidade pública (Informe Abril, 1991).

A recomendação era clara para a criação do mercado interno. A dinâmica do mercado produziria os estímulos necessários para instalar um processo concorrencial entre os provedores com um forte acento no controle de custo e qualidade nas prestações de serviços. As funções de compra seriam mediadas pela figura do contrato com os provedores públicos e privados. Para tanto, se fazia necessário repensar a configuração do modelo e, nesta direção, apontava para a criação de formas diversas de gestão para dar agilidade e flexibilidade ao sistema. Defendia-se que era necessário promover uma consciência dos cidadãos e profissionais sobre os custos da saúde para diminuir o diferencial entre as aspirações da população e as possibilidades econômicas. Sustentava-se que o caráter público não estava determinado pela forma jurídica em que se organiza, mas pela origem dos recursos, acessibilidade de todos os cidadãos e natureza de suas funções.

A introdução de novas figuras jurídicas não é uma questão pacífica, sendo a principal crítica o risco de que essas inovações acabem por levar à privatização do sistema de saúde, dada a mudança de titularidade na prestação dos serviços de saúde e o fato de que as inovações parecem estar mais preocupadas com a redução do gasto público, em estreita conformidade com as políticas macroeconômicas de controle, do que com a solução dos reais problemas de saúde da população.

A Lei nº 11/1995 também se inspirava na Lei nº 30/1994, de 24 de novembro, de Fundações e de Incentivos Fiscais à participação privada em atividades de interesse geral. Na exposição de motivos da Lei nº 30, o argumento central era o de que, em função das dificuldades dos poderes públicos em atender plenamente às atividades de interesse geral, constituía-se a necessidade de estimular a iniciativa privada. O leque de atividades que as fundações poderiam realizar era bastante amplo, envolvendo entidades com fins de assistência social, cívicos, educativos, culturais, científicos, desportivos, sanitários, de defesa do meio ambiente, de fomento à economia social, de promoção do voluntariado social e quaisquer outras de interesse geral.

Dando continuidade a esse esforço de definições sobre a organicidade do sistema, em 1996, com o Decreto nº 169, de 23 de maio, são estabelecidas regras para os convênios e contratos de gestão de serviços sanitários, no âmbito do SCS, com entidades titulares dos hospitais integrados à rede hospitalar de utilidade pública, com entidades de direito público criadas para a prestação de serviços e com entidades de direito privado. De igual forma, também são regulamentados os contratos de gestão estabelecidos pelo SCS. O decreto também se preocupa em definir a abrangência dos contratos e convênios, que podem se referir à assistência hospitalar, primária, de transporte de urgência, de terapias e à gestão de serviços.

Como se constata, não há nenhuma limitação em termos de quais serviços poderão ser contratados com a rede de provedores. Há uma abertura total que se articula com a concepção de contar com uma diversidade de provedores. Assim, o sistema conta com pluralidade de provedores, pluralidade de serviços, pluralidade de arranjos organizacionais e pluralidade nas formas de gestão. Disciplina também o conteúdo mínimo desses instrumentos: os serviços que serão prestados, o sistema de pagamento, as informações que serão exigidas, os direitos e as obrigações e a duração. Os contratos referem-se a atividades (altas hospitalares, urgências, ambulatório, consultas externas) e não a resultados. Apenas 5% dos contratos referem-se a resultados, indicando que há uma distância entre o que se diz nos diversos instrumentos normativos e a realidade. Há uma contradição entre o discurso com foco em resultados e o fato de que apenas uma parte muito pequena dos contratos é firmada com base em resultados.

Tal constatação é importante na análise, porquanto se constitui um elo frágil em um sistema que assumiu com muita intensidade o papel de regulador, e não de provedor. Outra referência importante é a definição de um conjunto de requisitos

A reforma do sistema de saúde na Catalunha

que as diversas entidades devem cumprir para que possam realizar convênios ou contratos com o poder público: atender padrões mínimos de qualidade, fazer parte da rede hospitalar de utilidade pública e ter autorização para funcionamento. O Decreto nº 169 também sinaliza que em condições de igualdade deve-se priorizar uma relação conveniada ou contratada com organizações sem fins lucrativos. Estavam dadas as condições de disciplinamento da compra da prestação de serviços, que abrange um amplo leque de possibilidades e que se tornaria uma marca importante na configuração do sistema.

Esses aspectos são fundamentais para a consolidação do modelo de organização, uma vez que dá mais flexibilidade de gestão ao SCS, define os instrumentos que regerão as relações entre comprador e provedores de serviços, permite que os instrumentos do contrato e convênio regulem qualquer tipo de prestação de serviços e procura, ao normatizar o conteúdo dos contratos e convênios, estabelecer as regras que nortearão a contratualização. Sem dúvida, a Lei nº 11/1995, acentua as características do modelo de saúde já definidas na Locs, dotando o sistema de muito mais flexibilidade de gestão e introduzindo definitivamente a contratualização como forma de viabilizar a prestação de serviços.

Em 1997, por meio do Decreto nº 36, de 18 de fevereiro, novas regras foram estabelecidas para definir padrões de qualidade para a contratação de serviços no âmbito do SCS. As exigências recaem sobre aspectos organizativos e de pessoal, aspectos da qualidade da assistência e de atenção global ao usuário e aspectos relacionados à estrutura, instalações e equipamentos. A questão da qualidade ganha assim relevo na regulação da contratualização, expressa nos diferentes aspectos de avaliação dos prestadores de serviço, e informa os prestadores sobre as condições que devem possuir para fazer parte do sistema.

Ainda em 1997 e com o objetivo de ampliar o leque de prestadores de serviços, o Decreto nº 309, de 9 de dezembro, estabeleceu os requisitos de credenciamento das entidades de base associativa para a gestão de centros, serviços e estabelecimentos de proteção à saúde. São exigências para a formação das entidades associativas que 51% do capital social pertençam a profissionais da saúde e que nenhum deles tenha uma participação superior a 25%. Observa-se que esse decreto abre para entidades de base associativa a gestão de centros, serviços e estabelecimentos. É mais uma iniciativa de aprofundamento do modelo de separação das funções, pois agora a atividade que está sendo contratada é a gestão de unidades de saúde e não de serviços. Essa modificação estava em sintonia com a Lei nº 15/1997, de 25 de abril, sobre habilitação de novas formas de gestão do SNS, que estabelecia que a gestão de centros e serviços poderia ser realizada diretamente ou indiretamente, por meio de quaisquer entidades de natureza ou titularidade pública admitida em Direito — empresas públicas, consórcios, fundações. A lei também disciplinava que a prestação e gestão dos serviços poderia ser feita com meios próprios, mediante acordos, convênios ou contratos com pessoas ou entidades públicas ou privadas. Em 1998, a Lei nº 50/1998, de 30 de dezembro — de Medidas Fiscais, Administrativas e de Ordem Social —, ao regular a constituição de fundações públicas para a gestão dos centros e estabelecimentos na condição de organismos públicos, e submetidas às mesmas regras estabelecidas para as entidades públicas empresariais, criou novas possibilidades para a consolidação das novas formas de gestão. As fundações públicas são organismos vinculados ao Instituto Nacional Saúde (INS), mas também poderão ser criadas pelas comunidades autônomas com normativas específicas.

Separação das funções de provisão/financiamento, pluralidade de prestadores, formas jurídicas e de gestão diferenciadas dos prestadores, novos arranjos organizacionais como os consórcios, diversos procedimentos flexibilizadores da gestão, investimento na qualidade da assistência, mecanismos de credenciamento e valorização das funções de avaliação e controle dotam o sistema de instrumentos gerenciais semelhantes à iniciativa privada e, dessa forma, assumem os principais traços delineados pela reforma gerencial do Estado.

Configuração do sistema de saúde integral de utilidade pública e a efetiva separação das funções de provisão e financiamento

Dadas as definições básicas e conformadoras do modelo catalão, o passo seguinte foi a configuração do sistema integral de utilidade pública, realizada pelo Decreto nº 378/2000, de 21 de novembro. Essa configuração exigiu uma reestruturação do SCS e do Departamento de Saúde e Seguridade Social da Generalitat, com o objetivo de fortalecer o papel do departamento como financiador e responsável em estabelecer as diretrizes mais gerais para todas as atuações públicas no âmbito da saúde (Decreto nº 262/2000, de 31 de julho). Em consequência, criou-se o Conselho Assessor de Qualidade, como órgão vinculado à direção-geral de recursos de saúde, com funções de assessoramento e elaboração de estudos e propostas em matéria de credenciamento e qualidade dos centros. No plano da administração geral, o Real Decreto nº 29/2000, de 14 de janeiro, criou novas formas de gestão para o INS. A gestão e a administração dos centros, serviços e estabelecimentos poderão ser feitas por meio de fundações constituídas ao amparo da Lei nº 30/1994, como consórcios,

A reforma do sistema de saúde na Catalunha

sociedades estatais e fundações públicas, assim como mediante a constituição de quaisquer outras entidades de titularidade pública admitidas pelo legalmente, garantindo e preservando em todo caso sua condição de serviço público.

Em decorrência dos dispositivos jurídicos que foram sendo aprovados ao longo do tempo, é possível identificar as seguintes figuras jurídicas permitidas pela legislação espanhola para a gestão de empresas de assistência pública:

- organismos autônomos administrativos ou institucionais;
- organismos autônomos comerciais;
- organismos autônomos locais;
- entes públicos de direito privado;
- entidades de direito público;
- sociedades mercantis públicas;
- consórcios;
- entidades de base associativas;
- concessões administrativas;
- institutos de gestão;
- fundações constituídas ao amparo da Lei nº 30/1994; e
- fundações públicas (Hernandéz e Ares, 2009).

Essa diversidade de figuras jurídicas tem permitido o surgimento de numerosas (na atualidade, mais de 100) experiências concretas de gestão sob novas formas:

- consórcios;
- empresas públicas;
- organismos autônomos;
- entes públicos submetidos ao direito privado;
- entidades de base associativa profissional;
- sociedades anônimas; iniciativas de financiamento privado (Project Financial Initiatives — PFI) nos moldes britânicos (Fundación Alternativas, 2009).

Em 2001, apareceram novas alterações organizacionais. A primeira foi a mudança do SCS, aumentando a sua função asseguradora que incluiria a compra de serviços. A função de financiamento ficou fora de seu âmbito e foi situada no âmbito da autoridade de saúde. Com essa modificação deu-se a efetiva separação de funções entre o financiamento e a provisão. O SCS passou a denominar-se CatSalut em sua forma abreviada. A segunda foi a reestruturação do ICS, na qual se regulam as estruturas de direção, gestão e administração das instituições no âmbito da atenção primária e se redefinem as competências da direção-geral de recursos, do Departamento de Saúde e Seguridade Social.

Ainda em 2001 foi regulada, por meio do Decreto nº 345, de 24 de dezembro, o estabelecimento dos convênios e/ou contratos de gestão de serviços no âmbito do CatSalut. O foco são os convênios com entidades titulares dos hospitais integrados na rede hospitalar de utilidade pública, com entidades de direito público criadas para prestar serviços, com entidades de direito privado e os contratos de gestão estabelecidos pelo CatSalut.

Importante destacar que o Decreto nº 345/2001 permite às entidades com as quais o CatSalut tenha formalizado convênios ou contratos de gestão para prestar serviços encomendar determinados serviços e prestações a outras entidades, desde que previamente autorizadas pelo CatSalut. O dispositivo aponta para o aprofundamento do processo de contratualização, uma vez que permite a terceirização das prestações sanitárias. O decreto aponta também para a possibilidade de que seja contratada, além da prestação de serviços, a gestão de serviços com pessoas jurídicas públicas ou privadas. O decreto também prioriza, em igualdades de condições, a contratualização com organizações sem fins lucrativos. Além disso, disciplina que o CatSalut deve proceder à avaliação dos convênios e contratos, e que o descumprimento das previsões dos convênios ou contratos de gestão pode dar lugar à oportuna penalização.

Em 2002, cinco iniciativas ajudaram a consolidar o sistema. A primeira, a Lei nº 20/2002, de 5 de julho, cria a Agência Catalã de Segurança Alimentar como organismo autônomo administrativo com personalidade jurídica própria e plena capacidade para realizar o cumprimento de suas funções, a qual ajusta sua atividade ao direito público, salvo nos casos em que possa atuar com sujeição ao direito privado. A lei também normatiza o Plano de Segurança Alimentar da Catalunha, que deve incluir:

- os objetivos e os níveis que se pretenda alcançar quanto ao controle sanitário de alimentos e aos âmbitos relacionados direta ou indiretamente com a segurança alimentar: a saúde, a nutrição e o bem-estar dos animais, e a saúde vegetal. Os produtos zoossanitários e fitossanitários e a contaminação ambiental;
- o conjunto dos serviços, programas e atuações que devem desenvolver-se;
- os mecanismos de avaliação de aplicação e de acompanhamento do plano.

A segunda iniciativa veio com o Decreto nº 92/2002, de 5 de março, que estabeleceu as tipologias e as condições funcionais dos centros e serviços sociossanitários e normas de autorização. Os centros e serviços são aqueles que prestam,

A reforma do sistema de saúde na Catalunha

conjuntamente e de forma integrada, uma atenção especializada e social, podendo oferecer serviços de internação, serviços de atenção, equipes de avaliação e suporte, centros e serviços de assistência ambulatorial às pessoas dependentes de drogas e centros residenciais de assistência às pessoas dependentes de droga.

A terceira iniciativa foi introduzida pelo Decreto nº 354/2002, que estabeleceu os prazos máximos de acesso a determinados procedimentos cirúrgicos do SCS. A definição de prazos máximos de espera é um indicador objetivo da qualidade da assistência prestada ao cidadão e é também um indicador de avaliação dos serviços contratados e de controle do cidadão, que é o principal interessado em que os prazos sejam cumpridos.

A quarta iniciativa refere-se à fase de elaboração do projeto de carteira de serviços como um instrumento capaz de dar mais racionalidade ao sistema à medida que evidencia de forma clara as necessidades de recursos a serem mobilizados para a efetiva prestação de serviços à comunidade. Esses serviços devem incluir a atenção primária e hospitalar, os cuidados sociossanitários e os cuidados com a saúde mental. Além dos aspectos racionalizadores, a carteira de prestação de serviços permite aos cidadãos conhecer a oferta de serviços que se encontra à sua disposição, podendo dessa forma ter mais um recurso para instrumentalizar a sua relação com o sistema de saúde.

A quinta iniciativa, decorrente da criação do Conselho Assessor de Qualidade do Departamento de Saúde e Seguridade Social, refere-se à prova piloto para validar o documento de padrões e o manual do avaliador do novo modelo de credenciamento. Constituem características do novo modelo:

- autoavaliação de acordo com os padrões estabelecidos;
- avaliação externa realizada por entidades independentes e autorizadas pelo Departamento de Saúde e Seguridade Social;
- valoração por comitê de especialistas.

O modelo é centrado e orientado na obtenção de resultados — visando à satisfação de cidadãos e profissionais, o que consequentemente gera um impacto positivo na sociedade —, na aplicação a todas as linhas de serviços da melhoria da qualidade, de forma consonante com a situação da Catalunha; e na sustentabilidade econômica.

São objetivos do modelo:

- salvaguardar a garantia da assistência prestada nos centros;
- estabelecer um nível de qualidade essencial para uma organização competente; e
- impulsionar a melhoria da qualidade de forma voluntária.

Um objetivo derivado está na possibilidade de valoração para compra de serviços. São padrões de credenciamento: liderança, política e estratégia, pessoas, alianças e recursos, processos, resultados nos clientes, resultados nas pessoas, resultados na sociedade e resultados-chave (Cano, 2009).

No ano de 2003, três iniciativas merecem destaque. A primeira consiste em uma revisão do modelo para priorizar três eixos: saúde pública, cuidados básicos e os serviços sociais e a atenção à dependência. A segunda foi um reforço no âmbito interno da Direção de Serviços do Departamento de Saúde e Seguridade Social e um impulso em sua projeção no âmbito externo com a criação da Área de Relações Laborais e da Área de Ordenação e Gestão das Profissões Sanitárias, ambas dirigidas à planificação dos recursos humanos do sistema. E a terceira iniciativa, a criação da Agência de Proteção à Saúde, por meio da Lei nº 7/2003, de 25 de abril.

A Agência de Proteção à Saúde vincula-se ao Departamento de Saúde e Seguridade Social do Generalitat, e subscreve com o CatSalut um contrato de relações que regulará as atividades e serviços relativos à saúde ambiental e alimentar. Antecedendo à formalização do contrato de relações, a Agência de Proteção à Saúde deve estabelecer um catálogo de serviços que especifique as atividades a realizar e o respectivo regime econômico, os recursos humanos necessários e demais condições para a sua prestação. Dada a concepção integral de saúde do sistema catalão de saúde, a Agência vem suprir uma lacuna importante que é a atenção à saúde pública, criando dessa forma condições para alcançar um dos princípios formadores do sistema, que tem três eixos: assistência hospitalar, atenção primária e saúde pública. É importante lembrar que o formato de agência foi o preferido em todas as reformas de Estado realizadas para dar maior flexibilidade à gestão.

Além da reestruturação do SCS, a criação de duas agências — Segurança Alimentar e de Proteção à Saúde — reforça a capacidade institucional de gestão do sistema, pois cria melhores condições de planejamento e de enfrentamento dos problemas e permite que as ações contemplem a visão da saúde a partir de uma concepção integral.

Definição do novo sistema catalão de saúde

As iniciativas de revisão do modelo, que colocam como eixos a saúde pública, a atenção e os serviços sociais e a atenção à dependência, definem um novo papel para o cidadão, que é visto como o seu principal protagonista para promoção da

A reforma do sistema de saúde na Catalunha

saúde e a prevenção da enfermidade. Isso significa uma orientação explícita a uma política integral de saúde.

Essa reorientação do modelo catalão é dada pelos Decretos nº 219 e nº 220, ambos de 11 de outubro de 2005, que alteram o nome do Departamento de Saúde e Seguridade Social do Generalitat para Departamento de Saúde e modificam a estrutura dos órgãos centrais do SCS, para fortalecer, de um lado, o papel de autoridade que corresponde ao Departamento de Saúde e, de outro, o próprio papel do CatSalut como órgão encarregado de assegurar a prestação dos serviços de saúde aos cidadãos. Mais uma vez, a estrutura desenhada procura consolidar a separação das funções de provisão e de financiamento.

É importante destacar que a nova estrutura do CatSalut, dada pelo Decreto nº 220/2005, contempla: órgãos de direção e gestão, o conselho de direção e a direção, órgão de participação e o Conselho Catalão de Saúde. Para o exercício de suas funções de gestão, a direção se estrutura em subdireção e secretária técnica. A subdireção, por sua vez, é instituída pelas áreas de serviço e qualidade, recursos, patrimônio e investimentos, e gerência de planificação de serviços. Percebe-se um reforço para ampliar a capacidade de gestão e, em especial, a atenção à qualidade, que ganha uma área específica para tratar dos aspectos vinculados ao tema, e que contempla os itens de estrutura, recursos humanos, processos, materiais, assistência e custos. Essa estruturação revela quais são os grandes eixos de preocupação de gestão, e que se encontram afinados com o papel de garantidor dos serviços de cobertura pública sintonizados com uma orientação voltada a resultados.

O SCS exercerá as funções de tutela das empresas a ele vinculadas e do ICS, sem prejuízo de sua vinculação ao Departamento de Saúde da Generalitat, bem como aos consórcios de que participe, em matéria de aprovação, modificação, distribuição e acompanhamento da execução orçamentária, da aprovação dos planos de investimento e das políticas patrimoniais e, ainda, da aprovação de modificações na oferta de serviços.

A reestruturação do Departamento de Saúde e Seguridade Social, dada pelo Decreto nº 219/2005, muda seu nome e acentua as suas funções de planejamento, coordenação, avaliação e informação. A nova estrutura do agora Departamento de Saúde da Generalitat — do governo da Comunidade Autônoma da Catalunha — compreende os seguintes órgãos: secretaria-geral, direção-geral de recursos de saúde, direção-geral de saúde pública e direção-geral de estratégias e coordenação. Estão vinculados a ele o SCS, o ICS, o Instituto Catalão de Avaliações Médicas, a Agência Catalã de Segurança Alimentar e a Agência de Proteção à Saúde.

Outra novidade organizacional foi a criação dos consórcios — chamados de governos territoriais de saúde (Decreto nº 38/2003, de 14 de março) —, cujo alcance territorial é dado pelas ABS e comarcas, e que devem ter como delimitação mínima a atenção primária, hospitalar e sociossanitária. O governo territorial de saúde terá as funções de organizar, priorizar e coordenar os recursos de sua jurisdição para garantir a prestação dos serviços públicos. Sua criação é vista como um passo importante no processo de descentralização, iniciado com os pactos de saúde. Na constituição dos consórcios, o Departamento de Saúde poderá participar diretamente ou de forma indireta por meio do SCS.

Além de favorecer o processo de descentralização, o governo territorial de saúde tem por objetivos incrementar a participação cidadã, dar voz às prefeituras na política nacional de saúde, facilitar a coordenação entre a ação local e autonômica e melhorar a adaptação das políticas de saúde à diversidade laboral, social e demográfica. Sua estrutura comporta um Conselho Reitor — como órgão máximo de governo —, uma presidência, o Conselho de Saúde do Governo Territorial — que é a instância de participação da comunidade —, o Conselho de Assessoramento e a Comissão de Coordenação de Entidades Provedoras do CatSalut.

São instrumentos gerenciais dos governos territoriais de saúde:

- o plano de saúde do território, que contempla saúde pública e atenção primária especializada, sociossanitária e de saúde mental;
- o mapa sanitário, sociossanitário e de saúde pública e planos de serviços do território, que identifiquem os recursos disponíveis e previsíveis;
- o estabelecimento dos objetivos anuais, orientações e/ou prioridades com relação ao orçamento distribuído, baseando-se na população;
- o estabelecimento dos critérios e instrumentos de medida das atividades realizadas e os resultados obtidos a respeito da qualidade, a equidade e a satisfação das pessoas usuárias dos serviços de saúde; e
- a avaliação de resultados e elaboração de um relatório anual.

Essa nova organização levou a uma nova delimitação das regiões e setores sanitários da Catalunha.

Ainda em 2006, com o Decreto nº 53, de 28 de março, estabeleceu a reforma da estrutura organizativa do ICS para dotar de mais eficiência a sua atuação. Criou-se a direção econômica e de organização, que tem, entre outras, as seguintes funções:

- propor os objetivos econômicos e estabelecer os planos de atuação com relação aos objetivos e orçamentos aprovados para o ICS;

A reforma do sistema de saúde na Catalunha

- propor os preços de referência do catálogo de serviços e estabelecer as bases econômicas dos processos de compra e venda de serviços;
- aprovar os planos de compras agregadas de bens e serviços;
- dirigir o desenvolvimento de sistemas de medição de resultados, análises e avaliação de indicadores relevantes para o controle de gestão do instituto;
- dirigir a realização dos informes e estudos necessários para avaliar as linhas de atividade; e
- realizar as auditorias internas de organização dos serviços hospitalares e de atenção primária do instituto.

A reforma também pretendeu incrementar a coordenação em nível territorial entre os diferentes centros e serviços do instituto, criando as gerências territoriais do ICS como órgãos máximos de direção e gestão dos centros hospitalares e de atenção primária de âmbito territorial.

Com o Decreto nº 5/2006, de 17 de janeiro, regulamenta-se o credenciamento de centros de atenção hospitalar aguda e o procedimento de autorização de entidades avaliadoras. Essa iniciativa estende o processo de credenciamento para tipos diferenciados de estabelecimentos, e sinaliza para todo o universo de prestadores de serviço a preocupação com a qualidade do processo de credenciamento.

O credenciamento é um processo de verificação externa que avalia como a organização se encontra em relação a um conjunto de indicadores e, mais do que isso, é uma ferramenta de gestão importante na medida em que possibilita ao sistema informações para promover a melhoria da prestação. Segundo o decreto, esse novo modelo de credenciamento foi desenvolvido em colaboração com o centro de inovação e desenvolvimento empresarial e, portanto, incorpora a experiência da entidade no desenvolvimento de programas de inovação, qualidade e competitividade. O modelo trabalha com três eixos: orientação para a satisfação dos cidadãos, valoração da satisfação dos profissionais das organizações de saúde e avaliação centrada no processo e orientada aos resultados. Traz como novidade a intervenção de entidades especializadas para verificar o cumprimento de critérios técnicos de qualidade por parte dos centros e a proposta de um sistema de auditoria dessas entidades.

Assim, o objetivo de definir regras claras para a autorização de entidades avaliadoras cria imediatamente uma pressão entre elas, pois as mesmas serão auditadas periodicamente pelo pessoal técnico do serviço de qualidade assistencial e credenciamento da direção-geral de recursos de saúde. Cria também uma pressão para os prestadores de serviço, pela melhoria dos serviços que prestam.

A certificação de credenciamento será emitida com base em uma porcentagem de padrões de credenciamento que o centro alcance, e se pode outorgar sujeito à execução de um plano de melhoria apresentado pelo hospital. Os padrões alcançados se determinam em relação com os intervalos quantitativos e qualitativos de grau de cumprimento de padrões estabelecidos por parte do Departamento de Saúde.

Ainda em 2006, o Real Decreto nº 1.030/2006, de 15 de setembro, estabelece a carteira de serviços comuns do SNS para garantir as condições básicas e comuns de uma atenção integral aos cidadãos. Cada comunidade autônoma poderá aprovar suas respectivas carteiras de serviços, incluindo a carteira de serviços comuns do SNS. O tema já havia sido objeto do Real Decreto nº 63/1995, de 20 de janeiro, que de forma genérica havia definido os direitos dos usuários do sistema de saúde às prestações do sistema público, e também da Lei nº 16/2003, de 28 de maio, de Coesão e Qualidade do SNS, que fazia referência ao catálogo de prestações do SNS e definia prestações de atenção de saúde do SNS como os serviços ou conjuntos de serviços preventivos, diagnósticos, terapêuticos, de reabilitação e de promoção e manutenção da saúde dirigidos aos cidadãos. A carteira de serviços, além de seus aspectos racionalizadores, tinha por objetivo viabilizar o acesso às prestações em condições de equidade a todos os usuários.

Com a compreensão de que o sistema precisava de mais flexibilidade, a Lei nº 8/2007, de 30 de julho, transforma o antigo ICS em empresa pública, com personalidade jurídica própria, autonomia funcional e de gestão e atuação submetida ao direito privado. A empresa terá os seguintes órgãos de gestão: serviços corporativos, as gerências territoriais e as unidades de gestão dos centros, serviços e estabelecimentos, que atuam sob o princípio de autonomia econômica, financeira e de gestão.

De acordo com a Lei nº 8/2007, o ICS atua de acordo com os princípios de eficiência, mediante uma gestão pública moderna e rigorosa dos recursos, autonomia de gestão, cooperação, participação social, eficácia e simplificação, descentralização, corresponsabilidade de seus profissionais, racionalização, transparência, agilidade, equidade no acesso às prestações, avaliação da gestão, sustentabilidade, continuidade do processo assistencial, proximidade e orientação da gestão aos cidadãos.

Desse modo, deve contar com um sistema integral de gestão orientado para resultados, e que de forma transparente informe qualidade, custos e níveis de responsabilidade, entre outras coisas. A Lei nº 8/2007 define assim uma orientação empresarial pública da gestão do ICS, cujo foco está centrado no binômio quali-

A reforma do sistema de saúde na Catalunha 67

dade-custo, na aplicação de técnicas modernas de gestão, na utilização das novas tecnologias de informação e em mecanismos de avaliação dos objetivos e resultados de gestão.

Neste novo formato, constituem objetivos do ICS: prestar serviços públicos preventivos, assistenciais, de cuidados e de promoção e manutenção da saúde, em conformidade com o catálogo de prestações do SNS e da carteira de serviços aprovadas pelo governo da Comunidade Autônoma. As prestações de serviços devem incluir a atenção primária, hospitalar e a atenção da saúde mental. Para tanto deve desenvolver uma organização assistencial que seja referência e um modelo de provisão de serviços de saúde na Catalunha. Isto implica melhorias na infraestrutura e equipamentos, políticas motivadoras para os profissionais, investimentos na qualidade assistencial e adaptação da organização às novas demandas de saúde.

A Lei nº 8/2007 também estabelece que o ICS pode participar da criação de novos centros, serviços e estabelecimentos juntamente com outras entidades, ou ainda integrar-se aos já existentes. Por sua vez, os centros, serviços e estabelecimentos do instituto podem se organizar em gerências territoriais, unidades de atenção primária, unidades de gestão hospitalar e outras unidades de gestão que sejam por ele adotadas. Essa abertura confere uma enorme flexibilidade à gerência de demandas que recaem sobre o instituto, à medida que essas demandas podem ser atendidas pela estruturação de novos arranjos organizacionais. A Lei nº 8/2007 define o contrato-programa como o instrumento que articula a prestação de serviços do ICS por conta do CatSalut (serviços preventivos, assistenciais, diagnósticos, em conformidade com o catálogo de prestações do SNS e carteira de serviços). O contrato-programa deve ter o seguinte conteúdo: relação dos serviços prestados, objetivos, financiamento, resultados esperados, relação de centros, serviços e estabelecimentos, mecanismos para avaliar resultados, indicadores, prazo de vigência e as responsabilidades de supervisão.

O ICS terá em sua estrutura, conforme dispõe a lei, órgãos de direção e participação comunitária. Os órgãos de direção são o conselho de administração e a direção. Os órgãos de participação comunitária são o conselho-geral de participação e os conselhos de participação dos centros, serviços e estabelecimentos do instituto. Esses são órgãos colegiados com fins de assessoramento, consulta, acompanhamento e supervisão da atividade de saúde e devem ser formados por representantes dos entes públicos locais, sociedade civil, organizações sindicais e empresariais mais representativas da Catalunha e das profissões sanitárias.

Outra iniciativa com fortes implicações para a transparência da ação pública foi a aprovação do Decreto nº 136/2007, de 19 de junho, que cria o registro de convênios e contratos. Assim, devem se inscrever no registro de convênios e contratos, a cargo do CatSalut, os contratos ou convênios realizados pelo CatSalut, ICS, as empresas públicas vinculadas ao Departamento de Saúde ou ao CatSalut, os consórcios em que o Departamento de Saúde, o CatSalut ou a Generalitat da Catalunha tenham uma participação majoritária, os centros da rede hospitalar de utilidade pública, os centros, serviços e estabelecimentos com os quais se estabeleçam convênios ou contratos para a prestação de serviços cujo valor seja superior a 50% de seus ingressos totais.

Além dos elementos identificadores das partes, o registro deve conter o objeto do contrato ou convênio e o valor dos serviços. Essa é uma medida que dará maior transparência às relações que se estabelecem entre diferentes entidades envolvidas na prestação de serviços, e sendo de natureza pública constitui-se em mais uma ferramenta de controle da ação pública.

Com o objetivo de adequação às mudanças realizadas, o Decreto nº 37/2008, de 12 de fevereiro, regula os mapas sanitário, sociossanitário e de saúde pública. O mapa é um instrumento de planejamento que define diretrizes para desenvolvimento dos serviços, em conformidade com o plano de saúde da Catalunha, levando em consideração os governos territoriais. Assim, deve incluir uma avaliação da situação atual de saúde, as projeções, a disponibilidade de recursos, a acessibilidade aos serviços, a demanda, o financiamento, os critérios de planejamento dos serviços e os cenários territoriais.

Outras modificações em andamento — como a Lei do Sistema de Saúde e a Lei de Saúde Pública — são apresentadas como uma modificação necessária para adaptação do sistema de saúde, após tantos anos de aprovação da Locs, em 1990. O Projeto de Lei de Saúde Pública prevê a criação da Agência Catalã de Saúde Pública, com vigência para o ano de 2010, integrando dentro de seu âmbito de atuação as atuais Agências de Proteção da Saúde e de Segurança Alimentar. A Agência será uma organização executiva interdepartamental com ampla desconcentração e foco especial no território e âmbito local, vinculando-se aos governos territoriais de saúde por meio de seus serviços regionais.

Todos esses dispositivos configuram um sistema que se estrutura com uma clara divisão de competências. O Departamento de Saúde, órgão do governo da Generalitat, tem a responsabilidade de elaborar as políticas de saúde, assegurar a sustentabilidade do sistema e velar pela qualidade. Para cumprir essas funções, elabora o plano de saúde e encarrega-se do orçamento e do credenciamento dos provedores. O SCS tem a responsabilidade de estabelecer as políticas de serviços de acordo com as políticas de saúde do Departamento de Saúde, viabilizar o

A reforma do sistema de saúde na Catalunha

sistema de prestações, de provisão, de compra e avaliar resultados, utilizando-se dos planos de serviços, planos de investimentos, catálogo de prestações (carteira de serviços/mapa sanitário), o catálogo de recursos, a contratação e o sistema de avaliação.

O CatSalut, para gerir e administrar os serviços e as prestações do sistema público, pode utilizar diversas formas de gestão: direta, indireta ou compartilhada. Tal diversidade permite incorporar muitos provedores e mecanismos de gestão empresarial ao caráter prestacional da administração. O CatSalut pode criar entidades ou participar delas, para a gestão e execução dos serviços do sistema público. Como resultante dessa abertura para provedores distintos cria-se um mercado regulado pela autoridade de saúde.

O atual modelo catalão tem, nas novas formas de gestão indireta associadas à descentralização e separação clara das funções de financiamento e provisão em um contexto de planejamento da prestação de serviços de saúde, a sua principal marca. Nessa trajetória, o modelo se apoia nos seguintes instrumentos gerenciais: o plano de saúde da Catalunha, como um marco de referência para todas as atuações públicas no âmbito da saúde e que contém os princípios de gestão dos centros que configuram o SCS (depois do plano inicial em 1991 se seguiram os planos trienais), contratação da rede de provedores públicos e privados, uma política de avaliação dos contratos a cada ano com revisão de preços e quantidade, mapas sanitários, normas sobre credenciamento dos centros assistenciais, central de Balanços do SCS/CatSalut, criada em 1993, que permite fazer uma análise das relações entre produtividade e financiamento da rede hospitalar de utilização pública, com base em atividades mediante unidades padronizadas de valoração (UEV), custos e ingressos de benefícios em termos correntes, pesquisa sobre a saúde a partir da percepção dos cidadãos, assim como a valoração e expectativa sobre os serviços assistenciais e o sistema (a primeira foi realizada em 1994, a segunda em 2002 e a terceira em 2006), carteira de serviços, catálogo de prestações.

Todas essas iniciativas apresentam uma forte sintonia com as reformas dos sistemas de saúde implantadas em outros países e estão alinhadas com os princípios da NGP, que procuram introduzir na administração pública de corte burocrático inovações gerenciais orientadas para a busca de resultados e fortemente marcadas, de um lado, por um discurso de eficiência e, de outro, por um discurso de valorização do papel do cidadão.

3

A reforma do sistema de saúde no Brasil

Marco inicial

No Brasil, a inclusão do tema da reforma do sistema de saúde na agenda de políticas públicas foi influenciada pelo referencial internacional das reformas implantadas em países europeus e impulsionada pelo Banco Mundial e pelo Banco Interamericano de Desenvolvimento. Essas entidades defendiam a descentralização como um dos pilares básicos das reformas de saúde, partindo do pressuposto de que a maior proximidade com a comunidade favorece o processo de *accountability*, a melhoria da eficiência e qualidade dos serviços. Além dessas influências, deve-se destacar que a luta pela redemocratização do país conformou um projeto de reforma que afinal foi consagrado com a aprovação de nova Constituição Federal, em 1988. A reforma da saúde ganhou densidade no marco das condicionalidades impostas pela crise do Estado, dado que foi concebida em conformidade com os planos macroeconômicos de estabilização e ajuste financeiro, para reduzir o desequilíbrio fiscal e o tamanho do setor público em função da magnitude de recursos que movimenta.

Para apreender melhor o real significado da reforma setorial da saúde, é necessário entender o conteúdo da reforma do Estado no Brasil, que pretendia encontrar respostas para a crise brasileira, expressa no desequilíbrio fiscal, na falência do tipo de intervenção estatal e da forma burocrática de administração. Assim, era preciso reconstruir o Estado para que este recuperasse a sua poupança, redefinisse as suas formas de intervenção no plano econômico e social, reformasse a administração pública — vista como um entrave ao desafio de lidar com novas e crescentes demandas — e reformulasse o seu papel de promotor direto do desenvolvimento para o de regulador e facilitador desse desenvolvimento (Bresser-Pereira, 1998a).

Diretamente relacionada a esse diagnóstico, a proposta de reforma do Estado no Brasil, consubstanciada no Plano Diretor da Reforma do Aparelho do Estado, de 1995, em sintonia com a agenda de reformas que vinha sendo debatida há algum tempo e implementada internacionalmente, propõe um novo modelo de gestão para a administração pública, com as seguintes características:

- descentralização dos serviços sociais nos estados e municípios;
- delimitação mais precisa da área de atuação do Estado;
- distinção entre as atividades do núcleo estratégico;
- separação entre a formulação de políticas e sua execução;
- maior autonomia para as agências executivas exclusivas do Estado;
- maior autonomia para os serviços sociais e científicos do Estado; e
- responsabilização.

O objetivo era que o Estado usasse os recursos de forma mais eficiente e democrática. Para tanto, além das formas clássicas de *accountability* política, três formas de *accountability* gerencial surgiam como necessárias: controle por resultados, pela competição administrada e pelo controle social (Bresser-Pereira, 2002).

Definidos os setores de atuação do Estado — núcleo estratégico, atividades exclusivas, serviços não exclusivos ou competitivos e a produção de bens e serviços para o mercado —, definia-se também a forma de propriedade e administração. Assim, para o núcleo estratégico e para as atividades exclusivas do Estado, a propriedade deve ser estatal; nas atividades não exclusivas, a propriedade deve ser pública não estatal; e no setor de bens e serviços para o mercado, a propriedade deve ser, em princípio, privada. Tratava-se de criar estruturas de atuação estatal a partir da delimitação de funções, em consonância com as reformas realizadas em países centrais do sistema capitalista, privilegiando a dimensão gerencial e enfatizando a eficiência, o atendimento às necessidades do cidadão, a avaliação de desempenho, as metas pactuadas e o incentivo à competição.

No caso dos serviços não exclusivos, nos quais se inserem as atividades de saúde, eram propostas as chamadas Organizações Sociais (OS), por meio de um programa de publicização, assegurando o seu caráter público, mas não estatal, situando-se, portanto, no campo do direito privado. As OS teriam autonomia administrativa e financeira e sua relação com o Estado seria regulada por meio de contratos de gestão que disciplinariam todos os aspectos relacionados às atividades em que estivessem envolvidas.

A reforma do sistema de saúde no Brasil

Na reconfiguração das estruturas estatais, não se trataria apenas de inovar do ponto de vista organizacional, mas de incorporar nas práticas administrativas a preocupação com a eficiência, com o resultado, com o controle de custos, com a competitividade, tão familiares ao setor privado. A reforma proposta, de clara inspiração britânica, assumia um forte acento gerencial para a condução da administração pública, procurando encontrar soluções para a crise da burocracia pública brasileira, vista como ineficiente, lenta, com inúmeras distorções relativas aos recursos humanos, com recursos inadequados e uma cultura autorreferida que favorecia o clientelismo e as práticas patrimonialistas. Nessa perspectiva, a reforma deveria incorporar os seguintes mecanismos de controle sobre a gestão pública: mercado, controle social (democracia direta), controle democrático representativo, controle hierárquico gerencial e controle hierárquico burocrático (Bresser-Pereira, 1998a).

É dentro dessa lógica de controles que se insere como o terceiro elemento fundamental da reforma do Estado o problema da governança. Para tanto, uma nova filosofia gerencial se impõe no lugar da administração pública burocrática, de modo a valorizar: orientação do Estado para o cidadão, ênfase no controle dos resultados por meio dos contratos de gestão, fortalecimento da autonomia da burocracia estatal, separação entre agências formuladoras e executoras, transferência para o setor público não estatal de serviços sociais e científicos, adoção cumulativa de controles e terceirização de atividades. Finalmente, a reforma do Estado envolvia uma reforma política que lhe garantisse governabilidade ou capacidade política de governar.

A reforma do Estado deveria se apoiar em três orientações teóricas: transferir maior autonomia e maior responsabilidade aos administradores públicos para tornar a administração pública voltada para o cidadão-cliente, melhorar a capacidade do Estado em transformar de forma eficiente e efetiva as decisões tomadas (governança) e melhorar a governabilidade, aprofundando os mecanismos democráticos de responsabilização e transparência. Isso significava refundar a República com base na democracia direta associada à administração pública gerencial.

A proposta de reforma contemplava, pois, o caráter democrático da administração pública, por meio da prestação de serviços orientada para o cidadão, da responsabilização do servidor público e do controle social. Tal orientação afirma o papel do Estado como garantidor da proteção eficaz dos direitos sociais e estabelece o controle social como a principal forma de *accountability* (Bresser-Pereira, 1999). Isso não significa dizer que a eficiência ficou em segundo plano. Muito pelo contrário. A preocupação com a eficiência se manifesta na defesa de uma separação entre a formulação de políticas e a sua execução, na redefinição da área de atuação do Estado, na descentralização dos serviços sociais, na responsabilização, na inspiração na gestão privada, na administração por objetivo, e na avaliação de desempenho e metas.

É dentro desse novo desenho do Estado que Bresser-Pereira (1995) apresenta uma proposta de reforma administrativa do sistema de saúde, particularmente no que diz respeito ao sistema de assistência médico-hospitalar, em sintonia com as reformas que estavam sendo implantadas em outros países. A proposta de reforma é baseada no modelo britânico de administração do National Health Service (NHS), tendo como eixos a descentralização, a constituição de um mercado interno, o controle social, a separação clara entre a demanda e a oferta de serviços, além da responsabilização dos gestores.

> Os pressupostos da reforma são cinco. Primeiro, pressupõe-se que a descentralização permita um controle muito melhor da qualidade e dos custos dos serviços prestados localmente. Segundo, que a descentralização, acompanhada de controle social por parte da comunidade atendida pelo serviço, torna-se duplamente efetiva. Terceiro, que a separação clara entre a *demanda* e a *oferta* de serviços permite, entre os fornecedores dos serviços médico-hospitalares, o surgimento de um mecanismo de competição administrada altamente saudável. Quarto, que o sistema de encaminhamento via postos de saúde e clínicos-gerais evitará uma grande quantidade de internações hospitalares inúteis. Quinto, que, a partir da efetiva responsabilização dos prefeitos e dos conselhos municipais de saúde, a auditoria realizada pelo Ministério da Saúde nos hospitais passará a ter caráter complementar à auditoria permanente realizada no nível municipal, onde, de resto, há muito mais fiscalização e participação comunitária (Bresser-Pereira, 1995:2).

A proposta partia da avaliação de que a implantação do Sistema Único de Saúde (SUS), aprovada no início dos anos 1990, ainda não havia ocorrido plenamente, que a descentralização caminhava a passos lentos, que o atendimento ambulatorial e hospitalar deixava muito a desejar, tanto do ponto de vista quantitativo como qualitativo, que o sistema não era universal e nem equitativo, que não havia eliminado as competências concorrentes da União, dos estados e municípios, e que favorecia as internações hospitalares em detrimento do atendimento ambulatorial, mais barato e mais eficiente.

O Brasil havia aprovado a reforma do setor de saúde com a criação do SUS (Lei nº 8.080/1990 e Lei nº 8.142/1990), assentado nos princípios de universali-

A reforma do sistema de saúde no Brasil

dade, equidade e integralidade. Essa reforma havia sido construída no processo das lutas democráticas e trazia uma importante noção: a saúde como direito do cidadão e o Estado como responsável por sua implementação. Essas ideias foram inspiradas pelas experiências europeias de bem-estar social, que procuravam proteger a saúde pública da racionalidade instrumental do mercado.

O SUS é constituído pelo conjunto de ações e serviços de saúde, prestados por órgãos e instituições públicas — federais, estaduais e municipais — da administração direta e indireta e das fundações mantidas pelo poder público (Lei nº 8.080/1990, art. 4º, *caput*). A direção única do SUS é exercida em cada esfera do governo pelos seguintes órgãos: no âmbito da União, pelo Ministério da Saúde; no âmbito dos estados, do Distrito Federal e dos municípios, pelas respectivas Secretarias de Saúde ou órgãos equivalentes.

A direção nacional do SUS tem, entre outras, as seguintes competências:

- participar na formulação e implementação das políticas;
- participar na definição de normas e mecanismos de controle;
- formular, avaliar e participar na execução da política nacional de produção de insumos e equipamentos para a saúde;
- identificar os serviços estaduais e municipais de referência nacional para o estabelecimento de padrões técnicos de assistência à saúde;
- prestar cooperação técnica e financeira aos estados, ao Distrito Federal e aos municípios para o aperfeiçoamento da sua atuação institucional;
- regular as relações entre o SUS e os serviços privados contratados de assistência à saúde;
- acompanhar, controlar e avaliar as ações e os serviços de saúde, respeitadas as competências estaduais e municipais; e
- elaborar o planejamento estratégico nacional, em cooperação técnica com os estados, municípios e Distrito Federal.

À direção estadual do SUS, entre outras atribuições, compete:

- promover a descentralização para os municípios dos serviços e das ações de saúde;
- acompanhar, controlar e avaliar as redes hierarquizadas do SUS;
- prestar apoio técnico e financeiro aos municípios e executar supletivamente ações e serviços de saúde;
- identificar estabelecimentos hospitalares de referência e gerir sistemas públicos de alta complexidade, de referência estadual e regional;
- coordenar a rede estadual de laboratórios de saúde pública e hemocentros e gerir as unidades que permaneçam em sua organização administrativa;

- estabelecer normas, em caráter suplementar, para o controle e avaliação das ações e serviços de saúde.

Por sua vez, a direção municipal do SUS tem as seguintes competências:
- planejar, organizar, controlar e avaliar as ações e os serviços de saúde;
- gerir e executar os serviços públicos de saúde;
- participar do planejamento, programação e organização da rede regionalizada e hierarquizada do SUS, em articulação com sua direção estadual;
- participar da execução, controle e avaliação das ações referentes às condições e aos ambientes de trabalho;
- celebrar contratos e convênios com entidades prestadoras de serviços privados de saúde, bem como controlar e avaliar sua execução;
- controlar e fiscalizar os procedimentos dos serviços privados de saúde.

A iniciativa privada poderá participar do SUS em caráter complementar (Constituição Federal, art. 199, § 1º; Lei nº 8.080/1990, art. 4º, § 2º), mediante contrato de direito público ou convênio, tendo preferência as entidades filantrópicas e as sem fins lucrativos.

O SUS conta em cada esfera de governo com as seguintes instâncias colegiadas: a Conferência de Saúde e o Conselho de Saúde (Lei nº 8.142, de 28 de dezembro de 1990). A primeira tem os objetivos de avaliar a situação da saúde e propor as diretrizes para a formulação da política de saúde. Reúne-se a cada quatro anos, por convocação do Poder Executivo de cada esfera respectiva (federal, estadual ou municipal), ou extraordinariamente, por convocação do Poder Executivo de cada uma dessas esferas ou pelo Conselho de Saúde, com a participação de vários segmentos sociais. Já o Conselho de Saúde é um órgão de natureza permanente, de caráter deliberativo, composto por representantes do governo, dos prestadores de serviço, dos usuários e profissionais de saúde, com o objetivo de formular estratégias e controlar a execução da política de saúde.

O SUS havia sido aprovado com as seguintes características:
- universalidade de cobertura;
- processo de descentralização político-administrativa que envolve a transferência de serviços, responsabilidades e recursos da esfera federal para as esferas estadual e municipal;
- integração de todos os serviços públicos de saúde, que devem organizar-se sob o formato de rede regionalizada e hierarquizada;
- articulação das três esferas de governo para a prestação dos serviços de saúde, com o município como protagonista central;

A reforma do sistema de saúde no Brasil

- gestão apoiada nas relações intergestores;
- direção única do sistema em cada esfera de governo;
- participação da iniciativa privada como provedora do sistema de saúde;
- controle social como elemento estruturante do sistema de saúde por meio das figuras da conferência de saúde e dos conselhos de saúde;
- democratização e incorporação de novos atores sociais ao sistema de saúde.

Constituía-se assim um sistema nacional de saúde em que a concretização do direito à saúde é financiada pelo poder público e de sua responsabilidade.

A concepção pública de saúde se dava em um contexto em que o neoliberalismo era econômica, cultural e politicamente dominante e que o Estado de bem-estar sofria muitos reveses nos países desenvolvidos. Até a década de 1980, o sistema de saúde brasileiro era marcado pela desigualdade de acesso, uma vez que se encontravam excluídos da assistência médico-hospitalar amplos contingentes da população, dado que o direito à saúde vinculava-se à formalização do contrato de trabalho e não à cidadania. Ao Estado cabia apenas um papel de regulação genérica, que consistia em estabelecer contratos ou convênios com prestadores, negociar preços e fiscalizar a adequação entre custos e procedimentos realizados (Campos, 2007). Logo, a reforma sanitária brasileira foi concebida na contracorrente das tendências hegemônicas mundiais, que apregoavam o Estado mínimo como solução para a crise do Estado.

Esse marco referencial estava expresso na Constituição de 1988, no artigo 196 — que estabelece a garantia do direito à saúde mediante políticas econômicas e sociais que visem a redução do risco de doença e de outros agravos e o acesso universal e igualitário às ações e serviços para sua promoção, proteção e recuperação; e no artigo 198, que determina como diretrizes para a organização do Sistema Único de Saúde o atendimento integral, com prioridade para as atividades preventivas, sem prejuízo dos serviços assistenciais; a descentralização; e a participação comunitária.

Após a criação do SUS, até a proposta apresentada por Bresser-Pereira (1995), foram publicadas as Normas Operacionais Básicas do SUS NOB 01/91 e NOB 01/93, que consistiam em diretrizes do governo federal para normatizar o funcionamento do sistema de saúde. As normas induzem, aprofundam e reorientam a implantação do SUS a partir de avaliações periódicas.

A Norma Operacional Básica 01/91 do Sistema Único de Saúde (NOB/SUS 01/91 — Resolução nº 258 do Instituto Nacional de Assistência Médica da Previdência Social — Inamps —, de 7 de janeiro de 1991, e reeditada com alterações pela Resolução nº 273 do Inamps, de 17 de julho de 1991):

- trata do financiamento da atividade ambulatorial;
- define o convênio como o instrumento de transferência de recursos entre entes federados;
- define o critério populacional a ser usado para a distribuição de recursos;
- define a forma de pagamento dos serviços prestados;
- determina os requisitos básicos para as transferências automáticas de recursos para os municípios;
- autoriza a formação de consórcios intermunicipais para a prestação de serviços;
- define a estrutura do relatório de gestão a ser elaborado pelos municípios para habilitá-los à transferência automática de recursos;
- define as formas de controle e acompanhamento dos serviços prestados; e
- equipara os prestadores públicos e privados no que se refere à modalidade de financiamento que passa a ser por pagamento pela produção de serviços.

A NOB 01/91 conferia funcionalidade ao sistema e procurava consolidar sua capacidade gerencial, à medida que colocava o plano de saúde e o relatório de gestão como condições necessárias ao repasse de recursos, com uma definição precisa dos itens que deveriam ser contemplados. Assim, o gestor municipal deveria apresentar no relatório o seu plano de trabalho, destacando as metas almejadas, o plano executado e os resultados alcançados, evidenciando a programação e execução orçamentárias.

Percebe-se dessa forma que a intenção da NOB/SUS 01/91 era criar uma cultura de gestão que acabasse com a improvisação na prestação de serviços de saúde e, mais do que isso, começasse a fazer com que os municípios internalizassem uma cultura de gestão por resultados. Na mesma direção, a NOB/SUS 01/91 procurava dar ênfase ao controle e avaliação, considerados elementos estratégicos da gestão, pois sem um bom controle não é possível acompanhar as ações.

É bem verdade que o controle previsto refere-se a um controle de procedimentos, porquanto tratava de acompanhar a conformidade da aplicação dos recursos repassados à programação aprovada, à legalidade dos atos e ao cumprimento do programa de trabalho, expresso em termos monetários e em termos de prestação de serviços. A ênfase não recaía sobre a efetividade das ações. É importante destacar também a figura dos consórcios intermunicipais como um novo arranjo organizacional na condução das ações e prestações dos serviços de saúde.

Dando continuidade ao processo de construção do SUS, a NOB/SUS 01/93, Portaria nº 545, de 20 de maio de 1993, com base no documento "Descentralização das ações e serviços de saúde: a ousadia de cumprir e fazer cumprir a lei", aprovado pelo Conselho Nacional de Saúde, em 15 de abril de 1993, tem como foco o processo de gerenciamento da descentralização da gestão dos serviços e ações no âmbito do SUS e as condições de gestão das diferentes esferas gerenciais. No primeiro caso, por entender que a descentralização tem dimensões econômicas, políticas, sociais e culturais e que, assim sendo, exige um processo de aprendizado por parte dos atores envolvidos na construção do SUS. Nessa direção, trata especificamente de disciplinar a articulação que deve ocorrer entre os fóruns de negociação e deliberação em cada esfera de governo.

No âmbito nacional, definiu-se a Comissão Intergestores Tripartite — CIT (União, estados, municípios), integrada paritariamente por representantes do Ministério da Saúde e dos órgãos de representação do conjunto das Secretarias Estaduais de Saúde (Conass) e do conjunto das Secretarias Municipais de Saúde (Conasems), com a atribuição de assistir o Ministério da Saúde na elaboração de propostas para a implantação e operacionalização do SUS, submetendo-se ao poder deliberativo e fiscalizador do Conselho Nacional de Saúde. No âmbito estadual, definiu-se a Comissão Intergestores Bipartite — CIB (estados e municípios), integrada paritariamente por dirigentes das Secretarias Estaduais de Saúde e dos órgãos de representação das Secretarias Municipais de Saúde do estado, como instância privilegiada de negociação e decisão quanto aos aspectos operacionais do SUS. No âmbito municipal, definiu-se o Conselho Municipal de Saúde como instância permanente e deliberativa, com o objetivo de atuar na formulação de estratégias e no controle da execução da política municipal de saúde.

Além das esferas de articulação, a NOB /SUS 01/93 preocupava-se em definir as diferentes condições de gestão dos municípios, estados e Distrito Federal não só para responder às diferenças entre os entes federados e o estágio em que cada um se encontrava na gestão e prestação das ações de saúde, mas principalmente para deixar claros para os gestores os níveis de responsabilidade, os requisitos e as prerrogativas envolvidas nas diferentes condições de gestão. Essa definição de competências facilitava a organização do sistema e reduzia o nível de ambiguidade entre os gestores. E, assim sendo, facilitava o planejamento das ações, o foco nos problemas específicos de cada gestão e o reconhecimento dos diferentes estágios de organização dos entes federados no gerenciamento das ações e prestações dos serviços de saúde.

Assim, para o município são definidas as condições de gestão incipiente, gestão parcial, gestão semiplena e gestão plena. Nesta a Secretaria Municipal de Saúde assume completamente a responsabilidade sobre a gestão da prestação de serviços. De forma idêntica, também são definidas condições de gestão para os estados:

gestão incipiente e gestão semiplena. Essas definições ajudam o gestor a orientar as suas ações e permite ao Ministério da Saúde um mapeamento completo das situações de gestão nos diferentes entes federados. Vale a pena destacar que o processo de habilitação dos entes federados se faz por adesão, o que pode dificultar a homogeneização das condições de gestão do sistema.

Em relação ao financiamento, a NOB/SUS 01/93 definia:

- o financiamento das atividades ambulatoriais com base no instrumento operacional Sistema de Informações Ambulatoriais (SAI-SUS) e Autorização de Procedimentos Ambulatoriais de Alto Custo (APA);
- a Unidade de Cobertura Ambulatorial (UCA), destinada a definir os valores a serem repassados aos estados, considerando a sua classificação, com base nas características da população, capacidade instalada, complexidade da rede, desempenho financeiro e desempenho da auditoria estadual do ano anterior, ouvida a comissão tripartite e aprovada pelo Conselho Nacional de Saúde;
- o Fator de Apoio ao Estado (FAE), como repasse de recursos de custeio aos estados enquadrados nas condições de gestão parcial e semiplena, para utilização nas atividades de tratamento fora de domicílio, aquisição de medicamentos especiais e provisão de órteses e próteses ambulatoriais, em programação aprovada pela comissão bipartite;
- o Fator de Apoio ao Município (FAM), como repasse de recursos de custeio aos municípios enquadrados nas condições de gestão incipiente, parcial e semiplena;
- o financiamento das atividades hospitalares tendo como instrumento operacional o Sistema de Informações Hospitalares (SIH) e seu formulário próprio, a Autorização de Internação Hospitalar (AIH).

Segundo Bresser-Pereira (1995), as Normas Operacionais Básicas aprovadas até o ano de 1993, apesar de cobrirem muitos aspectos da organização do sistema de saúde, eram consideradas insuficientes para dar racionalidade e eficiência ao sistema. A sua proposta de separação entre demanda e oferta tencionava viabilizar a implementação do SUS, à medida que concentrava a atenção sobre a demanda ou a compra de serviços hospitalares por parte do Estado, em nome da população, e estimulava a oferta a partir da demanda. Essa dinâmica entre demanda e oferta possibilitaria uma forma de competição administrada entre os hospitais, facilitando o seu controle.

Com esse diagnóstico, a proposta de reforma administrativa centrada na assistência hospitalar tinha as seguintes características:

A reforma do sistema de saúde no Brasil

(1) clara separação entre demanda de serviços de saúde, constituída por um Sistema Nacional de Demanda de Serviços de Saúde, abrangendo as esferas federal, estadual e municipal, e oferta de serviços de saúde, constituída pelos hospitais públicos estatais (de caráter federal, estadual ou municipal), os hospitais públicos não estatais (hospitais públicos filantrópicos como as Santas Casas e as Beneficiências), hospitais privados;

(2) aprofundamento da atual política do Ministério da Saúde, de descentralização e municipalização, de forma que a responsabilidade direta pela saúde dos residentes em cada município seja do Conselho Municipal de Saúde e do prefeito;

(3) aproveitamento de todas as economias realizadas pelos municípios na assistência médica para utilização adicional nas ações de medicina sanitária (Bresser-Pereira, 1995:6).

A demanda seria determinada em função das necessidades de prestação de serviços de saúde nas três esferas de governo. Os postos de saúde e/ou os ambulatórios públicos e os médicos clínicos vinculados aos postos seriam a única forma regular de admissão nos hospitais e ambulatórios. O encaminhamento dos pacientes aos hospitais credenciados, públicos ou privados (que constituem a oferta na prestação dos serviços de saúde) seria feito com a guia de Autorizações de Internação Hospitalar (AIH). Os hospitais não receberiam as AIHs, uma vez que estas seriam distribuídas aos municípios de acordo com o número de residentes e perfil epidemiológico. Caberia à autoridade municipal negociar com os hospitais as condições da prestação de serviços. Os hospitais públicos, privados e filantrópicos competiriam entre si para a oferta dos melhores serviços.

Os recursos que forem organizados em função da racionalização do sistema poderão ser utilizados para complementar o orçamento de ações de saúde. Percebe-se claramente a inspiração da reforma britânica, que permitia aos *general practitioners* (médicos de atenção primária) utilizarem os saldos de recursos em melhorias de infraestrutura.

No plano da oferta, a proposta estimula os consórcios como uma forma de minimizar a falta de equipamentos de saúde nos municípios e o uso das estruturas de hospitais universitários, que associados à rede privada e filantrópica constituirão o sistema de oferta da prestação dos serviços de saúde. Para os hospitais públicos, previa-se a sua transformação em organizações sociais, ou seja, em entidades públicas não estatais de direito privado, com autorização legislativa para celebrar contrato de gestão com o poder executivo e assim participar do orçamento federal, estadual ou municipal.

O início da reforma gerencial no SUS

Essas propostas não foram aprovadas na sua totalidade, pois encontraram muita resistência política, mas a aprovação da Norma Operacional Básica — NOB/SUS 01/96, Portaria nº 2.203, de 5 de novembro de 1996 — trouxe um conjunto de modificações importantes em sintonia com as propostas de reforma do Estado. É o próprio Bresser-Pereira que situa o início da reforma com a publicação da NOB 96, que modificava as normas relativas às autorizações de internação hospitalar (AIH). Antes, as guias eram enviadas aos hospitais e, com a NOB 96, passaram a ser encaminhadas diretamente aos municípios. Essa alteração desloca o foco para aqueles que necessitam e não para aqueles que detêm a oferta de serviços. Segundo Bresser-Pereira (2008:181):

> Outro fator importante para o sucesso do SUS foi a NOB 96, feita rigorosamente de acordo com as ideias da reforma da gestão pública, baseada nas experiências inglesa e na de Barcelona — ideias que eu trouxe para o Brasil em 1995. (...) Recebem as AIHs aqueles que necessitam utilizar o serviço, e não aqueles que os ofertam. Este é o princípio de descentralização do SUS, e essa reorientação foi fundamental. O prefeito, juntamente com o Conselho Municipal de Saúde, administra todo o sistema. As mudanças e as características principais do sistema não se resumem a isso, mas sua lógica fundamental é essa, e esta alteração correspondeu a uma reforma gerencial do Estado brasileiro na área da saúde.

Além das normas relativas às autorizações de internação hospitalar, a NOB 96 tinha por objetivo promover e consolidar o pleno exercício, por parte do poder público municipal, da função de gestor da atenção à saúde. Esperava-se que os gestores assumissem um duplo papel, o de provedores e gestores. Isso significava maior nível de responsabilidade e de iniciativa, uma vez que o papel de gestor iria exigir maior dinamismo e capacidade de intervenção na realidade do que o papel mais simples de apenas prover os serviços solicitados. Essa concepção tem grandes implicações, dado que coloca a gestão como um elemento central da agenda de discussões do SUS, na medida em que, independente da titularidade dos estabelecimentos prestadores de serviços, deverá ser desenvolvida pelo município uma capacidade de gestão capaz de lidar não só com a provisão dos serviços, mas também dominar um conjunto de competências para estabelecer negociações, contratações, controle, avaliações com os demais prestadores e diferentes tipos de organizações. O município passa a ser, de fato, o responsável imediato pelo aten-

A reforma do sistema de saúde no Brasil

dimento das necessidades e demandas de saúde do seu povo e das exigências de intervenções saneadoras em seu território.

A NOB 96 também precisava com clareza o entendimento sobre os campos da atenção à saúde, a saber:

- o da assistência, em que as atividades são dirigidas às pessoas, individual ou coletivamente, e que é prestada nos âmbitos ambulatorial e hospitalar, bem como em outros espaços, especialmente no domiciliar;
- o das intervenções ambientais, no seu sentido mais amplo, incluindo as relações e as condições sanitárias nos ambientes de vida e de trabalho, o controle de vetores e hospedeiros e a operação de sistemas de saneamento ambiental; e
- o das políticas externas ao setor saúde, que interferem nos determinantes sociais do processo saúde-doença das coletividades, de que são partes importantes questões relativas às políticas macroeconômicas, ao emprego, à habitação, à educação, ao lazer e à disponibilidade e qualidade dos alimentos.

Dentro dessa nova concepção, os municípios podem se habilitar em duas condições de gestão: gestão plena da atenção básica e gestão plena do sistema municipal, configurando essa classificação um novo esforço de simplificação das condições de gestão então vigentes. No primeiro caso, além da programação municipal dos serviços básicos, o município deve se responsabilizar pelas ações de vigilância sanitária e pelas ações básicas de epidemiologia, pela gestão de unidades, prestação de serviços, contratação e pagamento dos prestadores de serviço.

Para obter a habilitação, os municípios devem atender, entre outros, aos seguintes requisitos: apresentar plano municipal de saúde, demonstrar capacidade técnica e administrativa para as novas responsabilidades, Conselho de Saúde funcionando, comprovar a disponibilidade de estrutura de recursos humanos para supervisão e auditoria da rede de unidades, dos profissionais e dos serviços realizados. Como prerrogativas, o município passa a receber de forma regular e automática os recursos correspondentes ao Piso da Atenção Básica (PAB), o Piso Básico da Vigilância Sanitária (PBVS), os recursos das ações de epidemiologia e a gestão de todas as unidades básicas de saúde, estatais ou privadas, estabelecidas no território municipal.

No caso da gestão plena do sistema municipal, além das responsabilidades atribuídas à condição de gestão plena da atenção básica, o município deve assumir a garantia da prestação de serviços em seu território, inclusive os serviços de referência aos não residentes, normalização e operação de centrais de controle de procedimentos ambulatoriais e hospitalares, contratação, controle, auditoria e pagamento dos prestadores de serviços, administração da oferta de procedimentos ambulatoriais de alto custo e de procedimentos hospitalares de alta complexidade, avaliação do impacto das ações do sistema sobre as condições de saúde, execução das ações básicas, de média e alta complexidade em vigilância sanitária, e execução de ações de epidemiologia.

Os municípios devem, ao habilitar-se, apresentar, entre outros, os seguintes requisitos: participar da elaboração e implementação da Programação Pactuada Integrada (PPI), comprovar o funcionamento do Conselho de Saúde, comprovar capacidade técnica e administrativa e condições materiais para as novas responsabilidades, apresentar o plano municipal de saúde com metas bem definidas e o relatório de gestão, comprovar o funcionamento do serviço estruturado de vigilância sanitária, de vigilância epidemiológica, assegurar a oferta, em seu território, de todo o elenco de procedimentos cobertos pelo PAB, comprovar a disponibilidade de estrutura de recursos humanos para supervisão e auditoria da rede de unidades, dos profissionais e dos serviços realizados. Como prerrogativas, os municípios têm assegurados os seguintes benefícios: transferência regular e automática dos recursos referentes ao Teto Financeiro da Assistência (TFA) e ao PBVS, transferência de recursos referentes às ações de epidemiologia e controle de doenças, remuneração por serviços de vigilância sanitária de média e alta complexidade, subordinação à gestão municipal do conjunto de todas as unidades ambulatoriais especializadas e hospitalares, estatais ou privadas (lucrativas e filantrópicas), estabelecidas no território municipal.

A intenção da norma ao sinalizar um conjunto de prerrogativas e, em especial, a subordinação à gestão municipal do conjunto de todas as unidades ambulatoriais, especializadas e hospitalares, estatais ou privadas estabelecidas no território municipal, era induzir o processo de habilitação na direção desejada pelo Ministério da Saúde e colocar a gestão de todas as prestações dos serviços de saúde sob a responsabilidade municipal. Isso fica claro, pois a norma não tinha caráter impositivo, permitindo que os municípios decidissem ou não pela adesão ao processo de habilitação e, em caso de não aderirem, poderem permanecer na condição de prestadores de serviços ao sistema, cabendo ao governo estadual a gestão do SUS naquele município.

A NOB/SUS 01/96 também define papéis para os estados. Estes devem exercer a gestão do SUS no âmbito estadual, oferecer condições e incentivar o poder municipal a assumir a gestão da atenção à saúde, deter provisoriamente a gestão da atenção à saúde nos municípios que ainda não têm essa responsabilidade, e promover a harmonização e modernização dos sistemas municipais. Todos esses

A reforma do sistema de saúde no Brasil

papéis não poderão ser desenvolvidos sem que o sistema estadual se empenhe em criar condições adequadas de gestão. A NOB/SUS 01/96 chega a sugerir algumas novas áreas de gestão: informação, programação, acompanhamento, controle e avaliação, desenvolvimento de recursos humanos, comunicação social e educação em saúde, desenvolvimento e apropriação de ciência e tecnologia, financiamento. Ou seja, os estados teriam que fazer um grande investimento na sua capacidade de gestão para assumirem seus novos papéis, uma vez que maior responsabilidade de gestão aos municípios implica maior capacidade de coordenação e articulação por parte dos estados.

Sobre as condições de gestão, a NOB/SUS 01/96 define a gestão avançada e a gestão plena do sistema estadual. São responsabilidades comuns às duas condições de gestão, entre outras:

- a elaboração da PPI do estado;
- a elaboração e execução do Plano Estadual de Prioridades de Investimentos;
- a gerência de unidades de referência para controle de qualidade;
- a formulação e execução da política estadual de assistência farmacêutica, em articulação com o Ministério da Saúde;
- o cadastro de unidades assistenciais sob sua gerência;
- a administração da oferta e controle da prestação de serviços ambulatoriais e hospitalares de alto custo;
- a coordenação das atividades de vigilância;
- a implementação das políticas de integração das ações de saneamento às de saúde;
- a execução das ações de média e alta complexidade de vigilância sanitária;
- a cooperação técnica e financeira com o conjunto de municípios, objetivando a consolidação do processo de descentralização;
- a organização da rede regionalizada e hierarquizada de serviços.

São requisitos comuns às duas condições de gestão estadual, entre outros:

- comprovar o funcionamento do conselho estadual de saúde;
- apresentar o plano estadual de saúde e o relatório de gestão;
- comprovar capacidade técnica e administrativa e condições materiais para as novas responsabilidades;
- comprovar a estruturação da unidade responsável pelo sistema de auditoria;
- comprovar o funcionamento do serviço de vigilância sanitária; e
- comprovar o funcionamento da Comissão Intergestora Bipartite.

Além dessas responsabilidades, a condição de gestão avançada do sistema estadual tem a responsabilidade adicional de contratação, controle, auditoria e pagamento do conjunto dos serviços sob sua gerência, contidos na Fração Assistencial Especializada (FAE); contratação, controle, auditoria e pagamento dos prestadores de serviços incluídos no PAB dos municípios não habilitados; e ordenação do pagamento dos demais serviços hospitalares e ambulatoriais, sob gestão estadual e operação do SIA/SUS, conforme normas do Ministério da Saúde, e alimentação dos bancos de dados de interesse nacional.

E, além dos requisitos já elencados, deve apresentar a programação pactuada e integrada ambulatorial, hospitalar e de alto custo, contendo a referência intermunicipal e os critérios para a sua elaboração, dispor de 60% dos municípios do estado habilitados nas condições de gestão estabelecidas nessa NOB, independente do seu contingente populacional; ou 40% dos municípios habilitados, desde que, nestes, residam 60% da população e dispor de 30% do valor do TFA comprometido com transferências regulares e automáticas aos municípios. Tem como prerrogativas a transferência regular e automática dos recursos correspondentes à Fração Assistencial Especializada (FAE) e ao PAB relativos aos municípios não habilitados, a transferência regular e automática do PBVS referente aos municípios não habilitados na NOB, a transferência regular e automática do Índice de Valorização do Impacto em Vigilância Sanitária (Ivisa), a remuneração por serviços produzidos na área da vigilância sanitária e a transferência de recursos referentes às ações de epidemiologia e controle de doenças.

No que se refere à condição de gestão plena do sistema estadual, o conjunto de responsabilidades adicionais contempla: contratação, controle, auditoria e pagamento aos prestadores do conjunto dos serviços sob gestão estadual, conforme definição da CIB, operação do SIA/SUS e do SIH/SUS, conforme normas do Ministério da Saúde; e alimentação dos bancos de dados de interesse nacional.

Para habilitação dos estados, os requisitos adicionais são:

- comprovar a implementação da programação integrada das ações ambulatoriais, hospitalares e de alto custo, contendo a referência intermunicipal e os critérios para a sua elaboração;
- comprovar a operacionalização de mecanismos de controle da prestação de serviços ambulatoriais e hospitalares, tais como: centrais de controle de leitos e internações, de procedimentos ambulatoriais e hospitalares de alto custo e/ou complexidade e de marcação de consultas especializadas;
- dispor de 80% dos municípios habilitados nas condições de gestão estabelecidas na NOB, independente do seu contingente populacional; ou 50% dos municí-

A reforma do sistema de saúde no Brasil

pios, desde que, nestes, residam 80% da população; dispor de 50% do valor do TFA do estado comprometido com transferências regulares e automáticas aos municípios.

Como prerrogativas aos estados:

- a transferência regular e automática dos recursos correspondentes ao valor do TFA, deduzidas as transferências fundo a fundo realizadas a municípios habilitados;
- a transferência regular e automática dos recursos correspondentes ao Índice de Valorização de Resultados (IVR);
- a transferência regular e automática do PBVS referente aos municípios não habilitados na NOB;
- a transferência regular e automática Ivisa; a remuneração por serviços produzidos na área da vigilância sanitária;
- a normalização complementar, pactuada na CIB e aprovada pelo Conselho Estadual de Saúde, relativa ao pagamento de prestadores de serviços assistenciais sob sua contratação, inclusive alteração de valores de procedimentos, tendo a tabela nacional como referência mínima; e a transferência de recursos referentes às ações de epidemiologia e de controle de doenças.

Da mesma forma que a NOB/SUS 01/96 tenta induzir os municípios a assumirem um conjunto novo de responsabilidades, também o faz com relação aos estados e, para tal, utiliza-se do mesmo recurso: um conjunto de prerrogativas que possam estimular o gestor estadual. Para os estados que não aderirem ao processo de habilitação, resta a condição de gestão convencional, desempenhando as funções anteriormente assumidas ao longo do processo de implantação do SUS, sem direito às prerrogativas assinaladas.

Para o gestor federal, o seu papel é de normalizar e coordenar a gestão nacional do SUS, fomentar a harmonização, a integração e a modernização dos sistemas estaduais compondo, assim, o SUS-Nacional, o que exige também uma reconfiguração dos instrumentos de gestão que habilitem o gestor federal no cumprimento de sua função.

A clara definição de papéis das três esferas revela que a estratégia é radicalizar o processo de descentralização, colocando a responsabilidade pela execução da prestação e gestão dos serviços preponderantemente no município. A articulação entre as esferas para viabilização dessa estratégia será feita preferencialmente em dois colegiados: a Comissão Intergestores Tripartite (CIT) e a Comissão Intergestores Bipartite (CIB).

O instrumento de gestão que articula as três esferas é a Programação Pactuada e Integrada (PPI), que envolve não só as atividades de assistência ambulatorial e hospitalar, de vigilância sanitária e de epidemiologia, mas de alocação de recursos e de explicitação do pacto estabelecido entre as três esferas. A base de elaboração da PPI é municipal, mas cabe ao Estado, em um esforço de harmonizar o sistema, a responsabilidade de conformar a rede regionalizada e hierarquizada de serviços. Isso significa, segundo a NOB/SUS 01/96, que os órgãos federais, estaduais e municipais, bem como os prestadores conveniados e contratados, têm suas ações expressas na programação do município em que estão localizados, à medida que estão subordinados ao gestor municipal.

Além do esforço de gestão envolvido na formulação da PPI, a NOB/SUS 01/96 também disciplina que as ações de auditoria analítica e operacional constituem responsabilidade das três esferas de governo, o que implica a estruturação de um órgão de controle para o cumprimento dessa atribuição. A orientação da NOB/SUS 01/96 ainda é uma orientação que prioriza os procedimentos técnicos e administrativos prévios à realização de serviços e o rigoroso monitoramento da regularidade e da fidedignidade dos registros de produção e faturamento dos serviços.

Observa-se nesta formulação que há uma contradição entre a lógica dos instrumentos gerenciais exigidos. De um lado, a PPI com uma programação pactuada e integrada, os planos de saúde e os relatórios de gestão que exigem a informação do plano de trabalho proposto e executado, orientado para a obtenção de resultados. Do outro, o controle centrado apenas em procedimentos e, portanto, dissociado da preocupação com os resultados.

Dentro desse espírito gerencial e afinado com essa filosofia, a NOB/SUS 01/96 também tenta reduzir de forma progressiva e continuamente a remuneração por produção de serviços, ampliando as transferências de caráter global, com base em programações ascendentes, pactuadas e integradas. Essa é sem dúvida uma tentativa que inverte completamente o foco da ação gerencial, que agora deve se preocupar com uma ação mais programática e, portanto, mais planejada e voltada para resultados, e minimizar o foco da produção de serviços que podem resolver de forma pontual as necessidades de saúde da população, mas que, se não estiverem articulados a um processo de planejamento das ações de saúde, terão um efeito mínimo em termos de impactos na saúde da população.

E, de forma complementar, a NOB/SUS 01/96 define que a prática do acompanhamento, controle e avaliação seja feita valorizando os resultados advindos de programações baseadas em indicadores de saúde, e não apenas com base no faturamento de serviços. Além desses instrumentos gerenciais, a NOB/SUS 01/96 defende

A reforma do sistema de saúde no Brasil

vínculos mais estreitos dos usuários com os serviços prestados, na expectativa de que a participação da comunidade seja um efetivo mecanismo de controle social. Ela trabalha com a suposição de que o conhecimento, pelo conjunto organizado dos prestadores de serviços, da clientela que usufrui dos serviços e das programações pactuadas, contribui para um gerenciamento efetivo. Outrossim, a expectativa é de que a clara identificação do gestor responsável pelo funcionamento do sistema cria maior nível de responsabilidade perante a comunidade, dada a proximidade e os vínculos que podem se estabelecer entre comunidade e instituição gestora.

No plano do financiamento, a NOB/SUS 01/96 reafirma a responsabilidade das três esferas de governo com o aporte regular de recursos ao respectivo fundo de saúde, a forma de distribuição dos recursos federais para estados e municípios com base na programação pactuada e integrada, o PAB, o incentivo ao Programa Saúde da Família e ao Programa de Agentes Comunitários de Saúde, o TFA no município, o TFA no estado, o IVR, a remuneração por serviços e outros tipos de remuneração. O Programa Saúde da Família e o Programa de Agentes Comunitários são estratégicos para a reorganização do modelo de atenção.

Observa-se aqui um conjunto de incentivos para induzir os municípios a realizar novas prestações de serviço e/ou aderirem às novas estratégias de consolidação do SUS. Igualmente, observa-se o esforço de indução de uma gestão orientada por resultados na proposição de um IVR. Em ambas as situações, a relação que se estabelece é uma relação orientada por resultados, pois os recursos somente são alocados mediante a apresentação de resultados ou a realização de um conjunto de atividades. Esses dispositivos não podem ser vistos de forma isolada, mas articulados com outros instrumentos gerenciais que constam tanto da NOB/SUS 01/96 como de outras Normas Operacionais vigentes.

Analisando o conjunto de dispositivos, é fácil constatar que a NOB/SUS 01/96 tenta não só aprofundar a capacidade de gestão dos municípios, radicalizando o seu papel, mas inverter, na gestão, o foco dos procedimentos para os resultados. Nesse sentido, há uma sintonia com as propostas contidas no Plano Diretor de Reforma do Aparelho de Estado (1995), que advoga um modelo gerencial para a condução da administração pública em detrimento das antigas práticas burocráticas. É bom ressaltar que apesar do conjunto novo de atribuições para os entes federados não se percebe na NOB/SUS 01/96 nenhum encaminhamento na direção da construção dessa competência gerencial. A impressão é de que o que prevalece é "o aprender fazendo".

A NOB 96 constituiu-se assim em um ponto de inflexão importante na reforma setorial, ao privilegiar uma reorganização do sistema centrada na atenção básica e nos programas seletivos, ao definir uma proposta de programação pactuada entre gestores em reforço à ideia de rede presente na organização do sistema e ao reorientar a forma de autorização das internações hospitalares. Todas essas modificações estavam em conformidade com as propostas que norteavam, naquele momento, as discussões de reforma do Estado (busca de eficiência, mudança na lógica da gestão, controle de resultados, fortalecimento de capacidade institucional do sistema e redução de gastos). É o próprio Bresser-Pereira (1998:254) que, referindo-se à NOB 01/96, afirma: "considero o fato de haver conseguido convencer os médicos sanitaristas que dirigem o Ministério da Saúde da superioridade do modelo proposto uma das maiores vitórias do meu ministério".

Como desdobramento da NOB 01/96, a Portaria nº 1.882/1997, de 18 de dezembro, estabelece o PAB como um montante de recursos financeiros destinado exclusivamente ao custeio de procedimentos e ações de atenção básica à saúde. O PAB é composto de uma parte fixa destinada à assistência básica e de uma parte variável relativa a incentivos para o desenvolvimento de ações no campo específico da atenção básica. A parte variável do PAB destina-se ao fomento das ações básicas de Vigilância Sanitária, Vigilância Epidemiológica e Ambiental, à Assistência Farmacêutica Básica, aos Programas de Agentes Comunitários de Saúde, de Saúde da Família e de Combate às Carências Nutricionais. O incentivo ao Programa de Agentes Comunitários de Saúde e ao Programa de Saúde da Família consiste no montante de recursos financeiros destinado a estimular a implantação de equipes de saúde da família e de agentes comunitários de saúde, no âmbito municipal, reorientando práticas, com ênfase nas ações de prevenção de doenças e promoção da saúde. Os valores referentes ao PAB serão transferidos aos municípios de forma regular e automática, do Fundo Nacional de Saúde ao Fundo Municipal de Saúde.

A unidade de saúde da família, que consiste em unidade ambulatorial pública de saúde destinada a realizar assistência contínua nas especialidades básicas por meio de uma equipe multiprofissional, passa a reorientar as ações de saúde desenvolvendo ações de promoção, prevenção, diagnóstico precoce, tratamento e reabilitação, tendo como campos de intervenção o indivíduo, a família, o ambulatório, a comunidade e o meio ambiente.

Como todo esse conjunto de iniciativas aponta, o início da reforma gerencial da saúde foi marcada pela centralidade da gestão, pois independentemente da titularidade dos estabelecimentos prestadores de serviços, deverá ser desenvolvida pelo município uma capacidade de gestão capaz de lidar não só com a provisão dos serviços, mas também de domínio de um conjunto de competências para esta-

A reforma do sistema de saúde no Brasil

belecer negociações, contratações, controle, avaliações com os demais prestadores e diferentes tipos de organizações.

A suposição básica é a de que os municípios não deveriam ser exclusivamente prestadores de serviços, mas também gestores da prestação de serviços. E essa é uma nova competência, pois assinala uma separação entre as funções de provisão e de contratação. Os instrumentos gerenciais como a PPI, a estruturação de um sistema de auditoria, os planos e os relatórios de gestão tentam criar essas condições. A reorientação das ações e prestações de serviços de saúde marcam as condições básicas da reforma gerencial do SUS.

A abertura para novas formas organizacionais e instrumentos gerenciais

Coerente com as reformas do Estado em curso, outra importante inovação se deu com a ampliação de provedores da prestação de serviços, por meio da criação das OS (Lei nº 9.637, de 15 de maio de 1998) e das Organizações da Sociedade Civil de Interesse Público (Oscip) (Lei nº 9.790, de 23 de março de 1999). A criação dessas novas figuras está em conformidade com a ideia de que arranjos organizacionais mais flexíveis são capazes de alcançar mais eficiência na alocação de recursos do que a administração pública burocrática presa ao processo e às normas.

As OS são entidades de interesse social e de utilidade pública, associações civis sem fins lucrativos que surgiriam pela qualificação de pessoas jurídicas de direito privado nas atividades de ensino, pesquisa científica, desenvolvimento tecnológico, proteção e preservação do meio ambiente, cultura e saúde, podendo, ainda, serem criadas a partir da substituição de órgão público de qualquer figura jurídica, pela extinção da instituição e dos cargos públicos vagos e em comissão, com inventário do patrimônio. As OS foram criadas como parte de uma estratégia do Ministério da Administração Federal e da Reforma do Estado (Mare, 1995) em um processo de reestruturação do Estado brasileiro, tendo como principal referência a experiência inglesa. As OS permitem a possibilidade de participação de outros setores da sociedade civil na prestação de serviços sociais e científicos, e assim sendo ajudam a redefinir o novo tamanho do Estado. São um modelo de organização pública não estatal, orientadas para o atendimento ao interesse público. O instrumento a regular as relações entre as OS e o poder público é o contrato de gestão, que consiste em um acordo sobre um conjunto de metas e indicadores a alcançar. O foco da relação contratual é o resultado a ser alcançado. O contrato de gestão é o instrumento preconizado pela reforma do Estado para introduzir um conjunto de mudanças na forma de operar da administração pública, à medida que se acordam indicadores de desempenho, prazos, preços, duração do contrato, formas de avaliação, responsabilidades, multas, critérios de renovação e outros. A lógica do contrato é uma lógica centrada no resultado a alcançar. Logo, busca a eficácia das ações executadas dentro de um padrão de eficiência e de maior grau de autonomia para os prestadores de serviço. A contratualização é vista como uma alternativa para trazer mais racionalidade, eficiência e eficácia ao gasto público.

As Oscip são entidades civis sem fins lucrativos, instituídas por iniciativa privada, qualificadas pelo poder público (mas não estando submetidas às normas desse poder público) para cumprir, entre outras, as seguintes finalidades:

- promoção da assistência social e da cultura;
- defesa e conservação do patrimônio histórico e artístico, da educação, da saúde, da segurança alimentar e nutricional;
- defesa, preservação e conservação do meio ambiente; e
- promoção do voluntariado, do desenvolvimento sustentável, econômico e social, e do combate à pobreza.

As relações entre o poder público e a Oscip são definidas pelo termo de parceria, que deve ter as seguintes cláusulas: objeto, metas e resultados a atingir, prazos, critérios de avaliação de desempenho, previsão de receitas e despesas, relatório sobre a execução, prestação de contas, publicação na imprensa oficial do estrato do termo de parceria e de demonstrativo da sua execução física e financeira.

Todas essas novas formas organizacionais para o setor público introduzem mudanças significativas no padrão de atuação do Estado e podem ser vistas como um dos elementos centrais da reforma setorial na saúde, frustradas as tentativas de criação de um mercado interno nos moldes da reforma britânica, ao ampliarem o universo de entidades com possibilidades de parceria com o setor público. Redesenha-se a relação público-privada via arranjos organizacionais mais flexíveis ao tempo em que também se utiliza da externalização de um conjunto de atividades. Em relação ao mercado, é importante ressaltar que a criação do SUS se deu com a manutenção da política de compra de serviços, mediante convênios, ao setor privado. Até os dias de hoje, 60% da capacidade hospitalar utilizada pelo SUS são de hospitais filantrópicos ou privados (Campos, 2007). Em 1962, o país dispunha, segundo dados do Instituto Brasileiro de Geografia e Estatística (IBGE), de 236.930 leitos hospitalares, dos quais 40% eram públicos (aqui incluídos os do sistema previdenciário) e 60% privados. Em 1976, dos

432,9 mil leitos existentes, 27% eram públicos e 73% privados. Em 1986, a participação dos leitos públicos caiu para 22%, enquanto os privados passaram a responder por 78% da capacidade instalada (Barros et al., 1996).

As novas formas organizacionais vão permitir que, a partir da segunda metade da década de 1990, se intensifique a implantação de experiências de novos modelos de gestão para a prestação dos serviços de saúde, todos eles inspirados pelas ideias da NGP, de flexibilidade, agilidade, relações contratuais e foco no desempenho, tidos como capazes de superar as ineficiências da gestão burocrática.

Também com forte inspiração nas noções de redefinição da provisão dos serviços públicos, reorientação dos papéis das esferas pública e privada e de uma concepção de Estado regulador, concorrencial e competitivo, igualmente presentes na NGP, são criadas as seguintes agências reguladoras:

- Agência Nacional de Saúde Suplementar (ANS), criada pela Lei nº 9.961/2000, de 28 de janeiro de 2000, com a finalidade institucional de promover a defesa do interesse público na assistência suplementar à saúde, regular as operadoras setoriais — inclusive quanto às suas relações com prestadores e consumidores — e contribuir para o desenvolvimento das ações de saúde no país (desde 1966, as relações entre o Estado e o mercado de saúde suplementar no Brasil estiveram restritas à Superintendência Nacional de Seguros Privados — Susep —, órgão regulador dos seguros-saúde); e
- Agência Nacional de Vigilância Sanitária (Anvisa), criada pela Lei nº 9.782, de 26 de janeiro de 1999, com a finalidade de promover a proteção da saúde da população por intermédio do controle sanitário da produção e da comercialização de produtos e serviços submetidos à vigilância sanitária.

A ANS tem autonomia administrativa, financeira, patrimonial e de gestão de recursos humanos e estabilidade de seus dirigentes, enquanto a Anvisa tem apenas autonomia administrativa, financeira e estabilidade de seus dirigentes. O desenho das agências atende à proposta de delimitação mais precisa da atuação do Estado, em seu papel regulador, objeto da reforma apresentada pelo Mare em 1995. Assim, as agências têm poder para legislar, fiscalizar e decidir sobre assuntos de sua competência e devem executar políticas permanentes do Estado. O instrumento de acompanhamento e controle das agências reguladoras é o contrato de gestão, utilizado para pactuar metas e demais aspectos da atividade, existente entre a agência e órgão do governo ao qual se vincula, privilegiando a eficiência da atividade de regulação por meio de indicadores que permitam avaliar, objetivamente, a sua atuação administrativa e o seu desempenho.

Novas estratégias gerenciais para a consolidação do SUS

Após uma década de construção do SUS, com a intensificação do processo de descentralização posto em prática pela NOB 01/96, apesar dos avanços ocorridos em termos de habilitação dos municípios a uma das condições da referida Norma (em dezembro de 2000, a habilitação nas condições de gestão previstas na NOB 01/96 já havia atingido 99% do total dos municípios do país, segundo a Secretaria de Assistência à Saúde do Ministério da Saúde) vários problemas emergiram exigindo novas estratégias de enfrentamento. Entre os problemas identificados, na parte introdutória da Norma Operacional de Assistência à Saúde — Noas/SUS 01/01, Portaria GM/MS 95, de 26 de janeiro de 2001 — constam:

- conflitos de gestão entre estados e municípios;
- processos de habilitação, em muitos casos, meramente formais;
- lentidão no processo de habilitação dos estados;
- presença de indicadores inaceitáveis em alguns municípios;
- dificuldade de definir um papel de referência para os municípios nas redes regionais/estaduais de serviços;
- alocação de recursos fortemente vinculada à oferta de serviços nem sempre compatíveis com as necessidades da população, o que produz iniquidades distributivas e de ineficiência alocativa;
- critérios pouco explícitos de distribuição de recursos entre os municípios, no âmbito dos estados, o que gera muitos conflitos;
- implementação reduzida da PPI;
- limitações na capacidade de planejamento e coordenação das Secretarias Estaduais de Saúde, o que aumenta o risco de atomização dos sistemas municipais;
- contratação de serviços privados e da construção de unidades públicas sem a prévia análise do perfil da oferta existente, cotejado com a projeção da demanda e com uma estimativa das necessidades da população, impede a estruturação de uma rede regionalizada e resolutiva de unidades assistenciais;
- baixa capacidade de resolução dos problemas mais frequentes dos usuários, pois a atual configuração do elenco de procedimentos incluídos na atenção básica (Piso de Atenção Básica fixo — PAB fixo) é restrita;
- dificuldades de acesso à assistência de média e de alta complexidade, em especial em face da enorme concentração desses serviços em poucos municípios e mesmo a completa inexistência de determinados serviços de alta complexidade em diversos estados;

- inexistência de avaliação rotineira e sistemática do desempenho dos órgãos gestores e de monitoramento da implementação das atividades previstas nas Programações Pactuadas Integradas (PPI) e Planos de Saúde;
- fragilidades e descontinuidades no controle e auditoria da prestação de serviços por terceiros e dos consequentes faturamentos;
- necessidade de desenvolver novos mecanismos para ampliar a descentralização dos recursos financeiros; e
- ausência de mecanismo de repasse entre gestores por produção de serviços.

O texto introdutório da Noas/SUS 01/01 conclui afirmando que:

> Em síntese, tanto o Ministério da Saúde (MS), quanto a maior parte dos estados, não dispõem de diagnósticos analíticos suficientemente precisos do funcionamento dos sistemas estaduais e municipais para o desenvolvimento mais adequado de estratégias e iniciativas de cooperação técnica e decisões de investimento.

Essa breve introdução revela grandes dificuldades na gestão do SUS e, mais do que isso, o despreparo das unidades gestoras para lidar com questões organizativas. A longa lista de problemas, de um lado, mostra a limitação dos dispositivos normativos para induzir mudanças no comportamento dos gestores públicos da saúde e, de outro, revela sérias distorções no modelo, a exemplo da prática corrente de contratação de serviços dissociada em muitos casos das necessidades de saúde da população, do pagamento por produção de serviços e não pelo alcance de indicadores de saúde, da ausência de controles sobre o desempenho dos gestores e das ações pactuadas.

Revela também que as iniciativas a serem tomadas o serão sem que se tenha em mãos um diagnóstico analítico suficientemente preciso do funcionamento dos sistemas estaduais e municipais, o que acabará consolidando a estratégia do "aprender fazendo", que termina resultando em uma competência acumulada de gestão, mas a um preço muito alto, que é o preço de não contar com um bom sistema de planejamento capaz de mapear as diferentes situações de gestão, desenhar cenários, delinear alternativas, criar condições efetivas de implementação e ter um bom sistema de avaliação.

Assim, a Noas/SUS 01/01 tenta resolver parte dos problemas identificados e assume a regionalização como macroestratégia para o aperfeiçoamento do processo de descentralização. Para tanto, define três estratégias:

- elaboração do Plano Diretor de Regionalização e diretrizes para a organização regionalizada da assistência;
- fortalecimento das capacidades gestoras do SUS (instrumentalização dos gestores para o desenvolvimento de funções como planejamento);
- atualização dos critérios e do processo de habilitação de estados e municípios, visando superar o caráter cartorial do processo e torná-lo coerente com o conjunto de mudanças propostas.

Em relação à elaboração do Plano Diretor de Regionalização, trata-se, segundo a Noas/SUS 01/01, de

> um processo, coordenado pela SES e que envolve o conjunto de municípios, de delimitação de regiões de saúde que cubram todo o estado e de planejamento das ações/serviços de saúde com enfoque territorial-populacional, não necessariamente restrito à abrangência municipal, mas respeitando seus limites e a autoridade do gestor municipal, que garanta níveis adequados de resolução dos problemas de saúde da população.

Dadas as diferenças regionais e entre municípios, em termos de desenvolvimento econômico e social, e suas acentuadas diferenças em termos das condições de oferta da prestação dos serviços de saúde à população, a estratégia da regionalização era considerada central para consolidar o avanço da descentralização e a garantia da universalidade, integralidade da atenção, equidade alocativa e acesso aos serviços de saúde.

A estratégia de ampliação da atenção básica se relaciona ao conjunto de ações do primeiro nível de atenção em saúde, que deve ser ofertado por todos os municípios do país, tendo como eixo importante a estratégia de Saúde da Família que assegura uma inflexão no modelo assistencial, ao enfatizar a integralidade da atenção e organizar o acesso da população aos demais níveis de complexidade do sistema. Para viabilizar a estratégia, o financiamento será feito com o repasse de recursos em uma base *per capita*, e ser efetivado mediante a ampliação do valor fixo do PAB.

Para a viabilização dessas estratégias, a Noas/SUS 01/01 propõe um modelo organizativo formado pelos seguintes componentes: módulo assistencial como a base territorial que apresente resolubilidade equivalente ao primeiro nível de média complexidade, constituído por um ou mais municípios; o município-sede do módulo assistencial que deve ter capacidade para ofertar a totalidade dos serviços do primeiro nível de referência e habilitado na Gestão Plena do Sistema

Municipal; a região/microrregião de saúde que representa uma base territorial de planejamento a ser definida no âmbito estadual; processo de qualificação na assistência por região ou microrregião de saúde, conforme critérios definidos pela Noas/SUS 01/01.

Verificam-se no âmbito dessa estratégia, portanto, as seguintes inovações:

(i) do ponto de vista do acesso, o estabelecimento de diretrizes para a organização do primeiro nível de referência, voltado para a resolução dos problemas de saúde mais frequentes da população brasileira; (ii) do ponto de vista da gestão, o estímulo ao planejamento integrado entre gestores municipais, a introdução de novos mecanismos para a garantia da referência e da responsabilização dos estados no apoio aos municípios para a organização dessas redes e coordenação do sistema de referência; e (iii) do ponto de vista financeiro, o aumento do aporte de recursos diretamente aos municípios em uma base *per capita* nacional, propiciando mais um avanço em termos de equidade na alocação de recursos (Noas/SUS 01/01).

Um dos mais importantes instrumentos é a PPI, que integra as ações e serviços de assistência ambulatorial e hospitalar de complexidades básica, média e alta, conformando um instrumento essencial de reorganização dos modelos de atenção e de gestão do SUS, de alocação dos recursos entre municípios e de explicitação da distribuição de competências entre as três esferas de governo. A PPI traduz as responsabilidades de cada ente gestor do sistema (Secretaria Municipal de Saúde — SMS — e Secretaria Estadual de Saúde — SES), com a garantia de acesso da população aos serviços de saúde, quer pela oferta existente no território de um município específico, quer pelo encaminhamento a municípios de referência (sempre mediadas por relações entre gestores), com a busca crescente da equidade da distribuição dos recursos e da organização de uma rede regionalizada e resolutiva.

O processo de pactuação sem dúvida é uma estratégia que obriga o planejamento e a negociação. No entanto, um dos problemas apontados é a ausência de acompanhamento e avaliação das ações pactuadas. Logo, é importante ter clareza de que não basta aprender a negociar ações e serviços de natureza mais complexa, mas há que ter um firme compromisso de avaliação daquilo que foi pactuado, e esta é uma competência de gestão que o sistema deve insistir em criar ao tempo em que também define dispositivos que exijam o procedimento da avaliação como uma condição de sustentabilidade do sistema e de permanência dos gestores.

No que se refere ao fortalecimento da capacidade de gestão do SUS, a proposta é criar um conjunto de mecanismos e instrumentos com o objetivo de fortalecer:

- o predomínio da lógica das necessidades de saúde sobre as pressões de oferta;
- as relações cooperativas e complementares entre gestores do sistema, com melhor definição de responsabilidades e dos compromissos estabelecidos;
- os instrumentos de consolidação dos pactos entre gestores do sistema; e
- o acesso de todos os cidadãos a todos os níveis de atenção à saúde.

O esforço consiste em dotar o sistema de uma capacidade de planejamento que se oriente fundamentalmente pelas necessidades de saúde da população e pela garantia de acesso a todos os níveis de atenção à saúde. Tem igual importância o esforço de promover a cooperação com outros gestores do sistema, aprofundando a concepção de sistema único de saúde.

A norma também atualiza as condições de gestão estabelecidas na NOB SUS 01/96, explicitando as responsabilidades, os requisitos relativos às modalidades de gestão e as prerrogativas dos gestores municipais e estaduais, definindo as responsabilidades e ações estratégicas mínimas de atenção básica.

Essas diretrizes vão ser asseguradas pela Noas/SUS 01/02, Portaria nº 373, de 27 de fevereiro de 2002, que define um conjunto de alternativas para implementação da Noas/SUS 01/01.

Assim, em relação à estratégia da regionalização como estratégia de hierarquização dos serviços de saúde, define o Plano Diretor de Regionalização como o instrumento para articular a assistência nos estados e no Distrito Federal:

> O PDR fundamenta-se na conformação de sistemas funcionais e resolutivos de assistência à saúde, por meio da organização dos territórios estaduais em regiões/ microrregiões e módulos assistenciais; da conformação de redes hierarquizadas de serviços; do estabelecimento de mecanismos e fluxos de referência e contrarreferência intermunicipais, objetivando garantir a integralidade da assistência e o acesso da população aos serviços e ações de saúde de acordo com suas necessidades (Noas/SUS 01/02, item 3).

Essa conformação de sistemas funcionais deve ser capaz de garantir as ações de assistência de média complexidade, tanto ambulatoriais como hospitalares, no âmbito microrregional, regional ou mesmo estadual, e será viabilizada por meio do processo de PPI. A definição da estratégia de regionalização deve explicitar a responsabilização e o papel dos vários municípios, bem como a inserção das diversas unidades assistenciais na rede.

Quanto à estratégia de ampliar o acesso e a qualidade da atenção básica, institui a Gestão Plena da Atenção Básica Ampliada (Gpab-A) como uma das condições de gestão de saúde nos municípios e define como áreas de atuação estratégicas mínimas o controle da tuberculose, a eliminação da hanseníase, o controle da hipertensão arterial, o controle da diabetes *mellitus*, a saúde da criança, a saúde da mulher e a saúde bucal. Define também um conjunto mínimo de procedimentos de média complexidade como primeiro nível de referência intermunicipal, com acesso garantido a toda a população no âmbito microrregional, ofertado em um ou mais módulos assistenciais. O conjunto compreende as atividades ambulatoriais de apoio diagnóstico e terapêutico e de internação hospitalar. É importante destacar a introdução de áreas de atuação para os municípios, em uma clara tentativa de orientar as ações para os problemas de saúde mais frequentes na população e de colocar a demanda à frente da oferta.

Em relação à estratégia de fortalecimento das funções de controle e avaliação dos gestores do SUS, a Norma Operacional privilegia as seguintes dimensões:

- avaliação da organização do sistema e do modelo de gestão;
- relação com os prestadores de serviços;
- qualidade da assistência e satisfação dos usuários;
- resultados e impacto sobre a saúde da população.

O eixo orientador deve ser a promoção da equidade do acesso na alocação dos recursos e, como instrumento básico para o acompanhamento e avaliação dos sistemas de saúde, o Relatório de Gestão. Na dimensão da relação com os prestadores de serviços, o controle e a avaliação devem focalizar:

- o cadastramento de serviços;
- a condução de processos de compra;
- a contratualização de serviços;
- o acompanhamento do faturamento, a quantidade e a qualidade dos serviços prestados;
- e os contratos que representem instrumentos efetivos de responsabilização dos prestadores, com objetivos, atividades e metas.

Na dimensão da qualidade da assistência, o foco é avaliar a qualidade da atenção (implementação de indicadores objetivos) e a adoção de instrumentos de avaliação da satisfação dos usuários do sistema (acessibilidade, integralidade da atenção, resolubilidade e qualidade dos serviços prestados). Na dimensão dos resultados e impactos, os planos de controle, regulação e avaliação devem consistir no planejamento do conjunto de estratégias e instrumentos a serem empregados para o fortalecimento da capacidade de gestão.

A Noas/SUS 01/02, a partir dessas diretrizes, objetiva melhorar a capacidade de gestão do sistema disciplinando procedimentos, definindo indicadores de desempenho, tornando obrigatório o Relatório de Gestão, obrigando o processo de pactuação das ações no espaço regional, obrigando a elaboração do plano de regionalização e do plano de saúde e criando um conjunto de incentivos funcionais de produtividade institucional, definindo a possibilidade de não habilitação do município/estado por descumprimento da norma, obrigando a pensar de forma articulada o processo de gestão (articulação entre metas/recursos) e aprofundando a responsabilidade do gestor.

Tenta-se reforçar, agora de forma mais explícita, a capacidade de gestão do sistema, por entender que é na fragilidade da gestão que residem muitos dos problemas do SUS. Ao definir as dimensões de avaliação da organização do sistema e do modelo de gestão, da relação com os prestadores de serviços, da qualidade da assistência e satisfação dos usuários e dos resultados e impactos sobre a saúde de forma correta, a Norma Operacional coloca em foco questões cruciais do funcionamento do sistema. Vale destacar, no entanto, a dimensão dos resultados e impactos, o que revela um esforço em reorientar a gestão para o alcance de indicadores satisfatórios de saúde, bem como a referência à satisfação do usuário, que pode ser um aliado na busca de melhoria do sistema.

Na mesma linha de reforço à capacidade de gestão orientada para resultados, a Portaria nº 21, de 5 de janeiro de 2005, aprova a relação de indicadores da Atenção Básica que devem ser pactuados pelos municípios. Para evitar distorções, conceitua cada indicador, informa sobre como o cálculo deve ser feito, informa sobre o seu uso, as suas limitações e diz qual a fonte para obtenção dos dados. Esse nível de detalhamento cria uma pressão sobre o gestor para que faça uma gestão com base em indicadores de saúde, pois impede que o mesmo se esconda atrás das dificuldades metodológicas contidas na definição e cálculo dos indicadores. Obriga assim os gestores a pensarem em termos de indicadores e metas de desempenho. É mais um esforço para fortalecer a capacidade de gestão em suas funções básicas de planejamento, organização, controle e avaliação.

Com o mesmo objetivo da Portaria nº 21, a Portaria nº 493, de 10 de março de 2006, aprova a relação de indicadores da Atenção Básica-2006, a ser pactuada entre municípios, estados e Ministério da Saúde. Pelo segundo ano consecutivo, os gestores deverão orientar as suas ações por um conjunto de indicadores de saúde, tendo como referência a avaliação das metas alcançadas no ano anterior. O importante a destacar é que a existência de indicadores objetivos não só assegura uma gestão mais focada, como também permite que o sistema possa ir

A reforma do sistema de saúde no Brasil

gradativamente superando as metas alcançadas, o que resultará em melhoria da qualidade da saúde.

Em 2006, foi publicada a Portaria nº 399, de 22 de fevereiro, que divulga o Pacto pela Saúde 2006 — Consolidação do SUS, e aprova suas diretrizes. Por outro lado, a Portaria nº 699/2006, que regulamenta a portaria anterior, traz como uma das principais inovações a adoção dos Termos de Compromisso de Gestão Municipal, Estadual, do Distrito Federal e da União, em que serão definidas as responsabilidades sanitárias dos gestores, as metas do Pacto pela Vida e os indicadores de monitoramento. A construção dos Termos de Compromisso deve ser um processo de negociação e apoio entre os entes federados diretamente envolvidos e em sintonia com os planos de saúde. Os municípios e os estados que não apresentarem condições de assumir integralmente as responsabilidades atribuídas a todos no Termo de Compromisso de Gestão na data de sua assinatura devem pactuar um cronograma, parte integrante do referido Termo de Compromisso, com vistas a assumi-las. O processo de monitoramento deve ser orientado pelos indicadores, objetivos, metas e responsabilidades que devem constar no Termo de Compromisso de Gestão.

A institucionalização do termo de compromisso é assim o reconhecimento de que a negociação consensual deveria ser o *modus operandi* do SUS, que se define como uma rede regionalizada e hierarquizada para a prestação dos serviços de saúde, ao tempo em que aponta para o aprofundamento das relações contratuais que devem pautar o sistema de saúde. Trata-se, pois, de uma importante inovação gerencial que poderá vir a assumir a forma de contrato-programa, a exemplo de outros países que pactuam todos os aspectos envolvidos na prestação de serviços por meio da figura do contrato, que confere consistência jurídica à ação pactuada. O contrato-programa não é uma panaceia, mas em uma realidade em que aproximadamente 80% dos serviços privados que prestam atendimento a usuários do SUS não têm nenhum instrumento formal que regule essa relação, segundo os dados do Cadastro Nacional de Estabelecimentos de Saúde (Pompeu, 2004), ele poderia vir a se configurar como uma inovação gerencial capaz de mudar a relação entre o setor público e os provedores privados e reorientar o foco do processo de contratação de serviços. Nesse processo, o importante é preservar o caráter público do sistema e utilizar o contrato para dar mais eficiência ao uso dos recursos públicos, ao mesmo tempo em que se criem as condições para responsabilizar os gestores do sistema. Os mecanismos de participação, controle social, negociação e pactuação devem estar presentes no processo para garantir que a lógica publicista que preside o SUS não permita a introdução de um viés de privatização em função do processo de contratualização. A centralidade da figura do usuário-cidadão não será garantida por sua transformação em consumidor, o que remete a interesses particulares, como pensa a teoria Agente-Principal (Fleury, 2007).

A figura termo de compromisso de gestão procura fazer com que a pactuação não seja apenas formal, mas responda de fato à ação gerencial que será desenvolvida. Reafirma o poder deliberativo dos conselhos, com a expectativa de que a sua ação seja mais um elemento de pressão na direção de uma gestão comprometida com os resultados. A definição de ações de saúde prioritárias facilita a atividade dos gestores, que a partir de sua realidade específica colaboram para o sucesso do pacto com a melhoria de seus próprios indicadores. A adoção do Pacto pela Vida, a delimitação de um conjunto de indicadores que devem ser pactuados, a assinatura do termo de compromisso e o monitoramento das ações, criam condições efetivas de uma melhoria do processo de gestão desde que haja dispositivos normativos de controle de seu uso.

O exame da Portaria nº 699/2006 revela uma lógica orientada para resultados. Ela é indutora não só de um conjunto de ações e serviços, mas de um comportamento gerencial voltado para o alcance dos resultados expressos no termo de compromisso de gestão, instrumento que, a exemplo do contrato de gestão, é construído com base em objetivos, metas e indicadores a alcançar.

Com a mesma preocupação de racionalidade, a Portaria nº 1.097, de 22 de maio de 2006, define o processo de Programação Pactuada e Integrada da Assistência à Saúde (Ppias) com o objetivo de

> buscar a equidade de acesso da população brasileira às ações e aos serviços de saúde em todos os níveis de complexidade; orientar a alocação dos recursos financeiros de custeio da assistência à saúde pela lógica de atendimento às necessidades de saúde da população; definir os limites financeiros federais para a assistência de média e alta complexidade de todos os municípios, compostos por parcela destinada ao atendimento da população do próprio município em seu território e pela parcela correspondente à programação das referências recebidas de outros municípios; possibilitar a visualização da parcela dos recursos federais, estaduais e municipais, destinados ao custeio de ações de assistência à saúde; fornecer subsídios para os processos de regulação do acesso aos serviços de saúde; contribuir para a organização das redes de serviços de saúde; possibilitar a transparência dos pactos intergestores resultantes do processo de Ppias e assegurar que estejam explicitados no Termo Compromisso para Garantia de Acesso, conforme anexo I a esta Portaria (art. 3º).

A reforma do sistema de saúde no Brasil

A Ppias é um processo no qual são definidas e quantificadas as ações de saúde para a população residente em cada território, bem como efetuados os pactos intergestores para garantia de acesso da população aos serviços de saúde. A preocupação está em firmar termo de compromisso que assegure o acesso da população aos serviços de saúde de forma igualitária, com a expectativa de que o termo, que é resultante de um processo de pactuação, possa efetivamente garantir o acesso e ter condições de realização, dada a negociação prévia de suas metas. Tal processo é mais um espaço de interlocução entre os atores envolvidos com o objetivo de dar racionalidade à prestação dos serviços de saúde e criar melhores condições de planejamento, pela visualização que permite das condições existentes em cada esfera de gestão.

Ainda em 2006, foi publicada a Portaria nº 687, de 30 de março, que aprovava a política de promoção da saúde, uma das exigências do SUS. Essa política tem o objetivo de reduzir os riscos à saúde relacionados aos seus determinantes sociais e econômicos e promover a qualidade de vida. A Portaria nº 687 define as responsabilidades das três esferas de gestão: alocação de recursos financeiros, criação de estruturas para implementação da política de promoção, estabelecimento de instrumentos e indicadores de avaliação das ações, busca de parcerias para implementação da política, capacitação de recursos humanos, entre outras.

Para o biênio 2006/07, prioriza um conjunto de ações:

- divulgação e implementação da Política Nacional de Promoção da Saúde;
- alimentação saudável;
- prática corporal/atividade física;
- prevenção e controle do tabagismo;
- redução da morbi-mortalidade em decorrência do uso abusivo de álcool e outras drogas;
- redução da morbi-mortalidade por acidentes de trânsito;
- prevenção da violência e estímulo à cultura de paz; e
- promoção do desenvolvimento sustentável.

É importante destacar a oportunidade da política de promoção da saúde depois de tantos anos de construção do SUS, pois apenas o Programa de Agentes Comunitários de Saúde e o Programa Saúde da Família, aprovados em 1997, colocavam de forma contundente a importância da promoção dentro de uma concepção de integralidade da assistência. Deve-se registrar, no entanto, que pelo teor da norma, em que o conjunto dos dispositivos se situa no terreno das intenções

— fazer, articular, alocar, avaliar —, um longo caminho se abre para a sua real materialização.

Após todas essas iniciativas de melhoria da gestão, a Portaria nº 3.085, de 1º de dezembro de 2006, regulamentou o sistema de planejamento do SUS. É interessante observar a contradição entre a demora em regulamentar o sistema de planejamento e os argumentos para a sua regulamentação. Diz a portaria:

> Considerando que o planejamento constitui instrumento estratégico para a gestão do SUS nas três esferas de governo; considerando que a organização e o funcionamento de um sistema de planejamento do SUS configuram mecanismo relevante para o efetivo desenvolvimento das ações nesta área; considerando que a atuação sistêmica do planejamento contribuirá, oportuna e efetivamente, para a resolubilidade e a qualidade da gestão, das ações e dos serviços prestados à população brasileira.

A questão que se coloca é a seguinte: se há uma compreensão sobre a importância do planejamento, por que apenas dezesseis anos após a criação do SUS o seu uso no sistema foi regulamentado? Talvez esse lapso de tempo possa ser explicado pela crença de que bastava produzir normas muito detalhadas para que o sistema se movesse por inércia. E somente depois de anos e anos de dificuldades é que se constatou que é preciso muito mais do que boas normas para fazer uma boa gestão.

A Portaria nº 3.085/2006 trata também dos incentivos financeiros para adoção dos sistemas de planejamento, o que revela a fragilidade da gestão existente, pois a proposta de incentivo financeiro nada mais é do que o reconhecimento de que o planejamento, que é uma função básica de gerência, não é vista assim no âmbito do sistema. A fragilidade também se expressa quando se constata que a portaria considera como instrumentos de planejamento o plano de saúde, a programação das ações de saúde e o relatório de gestão. Ora, estes instrumentos vêm desde o início da construção do SUS e, portanto, já deveriam ser algo da rotina de cada esfera. O fato de isso não ter ocorrido aponta para um problema de natureza administrativa que merece atenção.

Assim como custa compreender porque se passou tanto tempo para regulamentar o sistema de planejamento do SUS, custa a entender também por que somente 13 anos após a regulamentação da participação complementar dos serviços privados de assistência à saúde no âmbito do SUS (Portaria nº 1.286, de 26 de outubro de 1993) foi publicada nova norma — Portaria nº 3.277, de 22 de dezembro de 2006 — que dispõe sobre a participação complementar dos serviços privados

A reforma do sistema de saúde no Brasil

de assistência à saúde no âmbito do sistema. Tal lapso de tempo faz supor que não havia necessidade de melhorias na norma e que ela era suficiente para regular as relações entre o poder público e os provedores. No entanto, a norma anterior regula apenas compra de atividades, deixando o alcance de resultados que podem ser expressos em termos de indicadores de saúde à margem, e é omissa no que se refere à avaliação dos contratos e critérios para contratação, aspectos extremamente importantes em uma relação contratual, especialmente em se tratando da saúde.

A Portaria nº 3.277 determina que a participação complementar dos serviços privados de assistência à saúde no SUS será formalizada mediante contrato ou convênio celebrado entre o poder público e a entidade privada, observadas as normas de direito público. O plano operativo é um instrumento que deverá integrar todos os ajustes entre o poder público e o setor privado, e deverá conter elementos que demonstrem a utilização de capacidade instalada necessária ao cumprimento do objeto do contrato, a definição de oferta, fluxos de serviços e pactuação de metas.

São cláusulas necessárias nos contratos e convênios firmados entre a administração pública e o setor privado, lucrativo, sem fins lucrativos e filantrópicos as que exijam das entidades contratadas ou conveniadas a observância das seguintes condições:

(...) manter registro atualizado no Cadastro Nacional de Estabelecimentos de Saúde — CNES; submeter-se a avaliações sistemáticas de acordo com o Programa Nacional de Avaliação de Serviços de Saúde — Pnass; submeter-se à regulação instituída pelo gestor; obrigar-se a entregar ao usuário ou ao seu responsável, no ato da saída do estabelecimento, documento de histórico do atendimento prestado ou resumo de alta, onde conste, também, a inscrição "Esta conta foi paga com recursos públicos provenientes de seus impostos e contribuições sociais"; obrigar-se a apresentar, sempre que solicitado, relatórios de atividades que demonstrem, quantitativa e qualitativamente, o atendimento do objeto; manter contrato de trabalho que assegure direitos trabalhistas, sociais e previdenciários aos seus trabalhadores e prestadores de serviços; garantir o acesso dos conselhos de saúde aos serviços contratados no exercício de seu poder de fiscalização; e cumprir as diretrizes da Política Nacional de Humanização — PNH (art. 8º).

Observa-se que as cláusulas não deixam claro se o objeto do contrato está atrelado ao alcance de indicadores de saúde. Pode-se, na ausência de definições claras, referir-se apenas à compra de serviços complementares, mas dissociados da preocupação em alcançar um determinado resultado. Da mesma forma não se sabe se o objeto se refere apenas à prestação de serviços ou à gestão dos serviços, o que é uma outra possibilidade. Não há referência aos procedimentos que podem ser contratados, permitindo a suposição de que são todos, e em todos os níveis de atenção à saúde. Com exceção da Portaria nº 3.277/2006, a contratação aparece muito marginalmente nos dispositivos normativos, como se não fosse a participação da iniciativa privada importante na oferta das ações e serviços de saúde.

Continuando o esforço de dotar o sistema de novas ferramentas gerenciais, a Portaria nº 91, de 10 de janeiro de 2007, dá mais um passo em direção à simplificação e transparência do processo de pactuação, unificando o Pacto da Atenção Básica, o pacto de indicadores da Programação Pactuada e Integrada da Vigilância em Saúde (Ppivs) e os indicadores propostos no Pacto pela Saúde em um único processo e, além disso, instituindo o Relatório de Indicadores de Monitoramento e Avaliação do Pacto pela Saúde para pactuação unificada, devendo os indicadores ser acordados anualmente entre municípios, estados, Distrito Federal e Ministério da Saúde. As metas ou parâmetros nacionais dos indicadores do Pacto pela Saúde (38 principais e 12 complementares) servem de referência para definição das metas municipais, estaduais e do Distrito Federal.

Observa-se a intenção de dar maior racionalidade ao sistema pela visão de conjunto proporcionada pela pactuação unificada, pela definição de metas em nível nacional como orientadoras das metas nas outras esferas, instrumentalização do processo de gestão por indicadores com uma definição clara sobre cada indicador, forma de cálculo, fontes de informações e possibilidades de uso. Esses novos dispositivos procuram criar condições para uma gestão orientada para resultados, em que as ações de saúde sejam planejadas, executadas, monitoradas e avaliadas, tendo clareza dos objetivos e metas a serem alcançados.

A exemplo da Portaria nº 698/2006, a Portaria nº 204, de 29 de janeiro de 2007, regulamenta o financiamento e a transferência dos recursos federais para as ações e os serviços de saúde, na forma de blocos de financiamento. Define também o monitoramento e o controle. Constituem blocos de financiamento: atenção básica; atenção de média e alta complexidade ambulatorial e hospitalar; vigilância em saúde; assistência farmacêutica; e gestão do SUS.

O componente Piso da Atenção Básica Fixo (PAB Fixo) refere-se ao custeio de ações de atenção básica à saúde, cujos recursos serão transferidos mensalmente, de forma regular e automática, do Fundo Nacional de Saúde aos fundos de saúde do Distrito Federal e dos municípios. O componente Piso da Atenção Básica Variável (PAB Variável) é constituído por recursos financeiros destinados ao financiamento de estratégias básicas para a saúde, tais como:

A reforma do sistema de saúde no Brasil

- saúde da família;
- agentes comunitários de saúde;
- saúde bucal;
- compensação de especificidades regionais;
- fator de incentivo de atenção básica aos povos indígenas;
- incentivo para a atenção à saúde no sistema penitenciário;
- incentivo para a atenção integral à saúde do adolescente em conflito com a lei, em regime de internação e internação provisória.

Como já chamamos atenção anteriormente, os recursos do PAB Variável visam a induzir um conjunto de ações e prestações de serviços de saúde e são repassados mediante a adesão de municípios.

É importante destacar o bloco de financiamento de gestão do SUS que tem a finalidade de apoiar a implementação de ações e serviços que contribuam para a organização e eficiência do sistema. Esse bloco de financiamento é constituído de dois componentes: Qualificação da Gestão do SUS e Implantação de Ações e Serviços de Saúde.

O componente para a Qualificação da Gestão do SUS apoiará as ações de:

- regulação, controle, avaliação, auditoria e monitoramento;
- planejamento e orçamento;
- programação;
- regionalização;
- gestão do trabalho;
- educação em saúde;
- incentivo à participação e controle social;
- informação e informática em saúde;
- estruturação de serviços e organização de ações de assistência farmacêutica; e
- outras ações que vierem a ser instituídas por meio de ato normativo específico.

O componente para a Implantação de Ações e Serviços de Saúde inclui os incentivos atualmente designados:

- implantação e qualificação de Centros de Atenção Psicossocial;
- implantação de Residências Terapêuticas em Saúde Mental;
- fomento para ações de redução de danos via Centro de Atenção Psicossocial/Álcool e Drogas (Caps-AD);
- inclusão social pelo trabalho para pessoas portadoras de transtornos mentais e outros transtornos decorrentes do uso de álcool e outras drogas;

- implantação de Centros de Especialidades Odontológicas (CEO);
- implantação do Serviço de Atendimento Móvel de Urgência (Samu);
- reestruturação dos Hospitais Colônias de Hanseníase;
- implantação de Centros de Referência em Saúde do Trabalhador;
- adesão à Contratualização dos Hospitais de Ensino; e
- outros incentivos que vierem a ser instituídos por meio de ato normativo para fins de implantação de políticas específicas.

A Portaria nº 204/2007 procura racionalizar a gestão do sistema de várias formas, definindo os blocos de financiamento e a proibição de gastos fora desses blocos, o que implica um esforço maior de planejamento, voltado para a definição de um conjunto de incentivos vinculados à parte variável do financiamento para impulsionar um conjunto de ações de saúde, a criação de mecanismos de controle, a reafirmação do poder dos conselhos de saúde e a indicação de recursos para a gestão do SUS.

Pelo segundo ano consecutivo se aportam recursos para a gestão do SUS, indicando claramente que a questão da gestão assumiu uma importância enorme para a consolidação do sistema e que é preciso induzir a adoção de práticas gerenciais pela via do financiamento. É oportuno destacar que o segundo componente de recursos vinculados à gestão, e que se refere à implantação de ações e serviços de saúde, trará novas demandas de gestão para o sistema. Se de um lado é positiva a alocação de recursos para essas ações, por outro lado potencializa os problemas de gestão em uma estrutura que ainda tem sérios problemas de gerenciamento.

Outras novas formas de gestão

Além das figuras das OS e Oscips, com a aprovação do Decreto nº 6.017, de 17 de janeiro de 2007, que regulamenta a Lei nº 11.107, de 6 de abril de 2005, que dispõe sobre normas gerais de contratação de consórcios públicos, cria-se a figura jurídica do consórcio público como pessoa jurídica formada exclusivamente por entes da Federação para estabelecer relações de cooperação federativa, inclusive a realização de objetivos de interesse comum, constituída como associação pública, com personalidade jurídica de direito público e natureza autárquica, ou como pessoa jurídica de direito privado sem fins lucrativos. São definidos os seguintes instrumentos para regular as relações entre as partes:

A reforma do sistema de saúde no Brasil

- Contrato de Programa — instrumento pelo qual devem ser constituídas e reguladas as obrigações que um ente da Federação, inclusive sua administração indireta, tenha para com outro ente da Federação, ou para com consórcio público, no âmbito da prestação de serviços públicos por meio de cooperação federativa;
- Termo de Parceria — instrumento passível de ser firmado entre consórcio público e entidades qualificadas como Oscips, destinado à formação de vínculo de cooperação entre as partes para o fomento e a execução de atividades de interesse público previstas no art. 3º da Lei nº 9.790, de 23 de março de 1999; e
- Contrato de Gestão — instrumento firmado entre a administração pública e autarquia ou fundação qualificada como Agência Executiva, na forma do art. 51 da Lei nº 9.649, de 27 de maio de 1998, por meio do qual se estabelecem objetivos, metas e respectivos indicadores de desempenho da entidade, bem como os recursos necessários e os critérios e instrumentos para a avaliação do seu cumprimento.

O decreto não trata de todos os instrumentos de forma detalhada, com exceção do contrato de programa. Para este, determina que as cláusulas devem conter: objeto, a área e o prazo da gestão associada de serviços públicos, o modo, a forma e as condições de prestação dos serviços, os critérios, indicadores, fórmulas e parâmetros definidores da qualidade dos serviços, os direitos, garantias e obrigações do titular e do prestador, os direitos e deveres dos usuários para obtenção e utilização dos serviços, a forma de fiscalização das instalações, dos equipamentos, dos métodos e práticas de execução dos serviços, bem como a indicação dos órgãos competentes para exercê-las, as penalidades contratuais e administrativas a que se sujeita o prestador dos serviços, inclusive quando consórcio público, e sua forma de aplicação.

Todos esses instrumentos pretendem dar flexibilidade, agilidade e eficiência às ações desenvolvidas, uma vez que a lógica que os preside é a lógica de contratualização de resultados. O decreto, ao permitir que o termo de parceria possa ser firmado com as Oscip, introduz um novo arranjo organizacional para executar a prestação de serviços de saúde, prevista no art. 3º, § 2º, que normatiza que os consórcios públicos, ou entidades a eles vinculadas, poderão desenvolver as ações e os serviços de saúde, obedecidos os princípios, diretrizes e normas que regulam o Sistema Único de Saúde. Esse novo arranjo é uma forma encontrada para incluir novos provedores no sistema de saúde contrariando o que disciplina o próprio decreto, ao definir que o consórcio público é formado exclusivamente por entes da Federação, o que complexifica o universo organizacional em que os serviços de saúde são prestados. A estratégia parece ser a de criar condições jurídicas para a prestação de serviços de saúde dotados de uma lógica gerencial, por meio de uma pluralidade de novas formas de gestão, ao mesmo tempo em que também vão sendo criadas condições para que no âmbito do SUS a ideia de contratualização seja aceita pelos gestores.

Coerente com essa estratégia, também em 2007, os Ministérios do Planejamento e da Saúde e a Advocacia-Geral da União realizaram um seminário para debater a criação da figura jurídica da fundação estatal de direito privado como alternativa de organização dos serviços públicos.[7] A proposta prevê que o novo ente jurídico tenha autonomia administrativa, gerencial, financeira e orçamentária para realizar a prestação de serviços mediante mecanismos de contratualização de resultados. Dessa forma, a contratualização definiria todos os aspectos da prestação de serviços de modo a viabilizar a avaliação de desempenho da fundação e a responsabilização dos seus dirigentes. A fundação estatal será criada para exercício de atividades-fim, em áreas como saúde, cultura, desporto, assistência, entre outras. As fundações estatais deverão compor um novo modelo organizacional, mais flexível, para as instituições públicas brasileiras em várias áreas de atendimento à população, especialmente nos hospitais públicos. As fundações estatais de direito privado poderão nascer da transformação de órgão ou entidade de direito público e, nesse caso, deverá ocorrer um processo de capacitação para o novo ente jurídico operar sob os paradigmas da gestão por resultados.

A proposta de fundação estatal de direito privado para a gestão hospitalar se apoia nos seguintes argumentos:

- autonomia administrativa, financeira, orçamentária e patrimonial, o que cria condições para uma gestão mais eficiente e eficaz;
- relações reguladas por contrato de gestão que discipline objetivos, metas, prazos e responsabilidades dos gestores, induzindo a uma gestão comprometida com resultados;
- modernização da gestão;
- manutenção dos objetivos do serviço público;
- reforço dos dirigentes públicos mediante o desenvolvimento de instrumentos de avaliação de desempenho.

Essa proposta é o objeto do Substitutivo ao Projeto de Lei Complementar nº 92, de 2007, aprovado em 10 de junho de 2008, que regulamenta a instituição de fundação pelo poder público sem fins lucrativos, integrante da administra-

---

[7] Disponível em: <www.planejamento.gov.br>.

A reforma do sistema de saúde no Brasil **111**

ção indireta nas modalidades: com personalidade jurídica de direito público e com personalidade jurídica de direito privado para o desempenho de atividade estatal que não seja exclusiva do Estado. A fundação poderá ser instituída nas áreas de saúde, assistência social, cultura, desporto, ciência e tecnologia, ensino e pesquisa, meio ambiente, comunicação social, turismo, formação profissional e cooperação técnica internacional. Compreendem-se na área da saúde os hospitais públicos universitários. A fundação pública que atuar no âmbito do SUS obriga-se a observar seus princípios e diretrizes, em especial, os da regionalização, hierarquização, descentralização, comando único em cada esfera de governo e participação da comunidade. Fica assegurado à fundação pública celebrar contrato com o poder público e a possibilidade de ampliar sua autonomia gerencial, orçamentária ou financeira a partir de sua assinatura. O contrato deverá contemplar a fixação de metas de desempenho, direitos, obrigações e responsabilidades dos dirigentes e demais aspectos envolvidos na prestação de serviços.

A pactuação como estratégia de consolidação do SUS

Consolidando a estratégia de pactuação, a Portaria nº 325, de 21 de fevereiro de 2008, estabelece prioridades, objetivos e metas do Pacto pela Vida para 2008, os indicadores de monitoramento e avaliação do Pacto pela Saúde e as orientações, prazos e diretrizes para a sua pactuação.

Assim, o processo de pactuação unificada dos indicadores deve ser orientado pelas seguintes diretrizes:

- ser articulado com o Plano de Saúde e sua Programação Anual, promovendo a participação das várias áreas técnicas envolvidas no Pacto pela Saúde;
- guardar coerência com os pactos firmados nos termos de compromisso de gestão;
- ser precedido da análise do relatório de gestão do ano anterior, identificando as atividades desenvolvidas e as dificuldades relacionadas à sua implantação;
- ser fundamentado pela análise da situação de saúde, com a identificação de prioridades de importância sanitária loco-regional e a avaliação dos indicadores e metas pactuados em 2007; e
- desenvolver ações de apoio e cooperação técnica entre os entes para qualificação do processo de gestão.

Essas diretrizes explicitam a crença do processo de pactuação como o principal instrumento de articulação entre os gestores das ações e prestações de saúde, agora orientado pelo plano de saúde, relatórios de gestão e um conjunto de indicadores definidos em função de sua importância sanitária e avaliação das metas do ano anterior. A expectativa é de que todos esses instrumentos possibilitem ao gestor gerir com competência as ações de saúde sob sua responsabilidade e permitam de forma transparente a participação da comunidade na avaliação das ações.

Além da pactuação como estratégia para consolidar o SUS, de muita importância para ampliar a capacidade de gestão do sistema foi a definição da Política Nacional de Regulação do Sistema Único de Saúde, por meio da Portaria nº 1.559, de 1º de agosto de 2008. Essa política define três dimensões:

- Regulação de Sistemas de Saúde — tem como objeto os sistemas municipais, estaduais e nacional de saúde, e como sujeitos seus respectivos gestores públicos, definindo, a partir dos princípios e diretrizes do SUS, macrodiretrizes para a Regulação da Atenção à Saúde e executando ações de monitoramento, controle, avaliação, auditoria e vigilância desses sistemas.
- Regulação da Atenção à Saúde — exercida pelas Secretarias Estaduais e Municipais de Saúde, conforme pactuação estabelecida no termo de compromisso de gestão do Pacto pela Saúde, tendo como objetivo garantir a adequada prestação de serviços à população. Seu objeto é a produção das ações diretas e finais de atenção à saúde, estando, portanto, dirigida aos prestadores públicos e privados, e como sujeitos seus respectivos gestores públicos, definindo estratégias e macrodiretrizes para a Regulação do Acesso à Assistência e Controle da Atenção à Saúde, também denominada de Regulação Assistencial, e controle da oferta de serviços, executando ações de monitoramento, controle, avaliação, auditoria e vigilância da atenção e da assistência à saúde no âmbito do SUS.
- Regulação do Acesso à Assistência — também denominada regulação do acesso ou regulação assistencial, tem como objetos a organização, o controle, o gerenciamento e a priorização do acesso e dos fluxos assistenciais no âmbito do SUS, e como sujeitos seus respectivos gestores públicos, sendo estabelecida pelo complexo regulador e suas unidades operacionais. Essa dimensão abrange a regulação médica, exercendo autoridade sanitária para a garantia do acesso com base em protocolos, classificação de risco e demais critérios de priorização.

Todas essas modificações vão basicamente em duas direções: uma de estruturação do sistema, com a definição da regionalização e um forte acento para consolidar a reorganização das ações de atenção à saúde e definir melhor as atri-

A reforma do sistema de saúde no Brasil

buições dos entes federados, e outra de foco interno, com o objetivo de melhorar a capacidade institucional de gestão, que vai desde a adoção de novos instrumentos gerenciais até o investimento na capacitação dos gestores.

De forma resumida, poderíamos então afirmar:

- que o SUS se organiza de forma descentralizada e regionalizada, com uma estratégia que prioriza a atenção básica e que articula a gestão entre os entes federados a partir de termos de compromisso que priorizam os indicadores do Pacto pela Vida, tendo na figura das Comissões Intergestoras e nos conselhos os canais de articulação e de controle social da comunidade;
- que do ponto de vista da competência de gestão tem sido feito um investimento sistemático e que os investimentos mais recentes têm sido conduzidos por lógica que prioriza uma gestão por resultados;
- que ainda há um longo caminho a percorrer, mas como tem sido a trajetória do SUS, o caminho se fará à medida que as ações forem se desenvolvendo;
- as iniciativas de gestão, anteriormente mencionadas, formuladas, aprovadas e/ou que se encontram em tramitação são coerentes com as ideias da reforma gerencial propostas para a reforma do Estado brasileiro — novos arranjos organizacionais, pluralidade de provedores, agilidade, foco no resultado, introdução da contratualização com metas pactuadas e avaliação de desempenho.

Pode-se dizer então que a construção do SUS incorpora, a partir de 1995, um conjunto de instrumentos gerenciais que objetivam dotar o sistema de uma capacidade institucional em conformidade com o novo paradigma da gestão pública. Essa capacidade institucional vem sendo moldada por meio de inúmeras leis, decretos e portarias para alterar a lógica tradicional da burocracia presa a procedimentos e instalar no sistema de saúde uma lógica orientada para resultados, capaz de responsabilizar os gestores públicos pelo desempenho alcançado.

4

Catalunha e Brasil: uma análise comparativa

O estudo dos sistemas de saúde da Catalunha e do Brasil conduz inevitavelmente a uma comparação de seus pontos convergentes e divergentes. Como se afirmou anteriormente, o foco de análise recai sobre os aspectos relacionados à capacidade institucional de gestão, aos arranjos organizacionais que estruturam os sistemas para dar vida às políticas, e às diretrizes de saúde que foram objeto das reformas ao longo de quase 20 anos. Assim, interessa a concepção do sistema, a forma como se organiza, os princípios de gestão que o orientam, a preocupação com mecanismos de controle e avaliação, os instrumentos gerenciais que são utilizados e os canais de participação institucionalizados, entre outros aspectos.

Para facilitar a discussão, em primeiro lugar serão abordados os principais pontos de convergência, deixando para um segundo momento a análise dos pontos divergentes. Não serão focalizados os mecanismos de controle que podem favorecer a *accountability* dos sistemas, dado que essa análise será feita nos capítulos seguintes, quando serão abordadas as diferentes formas de responsabilização institucionalizadas, por meio de um conjunto amplo de dispositivos normativos (leis, portarias, decretos, instruções normativas, ordens), que são a expressão da trama de interesses do tecido social e representam as soluções políticas, técnicas e administrativas em uma determinada conjuntura. E assim assume-se de partida que as condições políticas, econômicas, sociais e culturais de cada país são determinantes na conformação de seus sistemas de saúde, apesar do peso que a influência das experiências realizadas em outros países possa ter.

Com esse delineamento, há condições de avançar na discussão das configurações que assumiram os sistemas de saúde na Catalunha e no Brasil, explorando as suas semelhanças e diferenças.

Os pontos convergentes

O marco jurídico definidor dos sistemas de saúde nos dois países foi a promulgação de suas constituições. Na Espanha, a Constituição, aprovada em 1978, em seu artigo 3º, determinava que:

> *Los medios y actuaciones del sistema sanitario estarán orientados prioritariamente a la promoción de la salud y a la prevención de las enfermedades. La asistencia sanitaria pública se extenderá a toda la población. El acceso y las prestaciones sanitarias se realizarán en condiciones de igualdad efectiva y la política de salud estará orientada a la superación de los desequilibrios territoriales y sociales.*

E, em seu artigo 43, reconhecia o direito do cidadão à saúde pública e afirmava a responsabilidade dos poderes públicos para organizá-la por meio de medidas preventivas e serviços essenciais.

No Brasil, de modo idêntico, a Constituição de 1988 consagra a saúde como um direito de todos e dever do Estado. O artigo 196 determina que: "a saúde é direito de todos e dever do Estado, garantido mediante políticas sociais e econômicas que visem à redução do risco de doença e de outros agravos e ao acesso universal e igualitário às ações e serviços para sua promoção, proteção e recuperação".

E o artigo 198 determina que as ações e serviços de saúde integrem uma rede regionalizada e hierarquizada, constituindo um sistema único pautado pela descentralização, atendimento integral e participação da comunidade. Também determina que o SUS será financiado com os recursos do orçamento da seguridade social, da União, dos estados, do Distrito Federal e dos municípios, além de outras fontes.

As duas Constituições foram aprovadas depois de um longo período de ditadura, expressando um desejo enorme de participação da sociedade e incorporando novos atores na dinâmica societária. Além de reconhecer a saúde como um direito de todos e a obrigação do Estado em proporcionar os meios adequados à sua promoção, prevenção e recuperação, as Constituições espanhola e brasileira também defendiam os princípios de igualdade no acesso, de universalidade, de equidade, de participação da comunidade e de integralidade como os que deveriam nortear toda a estruturação dos sistemas.

Na Espanha, a estruturação do SNS seria de responsabilidade da administração do Estado, compartilhada com as comunidades autônomas, que já dispunham de competências em matéria sanitária para a criação de seus próprios sistemas de saúde, como é o caso da Catalunha. No Brasil, a responsabilidade seria das três esferas de governo — União, estados e municípios — também em relação à criação de um sistema nacional de saúde. Em ambos, trata-se de um projeto de natureza descentralizadora, apesar de o movimento de descentralização ocorrer para instâncias diferentes do poder político: na Espanha, de afirmação das comunidades autônomas; no Brasil, de afirmação do poder local dos municípios.

Os argumentos em favor da descentralização, em ambos os casos, colocavam a proximidade com a comunidade, e as vantagens daí advindas, e o processo de redistribuição de poder como elementos centrais. Acreditava-se que, quanto mais próxima do cidadão estivesse a tomada de decisão, mais ela incorporaria as preocupações da cidadania e maiores as chances de responsabilização do gestor público.

Em relação à organização dos sistemas, a estratégia assumida teve como base a atenção primária como porta de entrada do sistema e uma concepção integral de saúde. Na Catalunha, a reforma da atenção primária ocorreu em 1985, portanto, antes da estruturação do sistema, com a Lei nº 15/1990, e se constituiu como o eixo vertebral do sistema de saúde. No Brasil, apenas em 1997, depois de sete anos de criação do SUS, é que são postos em prática o Programa de Agentes Comunitários de Saúde e o Programa de Saúde da Família, em uma estratégia de reorientação do modelo assistencial por meio do estímulo à adoção da estratégia de saúde da família pelos serviços municipais de saúde.

Outro ponto de semelhança entre os dois sistemas são os níveis de atenção à saúde. Na Catalunha, os níveis são de atenção primária, de atenção hospitalar e especializada. No Brasil, os níveis são de atenção básica e de atenção de média e alta complexidade. Apesar dos nomes diferentes, o arranjo é o mesmo — de separação dos níveis de atenção à saúde.

Quanto às possibilidades de arranjos organizacionais, na Catalunha há uma pluralidade de formatos — empresas públicas, consórcios, fundações, organizações privadas, cooperativas. Todos esses arranjos podem se relacionar com o ente público na forma de convênios e contratos. No Brasil, regulamentou-se a figura das OS e das Oscip para a prestação de serviços sanitários, opção que foi seguida em vários estados da federação por dar mais agilidade e flexibilidade à gestão e à figura dos consórcios. De modo que, apesar das preferências por um ou outro arranjo, pode-se afirmar que em ambos os sistemas a estratégia de procurar formas organizacionais mais ágeis tem sido dominante. É claro que na Catalunha a presença de novas formas de gestão tem sido um de seus principais traços.

Quanto aos instrumentos passíveis de serem usados para estabelecer relações com entes públicos ou privados, nos dois sistemas são privilegiados os contratos e convênios. Percebe-se, todavia, que apenas na denominação do instrumento há semelhanças, pois tanto o uso quanto o conteúdo, a abrangência, a legislação e os requisitos para sua formalização apresentam diferenças que serão analisadas posteriormente.

Outro ponto de convergência é a opção por um sistema público de prestação de serviços de saúde, sendo reservado à iniciativa privada apenas um papel complementar, e a preferência pelas organizações sem finalidades lucrativas para firmar relações conveniadas e/ou contratadas. No Brasil, a iniciativa privada pode tornar-se um provedor do sistema, sempre que ficar clara a impossibilidade de o poder público assumir a demanda por serviços que recaia sobre o sistema público. Aqui, abre-se a porta para, diante da impossibilidade de investimentos públicos, a iniciativa privada tornar-se parte permanente do sistema. Na Catalunha, a possibilidade de contratar provedores privados, pelas mesmas razões apresentadas no Brasil, abre igualmente a possibilidade de que a iniciativa privada torne-se parte permanente da provisão de serviços. Aliás, na Catalunha, por ocasião da constituição da rede hospitalar de utilidade pública, em 1985, já se admitia que o sistema público era insuficiente para lidar com todas as necessidades, e que era necessário otimizar todos os recursos materiais, humanos e de instalações existentes, fossem públicos ou privados. Assim, nos dois sistemas a legislação deixou espaço para a inclusão da iniciativa privada e, assim sendo, definiu também a criação de um mercado privado de saúde em que o poder público é o grande cliente. De modo idêntico é o tratamento para as organizações sem fins lucrativos, pois o acento é colocado apenas na preferência e não na obrigatoriedade.

Apesar dos nomes diferenciados, pode-se dizer que os dois sistemas adotam um conjunto de instrumentos gerenciais com finalidades muito parecidas — planos de saúde, relatórios de gestão, programação pactuada, indicadores de desempenho, mecanismos de controle e avaliação —, ou seja, orientar o sistema para a obtenção de resultados. Assim, é visível nos dois países a estratégia de investir na melhoria da capacidade institucional de gestão com a expectativa de encontrar soluções para as demandas que recaem sobre o sistema, ao tempo em que também se criam condições para impedir os agravos dos determinantes da saúde. Apesar dessa convergência, é preciso assinalar que no Brasil, diferentemente da Catalunha, há uma vasta legislação obrigando aos gestores do SUS a adotarem ferramentas de gestão. Uma explicação possível é que na Catalunha, dada a extensa rede de provedores fora do âmbito público, a gestão passa a ser da competência de

Catalunha e Brasil: uma análise comparativa

cada provedor, e não da autoridade de saúde. Como o sistema fez uma clara opção pela separação entre as funções de provisão e financiamento, percebem-se com mais clareza outras preocupações gerenciais que não aparecem de forma explícita no Brasil. Esse é o caso do processo de credenciamento dos hospitais, que é feito por meio de entidades externas, que por sua vez também são auditadas. Esse procedimento estabelece regras mais claras para o processo de contratualização dos provedores e a adoção de mecanismos de avaliação dos contratos. O importante a destacar é que em ambos os sistemas, independentemente dos instrumentos adotados, há uma orientação para a obtenção de resultados para a melhoria das condições de saúde da população. O foco nos resultados passa a ser a orientação mais presente na maioria dos dispositivos normativos.

Vinculado ainda aos aspectos de gestão propriamente ditos, nos dois sistemas há de forma explícita a preocupação em ter mecanismos de controle e avaliação como ferramentas importantes para acompanhar as ações e prestações de serviços postos em prática, embora o foco da avaliação na Catalunha, de uma forma muito mais explícita, recaia sobre os contratos, enquanto no Brasil ele recai sobre as ações dos entes federados como gestores do sistema, e os contratos que sejam firmados com prestadores de serviços não recebam a mesma atenção. À preocupação com avaliação e controle se soma a orientação para resultados, o que acentua a dimensão gerencial nos modelos sanitários.

Fruto da compreensão de que, em um sistema descentralizado, a participação da comunidade é um importante aliado em sua construção, os dois sistemas de saúde contemplam a participação cidadã em suas instâncias de decisão, por meio da existência dos conselhos de saúde. No Brasil, os conselhos de saúde são de âmbito nacional, estadual e municipal. Na Catalunha, eles existem nos órgãos centrais de decisão, como o SCS, e também nos setores de saúde, ou seja, estão presentes em toda a estrutura do sistema de saúde. As semelhanças, no entanto, residem apenas na existência da figura do Conselho de Saúde como um ator do processo de gestão, pois as funções que os mesmos ocupam são completamente distintas. No Brasil são de natureza deliberativa, e na Catalunha, de natureza consultiva, de acompanhamento e supervisão. Apesar das diferenças, os conselhos são definidos como órgãos capazes de fazer o controle social à medida que discutem, acompanham e supervisionam as ações de saúde. Além dos conselhos, em ambos os sistemas a figura do cidadão é altamente valorizada e as políticas são apresentadas tendo como objetivo principal o atendimento de suas demandas.

Quanto ao financiamento, os dois sistemas são públicos. Na Catalunha, os dispositivos normativos não tratam muito da questão do financiamento, enquanto a legislação brasileira é muito extensa sobre essa questão, discutindo a forma de repasse, os critérios de distribuição dos recursos, a forma de remuneração dos serviços e os incentivos financeiros para a adoção de determinadas ações.

Tanto no Brasil como na Catalunha a definição das políticas e diretrizes de saúde está localizada em suas estruturas hierárquicas superiores. No Brasil, no Ministério da Saúde; na Catalunha, no Departamento de Saúde. É importante registrar que no Brasil há uma avalanche de portarias que objetivam normatizar o funcionamento do sistema em uma escala muito maior do que na Catalunha. Uma possível explicação pode ser o fato de o modelo na Catalunha ter um grau de coerência interna maior do que o que vem sendo construído no Brasil e, por essa razão, demandar um menor número de instruções normativas.

Em relação à elaboração do plano de saúde, a estratégia consiste em articular os planos realizados em instâncias inferiores do sistema para consolidar um plano de abrangência geral. Trata-se assim de uma estratégia de baixo para cima, que procura reconhecer as peculiaridades locais dos diferentes agentes de saúde.

Outro ponto de semelhança entre os dois sistemas é a estratégia de criar agências para tratar de assuntos relacionados à saúde, como organismos com maior autonomia de gestão. No Brasil, foram criadas a Anvisa e a ANS e, na Catalunha, a Agência de Segurança Alimentar e a Agência de Proteção à Saúde. A estratégia de criar agências com mais independência de gestão tem sido usual nos países que empreenderam reformas do Estado, para dar mais agilidade e flexibilidade à tomada de decisões e, consequentemente, à operacionalização das ações.

Finalmente, a inspiração para as reformas realizadas foi preferencialmente a reforma inglesa, sendo que na Catalunha o modelo implantado apresenta um grau maior de coerência com as ideias postas em prática na Inglaterra, em especial a ideia da constituição de um quase mercado com a separação das funções de provisão e financiamento.

Os pontos divergentes

Um dos primeiros aspectos a evidenciar uma diferença na concepção dos sistemas da Catalunha e do Brasil é a ideia de rede hospitalar de utilidade pública adotada na Catalunha. A rede catalã congrega todos os centros, serviços e estabelecimentos integrados pela rede hospitalar de utilidade pública, ou seja, a rede de centros, serviços e estabelecimentos sociossanitários, a rede de centros, serviços e estabelecimentos de saúde mental de utilidade pública e a rede dos serviços de atenção

Catalunha e Brasil: uma análise comparativa

primária à saúde. É importante destacar que fazem parte da rede entidades públicas ou privadas que assumem formas jurídicas diversas.

As relações entre esses diferentes entes são estabelecidas por meio de convênios ou contratos. Ou seja, assume-se claramente que o sistema público opera a partir da integração da rede privada às suas ações, e se determinam também de forma clara os instrumentos jurídicos que irão viabilizar a relação de contratualização. No Brasil, a concepção do sistema como uma rede regionalizada e hierarquizada de saúde se dá no âmbito do setor público. Isso, no entanto, não significa dizer que a prestação dos serviços seja exclusivamente pública, pois a iniciativa privada ocupa um papel importante na prestação de serviços e, em especial, nos serviços de média e alta complexidade.

Parece então que estamos diante de uma estratégia explícita de integração da iniciativa privada na Catalunha e uma estratégia opaca no Brasil, no que se refere à participação da iniciativa privada no sistema de saúde. Ou seja, na Catalunha, como o modelo é mais explícito, as relações entre poder público e prestadores são mais visíveis, enquanto a "complementaridade" no Brasil, por falta de uma regulamentação clara, torna o processo pouco claro.

Como consequência mais direta do processo (transparente/opaco) nos dois sistemas, há uma pluralidade de provedores, sendo que pela forma como essa relação foi construída, existe na Catalunha um conjunto de regras e procedimentos que têm mais condições de garantir um padrão mínimo de qualidade na prestação de serviços pela rede de provedores e avaliar o alcance ou não de indicadores que previamente foram pactuados por ocasião da formalização da relação contratual.

Esses traços conformam um sistema de saúde na Catalunha com uma pluralidade de provedores, de prestações de serviços e de formas de gestão com muito mais intensidade que no Brasil, pois neste último o setor público municipal, estadual e federal ocupa ainda um papel central na gestão do sistema, assumindo em muitos casos o papel de provedor principal do sistema.

Em consequência dessa opção por um sistema com muitos provedores, na Catalunha consolidou-se um sistema em que há uma clara separação entre as funções de provisão e financiamento. Essa separação se efetivou de fato quando o SCS assumiu a função de comprador das prestações, e o Departamento de Saúde da Comunidade Autônoma da Catalunha (Generalitat) assumiu as funções de planejamento e das diretrizes políticas. Constitui-se assim um quase mercado em que o poder público assume primordialmente uma função reguladora e de administração de toda a rede de prestadores de serviços de saúde.

No Brasil, como já apontamos, apesar de que em muitas prestações de serviço já há claramente essa separação entre provisão e financiamento, o sistema não tem essa separação fortemente explícita, inclusive com uma estrutura organizacional destinada à compra. Não existe nenhum organismo equivalente ao SCS, pois as funções de planejamento, acompanhamento, controle e auditoria encontram-se distribuídas pelas secretarias estaduais e municipais. Nesse sentido, a organização do sistema catalão, apesar de agir de forma descentralizada, tem um traço centralizador muito forte, porquanto ao SCS cabe um papel central no funcionamento do sistema. No Brasil, o processo de descentralização do sistema de saúde é mais radical, uma vez que atribui aos entes federados competência para planejar, acompanhar, controlar e auditar. E, para impedir uma extrema fragmentação do sistema, estabelece as Comissões Intergestoras, competências criadas para articular diferentes aspectos de gestão entre os entes federados.

Analisando os dois sistemas, temos de um lado a estratégia de uma só entidade com função de compra, o que pode significar maior poder de barganha pelo volume de compra que pode realizar; e de outro, uma pulverização de compradores, que se por um lado tem a vantagem de estar mais próximos do seu provedor, tem a desvantagem de não ter um poder de barganha forte, uma vez que seu volume de compras é menor quando comparado com uma estrutura centralizada.

Outro traço que caracteriza de forma diferenciada os dois sistemas é a aposta na descentralização, sendo que no Brasil o grande protagonista é o município, que executa todas as ações de saúde e assume gradativamente todas as responsabilidades de gestão, com a coordenação e supervisão dos governos estaduais e da União, por meio do Ministério da Saúde. Na Catalunha, o grande protagonista é a própria comunidade autônoma, por meio do seu Departamento de Saúde, e aos municípios é destinado um papel central de controle e um papel secundário no que se refere à assistência. Uma tentativa de dar voz aos municípios foi posta em prática, no ano de 2006, com a criação dos governos territoriais de saúde, em que o poder local passa a compartilhar as ações de saúde com o governo da Comunidade.

Em consequência, no Brasil há um movimento ascendente do município para a esfera federal. As relações entre as esferas de governo são feitas por meio das Comissões Intergestoras Tripartite (União, estados e municípios) e Bipartite (estados e municípios), instâncias de articulação na estrutura descentralizada. As três esferas de governo assumem competências distintas, sendo que recai para o poder local a competência de executar a política de saúde.

Do mesmo modo, há um movimento descendente, à medida que à União cabe a função de pensar nacionalmente o sistema e de definir as linhas prioritárias

Catalunha e Brasil: uma análise comparativa

de ação. Apesar de a regionalização ser um dos princípios de criação do SUS, apenas em 2001, com o Plano Diretor de Regionalização, ela foi vista como estratégia para aprofundar o processo de descentralização e corrigir alguns problemas no acesso à assistência. O primeiro nível de referência é o município, com sua rede de serviços e a prestação de serviço regionalizada para atendimentos de média complexidade, e as esferas estadual e federal são referências para procedimentos de média e alta complexidade.

Na Catalunha, é o Departamento de Saúde a instância de definições de políticas. Ele articula toda a estrutura de saúde por meio do SCS e do ICS. O SCS se organiza em regiões sanitárias, atendendo a critérios de demarcação demográficos, geográficos, socioeconômicos, culturais e laborais. As regiões, por sua vez, congregam os setores de saúde, e estes, as áreas básicas de saúde, nas quais se desenvolve o nível de atenção primária.

A organização é descentralizada, mas há um alto grau de centralização nas funções de contratualização pelo SCS. A ideia de criação de governos territoriais de saúde é uma tentativa de dar mais espaço à esfera do poder local. No Brasil, as relações contratuais são definidas no âmbito de cada município, o que leva a um processo de descentralização das funções de compra. São estratégias distintas, principalmente porque na Catalunha a compra é vista como uma das funções críticas do sistema, o que exige a adoção contínua de instrumentos gerenciais capazes de orientá-la. Entre esses instrumentos destacam-se o credenciamento, a avaliação dos contratos e o *ranking* dos provedores feito pela Central de Balanços.

Em relação à atenção básica, apesar de ser uma estratégia adotada pelos dois sistemas, na Catalunha ela se dá nos CAP, que por sua vez estão vinculados às ABS, setores de saúde e regiões de saúde. Ela é parte essencial do modelo e não é financiada por meio de programas, como ocorre no Brasil, com a adoção do Programa Agentes Comunitários de Saúde e do Programa Saúde da Família.

Além desses programas diretamente vinculados à atenção básica, no Brasil tem sido uma estratégia usual a institucionalização de um conjunto de incentivos financeiros para as ações de saúde, evidenciando que as políticas muitas vezes acabam sendo assumidas apenas pela existência de recursos, mas sem que tenha havido um processo efetivo de planejamento sobre a sua oportunidade ou não. Na Catalunha, as diretrizes do plano de saúde são incorporadas aos contratos que são estabelecidos com os distintos provedores e há apenas uma pequena parte dos recursos dos contratos destinados a programas especiais.

Merece destaque também a classificação das condições de gestão que os municípios, estados e Distrito Federal podem assumir no Brasil. Essa classificação reduz a ambiguidade do sistema, introduz um componente importante de conhecimento das condições das diferentes unidades e permite que os instrumentos de avaliação sejam planejados de acordo com as condições de gestão.

Na Catalunha, a consulta à legislação não revela esse nível de detalhamento. À primeira vista, parece que há mais liberdade de atuação, pois não há definições muito claras sobre as condições de gestão. Mas isso é apenas uma falsa ideia, pois a carteira de prestação de serviços cumpre papel análogo, à medida que obriga as unidades do sistema a um determinado padrão de atendimento. E esta nada mais é do que a noção de condições de gestão, que se referem à capacidade instalada daquele município para cumprimento de uma agenda de compromissos de saúde.

A preocupação com a participação do cidadão como um mecanismo de controle da ação pública é comum nas duas experiências de gestão. Na Catalunha, em todas as instâncias de saúde existe um conselho, e mais recentemente também nos hospitais administrados pelo ICS, de natureza pública. No Brasil, a figura do conselho é central nas três esferas de gestão, e tem poder deliberativo. Aos conselhos é dada a competência de participar da formulação, controle e avaliação da política de saúde. Na Catalunha, os conselhos têm função de assessoria, de consulta, de acompanhamento e supervisão. No Brasil, além da função deliberativa, todo o sistema foi estruturado para reforçar o papel dos conselhos, pois nada acontece sem que eles sejam ouvidos e, mais do que isso, a sua existência é condição para que os municípios possam assumir novas competências, receber recursos, participar de determinados programas etc.

Olhando essa questão por outro ângulo, como a organização do sistema é diferente na Catalunha, existe um número maior de conselhos, pois há um número maior de instâncias de gestão, o que poderá amenizar o fato de eles não terem função deliberativa. Recentemente, aprovou-se o conselho de participação nos centros hospitalares que são administrados pelo ICS, o que radicaliza o processo de participação porque aproxima ainda mais o agente que toma as decisões das pessoas que serão atingidas pela decisão. No Brasil, não há nada nesse sentido, o que limita a participação. A Lei nº 8.142/1990 institucionaliza o Conselho de Saúde, mas ele está previsto apenas nos âmbitos municipal e estadual, e não se dissemina pelo sistema.

No que se refere ao processo de credenciamento, essa é uma estratégia muito mais visível na Catalunha, pois, além de estar institucionalizada do ponto de vista jurídico, é um elemento importante no processo de conformação da rede, uma vez que esta é formada por uma pluralidade de provedores e há a necessidade de o sistema ter controle sobre tal rede. O processo de credenciamento coloca um

Catalunha e Brasil: uma análise comparativa

padrão mínimo de qualidade a ser atendido e, dessa forma, cria uma pressão sobre os prestadores de serviço.

Outro aspecto que também alimenta essa pressão é o processo de credenciamento feito por entidades externas, que também são auditadas. Os padrões mínimos de qualidade se referem a aspectos organizativos da estrutura e de pessoal, aspectos da qualidade da assistência e de atenção global ao usuário, e aspectos relacionados à estrutura, instalações e equipamentos. No Brasil, não há nem de longe um processo de credenciamento tal como ocorre na Catalunha. Desde 1995, quando da criação do Programa de Garantia e Aprimoramento da Qualidade em Saúde (Portaria nº 1.107, de 14 de junho de 1995), o Ministério da Saúde vem investindo no desenvolvimento do Programa Brasileiro de Acreditação Hospitalar, com a elaboração do Manual Brasileiro de Acreditação Hospitalar do Ministério da Saúde (primeira edição de 1998), que se tornou um marco orientador para melhoria dos hospitais, e o credenciamento da Organização Nacional de Acreditação (ONA), em 2001, como instituição competente e autorizada a operacionalizar o desenvolvimento do processo de acreditação hospitalar. No entanto, o processo de acreditação é voluntário, o que impede o alcance de padrões de qualidade pelos distintos provedores para entrada no sistema.

A contratação de prestadores do setor privado — lucrativo, sem fins lucrativos e filantrópicos — é feita no Brasil levando-se em consideração os aspectos de estrutura, instalações físicas, recursos humanos, rotinas e normas de atendimento e serviços avaliados pela Vigilância Sanitária, bem como as demais normas administrativas inerentes ao setor público. A Portaria nº 3.277, ao disciplinar a participação complementar dos serviços privados de assistência à saúde, faz apenas as seguintes exigências aos contratados:

- manter registro atualizado no Cadastro Nacional de Estabelecimentos de Saúde (CNES);
- submeter-se a avaliações sistemáticas de acordo com o Programa Nacional de Avaliação de Serviços de Saúde (Pnass);
- submeter-se à regulação instituída pelo gestor;
- apresentar, sempre que solicitado, relatórios de atividades que demonstrem, quantitativa e qualitativamente, o atendimento do objeto;
- manter contrato de trabalho que assegure direitos trabalhistas, sociais e previdenciários aos seus trabalhadores e prestadores de serviços;
- garantir o acesso dos conselhos de saúde aos serviços contratados no exercício de seu poder de fiscalização; e
- cumprir as diretrizes da Política Nacional de Humanização (PNH).

Como se constata, a Portaria é omissa em relação à exigência de que os prestadores de serviços sejam credenciados dentro de padrões de qualidade definidos pela autoridade de saúde. É importante destacar que na Catalunha o processo de credenciamento é obrigatório para fazer parte da rede hospitalar de utilidade pública e que periodicamente se faz uma avaliação das condições de oferta e, em situações de desvio dos indicadores acordados, os prestadores são advertidos para melhorá-los. É fácil perceber que há evidentes vantagens em um sistema que se orienta por padrões de qualidade como é o caso da Catalunha, que desde que assumiu a competência de gestão do sistema de saúde vem sistematicamente aperfeiçoando o sistema de credenciamento.

Na Catalunha, assume-se que a iniciativa privada ocupa um papel fundamental na constituição da rede hospitalar de utilidade pública e se normatiza essa relação por meio de contratos. Estes podem ser firmados com qualquer prestador de serviço que atenda aos padrões mínimos de credenciamento para fazer parte da rede e podem ter como objeto a assistência hospitalar, de atenção primária, terapias, transportes de urgência etc. Igualmente se normatiza o conteúdo dos contratos e convênios.

No Brasil, apesar de o SUS também incluir a iniciativa privada para complementar a oferta de prestações de serviço, a atual norma disciplina apenas alguns aspectos relacionados aos contratos e convênios, mas o faz com alto grau de ambiguidade, pois não explicita com clareza o objeto do contrato.

Em um processo de radicalização do modelo na Catalunha, além dos contratos que já regulam a relação com distintos provedores, criou-se a empresa pública ICS, que atua sob as regras do direito privado, introduzindo grande autonomia de gestão extensiva às unidades que são afetas a ela. A relação de prestação de serviços com o CatSalut se faz por meio do contrato-programa. No Brasil, existe a figura do contrato de gestão, a ser viabilizado por meio de organizações sociais, o termo de parceria, que pode ser feito entre consórcios públicos e Oscip, e o termo de compromisso, firmado entre os gestores públicos. Percebe-se assim que a contratualização é possível nas duas situações, sendo que na Catalunha o processo é mais intenso, inclusive entre entes públicos. Valoriza-se fundamentalmente, na contratualização, os objetivos, as metas e os indicadores a serem alcançados, que passam a ser perseguidos em função dos critérios de avaliação e redefinição de novas bases para futuras contratualizações.

No que se refere ao financiamento, como já afirmamos anteriormente, a análise dos instrumentos normativos consultados não permite visualizar as questões que estão envolvidas no financiamento na Catalunha. No Brasil, essa questão é

Catalunha e Brasil: uma análise comparativa

tratada em muitos dispositivos normativos que trazem alto grau de detalhamento — forma de distribuição de recursos, forma de remuneração dos serviços, definição dos blocos de financiamento, incentivos financeiros etc. —, o que dá muita transparência ao processo.

Um ponto que diferencia os sistemas diz respeito às estratégias que foram usadas recentemente para consolidá-los. Na Catalunha, a aposta tem sido a criação dos governos territoriais de saúde, com o objetivo de regular a colaboração entre a administração da Generalitat da Catalunha e as administrações locais no âmbito da saúde, com a finalidade de alcançar um maior grau de integração para a melhoria da atenção prestada aos cidadãos. É uma estratégia que procura resgatar a participação do poder local nas questões de saúde e, nesse sentido, aprofunda o processo de descentralização. Definida em 2006, se encontra em curso. No Brasil, a partir de 2001, a estratégia consistiu em regionalizar a assistência, visando a conformação de sistemas de atenção funcionais e resolutivos nos diversos níveis.

Assim, o Brasil faz um movimento inverso ao da Catalunha, objetivando criar regiões/microrregiões e módulos de assistência, como forma de garantir a integralidade da assistência e o acesso da população aos serviços e ações de saúde. Outra estratégia diz respeito ao fortalecimento da capacidade dos gestores do SUS, que compreende um conjunto de ações voltadas para consolidar o caráter público da gestão do sistema, por meio da instrumentalização dos gestores estaduais e municipais para o desenvolvimento de funções como planejamento/programação, regulação, controle e avaliação, incluindo instrumentos de consolidação de compromissos entre gestores e, finalmente, a definição de áreas de atuação estratégicas mínimas para os municípios. O que deve ser ressaltado é que esses movimentos respondem à lógica segundo a qual os sistemas foram formatados ao longo do tempo e tentam dar conta de problemas idênticos, traduzidos de uma forma simples em uma prestação de serviços adequada às necessidades de saúde da população.

Finalmente, do exame de todos os dispositivos normativos é possível concluir que, em função da complexidade do sistema de saúde, a sua construção vem se dando de forma paulatina tanto na Catalunha como no Brasil, o que aponta para ajustes constantes, sem que haja mudanças substantivas no seu desenho organizacional. Apesar dessa constatação, há no Brasil um maior volume de instruções normativas sobre o funcionamento do modelo, o que indica uma necessidade maior de ajustes no sistema.

A análise das semelhanças e diferenças dos sistemas de saúde estudados evidencia que as reformas implementadas nos sistemas de saúde na Catalunha e no Brasil, ao centrarem seus esforços na dimensão gerencial, na perspectiva do desenvolvimento de uma capacidade institucional e administrativa dos sistemas de saúde, fazem emergir o tema da responsabilização, que trataremos a seguir

PARTE II

A RESPONSABILIZAÇÃO NOS SISTEMAS DE SAÚDE

5

Responsabilização na administração pública

As reformas implantadas nos sistemas de saúde na Catalunha e no Brasil trouxeram à tona o tema da responsabilização. A responsabilização é consequência direta da maior autonomia ao gestor, do foco no desempenho, da necessidade de instituir formas de controle diferenciadas do controle burocrático, de cidadãos mais exigentes e da busca de eficiência. A possibilidade de responsabilizar os gestores passa a ser vista como o grande ganho administrativo e político das reformas, pois a suposição básica é que o desempenho está diretamente relacionado à cobrança e à possibilidade de imputar responsabilidades àqueles que têm a tarefa de produzir resultados. De um lado, a busca de mais eficiência dos sistemas que deve se expressar em resultados concretos para os cidadãos e, do outro lado, cidadãos mais reivindicativos, que demandam uma gestão pública cada vez mais sintonizada com a solução dos seus problemas, explicam como o tema da responsabilização ocupa um lugar central em todas as reformas, assumindo várias formas — desde as clássicas (controle parlamentar e processual) até as formas que emergem no processo de reforma do Estado (controle por resultado, controle social e competição administrada). Sobre essas novas formas nos ocuparemos agora, para apreender os seus condicionantes e possibilidades nesse contexto e, em particular, para compreender como foram sendo construídas, na Catalunha e no Brasil.

Aprendendo o significado da responsabilização

Em geral, um traço comum em todas as propostas de reforma do Estado é a preocupação em torná-lo mais acessível ao cidadão, de modo a atender às suas demandas com eficiência. A reconstrução das capacidades estatais assume assim relevância enorme na medida em que a melhoria do desempenho governamental é vista como uma exigência face aos recursos escassos e demandas sempre crescentes por parte dos cidadãos. No esforço de compatibilizar demandas e recursos com eficácia, advoga-se que a função controle incorpore novas dimensões e resultados, competição administrada, controle social e que a responsabilização seja um valor da administração pública. As dimensões do controle por resultados, do controle por competição administrada e do controle social estão contidas nas orientações técnica (mudança de controle de procedimentos para controle de resultados), econômica (controle por quase mercados) e política (controle social) da reforma do Estado, e que, combinadas às formas de controle já existentes, criem condições efetivas para uma transformação no padrão de atuação do Estado, que deve atuar em conformidade às demandas da cidadania (Bresser-Pereira, 1998).

Muitos outros fatores têm impulsionado a discussão sobre responsabilização. Sem a pretensão de esgotar o assunto, podemos citar:

- a ineficiência e má qualidade na prestação dos serviços públicos, ao acentuar as dificuldades dos governos em lidar com demandas crescentes dos cidadãos, amplia o descontentamento e faz emergir pressões voltadas para a cobrança de resultados pelos cidadãos;
- os mecanismos burocráticos de controle existentes têm se mostrado insuficientes para dar respostas aos cidadãos, especialmente quando os parâmetros de avaliação da ação pública levam em conta aspectos como equidade, qualidade, justiça e adequação dos serviços às necessidades dos cidadãos;
- a implantação de uma gestão pública de corte gerencial em que a autonomia dos gestores, a descentralização das unidades e a redução do controle legal de procedimentos em nome do controle de resultados sejam pilares básicos necessita para seu bom desempenho de novas formas de responsabilização dos gestores;
- as novas tecnologias de informação, ao viabilizarem em tempo real as informações e conectar os indivíduos em rede, com grande poder de mobilização, pressionam na direção de mais participação e controle da administração pública.

Levy (1998) complementa essa explicação, ao colocar a necessidade de ampliação dos mecanismos de *accountability* diante de um conjunto de problemas relacionado ao controle e desempenho da atividade governamental: complexidade das instituições estatais, autonomia de estruturas burocráticas face ao controle democrático, assimetria de informações entre os atores sociais prejudicando os mais

Responsabilização na administração pública

débeis, intensificação do processo de globalização que torna as decisões alheias ao controle público e impenetrabilidade das instituições estatais.

Assim sendo, a necessidade de estreitamento das relações Estado/sociedade é decorrente da própria natureza das sociedades contemporâneas, cada vez mais complexas, em que a multiplicidade de problemas a atender e de atores envolvidos constituem poderosas forças de pressão sobre a forma de gerência pública, criando a necessidade de compartilhar tarefas e responsabilidades entre diferentes atores. Esse movimento pressupõe um novo modelo de *accountability* (a obrigação de prestar contas e assumir responsabilidades dos gestores públicos perante os cidadãos) e uma ampliação do espectro de atores, anteriormente restrito aos políticos e burocratas. Essa também é a opinião de Caiden e Caiden (1998), ao afirmarem que a prestação de contas não pode ficar restrita aos controles burocráticos, que somente asseguram o cumprimento de procedimentos legais, diante das múltiplas ações que os governos devem implementar — operar agências, fazer contratos, construir acordos, coordenar programas, regular atividades — em um mundo de incertezas e de demandas crescentes.

A questão da responsabilização é, portanto, por diferentes razões, um tema central da agenda pública, dando visibilidade à discussão sobre desempenho dos gestores públicos, o controle do uso e da aplicação dos recursos públicos, mecanismos de responsabilização dos gestores públicos, adoção de novos procedimentos administrativos que conduzam a uma gestão por resultados, eficiência dos gastos públicos, eficácia das políticas públicas, o combate à corrupção e ao desvio de recursos públicos, insuficiência dos mecanismos de controle social.[8]

A responsabilização não pode ser analisada fora da teoria democrática e constitui uma das dimensões essenciais da democracia representativa. Nos sistemas democráticos, por meio do mecanismo das eleições, são eleitos governantes para implantar um determinado programa de governo que foi sancionado pela maioria dos eleitores. Estes, por sua vez, têm o direito de avaliar os governantes em função dos compromissos cumpridos, responsabilizá-los pela gestão, puni-los com sua recondução ou não ao cargo em novas eleições, o que implica a capacidade de impor limites temporais aos governantes. Assim:

La responsabilización, en el sentido de accountability, obedece a esta segunda dimensión de la democracia y esta formada por el conjunto de reglas, instrumentos y dispositivos formales e informales, a través de las que los gobernantes deben rendir cuentas por

---

[8] Melo, 2001; Bresser-Pereira, 1998; Cunill Grau, 2005; Levy, 1998; Ariznabarreta, 2003; Longo, 2003.

el ejercicio del poder, explicando y justificando su aplicación al servicio de los ciudadanos. La responsabilización es la otra cara del ejercicio del poder y debe ser coherente con su atribución y utilización. En este sentido, expresa la preocupación por el output de la democracia, como producto del ejercicio del poder, complementaria a la del input, que incluye los factores de producción de la democracia o el sistema representativo (Ariznabarreta, 2003:1).

Tradicionalmente, o foco da teoria e a prática da democracia sempre privilegiaram os *inputs* e não os *outputs*. Assim, aspectos como democratização do acesso, separação dos poderes e limites temporais dos mandatos eram considerados suficientes para assegurar maior representatividade ao governante. No entanto, a brecha existente entre a aceitação da democracia como forma de governo e a satisfação dos cidadãos com seus resultados é cada vez mais persistente. Nesse contexto, a responsabilização como a promessa de tornar o estado mais próximo do cidadão converteu-se em um tema central da reforma do Estado.[9]

Essa discussão também emerge quando se propõe a participação e o controle social na administração pública como uma forma de garantir ao cidadão a possibilidade de emitir um julgamento em relação a assuntos de seu interesse e que sejam objeto da decisão pública. Como há dificuldades em assegurar que o governo por representação decida sempre de acordo com os compromissos assumidos e com a vontade dos cidadãos, os mecanismos de controle social e os direitos e garantias individuais surgem nos textos constitucionais para criar uma rede de proteção ao cidadão contra as práticas autorreferidas da burocracia, que as tornam impenetráveis ao controle da sociedade.

A necessidade de ampliar as formas de responsabilização do governante em um sistema democrático e defender as formas de controle social sobre as ações dos governos é assim um imperativo do sistema democrático moderno. Dada a insuficiência dos processos eleitorais e dos controles tradicionais da administração pública — controles de procedimentos e parlamentar, associados aos processos de insulamento burocrático ou de debilidade burocrática do aparato administrativo público para produzir um sistema efetivo de prestação de contas do governante aos eleitores — começou-se a produzir uma crescente insatisfação por parte dos cidadãos diante da incapacidade do Estado em dar respostas às suas necessidades e a emergir a necessidade de institucionalizar novas formas de controle.

---

[9] Ariznabarreta, 2003; Longo, 2003; Bresser-Pereira e Cunill Grau, 2006.

Responsabilização na administração pública

Isso significa que os cidadãos passam a assumir um papel mais decisivo no controle dos governantes, não apenas em períodos eleitorais, mas durante todo o mandato, de forma a acentuar a relação de compromisso firmada entre governante e cidadãos. Daí porque há uma vinculação estreita entre responsabilização e democracia, uma vez que em regimes totalitários não se presta contas à sociedade. A crescente demanda dos cidadãos por participação somente encontra espaço em sociedades democráticas em que prevalece a liberdade de expressão, a pluralidade de opiniões, o direito de associação e inúmeros canais de organização e representação social. A sorte da democracia e, de certo modo, do "bom governo", está vinculada à possibilidade de instaurar efetivos mecanismos de responsabilização da função pública, pois a débil capacidade institucional para exigir o cumprimento dos compromissos conspira contra uma gestão responsável, e a incompleta institucionalização democrática impede que a ação do Estado seja o resultado das preferências dos cidadãos (Oszlak, 2003).

Nessa perspectiva, o conceito de responsabilização significa precisamente que o governo tem não só a obrigação de prestar contas, mas de apresentar um desempenho que seja satisfatório à luz das necessidades da sociedade. Logo, a ideia de responsabilização está fortemente amparada na ideia de uma atuação efetiva do poder público, para responder às inúmeras demandas dos cidadãos. Vai, portanto, além da prestação de contas, que tradicionalmente tem ficado restrita às questões formais. O gestor público é responsável pelos resultados de sua gestão. E, assim sendo, a responsabilização estimula a realização de uma gestão mais eficiente e eficaz.

É importante, antes de aprofundarmos outras questões relacionadas ao tema, afirmar que o conceito de responsabilização e, em especial, o uso da palavra *accountability* para expressar responsabilização não é consensual entre os estudiosos.

Para Oszlak (2003), o termo responsabilização para expressar a relação entre obrigatoriedade da prestação de contas por parte dos governantes e o poder de cobrança por parte dos cidadãos não pode ser traduzido como *accountability*, que expressaria a prestação de contas assumida voluntariamente pelo sujeito, sem necessidade da intervenção e exigência de um terceiro. Para realizar o que chama de elucidação conceitual, Oslak define os termos responsabilidade, responsabilização e respondibilidade. Responsabilidade é o ato de ser responsável por algo. Responsabilização é o ato ou efeito de fazer alguém responsável por resultados em face de compromissos assumidos. Respondibilidade, neologismo criado pelo autor, seria a ação e o efeito de prestar contas sobre resultados da responsabilidade assumida em função de acordo formalizado ou não. Ou seja, é o agente quem demonstra vontade de prestar contas, seja por imperativo moral, uma exigência ética ou por padrões culturais enraizados em sua consciência. Nesse sentido, defende que *accountability* seria melhor traduzida pelo termo responbilidade do que por responsabilização. Feitas essas considerações, afirma que a responsabilização pela gestão é o requisito mínimo que toda sociedade deve assegurar para que os gestores públicos conheçam os limites de sua atuação e respondam por seus resultados.

Já Ariznabarreta (2003), ao argumentar sobre a dificuldade de traduzir a palavra *accountability*, faz uma discussão sobre o significado das palavras responsabilização e responsabilidade com o objetivo de compreendê-las no marco de valores e interesses em que operam. Assim, responsabilidade supõe a conformação de um agente com capacidade de atuação que gera consequências, e responsabilização seria a prestação de contas do agente ante o principal que avalia se o resultado está em conformidade com as suas expectativas, e em função dessa avaliação administra incentivos positivos ou negativos. A responsabilização está inserida, pois, no marco da responsabilidade em que se pode distinguir quatro componentes: designação de autoridade ou responsabilidade, definição formal e informal de expectativas de comportamento, sistema de justificativa ou de verificação de que o comportamento se ajusta às expectativas e consequência em termos de prêmios e sanções. A responsabilização se relaciona com os dois últimos componentes e obedece a duas lógicas — à lógica do procedimento que define as expectativas em termos do cumprimento das normas e à lógica da consequência ou resultados que se apoia em responsabilizar o agente pelos efeitos do seu comportamento. A responsabilização pode operar ao mesmo tempo sob as duas lógicas, porém pode não se situar no mesmo plano de importância.

Ainda segundo Ariznabarreta (2003), em torno da responsabilização há dois aspectos a considerar: responsabilização sem responsabilidade, como no dilema da responsabilidade política, e a responsabilidade sem responsabilização, como no poder anônimo da burocracia. No primeiro caso, considera que o jogo político obriga os candidatos a fazer promessas difíceis de cumprir e que há uma tensão crescente entre os velhos instrumentos burocráticos para processar as promessas políticas e oferecer resultados satisfatórios aos cidadãos. Assim, a demanda política gera uma demanda de responsabilização sem um crescimento paralelo de atribuição aos poderes públicos. Isso ocorre porque a evolução da democracia tem estreitado muito a margem de manobra da política. No segundo caso, vê a burocracia como um poder extramuros do governo representativo e, portanto, impermeável ao cidadão. À burocracia está destinado um espaço autônomo não político por meio da legalidade de seus atos. Isso se dá em função da discricionaridade técnica ou profissional, administrativa e política dos administradores.

Essa discussão lança luzes sobre a necessidade de ampliar a responsabilização da burocracia para que o Estado possa atender de forma eficaz às demandas concretas dos cidadãos. Trata-se de valorar mais a atuação dos gestores públicos ampliando o grau de discricionaridade na tomada de decisões ao tempo em que se intensificam as formas de responsabilização.

Frederic Mosher (apud Campos, 1990) define *accountability* como sinônimo de responsabilidade objetiva e, portanto, como um conceito oposto ao de responsabilidade subjetiva. Enquanto a responsabilidade subjetiva vem de dentro da pessoa, a *accountability* acarreta a responsabilidade de uma pessoa ou organização perante outra pessoa, por algum tipo de desempenho.

Da aceitação dessa definição decorre o fato de que a *accountability* ocorre mediante dois movimentos. De um lado, os cidadãos que têm o direito de cobrar explicações ao gestor público de suas decisões e atos praticados e de impor algum tipo de sanção ao desempenho considerado insatisfatório. Do outro, o gestor público que se sente na obrigação de prestar contas à sociedade de um desempenho alcançado, explicando-o e justificando-o, se for o caso, porque é para o bem-estar da sociedade que a ação pública é dirigida. A primeira dimensão é de responsabilidade da cidadania e se expressa no controle social, e a segunda é de responsabilidade dos agentes públicos que devem informar sobre os processos de decisões públicas e seus resultados (Cunill Grau, 2006).

Essa formulação é simples apenas no seu enunciado, pois muitas questões se colocam para a efetivação da *accountability*. Como os cidadãos podem participar e controlar o processo decisório da administração pública? Que canais podem melhor viabilizar a participação do cidadão na definição das metas relativas à ação pública e à sua avaliação? Quais os elementos que podem levar o governo a informar ao cidadão sobre as decisões tomadas e atos praticados? Quais as informações que são disponibilizadas ao cidadão? Quais os significados comuns que são partilhados na prestação de contas? Quais as possibilidades de responsabilização dos governantes e burocratas pelo seu desempenho?

Essas e outras questões apontam que a realização da *accountability* está estreitamente vinculada à capacidade dos cidadãos de atuarem politicamente, aos canais institucionalizados de participação, à informação sobre as ações públicas, à transparência das informações que chegam ao cidadão e à construção de significados compartilhados.

É a conjunção desses fatores que deve permitir que a *accountability* se constitua um valor político. Esses fatores encontram-se imbricados, de tal sorte que cada um deles, isoladamente, por mais importante que seja, não reúne as condições necessárias para materializar uma textura política e institucional da sociedade em que a *accountability* seja uma prática recorrente na condução das ações públicas. O grau de *accountability* será maior nas sociedades com mais fundamentos participativos em todos os seus âmbitos. A *accountability* pressupõe, portanto, o desenvolvimento da cidadania e a construção de um ambiente democrático, de modo que a cidadania possa exercitar todos os meios à sua disposição para fazer valer o interesse público. Uma cidadania que por meio de sua ação consiga exigir a prestação de contas de seus governantes e, mais do que isso, fazer com que a ação pública seja consequência dos interesses coletivos.

Examinemos mais de perto alguns desses aspectos, para compreendermos as dificuldades existentes em torno da ideia de responsabilização (*accountablity*).

Em primeiro lugar, uma discussão sobre o significado da responsabilização para a gestão pública no contexto da reforma do Estado, pelas implicações que isso tem para o desvelamento dos valores que a inspiram. A discussão de responsabilização, ao colocar um acento muito forte no desempenho dos governantes e na possibilidade de cobrança desse desempenho por parte dos cidadãos, conota à responsabilização uma dimensão gerencial. Isso implica formular uma arquitetura da responsabilidade na gestão pública que tem a ideia de rendimento como valor central da gestão, além do poder e discricionariedade dos dirigentes, a delimitação dos subsistemas de gestão, a introdução de uma lógica de mercado real ou simulada para promover a responsabilização e sistemas de controles por resultados associados a incentivos e sanções (Ariznabarreta, 2003).

Nessa perspectiva, a ideia de rendimento relaciona-se aos resultados que podem ser alcançados e que agregam valor. Assim, legitima-se o marco da gestão, uma vez que todo o esforço dos gestores é para a criação de valor em que as qualidades da racionalidade estejam presentes. Por sua vez, o poder e a discricionariedade dos gestores é consequência da necessidade de mais liberdade de atuação para a obtenção de resultados, e a introdução de uma lógica de mercado objetiva focalizar o desempenho e a eficiência na gestão pública. A responsabilização por resultados é consequência da arquitetura da gestão pública, em que se verifica o esforço por mais rendimento, mais liberdade na gestão e foco no desempenho para a criação de uma capacidade institucional do setor público, que significa dotar o Estado de habilidades para desempenhar suas tarefas de modo efetivo e eficiente. Trata-se de responder às aspirações da população, criar políticas públicas que res-

Responsabilização na administração pública

pondam a essas necessidades e assegurar transparência e efetividade na prestação de contas dessas ações.[10]

O bom funcionamento do Estado torna-se assim requisito para o bom funcionamento dos mercados e para as democracias, à medida que consegue efetivamente desenhar e implantar políticas públicas apropriadas para o atendimento das demandas dos cidadãos. O fortalecimento das capacidades do Estado é assim o alvo de todas as reformas conhecidas como reformas de segunda geração. Essa arquitetura atende às dimensões instrumentais, institucionais e normativas do *management* público que valoriza as prerrogativas da gestão com base nos valores de racionalidade econômica, como eficácia e eficiência. Para Ariznabarreta (2003:11),

> *el management es, ante todo, un orden institucional y semántico completo, del que no puede extraerse una parte y esperar que cobre sentido, por sí sola, cuando sus presupuestos institucionales no están reconocidos en el marco político-administrativo. La dimensión ideológica del management requiere la legitimación de la responsabilidad y responsabilización gerencial en una evolución paralela a la experimentada por la empresa. De ahí que el gran reto de la reforma de la gestión publica radica precisamente en construir un nuevo marco de responsabilidad en el que los valores de eficacia y eficiencia en la gestión se legitimen y defiendan mediante un reordenamiento de las funciones políticas y administrativas. No es extraño que autores como Behn (2001) hayan identificado la reforma de la accountability como el reto principal del movimiento gerencialista.*

Para Longo (2003), a dimensão gerencial da responsabilização também é clara, à medida que a reforma gerencial procura garantir a responsabilização por vias diferentes das que são próprias da burocracia pública tradicional: uma esfera de discricionariedade protegida da intromissão política e interferência burocrática; controle com foco em resultados; incentivos associados aos resultados; e um *ethos* apoiado nos valores da racionalidade econômica. Essas vias constroem um novo marco de responsabilização que tem o dirigente público como principal protagonista.

Um forte acento na dimensão gerencial pode resultar numa responsabilização que atenda muito bem aos critérios de eficiência, mas que não responda a outras preocupações e necessidades da cidadania que se expressam com outros valores, tais como qualidade, equidade, justiça e igualdade, dado que a gestão pú-

---

[10] Cf. Ospina, 2002; Longo, 2003; Ariznabarreta, 2003.

blica tem um conteúdo eminentemente político que é determinado no processo político pelo valor que é atribuído pelo cidadão.

Daí resulta que a questão da responsabilização deve ser balizada por uma clara compreensão do papel que deve ocupar na conformação e no exercício do poder no Estado democrático, em que os valores da eficiência são insuficientes para orientar a gestão pública. Isso pressupõe cidadania organizada, o que vamos discutir em seguida.

O protagonismo do cidadão na discussão dos temas públicos e na cobrança de desempenho por parte dos gestores públicos não se faz sem uma estrutura institucionalizada dos canais de participação. Isso implica dizer que a informação pode estar disponível, ser transparente, mas não ser utilizada. Por outro lado, os canais de participação somente se constituem um espaço de interlocução entre diferentes atores se a informação estiver disponível. Sem informação não há possibilidade concreta de influência. Do mesmo modo, a institucionalização de canais de participação do cidadão não pode se dar de qualquer forma, pois poderá vir a fortalecer as assimetrias da representação social, criando um conjunto de distorções e desequilíbrios nos benefícios advindos da participação.

Isto significa que dada as disparidades de informação existentes entre os cidadãos, os canais institucionalizados podem vir a ser apropriados por interesses corporativos e não por interesses coletivos na formação das decisões públicas. A esse respeito, Bresser-Pereira e Cunill Grau (1999), ao analisarem a sociedade civil como a sociedade organizada e ponderada de acordo com o poder político que detenham os grupos e indivíduos que derivam seu poder da riqueza, do conhecimento ou da capacidade organizadora, alertam que pode resultar um engano atribuir *a priori* um valor necessariamente positivo à sociedade civil como um todo, pois certas organizações sociais podem estar atuando em função de interesses privados.

Outro aspecto muito importante nessa discussão é a transparência da informação que chega aos cidadãos para instrumentalizar a sua ação política. Como já dissemos, sem informação não há como influenciar as decisões da ação pública. E sem que as informações sejam transparentes, desaparece completamente a possibilidade de os cidadãos exercerem qualquer diálogo com a administração pública.

Ao discutir esse assunto, Cunill Grau (2005) se questiona sobre quais atributos podem converter a informação em transparência. Para a autora, de acordo com definição adotada pelo Instituto do Banco Mundial (2005), a informação, para ser transparente, tem que ter quatro componentes: relevância, acessibilidade, qualidade e confiabilidade. E, a fim de aclarar o assunto, faz vários recortes do tema,

Responsabilização na administração pública

tendo a cidadania como referência obrigatória. Assim, relevância tem a ver com a utilidade da informação; acessibilidade se vincula aos dados que são obtidos e à maneira como são obtidos; qualidade e confiabilidade são contemplados à medida que os critérios de relevância e acessibilidade são atendidos. Ainda acrescenta o critério de exigibilidade, o qual, dado o seu caráter impositivo, adquire uma conotação muito importante na relação do cidadão com a administração pública. A informação pública deve ser matéria legal para que possa ser exigível pelos cidadãos, e para que o seu caráter de confidencialidade não seja objeto de discricionariedade dos agentes públicos.

Avançando na análise da transparência como um elemento-chave da cidadania, para instrumentalizá-la na cobrança de desempenho dos gestores públicos, Cunill Grau (2005) afirma que é preciso dispor dos seguintes meios da transparência: as leis de acesso à informação, os canais de transparência, as políticas de informação e os guardiães e tradutores da informação. As leis de informação pública objetivam transformar em direito o acesso do cidadão às informações, criando, portanto, uma pressão na burocracia para disponibilizar as informações relativas a todas as etapas de elaboração, implantação e avaliação das políticas públicas. Os canais institucionais de transparência referem-se aos espaços públicos de deliberação como as audiências públicas, fóruns de debates, reuniões abertas e iniciativas conjuntas de elaboração de normas. Esses espaços permitem, pela sua própria natureza, que o debate se instale e, com ele, que aflorem os pontos de convergência e divergência em torno de um assunto, de modo que fique mais difícil que interesses particulares se apresentem como interesse público. Dessa forma, as decisões são tomadas de forma mais transparente. As políticas de informação, por sua vez, devem ser orientadas para garantir que o acesso à informação seja efetivado e que haja maior visibilidade às ações públicas. Os guardiães e tradutores têm aqui o papel de traduzir a massa de informações recebidas da administração pública, às vezes incompreensível, e torná-la acessível à compreensão do cidadão.

No entanto, para que a transparência possa de fato contribuir para que o governo se torne *accountable*, é indispensável uma cidadania que exercite o seu direito. E isso pressupõe uma sociedade organizada e com capacidade de expressar suas demandas e cobrar soluções aos seus problemas. Dito de outra forma, a participação efetiva do cidadão nos espaços públicos é requisito indispensável da *accountability*, pois não basta apenas a existência de um conjunto de normas disciplinadoras da ação pública, elas precisam ser efetivamente cumpridas.

Uma perspectiva de análise muito interessante e que ajuda a entender a dificuldade de participação dos cidadãos é a de ação coletiva, proposta por Olson

(1971), em que o grau de participação está na razão direta de uma avaliação dos custos e benefícios da ação, que por sua vez envolve tamanho do grupo, estrutura formal de organização, estratégias de comunicação e negociação. Ou seja, o envolvimento do indivíduo depende de sua avaliação sobre o esforço que tenha que fazer para produzir o bem coletivo.

Outro aspecto relacionado à informação, central na discussão da *accountability* diz respeito ao significado compartilhado entre os diferentes atores envolvidos. Sobre o tema, é pertinente a observação de March e Olsen (1995), que ao se referirem às explicações elaboradas que devem ser aceitas pelas partes envolvidas para que se possa planejar e avaliar a ação coletiva, entendem esse processo como um intercâmbio de informações e negociações entre grupos sociais com diferentes modos de pensar, mas que assumem a busca de entendimento e cooperação nas interações que promovem. Os encontros são marcados pela necessidade de encontrar soluções aos problemas, difundir opiniões e formar consensos.

Isso implica que a *accountability* necessita de espaços em que a alteridade é reconhecida como um elemento central, mas não impeditiva da busca de significados compartidos. A criação de significados comuns é exigência de uma gestão democrática que trabalha as divergências existentes entre os atores políticos para reduzir as imprevisibilidades e incertezas do ambiente e para criar consensos sobre a oportunidade de uma determinada decisão. Isso acarreta um processo permanente de aprendizagem institucional em que os atores sociais, em função de experiências compartilhadas, aprendem a estabelecer relações de confiança e a procurar soluções conjuntas aos seus problemas.

Com esta compreensão, a *accountability* é muito mais do que um processo de prestação de contas, à medida que exige que se desenvolva uma relação de confiança entre governante e governados, capaz de traduzir os objetivos e a produção de significados compartilhados em resultados da ação pública.

Em sociedades democráticas, há muitas formas e mecanismos de responsabilização. Romzek e Dubnick (apud Oszlak, 2003) apontaram quatro delas, com base no grau e na fonte de controle (interna ou externa) de sua relação com a autonomia dos agentes públicos:

- burocrática ou hierárquica — baseada em normas organizacionais, hierarquia e especificidade de tarefas em que há um alto grau de controle interno;
- legal — que se sustenta nas regras do jogo que impõe fortes restrições à discricionariedade dos agentes;
- profissional — que se apoia no conhecimento técnico e alta autonomia para a tomada de decisão dando lugar a um tipo de baixo controle interno;

Responsabilização na administração pública **143**

● de controle político — que repousa sobre os agentes eleitos popularmente dando lugar a um tipo definido por o baixo grau de controle externo.

Além dessas, há várias outras formas de responsabilização encontradas na literatura, sempre com o foco na prestação de contas dos governantes aos cidadãos, nas diversas problemáticas de atuação do Estado, tais como: controles hierárquicos internos, controle de contas, avaliação de desempenho, contratos de gestão, cartas compromissos com o cidadão, mecanismos à disposição do cidadão para controlar a ação governamental (Oszlak, 2003).

Já O'Donnell (1998) apresenta o conceito de *accountability* horizontal para tratar de uma rede de agências estatais (poderes clássicos — Executivo, Legislativo e Judiciário, controladorias, ouvidorias, tribunais de contas etc.) que têm a responsabilidade de monitorar e controlar a gestão pública em resposta à insuficiência da *accountability* vertical, que é o controle exercido nos períodos eleitorais.

Para o Clad (2006), é possível distinguir entre controles clássicos, controle parlamentar, controle de resultados, controle por competição administrada e controle social.

Em relação à responsabilização pelos procedimentos clássicos, o foco recai sobre a fiscalização do trabalho da burocracia para que ela mantenha a obediência aos princípios da probidade; e sobre os governantes, para evitar práticas de corrupção. Ela se realiza por meio das comissões administrativas de fiscalização dos atos praticados, pelos tribunais de contas, por auditorias independentes e pelo poder judiciário.

Quanto à responsabilização pelo controle parlamentar, o pressuposto é o controle mútuo entre o Executivo e o Legislativo. Entre as formas mais usuais podemos citar:

● a avaliação das nomeações feitas pelo Executivo;
● o controle da elaboração e gestão orçamentária e da prestação de contas do Executivo;
● a existência de comissões parlamentares destinadas a avaliar as políticas públicas e a investigar a lisura das ações governamentais; e
● as audiências públicas.

A responsabilização pelo controle dos resultados realiza-se basicamente mediante a avaliação *a posteriori* do desempenho das políticas. A sociedade participa da definição das prioridades, das metas, dos índices de desempenho e das formas de avaliação. Um processo de responsabilização pelos resultados significa transformar a cultura pública e política, mudando a forma de pensar, de atuar e de realizar, abandonando o foco nos procedimentos e avançando para um modelo renovado orientado pelos resultados e pela satisfação dos usuários.

Já em relação à competição administrada, o controle se dá a partir da concorrência estabelecida entre os provedores estatais, privados ou públicos não estatais. O principal instrumento é o contrato no qual constam os objetivos organizacionais, os parâmetros de desempenho e as formas de avaliação.

A ideia de responsabilização por meio da dimensão do controle social implica ampliação do espaço público para fazer com que as reformas contemplem o cidadão, em vez de limitar-se apenas à melhoria do aspecto gerencial das políticas. O controle social tem de ser exercido tanto naqueles pontos onde nascem as decisões e políticas públicas, como onde se produzem os bens e serviços públicos.

A simples constatação dos vários aspectos relativos à noção de responsabilização informa desde já que uma correta leitura da responsabilização na gestão pública não é uma tarefa simples. Para efeito desse estudo, a análise está centrada apenas nas novas formas que emergiram no bojo da reforma do Estado — responsabilização por competição administrada, pelo controle social e pelo controle de resultados. Faremos a análise de forma separada, mas entendendo que elas são formas complementares e que se somam às tradicionais formas de responsabilização como mecanismos importantes para democratizar e dar transparência à administração pública.

Responsabilização por competição administrada

Em um contexto de crescente complexidade, entre as diversas propostas de reforma da gestão pública têm predominado os mecanismos chamados de quase mercado, que possuem elementos do mercado mas não se orientam fundamentalmente pela lógica do lucro. A premissa básica é a de que a gestão pública, pela rigidez burocrática que a caracteriza, não tem a agilidade e a eficiência da iniciativa privada, que age em função das exigências do mercado — preço, qualidade, inovação, produtividade, prazos, concorrência e controle de custos etc.

Logo, para atender às demandas sempre crescentes dos cidadãos, a administração pública precisa incorporar em seu processo de gestão mecanismos semelhantes aos da iniciativa privada, de modo que os objetivos de controle do gasto público, produtividade e flexibilidade de gestão possam ser alcançados e sejam criados mercados de bens públicos com uma crescente competitividade entre setor público e privado.

Responsabilização na administração pública

Entre os mecanismos considerados de quase mercado, podemos citar os vales, bônus e cheques; os contratos-programa; a contratação externa de agentes do mercado com a manutenção do controle da provisão pelo poder público; a participação dos cidadãos nos custos dos serviços (coparticipação) e a criação de mercados internos com a separação das funções de compra, financiamento e produção. Todos esses instrumentos se inserem numa lógica de dotar a gestão pública de condições de aferir a sua atuação do ponto de vista do custo, da eficiência e dos resultados. A suposição é de que esses mecanismos incorporam elementos que dão mais racionalidade ao gasto público, estimulam a concorrência pela obtenção de resultados, seja entre provedores públicos ou privados, induzem à melhoria da qualidade dos serviços pela possibilidade de escolha que é dada ao cidadão e levam à obtenção de resultados com mais eficiência e economia.

Essas inovações estão em conformidade com as ideias da Nova Gestão Pública, que priorizam os aspectos de eficiência, qualidade e custo dos serviços, elementos de escolha dos serviços para o usuário, prestação de contas com foco nos resultados, alternativas mais eficientes de gestão do que a provisão direta, descentralização, controles finalísticos ao invés de controles de procedimento, liberdade de atuação para os gestores, o uso de indicadores para avaliar desempenho.

Entre as principais correntes empresariais que influenciaram a NGP, destacamos a teoria da escolha pública, a teoria da agência e a teoria dos custos de transação.

A teoria da escolha pública (*public choice*) tem como unidade fundamental de análise o indivíduo, que se dedica ao seu próprio interesse e trata de maximizar sua utilidade mediante o exercício da escolha racional. A teoria considera que os políticos e burocratas têm comportamentos racionais e egoístas e são movidos por uma lógica oportunista de defesa do autointeresse em detrimento do interesse público. E, assim sendo, as decisões coletivas pelas quais são responsáveis são impregnadas de interesses individuais e, quando não trazem ineficiência à ação pública, não atendem ao interesse público. A teoria pressupõe que as pessoas elegem um curso de ação com base em cálculos de custo/benefício individuais. Em consequência, qualquer explicação e previsão da ação política deverá ter como premissa a suposição de que os indivíduos desejam favorecer seus próprios interesses. O postulado individualista, segundo Buchanan e Tullock, é uma ideia derivada da economia

> *reducida a lo más esencial, la suposición económica acerca de la (motivación humana) es sencillamente que (...) cuando se enfrentan a elecciones verdaderas de intercambio*

(los individuos) elegirán "más" en lugar de "menos" (...) la elección entre acción voluntaria (individual o cooperativa) y acción política que debe ser colectiva se basa en los costos relativos de organizar las decisiones, en los relativos costos de la interdependência social (apud Harmon e Mayer, 1999:292-293).

A organização da ação coletiva deve causar a menor intrusão na liberdade individual e preocupar-se com o mínimo de custo na tarefa de organizar-se e ao mesmo tempo produzir resultados aceitáveis para todos os participantes. As análises da teoria da escolha pública trabalham com modelos do tipo principal-agente, relacionando objetivos e motivações de um ator principal (Executivo, o Legislativo, uma comissão legislativa) com objetivos e motivações de um ator subordinado ou agente (a burocracia). A questão é de que forma, e em que grau, a burocracia influencia as ações e as decisões do governo. Logo, a saída é o Estado mínimo. São conceitos centrais na teoria de escolha pública segundo, Buchanan e Tullock (apud Harmon e Mayer, 1999): o postulado do interesse individual, os custos da ação coletiva, a regra da unanimidade, o intercâmbio de serviços sociais e a descentralização. Para Borsani (2004): *logrolling*, problemas de ação coletiva e grupos de interesse, *rent seeking*, teorias sobre a burocracia e ciclos político-econômicos. Todos esses comportamentos (intercâmbio de votos entre os legisladores para a aprovação de diferentes leis de modo que a negociação satisfaça a todos os participantes, comportamento *free rider* em que alguém recebe os benefícios sem contribuir para o bem coletivo, obtenção do governo de privilégios de mercado de modo que os esforços individuais em maximizar ganhos geram um custo social adicional, decisão coletiva influenciada pelos interesses individuais e ciclos político-econômicos definindo as políticas públicas), produzem nos processos de decisão coletiva das democracias determinadas "ineficiências" ou "custos" para o conjunto da sociedade. A superação desses problemas exige a oferta dos serviços públicos mediante concorrência, privatização ou contratação externa, para reduzir o gasto, melhorar a eficiência e aumentar o controle sobre a burocracia de modo a dar mais transparência às suas ações.

A teoria de agência mantém os mesmos princípios utilitários clássicos acerca das motivações individuais — a tomada de decisão racional deve maximizar os interesses dos indivíduos em primeira instância e aplicá-los aos agentes econômicos que atuam em um mercado imperfeito com graus diferenciados de acesso às informações necessárias para a tomada de decisão.

O problema da agência está em assegurar que o principal seja servido corretamente, e que o agente seja compensado justamente, em situações em que o

Responsabilização na administração pública

interesse do agente não coincida com aqueles do principal. Isso ocorre porque os gerentes estarão frequentemente tentados a atuar em favor de seus próprios interesses e não a favor dos interesses da organização que os contrata. O problema passa a ser como controlar os agentes oportunistas que podem capturar a organização para seus próprios fins. Para tanto, há duas soluções: disponibilizar o fluxo de informações para o principal, com indicadores de desempenho, e contratar o mercado para que a competição atue como elemento disciplinador dos agentes. A identificação da lógica do interesse público com a lógica contratual privada tem como consequência a transformação do Estado em um conjunto de agências que se relacionam por meio de contratos com outras agências públicas ou privadas, e que têm seu desempenho avaliado em função da discriminação dos produtos pactuados nos contratos (Fleury, 2002).

A teoria da agência entende assim qualquer ente como um conjunto de contratos entre um indivíduo (principal) que contrata a outro (agente), delegando a ele a execução de uma determinada tarefa. Assim, os objetivos do principal dependem das ações que realize o agente, as quais se veem afetadas pela informação preferente que este possua. Na relação político-burocrata, os objetivos do burocrata não são necessariamente idênticos aos dos cidadãos ou dos políticos eleitos (Przeworski, 1998), razão pela qual as estruturas organizativas que enfatizam relações contratuais transparentes dificultam a captura da burocracia.

A teoria dos custos de transação trata dos custos envolvidos na transferência de bens, serviços ou obrigações entre agentes econômicos. A decisão de internalização *versus* externalização depende do balanço entre os custos de transação (mercado e contratação entre agentes econômicos independentes) e os custos de organização envolvidos com a contratação. Quanto maiores os custos das transações externas, melhor será a produção dentro da administração e vice-versa. Ou seja, a opção de externalizar pode resultar em custos superiores à tradicional forma burocrática de provisão de serviços uma vez que novas exigências de coordenação se colocam (Williamson, 1975).

Todas essas teorias assumem que não há diferenças marcantes entre setor público e privado e que, assim sendo, é possível fazer com que a administração pública internalize a adoção dos conceitos do setor privado, reduza a relação entre administração e cidadania à relação administração-cliente, permita crescente autonomia das unidades estatais, fragmente a administração em unidades menores e defenda um Estado mais relacional do que intervencionista. Em consequência, propõe a transição de uma administração burocrática para um novo modelo que considere as transformações em curso e incorpore os instrumentos gerenciais postos em prática no mercado.

É importante destacar que dentro da NGP há outras correntes de pensamento que procuram repensar a relação Estado/sociedade a partir de uma perspectiva democrática, com foco na racionalização e controle da externalização dos serviços públicos, repolitização, ética e participação cidadã. Para Ramió Matas (2000), essas correntes podem ser agrupadas em torno do enfoque neopúblico e têm as seguintes características:

- reforço do conceito de cidadania para permitir a expressão ativa de opiniões;
- reforço aos valores da natureza pública;
- satisfação do cidadão com a utilização dos serviços públicos;
- externalização das atividades públicas com controle público;
- defesa dos direitos do cidadão como receptor dos serviços públicos;
- atuação do poder público com base em princípios e valores como a universalidade e a igualdade, em contraposição aos valores do economicismo e da gestão.

O enfoque neopúblico, no entanto, tem ficado em segundo plano como orientação principal das reformas postas em prática nos distintos países. Há nas propostas de reforma do Estado um claro predomínio do enfoque empresarial, com a adoção dos mecanismos de quase mercado como solução para tornar mais eficiente e eficaz a administração pública e a referência ao cidadão como usuário dos serviços públicos e, portanto, assumindo fortemente o papel de cliente em sua relação com a administração pública.

Vejamos alguns desses mecanismos, que de forma mais constante têm sido utilizados nas reformas, sem a pretensão de fazer uma análise exaustiva sobre as vantagens e desvantagens a eles associadas, mas com o objetivo de destacar porque se caracterizam como mecanismos de quase mercado e porque são vistos como mecanismos capazes de dotar de eficiência a gestão pública e de responder à cobrança dos cidadãos por um desempenho que atenda às suas necessidades. A prestação de contas aos cidadãos com base nos indicadores de eficiência, economia, produtividade e resultados obtidos em uma situação de quase mercados constitui assim o traço característico do que se convencionou chamar de responsabilização por competição administrada.

Os mecanismos como vales, bônus e cheques podem ser analisados como instrumentos que permitem a escolha do usuário de bens ou serviços produzidos por empresas públicas ou privadas. A escolha permitiria ao usuário optar por bens ou serviços que atendessem da melhor forma às suas necessidades, o que implica-

Responsabilização na administração pública

ria, no limite, na permanência no mercado apenas daqueles provedores capazes de satisfazer as demandas dos usuários. Cria-se assim um mercado semicompetitivo que deve estimular a melhoria de desempenho dos agentes públicos e privados, originada a partir da demanda.

Tais mecanismos objetivam alcançar os seguintes resultados: definir padrões de comparação da eficiência entre empresas ou organismos públicos e estabelecer a possibilidade de punição real aos produtores públicos ineficientes. Para que os mecanismos possam ter chance de ser aplicados e alcançar seus objetivos, é necessário um marco de concorrência pública ou simulado no qual o cidadão tenha possibilidades reais de escolha e condições efetivas de punição dos provedores públicos que não apresentem um bom desempenho. Operacionalmente, para a introdução desses mecanismos seria necessário definir parâmetros mínimos para os serviços a serem ofertados, criar um órgão responsável pelo credenciamento dos provedores que satisfaçam os requisitos mínimos para a oferta dos serviços e, finalmente, estabelecer um sistema de publicidade, informação e controle sobre os usuários para evitar os problemas decorrentes da assimetria de informações. Estes cuidados não evitam, no entanto, os efeitos desses mecanismos na gestão pública para a equidade (López Casasnovas et al., 2003).

Um dos problemas relacionados à concepção hegemônica sobre a reforma do Estado, no que se refere ao controle direto da sociedade sobre a administração pública, é a visão restrita da democracia e, acima de tudo, da cidadania. É um equívoco pensar que a cidadania se fortalece exercendo pressões sobre os serviços públicos por meio do exercício da escolha informada. O foco no usuário individual dos serviços públicos nega à coletividade o seu espaço público de debate e decisão, e a condição de cidadania se afasta, assim, da participação política e se encadeia com uma concepção atomista da sociedade (Cunill Grau, 2006).

Os contratos-programa estabelecidos entre o Estado e as empresas públicas, por sua vez, também objetivam melhorar a eficiência das empresas a partir de relações contratuais, em que são definidas responsabilidades das partes, objetivos a serem alcançados relativos à produtividade, produção e custos, de modo que se possa aferir a eficácia da gestão e incentivos em função dos resultados. Trata-se, portanto, de uma ferramenta gerencial para melhorar os resultados da gestão com a participação dos atores envolvidos. Assim sendo, é o resultado de um processo de pactos e negociações sobre distintos aspectos da gestão. Entre suas vantagens, podemos citar que a relação contratual obriga as partes a seguirem as linhas de ação pactuadas, a negociação das metas, a melhoria do conhecimento das partes sobre os produtos, o estímulo a participação e uma organização mais eficiente do trabalho. São condições essenciais para que os contratos-programa possam melhorar a gestão pública a existência de sistemas de contabilidade e de informação sobre a empresa pública, a fim de se avaliar se efetivamente os objetivos foram alcançados. Os incentivos devem estar orientados para induzir um esforço pela melhoria dos resultados da empresa; além disso, deve ser avaliada a capacidade do governo de cumprir as penalizações previstas por mau desempenho (López Casanovas et al., 2003).

A suposição básica é que uma relação contratual, ao definir as bases em que a ação pública deve ocorrer, cria condições mais efetivas de controle sobre a eficiência dos gastos, pois obriga aos gestores a buscar os indicadores e metas pactuadas, o que implica melhoria para toda a sociedade.

A criação de mercados internos de concorrência pública consiste na regulação de um sistema de concorrência controlada entre empresas públicas em que há uma clara separação entre a produção e a compra dos serviços. É necessário um processo de concorrência entre unidades com base em objetivos e metas que possam ser comparadas para aferição de incentivos ou punições, se for o caso. Os usuários atuam como juízes do sistema, uma vez que as empresas devem responder às suas exigências. Como se trata de empresas públicas, é preciso estabelecer mecanismos que simulem o risco, que é uma característica do mercado, a fim de criar um ambiente em que as empresas fiquem estimuladas a atender da melhor forma e dentro de padrões de eficiência às necessidades dos seus usuários.

Fica claro, pois, que esta opção de contratação interna introduz pelos diversos mecanismos a lógica do mercado nas relações entre comprador e provedor. O objetivo é fazer com que as empresas públicas realizem suas atividades a partir da internalização de práticas da gestão privada e assumam que se encontram em um marco competitivo de provedores, podendo mesmo perder suas posições. Assim, temas como estratégias de compra e venda, marketing, produtividade, eficiência, inovação, preço etc. passam a dominar a tomada de decisões. Inclusive, a opção da contratação interna não trata de cidadãos, mas de usuários, revelando assim a forte conotação empresarial que caracteriza o mecanismo. Há uma clientelização do termo cidadão. Cidadão é um conceito muito mais abrangente do que usuário, pois implica direitos e deveres em relação à coisa pública, enquanto usuário é apenas aquele que utiliza determinados bens e/ou serviços públicos. Os cidadãos são os acionistas políticos e econômicos das administrações públicas, e com elas não estabelecem um contrato comercial, mas um contrato social (Ramiós Matas, 2000).

O mecanismo básico que regula as relações entre comprador e provedor é o contrato que estabelece o objeto, os padrões de qualidade, preço, volume, duração, prazos, os indicadores de desempenho, as formas de avaliação. Como o contrato substitui os mecanismos de controle tradicionais, o êxito da adoção da concorrência interna para melhoria da gestão pública depende de um contrato bem formulado, que minimize os custos de transação envolvidos em qualquer relação contratual.

Assim, a contratação é precedida de um processo de negociação no qual se explicitam as condições de oferta e demanda e em que os atores assumem papéis semelhantes aos do mercado. Nessa relação, assume um papel importante o comprador dos serviços, que passa a ser visto como consumidor que decide pensando em seu próprio interesse e dos seus usuários. O mercado introduz assim as opções de voz e saída aos usuários (Hirshmann, 1970). Ao provedor cabe a função de utilizar os recursos à sua disposição, da melhor forma, para disputar a preferência dos consumidores e poder se manter no mercado. Reforça-se assim a dimensão empresarial do mecanismo da contratação externa. Tal mecanismo pode levar a que os provedores dediquem-se apenas aos serviços com maior taxa de retorno e deixem de oferecer os serviços que demandam uma estrutura de custos maior, criando dessa forma um problema de equidade.

Como se constata, a lógica da criação de um mercado interno é de que há uma acomodação no âmbito da administração pública em termos de desempenho e que somente a introdução de mecanismos de concorrência poderia estimular os gestores públicos a perseguir resultados capazes de serem avaliados de forma positiva pelos cidadãos.

A contratação externa é uma forma de externalizar parte das atividades que são produzidas internamente, com o objetivo de melhorar a eficiência e reduzir custos.

É assim uma forma de separação entre comprador e provedor, definida com base em um conjunto de critérios que apoiam a decisão econômica se é melhor comprar ou produzir um determinado serviço. Nesse sentido, segundo Domberger e Rimmer (apud López Casasnovas et al., 2003:196-197), a decisão econômica deveria ser tomada com base nas respostas às seguintes questões:

¿Hay proveedores identificables que puedan proveer los servicios requeridos de forma efectiva y eficiente? ¿Es factible la competencia potencial entre los proveedores? ¿Es posible que los costes de la contratación puedan superar los ahorros potenciales?

La primera pregunta se refiere a la identificación de competidores potenciales. Para que la contratación sea factible se requiere que en el mercado geográfico de la organización pública existan proveedores con la experiencia y habilidad imprescindibles para cumplir con las condiciones de la compra.

La segunda pregunta trata la cuestión de si es o no posible establecer competencia entre los proveedores, puesto que la contratación externa se verá dificultada cuando haya comportamientos anticompetitivos o claramente colusivos de los proveedores.

La tercera pregunta es precisamente la que manifiesta preocupación por los costes de transacción y la necesidad de tener en cuenta el coste de oportunidad de la decisión de comprar o producir sin olvidar que existen también costes asociados a la contratación. En el sector público, los costes de transacción siempre son más elevados debido a la necesidad de asegurar la transparencia y rendición de cuentas.

Para outros autores, essa decisão é mais bem analisada na perspectiva de teoria dos custos de transação, que trata dos custos envolvidos na transferência de bens, serviços ou obrigações entre agentes econômicos. Os custos de transação são definidos em função de dois aspectos: especificidade de ativos e incerteza. Um exame desses aspectos revelará se é melhor comprar ou produzir um determinado serviço, tendo como orientação básica o menor preço para a oferta dos serviços. Os ativos se referem a edifícios, instalações, tecnologias etc. São específicos quando estão diretamente relacionados com um determinado propósito e não podem facilmente ser atribuídos a outra finalidade. A incerteza refere-se à imprevisibilidade dos resultados das ações. Assim, quanto maior a incerteza, maior possibilidade de contratos incompletos e de comportamento oportunista das partes, aumentando os custos de transação (Repullo, 2008).

Outrossim, não se deve deixar de considerar os custos *ex ante* que envolvem a busca de informações e a negociação com os agentes econômicos, especialmente quando as externalizações forem muito complexas. Os custos envolvendo a contratação em Project Financial Initiatives (PFI), no Reino Unido, chegam a aumentar em até 3% o custo total em função dos estudos de viabilidade, comparação de preços, documentação e tomada de decisão. Igualmente, merecem atenção os custos *ex post* que se relacionam com a estrutura de controle para monitorar a relação contratual. Quanto mais detalhado for o contrato, menor o risco de gerar controvérsias em sua aplicação, e quanto menos detalhado mais probabilidade de gerar maiores custos de transação para dirimir os conflitos surgidos durante a sua execução. Mesmo a possibilidade de aplicação das sanções pode se tornar um elemento de aumento de custos nas situações em que há dificuldade para o poder público levar às últimas consequências o que determina o contrato, pois, ao ter que continuar oferecendo os serviços, deve realizar novos gastos (Prieto-Orzanco, 2008). Nessas circunstâncias, o argumento de que a externalização implica uma transferência de risco para o provedor não se sustenta.

O ponto crítico é a mensurabilidade ou a capacidade de delimitar os atributos dos bens e serviços objeto do contrato. Problemas na mensuração podem levar a três situações: o provedor pode reduzir quantidades e qualidades, o provedor pode cumprir quantidades, porém fazê-lo com menos qualidade, e o provedor pode instaurar ações extraordinárias para cumprir formalmente as especificidades contratuais, porém sem que isso suponha ganhos em quantidade ou qualidade de serviços (Repullo, 2008).

Essas questões são de fato fundamentais para a compreensão das dificuldades da contratação externa. Sem provedores em condições de realizar o serviço com qualidade, sem que haja condições de concorrência entre distintos provedores e se não houver custos de transação muito baixos, não há razões aceitáveis para a contratação. E não estamos sequer discutindo a conveniência ou não da contratação em função da natureza do serviço externalizado. Abrucio (2006), ao discutir o assunto, traz para o debate a figura do cidadão, ao entender que a contratação externa consiste em instituir um ambiente competitivo entre diferentes provedores de serviço, em que a coordenação seja feita pelo poder público, com a participação do cidadão.

Há uma simultaneidade de processos de descentralização daqueles que irão executar os serviços e uma centralização daqueles que exercerão a função da regulação, ao tempo em que o cidadão ocupa um papel central semelhante ao do consumidor na avaliação dos serviços prestados pelos provedores. Assim, a externalização não significa privatização, pois tanto o serviço como as atividades de regulação (planejamento e controle) continuam sendo de natureza pública. Configura-se um modelo de administração relacional, em que a administração dirige e controla e as organizações privadas gerem os serviços públicos (Ramió Matas, 2000).

O instrumento que regula a contratação externa é o contrato, no qual se especificam o objeto e as demais condições da prestação do serviço em troca de uma compensação financeira. Apesar da importância do contrato como instrumento que regule as relações entre comprador e provedor, as suas cláusulas podem vir a se constituir letra morta se a administração pública não exercer as funções de planejamento, controle e avaliação com rigor, de modo que a parte contratada se sinta na obrigação de executar os termos do contrato nos padrões de qualidade acordados. A administração pública não pode garantir padrões mínimos de qualidade dos serviços externalizados se não controlá-los, nem avaliá-los. Em consequência, é quase inevitável o aumento de custos e níveis de qualidade muito baixos na prestação dos serviços (Ramiós Matas, 2000).

> *En los 4 casos estudiados por el King´s Fund respecto a la regulación de la asistencia sanitaria en sistemas con provisión externalizada (Alemania, Holanda, Nueva Zelanda y asistencia hospitalaria en Cataluña) se comprueba cómo en todos ellos existen dificultades para la regulación cualitativa, siendo más compartida la forma en que se regula la cobertura (regulación normativa más o menos concreta de las prestaciones y presencia de agencias asesoras para nuevas tecnologías), y difiriendo ampliamente en lo que a garantía y control de calidad y habilitación de la capacidad de elección se refiere, en las que se produce gran variabilidad y cambios recientes* (Prieto-Orzanco, 2008:329-330).

A contratação externa pode adotar as seguintes formas: contratação aberta, que permite a oferta de serviços por provedores públicos e privados; contratação interna, que permite a prestação de serviços entre órgãos; e a contratação pública restrita, quando apenas outros provedores públicos podem oferecer serviços (Ovretveit apud López Casasnovas et al., 2003).

Cada uma das formas tem implicações distintas, mas o que as une é o fato de que operam dentro da lógica de dar mais eficiência à gestão pública por meio do estímulo à concorrência, seja entre entes públicos e privados ou apenas entre entes públicos. A suposição básica é que a existência de concorrência entre provedores é o estímulo necessário à melhoria do desempenho, pois a concorrência impede a acomodação em padrões medíocres. Nesse sentido, a contratação externa deve levar à melhora da eficiência e à redução de custos para o setor público, ao aumento da produtividade, à possibilidade de utilizar incentivos vinculados a resultados, à possibilidade de realizar investimentos sem aumentar os gastos públicos, à utilização da experiência do setor privado e ao incentivo às inovações. Constituem desvantagens, em especial quando se trata da contratação aberta: custos de transação derivados da contratação, risco mais elevado para o setor público, possibilidade de inflexibilidade quando se trata de contratos de longo prazo e a necessidade de capacidade profissional e sistema de gestão de contratos (López Casasnovas et al., 2003). Sem bons controles, todo o esforço da externalização pode não levar aos objetivos de melhoria da gestão pública. O controle deve assegurar mecanismos que possam aferir os resultados e o impacto dos serviços externalizados.

Para que as vantagens possam se efetivar de fato, devemos levar em conta dois aspectos fundamentais: priorizar os processos que devem ser externalizados, o que significa eleger os processos auxiliares de baixa especificidade e que agregam menos valor e somente externalizar os processos críticos em caráter de excepcionalidade; e avaliar os riscos concretos de externalizar — operacionais e estruturais — para o conjunto das atividades desenvolvidas (Repullo, 2008).

A externalização não pode ser vista como panaceia para todos os problemas da gestão pública, pois se levada a efeito sem os cuidados necessários pode desmantelar toda uma competência de gestão acumulada. A implementação de um regime contratual de gestão requer o enfrentamento integrado de três pontos críticos: o contratante deve saber o que contratar e ter condições para avaliar o objeto do contrato; o contratado deve ter condições para implantar as metas pactuadas; e o contexto deve ser favorável aos controles internos e externos (Martins, 2000).

Esses novos mecanismos de gestão sob a ótica da responsabilização, em especial a concorrência entre órgãos da administração pública (criação de um mercado interno) e entre diferentes provedores de serviços públicos ou privados (contratação externa), associados à participação do usuário no controle e gestão dos serviços e a uma estrutura competente de regulação por parte da burocracia, podem permitir, se bem geridos, que a administração pública responda com mais efetividade às demandas da população do que fazia no modelo burocrático.

Nessa perspectiva, para que a competição administrada possa constituir uma forma de responsabilização dos governantes perante os cidadãos, fazem-se necessárias a profissionalização da burocracia para assumir, em maior extensão, os papéis de planejamento, controle e avaliação, a construção de um ambiente de quase mercados entre os provedores, com foco na melhoria de desempenho e recuperação da confiança do público em relação à ação governamental, e a institucionalização de formas de participação em que o cidadão possa ter um papel no controle e gestão dos serviços públicos, diferenciando-se das posições que reservam um papel ao cidadão apenas de usuário, que é um papel mais próximo ao de consumidor.

A responsabilização por competição administrada deve resultar assim em uma gestão orientada por resultados que sejam valorados pelos cidadãos, que tem na contratualização dos serviços, resultante de um processo concorrencial desenvolvido tanto internamente como externamente pelo poder público, sua principal característica. Constituem seus princípios orientadores (Abrucio, 2006):

- a lógica de competição, que se expressa de três modos: competição interna do setor público, modelo pluralista de provisão de serviços públicos e possibilidade de escolha do equipamento social pelo usuário;
- a hierarquia burocrática, com capacidade de avaliar os resultados alcançados e estabelecer mecanismos de incentivo e de punição; e
- o direito do cidadão de interferir diretamente na avaliação dos prestadores públicos submetidos à lógica da competição.

Ou seja, a responsabilização por competição administrada envolve a introdução de uma lógica de quase mercado nas relações entre entes de natureza jurídica distinta, poder da burocracia para aferir o desempenho e dispor de mecanismos de recompensa/punição ao padrão de desempenho alcançado e formas de avaliação dos serviços prestados pelos cidadãos, de modo que o processo resulte em um Estado mais *accountable* aos cidadãos. Isso significa que a autonomia da administração pública concedida para que ela opere com mais agilidade necessita ser regulada e orientada para os interesses do cidadão, de tal forma que se evite um conjunto de disfunções burocráticas, tais como captura de interesses, insulamento burocrático, predação fisiológica. Assim,

> a burocracia pública compete por autonomia e esta autonomia, se não é regulada pelo sistema político (regulação política dos representantes, das comissões, dos aparatos de controle interno e externo) ou pelo sistema social (inserção, controle social, opinião pública, acesso e permeabilidade ao cidadão), é inconfiável na medida em que corre o risco de ser revertida na prevalência de interesses burocráticos ou de segmentos específicos, levando a situações de insulamento e predação. O desenvolvimento de adequados recursos institucionais de inserção e regulação política são elementos essenciais que contribuem para a minimização do problema da autonomia na administração pública (Martins, 2000:3).

Um desses recursos é o contrato de gestão, à medida que amplia a liberdade de atuação dos gestores, estabelece mecanismos de controle de resultados, tanto no sentido da satisfação do cidadão quanto no que diz respeito à eficiência no uso dos recursos públicos, e estabelece mecanismos de controle social.

O pressuposto básico é que a contratualização tem condições de promover mais eficiência na alocação de recursos, mais eficácia aos objetivos e maior efetividade das políticas públicas, pois assume como um de seus elementos centrais a pactuação de objetivos e metas com prestadores de serviços diversos, com mecanismos de avaliação e de prestação de contas em condições mais adequadas e melhores do que na forma burocrática clássica. Consequentemente, ela favorece mecanismos de prestação de contas do gestor público para os cidadãos com maior grau de visibilidade, uma vez que um bom contrato estabelece parâmetros de avaliação muito bem definidos.

É claro que associados à contratualização devem ser adotados mecanismos que permitam a transparência dos contratos, condição *sine qua non* para garantir que o interesse público seja preservado. Igualmente, devem ser institucionaliza-

Responsabilização na administração pública

dos espaços públicos de atuação do cidadão em que a prestação de serviços de distintos provedores possa ser avaliada e controlada, ao mesmo tempo em que os gestores públicos prestam contas aos cidadãos pelas suas opções políticas. A competição administrada pode gerar uma nova forma de responsabilização, ao colocar como foco central a contratualização dos serviços e a consequente prestação de contas de modo a evidenciar o resultado das metas pactuadas dentro de padrões de eficácia.

Uma contratualização apenas para dar mais racionalidade funcional à operacionalização das políticas públicas é importante, mas é insuficiente. A contratualização e todos os aspectos que a envolvem deve melhorar o desempenho público e a relação de confiança entre os cidadãos e a ação governamental. Como diz Cunill Grau (2006), os mecanismos de contratualização e competência, quando são vistos apenas como mecanismos meramente instrumentais e administrativos, correm o risco de restaurar os fundamentos não políticos da sociedade. Qualquer que seja a expressão da competição administrada, o Estado deve continuar presente como financiador e responsável último.

Responsabilização pelo controle social

As ideias de melhoria da responsabilização da administração pública perante os cidadãos e de participação dos cidadãos no processo de tomada de decisões durante as etapas de formulação, execução e avaliação das políticas públicas tornaram-se recorrentes com as discussões sobre a reforma do Estado. Em consequência, a necessidade de aproximar o Estado do cidadão como uma das formas para que ele se torne mais eficiente na alocação de seus recursos, e atenda melhor às suas inúmeras demanda, fez emergir a noção do controle social como um meio para assegurar a responsabilização da administração pública.

No modelo burocrático de administração pública — constituído por regras impessoais, hierarquia bem definida, controles processuais, apego a normas e procedimentos e adoção do critério do mérito para ocupação dos cargos —, a responsabilização se efetiva perante os cidadãos pelos sistemas de controles hierárquicos existentes. No entanto, em razão de um conjunto de disfunções, a burocracia tornou-se autorreferida, impermeável ao controle do cidadão, e os sistemas de controle existentes privilegiavam apenas aspectos de natureza processual e legal.

A responsabilização por meio da dimensão do controle social implica ampliação do espaço público para fazer com que as reformas do Estado contemplem o cidadão, em vez de limitar-se apenas à melhoria do aspecto gerencial das políticas públicas. Assim, a responsabilização pelo controle social está duplamente vinculada ao processo de transformação do Estado e de redemocratização da sociedade, na medida em que a transformação do Estado pressupõe um conjunto de mudanças redefinidoras de sua atuação. Ou seja, a modificação de sua forma de gestão e a ampliação dos sistemas de controle dos recursos públicos. Por outro lado, o processo de redemocratização impõe que novos atores sociais sejam incorporados à dinâmica da formulação e avaliação das políticas públicas e, portanto, à política.

Nessa perspectiva, a ampliação da esfera pública se dá com a incorporação de novos atores na definição e controle das políticas públicas, o que pressupõe desenvolvimento da cidadania e construção de um ambiente democrático. Essa incorporação de novos atores implica a presença de interesses divergentes na tomada de decisão, pois a construção democrática é mais palco de uma relação de conflito do que de consenso (Sposati e Lobo, 1992). A incorporação de novos sujeitos procura preencher as lacunas da democracia representativa, que, como já analisamos, cria sistemáticos déficits de responsabilização e dificulta a avaliação de desempenho dos gestores públicos. Os novos atores democráticos devem ter capacidade de influir, de contrapor-se, de assumir o papel de interlocutores na defesa de interesses coletivos, modificando dessa forma a capacidade de intervenção da sociedade na formulação, implementação e avaliação das políticas públicas.

Isso significa que a ampliação do espaço público deve criar condições para o exercício do controle social, capaz de responsabilizar os gestores públicos pelas decisões tomadas e atos de gestão praticados, de forma a poder dar transparência aos arranjos institucionais que, quase sempre, são impermeáveis à ação do cidadão, e fazer com que as políticas públicas de fato sejam formuladas e implementadas à luz dos interesses coletivos. Nesses termos,

> *la accountability no puede darse en términos neutros, preestablecidos, como lo hace parecer una cierta visión cuasi positivista de la relación entre gobernantes y gobernados. En la etnología del término accountability está la raíz account, que sugiere la necesaria construcción de significados que compiten para establecerse y ser ampliamente aceptados. El control social sobrepasa por lo tanto la percepción del control de la sociedad sobre la burocracia y adquiere el carácter de participación de estos dos actores en un triángulo cuyo vértice está constituido por los propios políticos. La confianza que debe establecerse para el desarrollo de esta acción conjunta tiene que asentarse en la transparencia, lo que hace de la información una variable crucial de este proceso (Levy, 1998:9).*

São muitos os fatores que explicam a necessidade de ampliação do espaço público, com a incorporação da participação cidadã no controle social e na construção de novas capacidades do Estado. Entre outros, podemos citar: cidadãos mais escolarizados demandam mais explicações sobre as ações públicas e manifestam desejo de participação nas decisões, avanços nas tecnologias da informação criando redes e infinitas possibilidades de informação, percepção dos cidadãos da necessidade de controlar os governantes diante de sucessivas demonstrações de descaso com a coisa pública, crescimento de formatos organizacionais novos para lidar com os problemas públicos, demandas não atendidas e cobrança de mais eficiência no desempenho dos governos.

A ideia subjacente à necessidade de ampliação do espaço público é a de que uma interlocução ativa da administração pública com os cidadãos cria condições mais efetivas de impedir a captura do Estado por interesses privados, além de colocar no centro das decisões públicas o interesse coletivo. Isso significa que é no espaço público, por meio da política, que se cria valor público. O valor público deve se expressar na adoção de políticas e serviços públicos que respondam às expectativas dos cidadãos; sua criação é a condição de legitimação das políticas e a bússola que guia sua implementação (Moore, 1998).

A adoção do controle social deve permitir ao cidadão influenciar diretamente a formação da vontade e a opinião pública (a *accountability* como demanda expressa sobre as instituições e gestores públicos), além das formas indiretas tradicionais de representação política. O controle social constitui a forma de controle direto da sociedade sobre o Estado, junto com os controles representativos clássicos.

O controle social, que se origina na sociedade, deve monitorar as ações do Estado e dos gestores públicos por meio de vias de participação democrática, com o objetivo de buscar a transparência e a publicização dos atos da administração pública, a democratização do sistema político e a eficiência da atividade governamental.[11]

Para tanto, o controle social tem que ser exercido no momento da formulação das políticas, assim como quando se produzem os bens e serviços públicos. Isso pressupõe que o controle deve permitir os ajustes à ação pública, para uma aplicação mais eficiente e transparente dos recursos públicos dentro da perspectiva de que a formação das políticas públicas é notadamente um processo político, no qual se produz o jogo de poder entre múltiplos atores. Assim, o tal

---

[11] Di Pietro, 1998; Bresser-Pereira,1998; Cunill Grau,1996.

controle necessita de dispositivos formais na sociedade — conselhos, recursos administrativos e judiciais, arenas públicas de deliberação, audiências, ouvidorias, fóruns de discussão e deliberação — para que o cidadão se manifeste e tenha condições de influenciar o debate e as decisões relativas às políticas públicas e, dessa forma, possa garantir uma regulação da autonomia da burocracia como consequência do jogo político. Isto significa afirmar que o controle social deve se basear em uma cidadania ativa, ou seja, com capacidade de mobilização e de articulação dos seus interesses, ao tempo em que conhece e sabe manejar os recursos de poder à sua disposição, tais como informações, pressão política, e espaço junto à mídia. A participação existe quando há cidadania fortalecida com possibilidades efetivas de participar das decisões políticas e da resolução de conflitos.

É claro que, para tanto, o tecido social e político da sociedade e os valores democráticos que a conformam devem sustentar como aspiração legítima dos cidadãos o controle das ações de governo. Ou seja, uma relação Estado/sociedade em que tenham sido criadas condições para que a participação e o controle social possam ser exercidos. Estamos falando em canais de participação, em informações acessíveis, confiáveis, de qualidade e relevantes para informar o cidadão, em acesso à informação como um direito, em transparência das informações, em uma estrutura ágil de resposta às demandas do cidadão. O exercício do controle social pressupõe dois movimentos simultâneos por parte da administração pública: de um lado, a divulgação de informações relativas aos assuntos públicos; de outro, a recepção e o processamento das demandas dos cidadãos de esclarecimento, de questionamentos e de avaliação (Valle, 2002). E, do lado do cidadão, a capacidade para participar e influir nas discussões relativas às políticas públicas, para acompanhar o desempenho da ação pública e responsabilizar os gestores públicos pelo resultado obtido.

Mesmo sendo consensual, a ideia do controle social para viabilizar a participação do cidadão no processo de formulação, implementação e avaliação das políticas públicas não é fácil de ser posta em prática. São muitas as dificuldades para que o controle social se consolide como mais um instrumento de avaliação da ação pública. Sem pretender esgotar o assunto, é importante trazer à discussão alguns aspectos que traduzem essa dificuldade.

Em primeiro lugar, as distintas situações em que se tomam as decisões devem colocar os cidadãos em condições de agir e de serem protagonistas da ação política. Isso requer, no entanto, que seja criada uma nova cultura democrática marcada pela alteridade, ou seja, pelo reconhecimento do outro e, por conseguinte, pela compreensão de que a arena de decisões pode comportar posições políticas divergentes e que se faz necessário construir, em um processo aberto de discussão democrática, significados compartilhados. Tais dificuldades poderão ainda incluir a alteridade cooptada, quando um dos sujeitos não possui informação e capacidade argumentativa, ou quando deixa de lado, pela prática da cumplicidade, os interesses mais amplos; a alteridade subalternizada, quando um dos sujeitos é tratado de forma subalterna e onde se pratica uma relação de deferência; e a alteridade tutelada, em que os técnicos ocupam o espaço da interlocução no lugar do sujeito. Essas situações podem ser evitadas à medida que o processo democrático se consolida (Sposati e Lobo, 1992). O processo democrático depende de aprendizado e é o seu exercício constante que habilita a cidadania. A experiência acumulada permite o enfrentamento de situações novas com um nível maior de amadurecimento sobre as possibilidades de avanço e a necessidade de recuos para a obtenção de resultados satisfatórios.

Uma segunda questão é a existência de capital social suficiente para que a sociedade assuma o controle. Para desenvolver esse capital, é preciso que a participação do cidadão nos assuntos públicos mais diversos, por meio de uma variedade de meios, tenha criado uma determinada competência para a deliberação sobre as atividades governamentais. A constituição do capital social é decorrente do acúmulo de experiências em diversos fóruns de participação, de modo que o conhecimento de uma determinada situação não só auxilie a compreensão de novas situações, mas que possa ser socializado para a conformação de um verdadeiro espaço público. Como afirma Putnam (1993), o capital social requer da comunidade: objetivos conjuntos, interações cotidianas que favoreçam uma identidade comum e valores compartilhados. A participação cidadã, com base na interação e cooperação, possibilita, pois, um processo de aprendizagem que leva ao desenvolvimento pessoal e comunitário e ao fortalecimento da capacidade de interlocução com a administração pública, para encaminhamento e decisão sobre os assuntos de interesse coletivo.

Outro ponto que está diretamente vinculado à constituição do capital social é se este último está disseminado ou se somente pode ser encontrado em alguns grupos específicos, que podem em função disso apresentar demandas particulares, como se fossem públicas. A assimetria de informações pode resultar no monopólio do espaço de discussão e decisão por grupos mais preparados para impor seus pontos de vistas (Rodriguez Larreta e Repetto, 2000).

Para Bresser-Pereira e Cunill Grau (1999:26), esse é um dos desafios a serem enfrentados:

Os desafios maiores parecem estar colocados sobre duas questões. Primeiro, a possibilidade de estender uma função reguladora sobre a esfera política. Segundo, a necessidade de que essa função não seja somente exercida pelos sujeitos sociais na defesa de interesses particulares — setoriais —, mas sim de interesses gerais. Esta última questão é de fundamental importância ao se considerar que a experiência mostra que os mecanismos instituídos para a expressão de interesses setoriais tendem a redundar na corporativização do processo político, favorecendo por demais aos interesses que — por seu poder econômico ou social — já dispõem de meios de influência sobre o aparato do Estado.

Esta dificuldade reside no fato de que o controle social consiste num campo de relações sociais, no qual os sujeitos participam por meio de distintas articulações para prevalecer seus interesses a partir do conjunto de informações que dispõem. E, assim sendo, mobilizam maior ou menor energia à medida que avaliam as chances de vitória de suas posições. A abordagem da "lógica da ação coletiva" de Olson (1971) traz contribuições importantes para se refletir sobre as possibilidades de organização para a obtenção de bens coletivos.

Uma terceira questão diz respeito à participação cidadã nesse processo. A participação cidadã tem condições efetivas de realizar o controle social? Qual é sua esfera de atuação? Baño (1998) trata de algumas dessas questões ao tentar esclarecer o seu sentido, tomando por base a aceitação de que o conceito parece expressar uma relação difusa entre Estado e sociedade, e que a ele é sempre atribuído um valor positivo. Nesse sentido, defende que a participação cidadã é geralmente entendida como uma participação nas atividades públicas e que, assim sendo, se localiza em duas esferas — a política e a administrativa. Considera que a participação na esfera política está relacionada à constituição da vontade coletiva e, portanto, está referida à substituição ou complementação da democracia representativa, enquanto a participação na esfera administrativa relaciona-se à melhoria do funcionamento do aparato público. Situa as condições para a participação cidadã na esfera política na crise da democracia representativa, expressa por grandes transformações que alteram suas bases de funcionamento — mudanças no nível da estrutura social, crescente grau de dificuldade de participação nas decisões públicas, apatia política, mudanças nas bases de organização de interesses. Em decorrência, em contextos nos quais a democracia representativa não cumpre os valores e compromissos firmados, e em que há problemas de governabilidade, surgem tanto alternativas que se orientam pela sua limitação ou substituição, como pela sua ampliação. Em relação à esfera administrativa, ela é vista como a possibilidade de contribuir para a melhoria do desempenho do setor público na produção de bens e serviços demandados pela sociedade. A pretensão é obter uma ação mais eficaz, rompendo com os problemas de formalismo e rigidez burocrática, de modo que os interesses afetados pelas políticas públicas sejam atendidos. As propostas de participação cidadã abrangem todas as etapas do processo decisório das políticas públicas, qualificando e quantificando as demandas. Colocadas essas diferenças de objetivos que servem para demarcar bem o campo de atuação dessa participação, Baño (1998) afirma que o termo pode ser mais bem compreendido no espaço da administração pública.

Echeverria (1998) também situa a participação cidadã como uma relação entre Estado e sociedade, que apresenta diferentes matizes, dada a multidimensionalidade desses conceitos. Ao situá-la no aparato de administração pública, o autor afirma que um dos problemas reside em assegurar essa participação em uma perspectiva mais ampla, que incorpore a diversidade de interesses sociais e de atores que possuem marcadas desigualdades nas oportunidades de exercer os seus direitos. A preocupação é com a ampliação dos pontos de vista durante o processo de formulação, implementação e avaliação das políticas públicas, pois está implícito que são nestes momentos em que se produz um jogo entre múltiplos atores e, assim sendo, quanto maior seja a busca de consenso das posições divergentes, maior é a probabilidade de que a solução possa contemplar o que melhor atenda ao interesse coletivo. Isso implica o fato de que a construção de políticas seja feita em um espaço que contemple a negociação com diversos atores durante o processo de formulação das políticas.

Outra dimensão é a configuração que assume o espaço público de tomada das decisões sobre assuntos de interesse coletivo. É preciso conhecer os instrumentos colocados à disposição dos cidadãos para influenciar efetivamente as decisões que serão tomadas e, em especial, se há um esforço para minimizar o problema das assimetrias de informação que podem favorecer alguns atores com maior poder de articulação. Dito de outro modo, é fundamental conhecer as práticas para promover a inclusão via participação cidadã dentro da institucionalidade estatal, de modo que ela possa intervir no processo decisório das políticas públicas e possa exercer o seu papel de vigilância sobre as ações dos gestores públicos. Por isso, ela não deve ficar restrita a uma dimensão instrumental de controle, mas ser capaz de influenciar as prioridades políticas de governo, assumindo assim um papel decisivo para institucionalizar a responsabilização.

A participação cidadã pode assim favorecer a responsabilização dos gestores públicos e aprofundar a democracia na medida em que cria condições para que as decisões públicas sejam resultantes de um processo de escuta e negociação com os cidadãos e para que a prestação de contas das ações públicas seja uma constante, na relação entre gestores públicos e cidadãos, colocando de fato a administração pública a serviço dos interesses coletivos. Isso significa colocar o cidadão no centro das decisões públicas, responsabilizando-o pelo controle social e perceber a participação cidadã como um processo no qual os diversos atores definem prioridades, estabelecem relações de cooperação, negociam com as autoridades públicas e põem em prática soluções concretas para distintas situações (Sáez, 1998).

Como se constata, são muitas as dificuldades para a efetivação do controle social. Não é por isso, no entanto, que ele não possa e não deva se institucionalizar. Para tanto, alguns pré-requisitos são fundamentais no esforço de democratizar o Estado:

- os atores sociais devem dispor de informação suficiente para estabelecer formas de interação com a administração pública e, em função disso, poder exercer uma ação de contrabalanço sobre ela e suscitar ações coletivas que respaldem tal ação;
- os atores sociais, sejam organizações, cidadãos, meios de comunicação ou *stakeholders*, para exercer o controle social, devem atuar em função de interesses que possam ser reconhecidos como públicos;
- o controle social deve ser fortemente influenciado em função do desenho institucional que é adotado;
- não se pode desenvolver um processo de controle social à margem dos recursos indiretos e diretos que uma sociedade tenha disponíveis para forçar a administração pública a observar a lei e, em geral, a reagir devidamente;
- é indispensável que a sociedade disponha, além disso, de recursos coercitivos respaldados legalmente que possam aumentar a eficácia das sanções simbólicas (direito de veto, ações para assegurar os interesses coletivos, recursos administrativos, institucionalidade controladora e judicial fortes e independentes) e a independência e a autonomia dos sujeitos sociais em relação aos atores estatais;
- o controle social deve versar sobre as ações e decisões não só passadas, mas também futuras da administração pública, e tem que poder ser exercido tanto nos pontos onde nascem as decisões e políticas públicas, como onde se produzem os bens e serviços públicos (Cunill Grau, 2006).

Todas essas precondições são importantes para o exercício do controle social. Trata-se de habilitar a cidadania para exercer o direito ao controle social, seja por meio dos meios que proveem a cidadania de instrumentos de ação diretos, além de indiretos, sobre a administração pública, seja por meio dos meios destinados a proporcionar informações sobre os atos administrativos e suas razões (Cunill Grau, 2006). A não realização dessas precondições leva ao totalitarismo invertido, expressão utilizada por Sheldon S. Wolin (2008:16) para designar a arte de modelar o apoio dos cidadãos sem deixá-los governar:

> *El "totalitarismo invertido" proyecta el poder hacia dentro. No deriva del "totalitarismo clásico" del tipo que representan la Alemania nazi, la Italia fascista o la Rusia stalinista. Esos regímenes estuvieron impulsados por movimientos revolucionarios, cuyo objetivo era apoderarse del poder del Estado, reconstituirlo e monopolizarlo. (...) El totalitarismo invertido, en cambio, si bien explota la autoridad y los recursos del Estado, obtiene su dinámica mediante la combinación con otras formas de poder, como las religiones evangélicas, y — muy particularmente — alentando una relación simbiótica entre el gobierno tradicional y el sistema de gobierno "privado" representado por las modernas corporaciones empresariales. El resultado no es un sistema de codeterminación por socios iguales que retienan sus identidades distintivas, sino más bien un sistema que apresenta la madurez política del poder corporativo.*

Outra visão do totalitarismo invertido foi apontada por Ramoneda (2009:8) ao comentar o livro de Wolin:

> *Un sistema político en que el papel de la ciudadanía se vaya difuminando hasta quedar estrictamente reducido al ejercicio del voto el día de las elecciones. La neutralización de la ciudadanía es la base de una nueva forma de democracia, la democracia dirigida, que es la que Estados Unidos pretende exportar al mundo. Una democracia sin ciudadanos, porque éstos, atemorizados y desocializados, se alejan de la política y dejan las manos libres a los gobernantes para que puedan de este modo imponer la agenda de las grandes corporaciones. (...) Una ciudadanía apática redunda en una política dirigida más eficiente y racionalizada.*

A eficácia do controle social depende, pois, de cidadãos que possam ter força para democratizar as práticas políticas mediante a ampliação do espaço público e se tornem interlocutores de peso na sua relação com o Estado, seja intervindo, influenciando, problematizando, participando e encontrando soluções para os seus problemas, seja contribuindo para o debate e a gestão das políticas públicas.

Responsabilização pelo controle de resultados

A responsabilização pelo controle de resultados representa uma mudança radical na forma de prestar contas da ação pública à sociedade. Não se trata da prestação de contas vinculada apenas a aspectos de natureza processual e legal, característicos da administração burocrática, mas de uma prestação de contas que apresente, além desses aspectos, os de eficiência, eficácia e efetividade da ação pública. Logo, representa um modo totalmente novo de pensar a administração pública, onde priorizam-se os resultados em detrimento dos procedimentos. Essa passagem do procedimento para o resultado não é um movimento simples, porquanto significa o rompimento com uma cultura autorreferida da burocracia, que privilegia o processo e o controle em bases legais.

A responsabilização pelo controle de resultados está assim sintonizada com a reforma gerencial do Estado, à medida que, sem abandonar os controles clássicos da burocracia, tenta institucionalizar mecanismos gerenciais que respondam à preocupação com a obtenção de resultados atrelada à satisfação do cidadão. A perspectiva é então de orientar a ação pública para a formulação e implantação de um conjunto de políticas públicas que expressem as necessidades dos cidadãos e que deem respostas efetivas às suas necessidades. Dito de outro modo, a responsabilização pelo controle de resultados significa pautar as atividades de avaliação das políticas públicas em um marco de compromissos verificáveis e exigíveis de seus responsáveis. É por essa razão que a criação de espaços de participação e controle social da ação governamental é a outra pedra angular da responsabilização pelo controle de resultados.

A responsabilização está na essência da gestão pública e, assim sendo, nada mais natural na relação Estado/cidadão do que a ideia de avaliação de desempenho. Os cidadãos esperam que os governos prestem contas de suas atuações e que sejam responsáveis no exercício do poder. Responsabilizar-se perante os cidadãos é assim uma consequência decorrente do poder de representação que os cidadãos outorgam aos governantes para executar um conjunto de compromissos estabelecidos por ocasião do processo eleitoral.

A responsabilização pelo controle de resultados é analisada sob diferentes focos e matizes. No entanto, independentemente da vertente de análise, a ideia central é de que a responsabilização pelo controle de resultados, além de uma necessidade dos governantes em dar respostas à sociedade, atende às preocupações de dotar as ações públicas de eficiência. Em um ambiente de demandas crescentes e de escassez de recursos, torna-se imperativa a obtenção de resultados que vinculem a ação do Estado às demandas da cidadania. Vejamos mais de perto alguns desses enfoques para apreendermos as dificuldades e/ou facilidades da institucionalização dessa forma de responsabilização. Uma das ideias centrais na discussão da responsabilização pelo controle de resultados é a contratualização, uma vez que por meio desse dispositivo se estabelece o resultado desejado e, em função disso, torna-se possível estabelecer também as condições para o seu alcance (Martins, 2006).

Um modelo contratual tem que incluir necessariamente metas, meios, controle e incentivos. Metas bem definidas orientam a ação de gestão pública. Os meios criam condições para o alcance das metas. O controle permite acompanhar os processos, a alocação de recursos, avaliar as dificuldades e, enfim, avaliar a implementação das ações. Os incentivos constituem os elementos mobilizadores do comportamento humano em direção às metas. A vinculação entre metas, meios, controles e incentivos constitui então o cerne dos contratos de gestão. Por outro lado, a racionalização dos procedimentos impõe a criação de estruturas que modelam os comportamentos dos atores em função dos resultados desejados. Igualmente importante para auxiliar na obtenção de resultados é a transparência, aspecto vital dado o caráter público dos recursos em questão. Isso ocorre porque a promoção da transparência envolve usualmente formas de controle social, entre as quais estão a publicidade de atos e fatos e a participação em instâncias consultivas de órgãos e sistemas de gestão dos recursos públicos (Martins, 2005).

A contratualização introduz assim uma nova dinâmica no setor público ao deixar em segundo plano o controle burocrático e colocar em foco os resultados a serem obtidos em cada agência, órgão e ministério. A obtenção de resultados é decorrente da pactuação sobre o desempenho esperado, além dos padrões de qualidade, custo, duração, sistemáticas de avaliação, formas de renovação do contrato etc. Entre as vantagens da contratualização, encontram-se a possibilidade de aferição do resultado e o conhecimento dos custos envolvidos, de modo que a relação entre custo/resultado possa facilmente ser estabelecida, assim como a contribuição à transparência e identificação de responsabildades. Como desvantagens, a literatura tem apontado, entre outras, problemas na supervisão dos contratos, ausência de sanções pelo descumprimento dos termos contratuais, ausência de mecanismos de avaliação mais rigorosos, indicadores de desempenho mal definidos. Apesar das desvantagens, a experiência de contratualização tem sido uma alternativa na promoção da *accountability*, ao favorecer a prestação de contas dos governantes aos cidadãos sobre as decisões tomadas — ações, recursos, resultados, opções — e assim aceita como uma das estratégias exitosas das reformas de Estado postas em prática. A noção de *accountability* contempla tanto os defensores da eficiência e redução do gasto público como os defensores da elevação do desempenho no setor (Pacheco, 2004).

Isso remete à necessidade de que a contratualização incorpore outras dimensões, que não sejam apenas a do custo, pois caso contrário poder-se-ia estar sacrificando alternativas para atender melhor às necessidades dos cidadãos em nome da eficiência do gasto público. Dessa maneira, fica evidente que o controle pelos resultados deve antes de tudo responder a algumas perguntas, tais como: resultados para quem? Resultados para o que? Quem decide sobre os resultados a alcançar? Em que tempo os resultados devem ser alcançados? Para Behn (1998), as questões que devem ser respondidas são: quem decide quais resultados deverão ser produzidos? Como o processo funciona? Quem é *accountable* por produzir estes resultados? Quem é responsável por implementar o processo de *accountability*? Todas essas questões objetivam colocar o controle por resultados em uma dimensão política e democrática, capaz de atuar para dar respostas ao cidadão de forma transparente e tornar mais *accountable* as instituições públicas.

Mas a discussão não se esgota nessas questões. Trosa (2001) tem apontado como uma necessidade do processo de contratualização a escolha entre contratos que se referem à prestação de um determinado serviço (*outputs*), ou contratos vinculados à contribuição efetiva para solução de um problema (*outcomes*). Essa escolha tem implicações sobre um conjunto de aspectos da relação contratual e exigem competências diversas do setor público na sua operacionalização, uma vez que dá resposta a problemas diferentes. A contratualização de *outcomes* é bem mais difícil, pois nem sempre é possível isolar as causas que agem sobre um determinado problema e, também, é difícil saber se a solução do problema se deve única e exclusivamente às ações desenvolvidas em função de um contrato específico.

Outrossim, outra dificuldade é criar um consenso sobre que resultados produzir, considerando a pluralidade de atores normalmente envolvidos em uma decisão pública. Um consenso somente pode surgir de um amplo processo de negociação e de construção coletiva, o que dá a exata noção da dificuldade de "arbitrar" resultados sem que haja um processo de aprendizagem compartilhada que começa ainda na discussão da agenda.

É importante destacar que se está enfatizando a contratualização sob o ponto de vista dos benefícios que ela pode gerar para uma gestão pública orientada para resultados. Não estamos abordando a contratualização vinculada à opção de criação de mercados internos no setor público ou de contratação externa, pois esta análise já foi feita no tópico de competição administrada. É claro que a desvinculação está sendo feita para poder enfatizar a forma de responsabilização pois, a rigor, as formas de responsabilização — por controle de resultados, por controle social e por competição administrada — são complementares.

Uma segunda perspectiva de análise é vincular a responsabilização a uma gestão pautada por indicadores de desempenho, pois a existência de indicadores para o conjunto de ações define responsabilidades institucionais em todos os níveis da estrutura de gasto público. Essa é a posição defendida por Yalta (2003), quando afirma que uma gestão por resultados deva ter planos bem definidos com missão, objetivos, cursos de ação, indicadores de desempenho e uma relação direta entre esses indicadores e os incentivos em nível institucional, grupal e individual. Para a Cepal (apud Yalta, 2003:42), uma gestão orientada para resultados se desenvolve em dois planos:

> *(i) el replanteo de la lógica de funcionamiento interno de las organizaciones públicas (estructura de gobernabilidad de los organismos, sistemas de incentivos, evaluación y control, modelo de supervisión y manejo de recursos humanos, modelo de administración financiera, entre otros); y (ii) las interacciones entre las organizaciones públicas y el resto de la economía (separando las funciones de Estado, de gobierno y las funciones de competencia privada).*

Ou seja, uma reengenharia que reinvente os processos, o modo de gestão e a cultura institucional, de modo que as decisões tomadas e as ações implementadas se pautem por uma orientação para resultados que possam ver valorados pelos cidadãos como significativos para a solução de suas demandas.

A ênfase nos indicadores de desempenho como requisito fundamental de uma gestão por resultados pressupõe um conjunto de decisões a serem tomadas para que eles possam ser utilizados, como sua abrangência e dimensão. Os indicadores podem referir-se a processos (a forma pela qual o trabalho é realizado), produtos (bens e/ou serviços produzidos), resultados intermediários e resultados finais (impacto das ações). Quanto às dimensões, elas podem ser de eficácia (cumprimento dos objetivos planejados), eficiência (relação entre produto/custo), economia (capacidade de gerar e mobilizar os recursos) e qualidade (atributos do produto) (Yalta, 2003). Para Caiden e Caiden (1998), as medidas de desempenho mais comuns são: insumos, carga de trabalho, nível de atividade, resultados, impactos, produtividade, custos, satisfação do usuário, qualidade e oportunidade do serviço. Essa ampla variedade de indicadores aponta que a escolha de qualquer um deles determina o resultado a ser avaliado. Outros indicadores também utilizados são: efetividade, excelência, entorno, sustentabilidade e equidade.

Rodriguez Larreta e Repetto (2000) trazem uma contribuição à discussão ao abordarem a pluralidade de formas da medição de resultados e desempenho, em conformidade com a OCDE (1995), revelando dificuldades operacionais quando se fala em gestão por resultados, pois dependendo do entendimento que se tenha sobre resultados há implicações no esforço e mobilização no âmbito da administração pública. A classificação refere-se a informes de desempenho que são publicações com dados sobre resultados; objetivos de desempenho, que consistem em especificação *ex ante* dos resultados esperados; auditorias de desempenho, que consistem em uma comparação entre objetivos declarados e alcançados; contratos de desempenho, que são instrumentos em que se acordam os resultados que serão alcançados em um determinado período; orçamento por resultado, que consiste em um contrato no qual se vinculam diretamente recursos a resultados prometidos.

Por fim, a escolha de indicador(es) não é trivial, pois daí derivam consequências técnicas e políticas para os resultados da ação pública. Vários estudos têm alertado para os cuidados necessários na escolha dos indicadores, pois há um risco de simplificação, que, longe de produzir uma boa avaliação, contribui para desacreditar o seu uso como uma medida de avaliação do desempenho. Há também dificuldades relacionadas à capacitação dos recursos humanos para produzi-los e acompanhá-los; à incorporação dos mesmos para a tomada de decisão; e ao tipo de atividade que se deseja medir. Do mesmo modo, não podemos esquecer a dimensão política que envolve a escolha dos indicadores, uma vez que essa escolha determina o resultado a ser obtido.

> *La implementación de medidas de desempeño y de una información para la evaluación que sea de utilidad, requiere algo más que experticia técnica. Es necesario construir capacidades y concitar cooperación para el desarrollo y la utilización de la información sobre el desempeño, de modo que verdaderamente ella pueda influir en la toma de decisiones. Más allá de lo valioso y meritorio que pueda ser el propósito que guía el desarrollo de las mediciones del desempeño, si por cualquier razón ellas no pueden ser implementadas, no habrán de ser de utilidad* (Caiden e Caiden, 1998:6).

Os indicadores são assim fundamentais para a institucionalização da responsabilização pelo controle de resultados, à medida que permitem estabelecer um conjunto de controles sobre as atividades públicas sob óticas distintas, cobrindo assim um amplo leque de possibilidades de avaliação. Não há como responsabilizar os gestores pelos resultados sem que se tenha algum parâmetro de medição da ação pública, seja este de natureza qualitativa ou quantitativa. Daí porque normalmente ao se falar da responsabilização pelo controle de resultados há uma associação imediata com a necessidade de se dispor de indicadores de desempenho. É claro que reconhecer a sua importância não significa desconhecer as suas limitações e riscos, tais como:

- dificuldades de fixar e medir o indicador;
- confundir os indicadores com objetivos;
- problemas derivados da interpretação dos dados;
- visão limitada ou parcial dos indicadores para medir os objetivos;
- possibilidade de fossilização dos indicadores em função das mudanças que se processam de forma veloz; e
- tratamento dos objetivos de longo prazo como sendo irrelevantes (López Casasnovas et al., 2003).

É importante salientar que não podemos mitificar os indicadores, pois eles são apenas balizamentos para a gestão pública. Deve-se evitar o erro de ter um conjunto enorme de indicadores que não serão utilizados para a tomada de decisão ou indicadores cuja metodologia seja tão complicada que se gasta mais tempo do que o necessário para a sua construção. O mais importante é a decisão sobre as prioridades de gestão em conformidade com as expectativas dos cidadãos.

Outra vertente de análise vincula o tema responsabilização à prática sistemática da avaliação enquanto um mecanismo institucionalizado capaz de produzir não apenas mudanças de atitudes em relação aos mecanismos de melhoria da ação governamental, mas também um debate político mais bem-informado sobre as políticas e um mecanismo capaz de produzir *accountablity*.[12] A avaliação é claramente identificada como um mecanismo de *accountability*, pois a avaliação pressupõe planejamento e uma sistemática prestação de contas.

Para que a avaliação possa de fato constituir um instrumento essencial à responsabilização, quatro questões são fundamentais: para que avaliar? O que avaliar? Em que nível fazê-lo? O que fazer com a informação? Isso determina que a avaliação não pode ser realizada simplesmente por realizar, mas que há de atender à preocupação de fornecer elementos de melhoria para a gestão pública, uma vez que é ela a instância mediadora entre a implementação das políticas públicas e os

---

[12] Cf. Vaitsman e Paes-Sousa, 2008; Ospina, 2000.

resultados daí decorrentes. A avaliação, ao promover a comparação entre as ações planejadas e realizadas, permite ao gestor público os ajustes necessários para a obtenção de um desempenho adequado às demandas dos cidadãos. Nesse processo são criadas as condições para que a gestão se torne *accountable* aos cidadãos pelas constantes correções de rumo. Assim sendo, a avaliação pode contribuir, segundo Ospina (2000), para:

- garantir uma gestão transparente;
- identificar níveis de responsabilidade;
- melhorar a qualidade da prestação de serviços;
- melhorar a produtividade do setor público;
- gerar informação sobre a eficiência dos recursos; e
- contribuir para a democratização da relação Estado/sociedade.

Sem um processo avaliativo, não há como responsabilizar-se por qualquer desempenho. A prestação de contas ao cidadão é decorrente assim dos resultados da avaliação. A avaliação da gestão pública pode contribuir para fortalecer a capacidade do Estado para governar e para democratizar a sua relação com a sociedade.

Cada uma das questões relacionadas à avaliação deve ser respondida no marco de uma avaliação não restrita apenas aos critérios da legalidade, mas incorporar outras dimensões que fortaleçam a relação entre as esferas do governo e a gestão como componentes da democracia representativa. Um sistema de avaliação deve contemplar os seguintes aspectos: flexibilidade, participação dos atores envolvidos com a política pública, simplicidade e utilidade para a tomada de decisões. A questão de quem deve fazer a avaliação é também um aspecto que apresenta um elevado grau de dificuldade — avaliadores externos? Avaliadores internos? Funcionários de alto nível? Funcionários de escalão inferior? (Caiden e Caiden, 1998).

É preciso ressaltar que o processo de avaliação apresenta um conjunto de dificuldades, tais como a multiplicidade de aspectos, interfaces, atores e às vezes até de organizações envolvidas na formulação e implementação das políticas públicas, abrangência, os recortes temporais, os múltiplos objetivos da ação pública, a construção dos indicadores adequados e a capacidade institucional existente para executar a avaliação. Outro aspecto dessa discussão é a distinção necessária entre medição de desempenho e gestão de desempenho (Ospina, 2000), pois não basta definir indicadores. Eles são necessários para poder aferir um determinado desempenho, mas se não se sabe para que utilizá-los eles em nada contribuirão para a melhoria da gestão pública e para os mecanismos de *accountability*. A gestão do

Responsabilização na administração pública

desempenho é assim um aspecto crucial na promoção da *accountability*, à medida que está voltada para melhorar a produtividade, a transparência e a responsabilidade dos governos.

Si la medición y la evaluación del desempeño son vistas simplemente como técnicas, ellas no pasarán de ser sólo una moneda de cambio de los consultores, quienes venderán sus sistemas, y dejarán tras ellos las cosas en el estado en que estaban, o un legado de cinismo acerca de la posibilidad de mejoramiento. Si tiene que haber algún grado de éxito, la evaluación y la medición del desempeño necesitan ser percibidas como un componente del desarrollo de la capacidad de gobierno. Esta concepción implicaría cambios en el sentido de una mayor transparencia, más información al público, más criticismo potencial de las agencias gubernamentales y una sociedad más abierta (Caiden e Caiden, 1998:12).

Assim, a avaliação é fundamental para a manutenção da credibilidade dos governos, pois os cidadãos esperam ser informados das suas ações de modo que possam ter ideia de seu desempenho. A avaliação permite saber quais são as ações empreendidas, qual é o seu custo, quais são os seus benefícios, quais são as alternativas e quais são os resultados. Ela constitui-se um instrumento para a manutenção de uma cidadania informada, o que pressupõe uma sistemática prestação de contas e uma clara identificação como um mecanismo de *accountability*. Pressupõe também uma confrontação entre metas estabelecidas e resultados obtidos para instruir governos e cidadãos sobre o esforço que deve ser feito para reduzir a distância entre o desempenho desejado e o desempenho alcançado (Quirós, 2006).

Nesse sentido, a gestão por resultados, ao criar condições para a aferição do desempenho e para a identificação dos responsáveis por um determinado desempenho, conota à responsabilização uma dimensão gerencial cujo foco está centrado na criação de valor público. São componentes do processo de criação de valor:

- a situação social inicial que se deseja mudar;
- os objetivos estratégicos (planos de governo);
- as unidades de ação estratégica (instituições);
- a carteira de estratégias (programas de governo);
- a carteira de produtos (bens e serviços);
- os objetivos produtivos (volume de bens e serviços);
- o orçamento e o sistema contábil;
- a produção de bens e serviços, resultados estratégicos da ação de governo e seu impacto.

Tais componentes devem estar articulados de modo que haja coerência entre as ações desenvolvidas e respondam à preocupação de aprimorar o desempenho do governo, e otimizar o sistema de prestação de contas à sociedade. Para tanto, múltiplas ferramentas de gestão são utilizadas — planejamento, projetos, marketing, orçamento, análise de custos, gestão de operações de modo a gerar uma competência organizacional — cujo alvo é o conjunto de resultados que o governo deseja legitimamente alcançar (Serra, 2008).

Uma gestão por resultados envolve uma nova forma de responsabilização dos gestores públicos com ênfase nos objetivos a alcançar, na definição dos indicadores de desempenho que possam ser de fato aferidos e em uma sistemática de avaliação de desempenho. Mas, a despeito de sua importância, isso não é o bastante. Uma gestão em sintonia com os valores da prestação de contas, além de se preocupar em criar uma estrutura de aferição de desempenho, é capaz de institucionalizar o acesso a essas informações e permitir que o cidadão se manifeste por meio de audiências públicas, pesquisas de opinião ou por qualquer outro canal de participação. Apesar da ampla concordância a respeito da necessidade e importância de uma gestão orientada por resultados, os estudiosos se dividem quanto às ações que devem ser empreendidas para sua implementação e o grau de dificuldades existentes.

A transformação da atual estrutura burocrática, permeada por excesso de normas, regulamentos e procedimentos, em uma estrutura mais flexível, que se adapte às necessidades colocadas pelos cidadãos, exige desde modificações na forma de gerir o aparato estatal até modificações no contexto institucional. E, mais do que isso, o fortalecimento da responsabilidade do Estado no cumprimento dos compromissos assumidos com os cidadãos. De forma mais precisa estamos falando em transparência, redesenho das modalidades de gestão, ampliação dos canais de participação para permitir a manifestação de expressões da cidadania, contexto institucional estável, segurança jurídica, controle social, cultura de valor político, sistema de incentivos e sanções relacionados aos resultados, formalização contratual da responsabilidade gerencial e do desempenho organizacional (Serra, 2008). Os mecanismos tradicionais não têm sido suficientes para dar respostas eficazes aos inúmeros problemas dos cidadãos, por estarem centrados apenas na regularidade dos procedimentos, razão pela qual se impõem novas formas de responsabilização dos gestores públicos. A construção da responsabilidade pelos resultados deve dar respostas a alguns desafios, tais como (Longo, 2003):

Responsabilização na administração pública

- reconsideração dos mecanismos tradicionais de responsabilização;
- implantação de sistemas de responsabilização em entornos de gestão pública que exigem colaboração interorganizativa;
- adoção de enfoques de exigência e prestação de contas distintos dos enfoques burocráticos;
- desenhar um novo entorno de responsabilização orientado para resultados;
- estimular o trabalho e a iniciativa do dirigente público.

Em relação à necessidade de reconsiderar o funcionamento dos requisitos tradicionais de responsabilização, Longo (2003) afirma que estes devem continuar funcionando com a implantação da responsabilização pelos resultados centrada na discricionaridade ao gestor para conduzir as políticas públicas. Ele entende que o conflito entre os mecanismos burocráticos de controle *versus* discricionariedade pode ser resolvido, pois responsabilizar o gestor por resultados não o isenta de probidade, de buscar equidade e de estar atento às normas. No entanto, os controles tradicionais devem sofrer uma adequação às novas exigências de responsabilização, de modo a contemplar as seguintes questões:

- redução de sua magnitude e extensão abrindo espaço para a discricionariedade do gestor;
- manutenção apenas em caráter excepcional dos controles *ex ante* e opção por controles *ex post*, mas respeitando o poder discricionário do gestor;
- modificação no desenho e relações dos órgãos de controle com as organizações sujeitas ao controle, de modo a buscar a colaboração.

No que se refere às dificuldades da responsabilização pelos resultados, o autor elabora as seguintes questões: como definir o resultado? Quem o define e quem se responsabiliza por ele? Quem o avalia? E como se avalia? Para cada uma das questões, há uma série de problemas e, em especial, para o que ele chama de o problema dos padrões, ou como definir os resultados.

Responsabilizar por el rendimiento obliga a construir un referente que permita contrastar y evaluar el logro. Este referente no pueden ser reglas generales como en el caso de la responsabilización por probidad/equidad. Es necesario definir metas u objetivos que concreten el rendimiento esperado. Qué se debe entender, en cada caso, por rendimiento adecuado. (...) No siempre hay un único buen resultado; a menudo compiten perspectivas diferentes e incluso contradictorias. (...) Frecuentemente, por otra parte, es complicado decidir cuándo la responsabilización debe referirse a un resultado final o, por el contrario, a una meta parcial, o si deben introducirse criterios de desempeño. (...) Así, a los problemas expuestos hay que sumar dificultades clásicas, como la multifactorialidad (dificultad para atribuir un resultado a un único elemento causal) o la aparición de externalidades indeseadas (cuando la persecución de un objetivo incentiva en el actor comportamientos que causan efectos nocivos en otro campo) (Longo, 2003:8).

Quanto à dificuldade de implantar esses mecanismos em ambientes de gestão pública que exigem relações colaborativas entre organizações, esta reside exatamente em dispor de mecanismos de prestação de contas que permitam identificar responsabilidades de atores e organizações distintas. Outro aspecto, o de assumir enfoques de prestação de contas distintos dos burocráticos/hierárquicos, implica substituir a aprendizagem coletiva de uma concepção de responsabilização burocrática/hierárquica (regras de aplicação geral, fórmula uniforme de responsabilização, isolamento do órgão controlador como sinal de independência e imparcialidade, sistema de incentivo que estimule a busca de irregularidades) para construir uma responsabilização que seja marcada pela aceitação de diversos graus de materialização do referente, importância do elemento subjetivo na avaliação, pluralidade de formas de responsabilização, orientação à prevenção do problema, um marco relacional entre as funções de gestão e controle, um equilíbrio entre as recompensas e sanções. Mais um lado da questão diz respeito ao fato de que a responsabilização pelos resultados exige trabalho e iniciativa dos dirigentes públicos voltados para a cooperação e a aceitação, pelos gestores, de que a responsabilização é irrenunciável. Por sua vez, os gestores devem ser capazes de construir estratégias que lhes permitam responsabilizar-se pelos resultados de suas ações.

Além dessas dificuldades, deve-se mencionar o fato de que na relação Estado-sociedade há muitos públicos demandando resultados diferentes. Esse fato é da natureza da atividade pública, dado o nível de conflito existente entre os diversos atores que reivindicam uma ação pública. Em consequência, a definição dos objetivos, indicadores e resultados será um processo eminentemente político no sentido de que será precedida de negociação entre os distintos atores. Ou seja, a execução dos objetivos, a definição metodológica dos indicadores, os instrumentos de gestão localizam-se em um campo técnico, mas a decisão sobre o que fazer, como fazer e que resultados produzir situa-se no campo da política. Várias dificuldades se relacionam aos indicadores de desempenho:

- muitas ações não podem ser medidas por um único indicador;
- deve-se levar em conta o peso de cada indicador quando as ações contribuem para vários programas de governo;

Responsabilização na administração pública

- há uma pressão por indicadores mais facilmente mensuráveis;
- como usar a informação sobre o desempenho de modo que possa verdadeiramente influenciar na tomada de decisão.

Todos esses aspectos são reveladores de que a tarefa de construção da responsabilização pelos resultados não é fácil. No entanto, as enormes pressões que recaem sobre a gestão pública cobrando uma utilização correta dos recursos públicos, desempenhos que sejam adequados aos problemas da sociedade, uma crescente participação dos cidadãos na formulação, implementação e avaliação das políticas públicas e uma prestação de contas que evidencie transparência e resultados constituem imperativos para que os gestores públicos assumam a responsabilização pelos resultados como uma obrigação irrenunciável.

Orientar a ação pública pelo resultado é, assim, construir um modelo de gestão que articule programação, execução, controle e avaliação, uma vez que apenas com a articulação desses processos pode-se introduzir uma cultura que valorize o resultado como um elemento capaz de retroalimentar o ciclo de programação, execução, controle e avaliação, respeitando os princípios de eficiência que devem nortear qualquer ação pública.

Igualmente, orientar a implementação de uma ação pública pelos resultados é criar condições para que se possa produzir uma avaliação *ex post* a partir de um conjunto de indicadores e metas de desempenho, que por sua vez já exigem boa capacidade criadora e de gestão para sua concepção e viabilidade. Significa também utilizar um conjunto variado de incentivos, tanto individuais como coletivos, para mobilizar comportamentos organizacionais que gradativamente assumam os valores de uma gestão por resultados; e ainda ampliar a liberdade de atuação dos gestores para tomar decisões e administrar recursos para que possam se preocupar com o alcance de metas e de resultados que impactem a vida do cidadão. A satisfação do cidadão deve assim ser mais um elemento a ser levado em consideração por ocasião do desenho dos serviços públicos que serão prestados.

De uma forma sintética, podemos dizer que alguns elementos são centrais para a definição da responsabilização pelo controle de resultados:

- prestação de contas com foco nos resultados;
- ação gerencial instrumentalizada com um conjunto de indicadores e metas;
- mecanismos de aferição da satisfação do usuário;
- mecanismos de controle social;
- liberdade do gestor para a tomada de decisões;
- integração dos ciclos de programação;

- execução, controle e avaliação e um conjunto de incentivos vinculados à produtividade e eficiência.

E o mais importante é que o uso sistemático desses elementos deve produzir não apenas mudanças na ação governamental, mas também um debate político bem informado sobre as políticas e, consequentemente, gerar *accountability*.

As distintas formas de responsabilização — pela competição administrada, pelo controle social e pelo controle de resultados — exigem para sua adequada análise uma análise organizacional dos sistemas da Catalunha e do Brasil, uma vez que, como apontamos, a responsabilização tem um forte acento gerencial. Assim, nos próximos capítulos fizemos uma leitura sobre as formas de responsabilização tendo como apoio os diversos instrumentos normativos que foram sendo aprovados no período pós-reformas. A leitura cronológica nos permitirá compreender as alterações que foram sendo processadas, com destaque para os seus elementos gerenciais mais importantes, de modo a criar condições para o estudo das formas de responsabilização. O esforço é o de identificar no desenho organizacional dos sistemas a lógica que os preside e o espaço que cada elemento conformador da responsabilização ocupa.

6

Responsabilização por competição administrada

A competição administrada implica a introdução de uma lógica de competição nas relações que o poder público estabelece, tanto internamente quanto externamente, mediadas por pactuações entre os atores, com o objetivo de realizar uma gestão orientada por resultados. Essa pactuação normalmente é feita pelo instrumento do contrato, em que são definidos todos os aspectos da relação contratual.

A competição administrada exige profissionalização da burocracia para assumir em maior extensão os papéis de planejamento, controle e avaliação, a construção de um ambiente de quase mercados entre os provedores e condições efetivas de participação do cidadão, constituindo-se em um modo plural de governança, com foco na melhoria de desempenho e recuperação da confiança do público em relação à ação governamental.

Com esta compreensão, o foco da análise sobre a competição administrada como uma forma de responsabilização no sistema de saúde da Catalunha e do Brasil recairá sobre a institucionalização de iniciativas de gestão que objetivaram, ao longo do período pós-reforma do sistema de saúde, estimular relações contratuais diversas com uma pluralidade de provedores, a partir da lógica de competição, alterando a forma monopolista de se implementar as políticas de saúde e de buscar melhorias no desempenho do setor público. Igualmente, a análise procurará detectar os espaços institucionalizados de que os cidadãos dispõem para avaliar a prestação de serviços recebida, ao tempo em que tentará identificar os procedimentos da avaliação de resultados utilizados pela burocracia para controlar os prestadores de serviços, agora muito mais papel do ente regulador do que do prestador de serviços, com possibilidades para manter ou não as relações contratuais. E, mais do que isso, buscará identificar se os processos estão articulados de modo a produzir a obrigatoriedade da prestação de contas pelo gestor público dos resultados alcançados pela via da constituição de quase mercados e da avaliação dos cidadãos sobre os serviços recebidos. A responsabilização por competição administrada significa assumir que o estímulo à competição entre diversos provedores é capaz de levar a resultados mais eficazes da ação pública. Ela significa também atribuir ao gestor público um papel mais regulador do que executivo, trazer para a arena de decisões públicas o cidadão e implica processos de prestação de contas do gestor que expressem o alcance de resultados desejados pelos cidadãos a partir de processos competitivos regulados.

Responsabilização por competição administrada na Catalunha

A análise da existência ou não da responsabilização por competição administrada na atual configuração do modelo catalão não pode ser feita sem que se recupere o marco jurídico em que foram criadas as condições de contratualização com uma pluralidade de prestadores de serviço.

Antes da Locs, o Decreto nº 202/1985, em seu preâmbulo, informava que a rede de hospitais da Seguridade Social era insuficiente para atender às demandas de saúde da população e que se fazia necessário contar com hospitais conveniados de forma permanente. Ao caracterizar a participação dos hospitais conveniados como permanente, sinalizava-se claramente que os investimentos públicos que ocorressem não teriam por finalidade a constituição de uma rede provedora de serviços públicos de saúde por excelência. É importante ressaltar que desde 1981, com a Ordem de 21 de novembro, já se regulava a assistência conveniada e, em 1985, com a Ordem de 6 de junho, garantir-se-ia a prestação de serviços hospitalares mediante convênios com centros alheios à Seguridade Social.

Para viabilizar a construção dessa rede de prestadores de serviços de saúde, tem início o processo de credenciamento dos centros, uma iniciativa que tinha por objetivo estabelecer um padrão mínimo de qualidade para as diferentes organizações envolvidas na prestação de serviços de saúde. Os centros hospitalares que se integrassem à rede teriam que reunir os seguintes requisitos mínimos:

- adaptar seu plano de contas e seu sistema de contabilidade analítica ao plano padrão para centros hospitalares estabelecido pelo Departamento de Saúde e Seguridade Social, junto com o Departamento de Economia e Finanças;

- fornecer os indicadores de gestão que se estabelecessem e ajustar a gestão dentro dos limites fixados pela Generalitat;
- desenvolver uma unidade de controle interno;
- facilitar uma auditoria interna;
- apresentar a cada um dos Departamentos um plano trienal com a previsão de recursos humanos e de investimentos.

Em 1989, com a Lei nº 13/1989, de 14 de dezembro, referente à Organização, Procedimento e Regime Jurídico da Administração do Governo da Catalunha, é dado mais um importante passo para ampliação do número de provedores do sistema de saúde. A lei, em seu artigo 55, disciplina que o governo poderá acordar a constituição de consórcios entre o governo e outras administrações públicas, para finalidades de interesse comum, ou com entidades privadas sem ânimo de lucro que tenham finalidades de interesse público concorrentes com a administração pública.

Mas é com a Lei nº 15/1990 que são definidos com mais clareza os traços configuradores do modelo de gestão em que será possível a adoção da contratualização de prestadores de serviços como regra geral para a gestão e prestação de serviços de saúde. A Locs determina que o modelo seja configurado da seguinte forma:

- separação das funções de financiamento e compra de serviços da provisão dos serviços;
- diversificação de provedores;
- mercado misto de competência planificada e regulada;
- diversidade de fórmulas de gestão; descentralização de serviços;
- desconcentração da organização (regiões e serviços);
- participação comunitária (conselhos de direção, conselhos de saúde, participação de órgãos de governo das instituições de saúde).

Para viabilizar esse modelo, que está diretamente relacionado com a forma de responsabilização que estamos analisando, a Lei nº 15/1990 determinou a possibilidade de criação de novas formas de gestão para a prestação dos serviços de saúde ao tempo em que dá amplos poderes ao SCS para constituir essas formas de gestão e/ou constituir ele próprio formas alternativas de gestão. Cria-se assim a condição jurídica necessária para uma ampla rede de provedores. Pela sua importância no modelo catalão, reproduzimos abaixo os artigos da Lei que permitem essa abertura para novos arranjos organizacionais.

- o SCS é um ente público de natureza institucional vinculado ao Departamento de Saúde e Seguridade Social. No que se refere às relações jurídicas externas, se sujeita, em termos gerais, ao direito privado (art. 4.1). A sujeição do SCS ao direito privado significa dar ao órgão mais flexibilidade e agilidade de atuação, uma vez que não tem que se submeter às exigências do direito público, como a administração pública;

- é função do SCS o estabelecimento, gestão e atualização de acordos e convênios com entidades não administradas pelo governo da Catalunha (art. 7.1 letra g). Isso significa abertura para provedores de fora do âmbito público para a prestação de serviços de saúde;

- para o exercício das funções o SCS poderá: desenvolver as funções diretamente, mediante os órgãos ou organismos que sejam competentes ou que possam ser criados; estabelecer acordos, convênios ou fórmulas de gestão integrada ou compartilhada com entidades públicas ou privadas; formar consórcios de natureza pública com entidades públicas ou privadas sem finalidades de lucro, com interesses comuns ou concorrentes, que podem dotar-se de organismos instrumentais; criar ou participar de quaisquer outras entidades admitidas em direito, quando assim convenha a gestão e execução dos serviços ou atuações (art. 7.2). O dispositivo permite uma variedade de formas de gestão para a oferta dos serviços de saúde acentuando a opção inicial de constituição da rede hospitalar de utilidade pública com provedores distintos, sejam públicos ou privados;

- o conselho executivo pode acordar a constituição de organismos, a formação de consórcios e a criação ou participação do SCS em qualquer outra entidade admitida em direito. Em particular, pode criar quaisquer empresas públicas das previstas na Lei nº 4/1985, de 29 de março, do Estatuto da Empresa Pública Catalã (art. 7.3). De forma idêntica ao dispositivo anterior, ampliam-se as possibilidades para a constituição de organismos para a prestação dos serviços de saúde;

- corresponderá ao conselho executivo do governo, nos termos estabelecidos no art. 1º da Lei, as seguintes competências: a autorização da formação de consórcios e a criação, por parte do SCS, de quaisquer outras entidades admitidas em direito ou sua participação nas mesmas (art. 9 letra f);

- corresponderão ao Departamento de Saúde e Seguridade Social, em relação à organização estabelecida na Lei, as seguintes competências: levar ao conselho executivo a proposta de constituição de organismos, a formação de consórcios e a criação por parte do SCS de quaisquer outras entidades admitidas em direito, ou a sua participação nas mesmas; a aprovação dos preços e tarifas pela presta-

Responsabilização por competição administrada **183**

ção e acordo de serviços, assim como sua modificação e revisão, sem prejuízo da autonomia de gestão dos centros (art.10, letras f e h);

- o conselho executivo do SCS pode propor ao Departamento de Saúde e Segurança Social, para efeitos de avaliação do conselho executivo do governo, a constituição de organismos, a formação de consórcios e a criação, por parte do SCS, de quaisquer outras entidades admitidas em direito ou sua participação nas mesmas (art. 14.I.l);

- o conselho executivo do governo poderá constituir consórcios de natureza pública com outras entidades públicas ou privadas sem fins de lucro para a consecução de fins assistenciais, docentes e/ou de investigação em matéria de saúde, que sejam comuns ou concorrentes, em quaisquer situações diferentes das que estão reguladas nos artigos 7.2 e 22.2 da Lei (disposição adicional terceira);

- o SCS e, em seu caso, as regiões sanitárias, podem estabelecer contratos para a gestão de centros, serviços e estabelecimentos de proteção à saúde e de atenção, que devem ser credenciados, com efeito, com entidades de base associativa legalmente constituídas, com personalidade jurídica própria, total ou majoritariamente por profissionais de saúde, priorizando os que estão compreendidos em quaisquer dos coletivos de pessoal a que se refere o artigo 49.1, nos termos e nas condições previstas pela legislação vigente, com a finalidade de promover um maior grau de implicações dos profissionais no processo de desenvolvimento, racionalização e otimização do sistema público (disposição adicional décima). Aqui a abertura é para as entidades de base associativa formadas por profissionais da área. É mais uma nova forma de gestão que se soma às já mencionadas;

- o conselho executivo deve regular mediante um decreto os requisitos, alcance, procedimentos e sistemas de seleção para o estabelecimento dos contratos de gestão de serviços de saúde em regime de convênio, que devem ajustar-se com caráter geral aos princípios de publicidade e concorrência, tendo em conta as previsões do Plano de Saúde da Catalunha e as normas específicas de ordenação de ditos serviços (décima-primeira disposição adicional).

Como se constata da leitura desses dispositivos, a Lei nº 15/1990 permitiu a criação de muitas formas de gestão para a prestação de serviços de saúde sob a coordenação do SCS. Essa abertura sinaliza para o papel regulador que o SCS passará a assumir com a constituição de uma ampla rede de provedores.

A Lei nº 11/1995, de 29 de setembro, modifica a Lei nº 15/1990 de Organização Sanitária da Catalunha, para deixar mais claras a orientação do sistema e a definição de competências. Assim, o SCS passa a ser definido como um ente público de natureza institucional, dotado de personalidade jurídica própria e plena capacidade para o cumprimento de suas finalidades, permanecendo vinculado do Departamento de Saúde e Seguridade Social. No que refere às relações jurídicas externas, ele se sujeita, em termos gerais, ao direito privado. Ao departamento cabe as funções de determinação dos critérios, as diretrizes e as prioridades das políticas de saúde e também de controle, inspeção e avaliação das atividades do ICS. As modificações também vão na direção de precisar a formação de consórcios e a criação ou participação do SCS neste ou em qualquer outra entidade admitida no direito. Essa abertura potencializa as possibilidades de lidar com novas demandas ao tempo em que consolida novos arranjos organizacionais.

A Lei nº 11/1995 também estabelece que os centros, serviços e estabelecimentos devem dispor de sistemas que permitam a avaliação e o controle periodicamente. Da mesma forma, regula que os contratos de gestão de serviços de saúde firmados com o SCS sejam igualmente verificados a fim de constatar a qualidade dos serviços. Assumem, portanto, centralidade as funções de controle e avaliação, que, dada a diversidade de provedores, exigirá do poder público uma estrutura organizacional com foco nessas questões.

Como se pode perceber, as Leis nº 15/1990 e 11/1995 institucionalizaram as condições para que o modelo catalão incorporasse uma pluralidade de provedores na oferta de sua prestação de serviços — consórcios, empresas de base associativa e outros tipos de organizações da área de saúde —, definisse o *modus operandi* dessa relação por meio das figuras dos contratos e/ou convênios e delimitasse uma atuação mais reguladora do que provedora para o poder público, em função das definições anteriormente citadas. E, principalmente, criaram o SCS, um ente público, porém sujeito ao direito privado em suas relações jurídicas externas, com poderes para:

- desenvolver as funções diretamente mediante os órgãos ou organismos que sejam competentes ou que possam ser criados;
- estabelecer acordos, convênios ou fórmulas de gestão integrada ou compartilhada com entidades públicas ou privadas;
- formar consórcios de natureza pública com entidades públicas ou privadas sem finalidades de lucro; e
- criar ou participar de quaisquer outras entidades admitidas em direito, quando assim convenha à gestão e execução dos serviços ou atuações.

Há, portanto, uma ampla liberdade para formatar o sistema com uma diversidade de provedores, de arranjos organizacionais, de formas diferenciadas de gestão e de relações organizacionais distintas. A aposta consistia em utilizar a infraestrutura existente (pública ou privada) para desenhar e organizar a assistência e, assim sendo, em separar as funções de provedor das funções de financiamento. Para os provedores, a função de produzir ou gerir a prestação de serviços; e para o poder público, as funções de contratação e de financiamento. Subjacente a essa escolha, está a noção de otimizar os recursos e de que entre os provedores se estabelecerá um nível concorrencial que poderá melhorar a qualidade assistencial e a eficiência do sistema. Assume-se que a separação de financiamento e provisão resultará na criação de um mercado interno de provedores e que haverá ganhos de eficiência no sistema em função da competição que se estabelecerá entre os prestadores de serviços que dispõem de mais autonomia e flexibilidade de gestão.

Analisando o comportamento organizacional resultante da coexistência de uma variedade de provedores e de um só cliente majoritário, o SCS, Husenman e colaboradores (1997:19) situam as relações entre cliente e provedor no que eles denominam de modo regulador em que

> se dilui a importância do papel primário, como produtor da prestação do serviço público, para centrá-la em sua capacidade de gerir os recursos que existem na sociedade, sejam eles públicos ou não, em uma modalidade de outsourcing, de subcontratação da produção em determinadas condições, o que maximiza a função de controle com relação à realização direta. Esta é uma posição muito diferente da anterior à medida em que a capacidade do sistema não está colocada na produção por si mesma dos serviços e, sim, na gestão dos recursos que existem. (...) Nesse modelo, o autoprovimento não somente é uma questão secundária, mas também discutível, já que os esforços de desenvolvimento organizacional do setor estão no fato de criar ferramentas de gestão, e não no fato de produzir. Como seu nome pretende indicar, o propósito é regular e guiar uma ação, mais que produzi-la em si mesma. Grande parte da "regulação" é produzida por via normativa, a fim de dar estabilidade e segurança ao sistema. Mas este não é o único meio disponível, já que a segurança jurídica não é o centro do sistema, como no modo anterior, porém, tão somente sua base de sustentação.

Segundo o modelo, o SCS tem, entre outras, as funções de organização, planejamento, programação e avaliação do sistema, a distribuição dos recursos econômicos para o financiamento dos serviços e prestações que o configuram, o estabelecimento, gestão e atualização de acordos e convênios com entidades não administradas pelo governo da Catalunha e a gestão dos serviços e das prestações.

Ou seja, acentua-se a função reguladora e de administração da rede de provedores que passam a constituir a rede hospitalar de utilidade pública, configurando um modelo de saúde de separação entre provisão e financiamento.

> Trata-se de um modelo que assume maior complexidade, visto que se coloca em uma situação mais diversa, que requer diferenciação, porém, sob uma premissa de igualdade. (...) Dessa forma, há um maior grau de organicidade sistêmica, que é produto de duas questões: a) da tensão permanente entre o princípio de igualdade entre os constituintes do sistema e a diversidade de meios proveniente da realidade, que requer mediação e negociação para resolver a tensão e manter o modelo, e b) de conceder muita importância à gestão de recursos como capacidade central, que significa uma transformação muito grande na consideração da eficácia e do uso de mecanismos de gestão pouco frequentes nos modelos realizadores monopólicos: aqui é onde começa o sistema "empresarial", em sua vertente de eficácia; necessidade de instrumentos de fixação de objetivos, de controle de gestão e do orçamento, de incentivos, de transformações nos sistemas salariais e de promoção, do "resultado" e sua medida como objeto focal etc. (Husenman et al., 1997:20).

Num processo de ampliação de provedores, o Decreto nº 169/1996 permitiu que as entidades com as quais o SCS tivesse formalizado contrato ou convênio de gestão para a prestação de serviços de saúde pudessem encomendar a realização de determinados serviços e prestações de caráter acessório a outras entidades, com a autorização prévia do SCS. Com isso, complexifica-se a rede do sistema, uma vez que há novas inclusões de provedores, agora de forma indireta. E o Decreto nº 309/1997, entre outras coisas, permitiu que a entidade pudesse assumir qualquer uma das formas: sociedade anônima, sociedade de responsabilidade limitada, sociedade laboral e cooperativa. A constituição das entidades de base associativa é mais uma inovação organizacional sob o argumento de que os profissionais de saúde envolvidos com a formação de entidades terão mais empenho na prestação de serviços. Outra inovação consiste na abertura para a gestão de centros, serviços e estabelecimentos. Não se trata de prestar serviços de saúde propriamente ditos, mas de gerir os locais onde a prestação de serviços se realiza.

Todas essas novas formas de gestão foram inspiradas por estudos elaborados por comissões (Informe Abril, 1991) e legislações aprovadas no âmbito do Estado espanhol, a exemplo do Real Decreto-Lei nº 10/1996, sobre habilitação de novas formas de gestão do Insalud, e da Lei nº 15/1997, comentados anteriormente. Essas legislações privilegiavam as figuras dos consórcios, fundações e empresas pú-

Responsabilização por competição administrada

blicas. Os três modelos — consórcios, fundações e empresas públicas — admitem a gestão empresarial ao amparo do direito privado em sua gestão mantendo, no entanto, os serviços públicos. Os novos modelos foram propostos para dar maior flexibilidade e autonomia de gestão à prestação dos serviços de saúde.

O consórcio é um ente de caráter associativo, de colaboração interadministrativa, que pode ter a participação de entidades privadas sem fins lucrativos, mas que preserva a natureza pública. Os consórcios permitem sistemas de contratação de bens e de pessoal mais ágeis, têm possibilidades de estabelecer contratos com mais entidades que o financiador público, têm fontes adicionais de financiamento, podem ter mais agilidade no faturamento dos serviços e maior eficiência na gestão (Pané e Jose María, 2000).

Para Traver (2008), a maior virtude dos consórcios reside na flexibilidade, consequência de suas características:

- são dirigidos por um número variável de representantes;
- têm como regra geral para o regime jurídico de pessoal a contratação laboral;
- seu regime de contratação, na maioria dos casos, se submete ao direito privado;
- estão submetidos às disposições ditadas pelo governo da Catalunha em matéria de regime financeiro;
- podem ter patrimônio próprio ou adscrito;
- podem adotar a forma de gestão direta ou outras fórmulas de gestão.

O êxito dos consórcios de saúde pode ser evidenciado pelo fato de que "*es el instrumento a través del cual se gestionan de forma plenamente satisfactoria casi una cuarta parte de las camas hospitalarias de enfermos agudos en Cataluña: unas 3.270 camas, con unos recursos aproximados de 60.000 millones de pesetas*" (Traver, 2008:115).

Já a fundação, diferentemente do consórcio, não é de base associativa, mas tem uma finalidade de interesse geral. Entre suas principais características citamos:

- submissão ao direito privado no que se refere à contratação de obras, serviços e bens, com exceção dos itens que a lei estabelece;
- podem ser administradas por terceiros;
- podem participar de licitações públicas;
- a contratação de pessoal é em regime laboral.

E a empresa pública é um ente de titularidade pública que utiliza fórmulas do direito privado para dirigir a sua atuação. Adota algumas das seguintes modalidades: entidades de direito público, cuja atividade se sujeita ao direito privado; e empresas públicas com forma societária, isto é, a constituição de ações cuja titularidade é de uma administração pública (Pané e Jose María, 2000).

Todas essas formas de gestão são incorporadas com o objetivo de dar mais flexibilidade aos processos de compra, contratação de provedores, realização de investimentos e quaisquer outros procedimentos administrativos das unidades prestadoras de serviços de saúde, de acordo com os princípios da gestão privada. A expectativa é de que as novas formas de gestão sejam capazes de lidar com a complexidade das demandas de saúde com mais agilidade e a um menor custo, dado que

> *pueden "comerciar" con sus productos y servicios en el mercado, pueden tener ingresos por ello y contar, por tanto, con una inestimable fuente de financiación complementaria, y pueden contratar a su personal de acuerdo con la legislación laboral (Estatuto de los Trabajadores) y los convenios colectivos del sector. La elección del tipo de fórmula depende en todo caso del carácter que se quiera primar en la entidad: si se desea reforzar el aspecto asociativo y participativo de la entidad, la fórmula más acorde con dicha concepción es la del consorcio. Si, por el contrario, se desea garantizar la ausencia de ánimo de lucro y la repercusión de los excedentes en la mejora del servicio pero desde una perspectiva más privatista de la gestión, en el sentido de que la entidad y el régimen de su contratación con terceros se rija por el derecho privado, la fundación es un buen marco. Finalmente, si las restricciones de algunos aspectos derivados del derecho público no se consideran un inconveniente, la empresa pública en cualquiera de sus modalidades también puede ser un instrumento eficaz. En todo caso, tanto una fórmula como las otras pueden servir al interés general, que es el que interesa preservar (Pané e Jose Maria, 2000:9-10).*

Segundo Hernández e Ares (s.d.), as novas formas de gestão podem também trazer alguns resultados negativos, tais como:

- aumentos da estrutura de custos com a fragmentação dos provedores e multiplicação dos processos administrativos; aumento dos custos de publicidade para ampliar as possibilidades de venda de serviços;
- aumento global dos custos em função dos gastos cada vez maiores em cada hospital;
- limitações à planificação global do sistema em função da fragmentação em múltiplas microempresas;

- a gestão em múltiplas empresas de saúde parece incoerente com a eficiência que se diz perseguir, pois impede as vantagens da economia de escala;
- aumento da subcontratação de empresas privadas; impossibilidade de estabelecer um mercado real para os consumidores;
- diminuição de investimentos em pesquisa e formação de recursos humanos.

Outra iniciativa importante para consolidar o modelo de pluralidade de provedores foi a aprovação do Decreto nº 378/2000, de 21 de novembro de 2000, que configurou o sistema integral de utilidade pública da Catalunha constituído por todas as redes: rede hospitalar de utilidade pública, rede de centros, serviços e estabelecimentos sociossanitários de utilidade pública, rede de centros, estabelecimentos e serviços de saúde mental de utilidade pública, os centros de atenção primária. Além de ampliar o conceito de rede, o decreto possibilitou a todos os centros, serviços e estabelecimentos integrados em alguma das redes que configuram o sistema integral de utilização pública da Catalunha formalizar convênios ou contratos com o SCS para a prestação de serviços de saúde ou de saúde mental específicos correspondentes a qualquer das restantes redes, de acordo com os critérios de planejamento do governo.

Essa pluralidade de provedores se manifesta pelo exame dos serviços privados contratados pelo setor público. Conforme Mitellbrum (2005:328):

> *En Cataluña hay 360 áreas básicas de salud, 71 están gestionadas por entidades ajenas al Instituto Catalán de la Salud, con la previsión de extender todavía más este modelo, bien sea como entidades asociativas, consorcios, fundaciones. (...) El sistema hospitalario público contrata con el sector privado (la mayoría sin ánimo de lucro) entre el 15-20% de la provisión hospitalaria total, con la excepción de Cataluña, en donde la contratación externa es 2/3 del total.*

Essas novas iniciativas estavam sintonizadas com o Plano Estratégico do Insalud, em 1998, que entre outras diretrizes aprova

> *una descentralización de las funciones y responsabilidades administrativas que permita separar las funciones de compra (autoridades sanitarias) y provisión de servicios (centros de atención primaria y atención especializada); dotar de personalidad jurídica propia a los centros sanitarios, en su calidad de verdaderos proveedores de servicios, que implique el reconocimiento de una autonomía de gestión efectiva; facilitar una mayor capacidad de elección de los usuarios para la dinamización del sistema; desarrollo de*

un sistema de "competencia regulada"; corresponsabilizar e implicar a los diferentes actores del sistema gestores, profesionales y usuarios en el alcance de objetivos de mejora de la eficiencia; realzar la filosofía de la mejora continua y la gestión de la calidad total en la prestación de servicios, impulsando la autoevaluación y la auditoría externa de resultados como determinantes de los procesos asistenciales.

Isso também está em sintonia com a emenda à Lei nº 55/1999, de 29 de dezembro, de Medidas Fiscais, Administrativas e da Ordem Social, proposta pelo Partido Popular, em 1999, que possibilita a transformação dos centros do Insalud em fundações públicas, dotando-os de maior autonomia de gestão. Para os críticos da proposta, a transformação dos centros em fundações abriria caminho à privatização, tendo em vista que se pode subcontratar com empresas privadas os serviços de saúde para uma maior rentabilidade, aumento do crescimento da assistência privada e prioridade ao controle de gastos, em detrimento da qualidade da assistência. Por outro lado, o patrimônio das fundações originário da Segurança Social poderá ser vendido à iniciativa privada, e as fundações não preveem mecanismos de controle dos gastos públicos, nem de participação de usuários e trabalhadores.

Outro arranjo organizacional que também se relaciona com as discussões de contratualização foi a criação dos governos territoriais de saúde, aprovados pelo Decreto nº 38/2006, de 14 de março, que subscreverão pactos de saúde a se materializarem na forma de consórcios, figura jurídica admitida no sistema de saúde catalão.

Essas diferentes formas de gestão, de maneira articulada, possuem elementos que podem vir a caracterizar a competição administrada desde que haja também a presença de certa concorrência entre os provedores, mecanismos de avaliação da burocracia que premiem o bom desempenho e puna o mal desempenho e, em especial, espaços de atuação do cidadão de modo que ele possa participar ativamente da avaliação dos prestadores de serviços. O conjunto de iniciativas voltadas para definir um novo *modus operandi* do setor público que instale em alguma medida a ideia de competição entre os provedores e dentro do próprio sistema (entre entes públicos) não responde à noção de responsabilização se estas iniciativas não resultarem em uma nova relação entre a gestão pública e o cidadão. É essa relação que deve nortear a nossa análise no exame de outros mecanismos postos em prática.

Depois de estabelecidas as possibilidades de contratualização com provedores diversos, o passo seguinte foi a regulamentação da figura dos contratos e convênios, pelo Decreto nº 169/1996, que abrange:

- os convênios que o SCS estabelece com as entidades titulares dos hospitais integrados na rede hospitalar de utilização pública;

Responsabilização por competição administrada   **191**

- os convênios que o SCS estabelece com as entidades de direito público criadas para prestar serviços, assim como com entidades de direito privado em cujo capital seja exclusiva a participação da administração ou de um ente público que dela dependa;
- os contratos de gestão de serviços estabelecidos pelo SCS.

O Decreto nº 169 também disciplina que em condições análogas de eficácia, qualidade e custos deve-se dar prioridade para estabelecer contratos de gestão de serviços aos centros, serviços e estabelecimentos dos quais sejam titulares entidades que não tenham caráter lucrativo.

Além de abranger várias situações, o Decreto nº 169 determina que o SCS pode estabelecer convênios de colaboração com entidades de direito público criadas para prestar serviços de saúde, assim como com entidades de direito privado em cujo capital seja exclusiva a participação da administração ou de um ente público que tenha como finalidade a prestação desses serviços e que possa estabelecer contratos para geri-los com pessoas jurídicas públicas ou privadas.

Depois que o Decreto nº 169 foi anulado por problemas formais em sua tramitação, publicou-se o Decreto nº 345, de 24 de dezembro de 2001, que praticamente reafirma os pontos já enunciados do Decreto nº 169. Ou seja, o Decreto nº 345 flexibiliza com muita força as possibilidades de atuação do poder público, pois consagra a possibilidade de estabelecer relações contratualizadas com muitos entes públicos e privados na forma de convênios e/ou contratos. Faz apenas a ressalva de preferência às entidades que não tenham caráter lucrativo.

Em 2003, a Lei nº 7, de 25 de abril, com a criação da Agência de Proteção à Saúde, define a figura do contrato de relações que deve regular os vínculos e obrigações entre essa agência e o SCS. E com a Lei nº 8/2007, que cria a empresa pública ICS, disciplina a figura do contrato-programa. O artigo 14.1 diz que:

La prestación de servicios del Instituto Catalán de la Salud por cuenta del Servicio Catalán de la Salud se articula a través de un contrato-programa suscrito por ambas entidades, previa aprobación del Gobierno, a propuesta conjunta de los departamentos competentes en materia de salud y de economía y finanzas, y de acuerdo con la normativa de aplicación del sector público de la generalidad.

Aprofunda-se o processo de contratualização entre entes públicos com a figura do contrato-programa e do contrato de relações para negociação de aspectos diversos da prestação de serviços de saúde. Por outro lado, implica a adoção da mesma lógica de contratualização já utilizada para outros provedores e força os entes públicos a implementarem uma gestão orientada para resultados. Os contratos permitem uma avaliação da eficiência ou ineficiência dos provedores em relação aos acordos pactuados e, assim sendo, se constituem em instrumentos que podem estimular a produtividade.

> *Los contratos-programa deben entenderse en suma como instrumentos de concreción de los acuerdos de financiación, gestión y política sanitaria con objeto de permitir la incorporación de elementos incentivadores de la eficiencia productiva. Una segunda clase de objetivos que persigue el establecimiento de dichos contratos es el de sentar las bases que permitan la presencia de nuevas formas organizativas que mejoren la gestión de las unidades productivas. En una primera versión, este tipo de contrato permitía a los centros hospitalarios de la red pública establecer de manera precisa su cartera de servicios, fijar objetivos de cantidad de actividad y calidad de las prestaciones y, finalmente, determinar su financiación de manera estrechamente ligada a la actividad realizada, aunque el motivo de su puesta en funcionamiento respondía básicamente a la necesidad de modificar el habitual sistema de pago de carácter retrospectivo — tipo Unidades Básicas Asistenciales (UBA's) o sus derivados (UPA's, EVA's, UCA's y UMA's) — por otro que incorporara elementos prospectivos* (Carles Murillo, 1998:10-11).

Igualmente importante para essa discussão é a abertura para que as entidades com as quais o SCS haja formalizado convênios ou contratos de gestão para prestar serviços de saúde também possam encomendar a realização de determinados serviços e prestações de caráter acessório a outras entidades, com a autorização prévia do SCS por meio do qual se verificará o cumprimento dos requisitos legais e o credenciamento da capacidade técnica do subcontratista (Decreto nº 169/1996, art. 4.3, e Decreto nº 345/2001, art. 4.3). Esse dispositivo abre espaço para que o processo de compra de serviços se acentue criando uma cadeia de provedores do sistema público. A questão que se coloca do ponto de vista da responsabilização é como o setor público gerencia tal diversidade de provedores e de contratos.

Outra dimensão da complexidade desse processo pode ser analisada pela abrangência dos contratos. O Decreto nº 169/1996 normatiza que os serviços que podem ser objeto dos convênios e contratos de referência são os seguintes:

- assistência hospitalar e especializada;
- atenção primária;
- transporte de caráter urgente;

Responsabilização por competição administrada   **193**

- terapias relativas a diálises ambulatória e outras modalidades; e
- quaisquer outras atividades previstas no artigo 8º da Lei nº 15/1990, de 9 de julho, de ordenação sanitária da Catalunha. O Decreto nº 345/2001 reafirma esse entendimento.

Em 2002, o Decreto nº 163, de 11 de julho, disciplina que o SCS poderá iniciar a contratação da atividade de avaliação integral ambulatória em geriatria, cuidados paliativos e transtornos cognitivos mediante a subscrição de novos convênios ou contratos ou a subscrição de cláusulas adicionais nos contratos e convênios vigentes, com pessoas titulares dos centros que cumprem os requisitos estabelecidos no artigo 5º, em função dos critérios de planejamento e progressiva implantação da atividade que proponha o Programa "Vida als Anys" e sejam aprovados pelo conselho de direção do SCS (Primeira Disposição Adicional).

Também em 2002, com a aprovação do Decreto nº 354, de 24 de dezembro, o SCS, de acordo com o artigo 43.2 da Lei nº 15/1990, de 9 de julho, de Ordenação Sanitária da Catalunha, poderá estabelecer contratos específicos com centros não pertencentes à rede hospitalar de utilidade pública para realização das intervenções cirúrgicas indicadas neste decreto.

Os contratos compram atividades. O orçamento destinado à assistência hospitalar serve para financiar a atividade do hospital (altas hospitalares, urgências, técnicas, tratamentos e produtos ambulatórios, consultas externas) e também para financiar as despesas de farmácia, próteses e programas especiais. Apenas 5% do contrato estão comprometidos com resultados, evidenciando a contradição que existe entre norma e realidade, pois as instruções normativas enfatizam a necessidade de o sistema atuar para a obtenção de resultados vinculados às demandas da população. É claro que as atividades compradas atendem a necessidades da população, mas nem sempre estão vinculadas ao alcance da melhoria do sistema de saúde.

Em 2003, foi criada a Central de Resultados, mas até 2009 ainda não havia entrado em funcionamento, evidenciando a dificuldade de passar de um modelo centrado em atividades para um modelo centrado em resultados. O que funciona é a Central de Balanço, que verifica os indicadores de natureza econômica, normalmente indicadores de produtividade. A média dos hospitais que são semelhantes é calculada e se produz um informe em que cada hospital conhece seu lugar no ranking de hospitais em comparação com a média. Os dados não são públicos, sendo de conhecimento apenas de cada hospital e da autoridade de saúde. Acredita-se que o *ranking* seja um incentivo para a melhoria permanente dos hospitais.

A compra de atividades realizada pelo CatSalut é regulada pelo Decreto nº 179/1997, de 22 de julho, que define o sistema de pagamento. O modelo reconhece as diferenças entre os hospitais, tanto do ponto de vista estrutural, como funcional. No sistema de pagamento da linha de hospitalização intervêm variáveis individuais referentes à intensidade relativa de recursos (IRR) e à intensidade relativa à estrutura (IRE). O preço de cada alta hospitalar é definido da seguinte forma: preço da alta (h1) = (IREh1 x preço IRE x 65%) + (IRRh1 x preço IRR x 35%), em que IREh1 e IRRh1 são os dados individuais de cada centro e IRE e os preços IRE e IRR são comuns a todos os centros.

A determinação do IRE de cada hospital é feita a cada quatro anos, e do IRR, anualmente, pelo CatSalut. São preços fixos e comuns para todos os centros e indicam o preço da alta hospitalar paga pelo CatSalut, modulada pela estrutura (IRE) e pela complexidade de recursos (IRR). O preço das consultas externas leva em conta o número de primeiras visitas e a taxa de repetição de segundas visitas. O preço das urgências leva em consideração estruturas mínimas de serviços de urgências (centros isolados) e atividade de atenção urgente (hospital geral básico, de referência ou de alta tecnologia) (La Unió, 2008). Os hospitais são contratados com dispensa de licitação porque pertencem à rede hospitalar de utilidade pública. A entrada de um provedor na rede depende das condições previstas no mapa sanitário.

O sistema de pagamento revela, portanto, que os argumentos utilizados para estimular novas formas de gestão e contar com uma pluralidade de provedores que competiriam entre si não se sustenta. Os preços são definidos a partir de uma equação pactuada com o conjunto dos provedores e com exceção das variáveis individuais se estabelece um preço igual para todos os provedores, desaparecendo assim a competição. O sistema remunera o que consta do contrato. Caso ocorra um aumento de atividades, a remuneração se faz em outra base (menor que o preço originalmente acordado, cobrindo os custos variáveis e limitada a 10% de ajustes sobre o volume contratado) para evitar aumentos desnecessários. Nesse sentido, o sistema não premia o desempenho acima do que foi contratado. Uma das explicações pode ser o fato de que o sistema não dispõe de recursos suficientes para assumir um aumento nas despesas; outra pode ser a dificuldade de controlar se o aumento das atividades foi necessário ou não.

Até recentemente, os provedores públicos trabalhavam com orçamento, o que dificulta uma política de valorização do desempenho. A partir de 2007, com a transformação do ICS em empresa pública, eles passaram a trabalhar com atividades. Fica claro, portanto, que estamos falando de um mercado regulado, mas

Responsabilização por competição administrada

não de um quase mercado tal como concebido na reforma britânica, pois os provedores não definem preços. Para alguns provedores, melhor seria dizer mercado cativo, pois não se submetem a nenhum processo licitatório e, assim sendo, não disputam com nenhum outro provedor a prestação de serviços. As características principais do mercado como preço, transferência de risco para o provedor e competição com outros provedores não se verificam no atual modelo de mercado catalão de saúde.

A natureza abrangente dos objetos dos contratos ou convênios também regula a Agência de Proteção à Saúde, criada pela Lei nº 7/2003. Aliás, o formato de agência visa a dar mais agilidade e flexibilidade à gestão. Para Villalbi e colaboradores (2002:557):

> *La constitución de estructuras de este tipo puede también favorecer el establecimiento de una cartera de servicios y productos con vistas a la formulación de una relación del tipo contrato-programa con la autoridad financiadora. Este tipo de formulación tiene la virtud de clarificar los compromisos de desempeño de los servicios de salud pública y entender mejor las estructuras de coste por servicio y por unidad, favoreciendo su eficiencia.*

Como se pode ver, o amplo leque de serviços consagra de fato uma diversidade de contratos e de provedores e exigirá, como já apontado, um esforço maior de controle da atividade por parte do poder público, pois, se de um lado deixa de se preocupar com a provisão, terá que desenvolver um conjunto novo de competências para lidar com negociação, pactuação, avaliação e controle, ao tempo em que deve garantir que os provedores possuam competências para executar as atividades propostas.

Com o propósito de garantir padrões mínimos de qualidade dos provedores, o Decreto nº 169/1996 colocava como exigência para que os centros, serviços e estabelecimentos pudessem firmar contratos ou convênios um conjunto de requisitos mínimos, tais como: autorização de funcionamento; terem passado pelo processo de credenciamento e o cumprimento dos padrões de qualidade estabelecidos pelo SCS. E o Decreto nº 36/1997 definia que os padrões de qualidade para cada centro deveriam levar em conta os seguintes aspectos: organizativos e de pessoal; de qualidade da assistência e atenção global ao usuário e relativos à estrutura, instalações e equipamentos. Ou seja, procura-se criar nos provedores uma condição mínima de qualidade e de gestão capaz de atender as exigências de saúde. Reforça-se assim o papel regulador da autoridade que procura homogeneizar as condições de oferta da prestação de serviços e define a qualidade como um indicador para a compra de serviços.

Outra questão relacionada aos contratos ou convênios é a regulação dos seus conteúdos. Esta é uma dimensão que favorece a transparência, pois facilita o acompanhamento de suas cláusulas contratuais. Os Decretos nº 169/1996 e nº 345/2001 estabelecem o conteúdo mínimo dos contratos e convênios, a saber: os serviços e prestações, os direitos e obrigações recíprocas, a duração, o sistema de pagamento e as informações que o centro deve facilitar ao SCS para possibilitar a avaliação das atividades pactuadas.

A Lei nº 7/2003, em seu artigo 14.2, normatiza que o contrato de relações entre a Agência de Proteção à Saúde e o SCS deve ter os seguintes aspectos: os objetivos, orientação estratégica e critérios de atuação da agência, a relação de atividades e serviços que ela deve prestar, os requisitos e condições em que serão prestados os serviços, os objetivos de produção que se pretende alcançar, os recursos a cargo do SCS, o marco de responsabilidade da agência e das pessoas que ocupam cargos dirigentes, os instrumentos de acompanhamento e controle dos seus resultados, os indicadores para verificação do cumprimento e os sistemas de informação que permitam o controle.

A Lei nº 8/2007, por sua vez, informa que o contrato-programa entre o ICS e o SCS tem uma duração máxima de cinco anos e nele devem constar, ao menos, os seguintes aspectos:

- a relação de serviços e atividades que deve prestar o ICS por conta do SCS, a correspondente avaliação econômica, os recursos com relação aos sistemas de compra e pagamento vigentes, os objetivos e o financiamento. Da relação, devem constar os distintos centros, serviços e estabelecimentos do instituto;
- os requisitos e condições em que deve prestar os serviços e atividades;
- os objetivos, resultados esperados, mecanismos para avaliar os objetivos e resultados efetivamente alcançados, indicadores e o marco de responsabilidade do ICS;
- o prazo de vigência;
- as faculdades de acompanhamento que correspondem ao SCS para cumprimento efetivo do contrato-programa.

Do contrato também deve constar um programa anual para cada centro, serviço e estabelecimento do instituto, que deve assegurar sua suficiência orçamentária em caso de aumento inesperado da demanda ou pela complexidade das prestações. Esses dispositivos estão em sintonia com a orientação empresarial que se deseja imprimir ao ICS. No preâmbulo da Lei nº 8/2007, isso fica evidente:

La orientación empresarial pública de la gestión del Instituto Catalán de la Salud no implica la introducción del concepto de beneficio, pero sí que tiene un enfoque basado en el binomio calidad-coste, en la aplicación de técnicas modernas de gestión, en la optimización de las nuevas tecnologías de la información — que se ponen al servicio de los ciudadanos —, en un proceso dinámico de toma de decisiones, así como con la introducción de nuevos instrumentos y mecanismos de evaluación de los objetivos y resultados de la gestión, más transparentes, eficaces y modernos. Así, la actividad del Instituto Catalán de la Salud debe sustentarse en los valores de la simplicidad organizativa, la autonomía de los centros, la desconcentración y la descentralización territorial, el rigor presupuestario, los procedimientos de evaluación de la gestión, la transparencia en la gestión y los resultados, la sostenibilidad, el diálogo con los usuarios y los profesionales y la participación de estos en la gestión.

Na perspectiva do controle, em vários dispositivos das normas que regulam o sistema de saúde, se faz menção à necessidade de estabelecer nas diversas unidades um sistema integral de gestão e mecanismos de avaliação e aferição de desempenho dos contratos ou convênios, mas não se encontra de forma explícita as formas pelas quais isso será feito. É claro que o processo de credenciamento, a avaliação anual dos contratos, a carteira de saúde e a informatização do sistema são ferramentas importantes para o controle. Do mesmo modo há a previsão de que centros, serviços e estabelecimentos possam deixar de fazer parte do sistema integral de utilidade pública, mas também não está claro em que condições isso ocorre. A avaliação anual dos contratos pode apontar problemas para um determinado provedor, mas a este é dada uma advertência para que busque a melhoria de seus indicadores. Dada a grande dificuldade que é excluir um provedor do sistema, o mais provável é que a situação de desvio do padrão seja mantida durante algum tempo até que se encontre uma solução que não traga maiores danos à população.

Todas essas modificações levaram necessariamente a uma reorientação no papel do poder público no sistema e a uma modificação dos órgãos centrais do ente público SCS. Desde 2005, com a aprovação do Decreto nº 220, de 11 de outubro, uma nova divisão chamada Divisão de Contratação de Serviços Assistenciais foi criada no SCS com competência para:

- definir a organização e a gestão do processo de contratação de serviços de saúde e sociossanitários no marco das políticas de compra que se estabeleçam;
- assessorar a concretização contratual dos modelos de compra e pagamento desses serviços;

- definir o acompanhamento dos critérios e requisitos de faturamento dos serviços;
- velar pelo cumprimento dos processos de pagamento correspondentes.

Essa modificação na estrutura organizacional, como se pode constatar, é uma alteração que objetiva ampliar a capacidade de gestão institucional com foco na contratação desses serviços, pois como afirmam Husenman e colaboradores (1997:20),

> o aumento e a diversidade de provedores em um *outsourcing* limitado implicam uma base de relação negociada. Esta negociação, como mecanismo relacional, será tanto mais intensa quanto mais difícil for sustentar a igualdade entre provedores e quanto mais dificuldade se apresentar na transferência, para conseguir que todos cheguem a ter uma eficácia interna suficiente. O modelo organizacional emergente deixa de ser fechado e de se preocupar somente consigo mesmo para reconhecer o que está em volta e admitir os constituintes (provedores, interlocutores sociais) com mais inércia, com mais capacidade posicional de influência, poder e persuasão. A habilidade negociadora e mediadora é imprescindível, já que a capacidade dos constituintes é diferente em situações diferentes e para fins diferentes. (...) Esta é a arena normal deste tipo de relação. Dever-se-ia acrescentar, ademais, que os provedores entendem que sua própria eficácia e gestão interna é uma medida de poder para permanecerem presentes como provedores. Neste aspecto, parece que os provedores competem entre si. Isso seria correto em um mercado corrente, mas não no da saúde, que é um quase mercado ou mercado concertado, em que a concorrência não é de forma alguma livre.

Em relação à regulação, deve-se pontuar o esforço empreendido em várias normas legais. A Lei nº 15/1990 disciplinava que os centros e estabelecimentos deveriam contar com um sistema integral de gestão que permitisse implantar uma direção por objetivos e um controle por resultados, assim como um adequado controle de avaliação dos parâmetros com influência nos custos e qualidade da assistência. Os centros deveriam enviar ao SCS os indicadores econômicos e a valoração econômica das atividades desenvolvidas.

No entanto, a lei não informa os procedimentos de julgamento e os parâmetros de avaliação dessas ações sobre os mecanismos de prestação de contas. O Decreto nº 169/1996 disciplinava, em seu artigo 9.3, que o descumprimento das previsões dos convênios e contratos de gestão de serviços poderia dar lugar à oportuna penalização, conforme definido no instrumento contratual.

Por sua vez, a Lei nº 8/2007, que criou a empresa pública ICS, determina que o ICS deve contar com um sistema integral de gestão que permita conhecer e controlar a qualidade e o custo dos serviços e os resultados obtidos no exercício de suas atividades, globalmente e em cada nível de responsabilidade, assim como efetuar a avaliação do funcionamento do sistema e a consecução dos objetivos fixados, respeitando os princípios de autonomia de gestão de cada centro.

Também no artigo 8.2 informa que o ICS deve estabelecer um modelo público de prestação de contas com indicadores de qualidade, satisfação dos usuários e eficiência econômica. Este último dispositivo tem claramente uma orientação para a prestação de contas, o que é muito importante na discussão sobre responsabilização. Deve-se, no entanto, ressaltar que se refere apenas a uma parte da rede de organizações do sistema integral de utilidade pública.

A fragmentação do sistema em múltiplas entidades coloca uma enorme exigência de planejamento e de controle, sob pena de o sistema funcionar dissociado de suas reais necessidades. Como diz Ruiz (1999:98), ao comentar a pluralidade de provedores na área de saúde mental,

> *la creación, crecimiento y desarrollo de cada uno de estos dispositivos ha sido de forma independiente, negociando sus contratos y programas por separado con la administración sin unos objetivos comunes, lo que ha impedido que exista una cultura asistencial común, esencial para el trabajo integrado en una red.*

O sistema dispõe de muitas ferramentas gerenciais, mas ainda não foi capaz de operar com base em resultados. Continua fortemente operando com base em atividades. É preciso destacar que é forte a regulação do poder público na gestão do sistema para consolidar um modelo que se sustente nos seguintes pilares: estruturação da rede hospitalar, processo de credenciamento, processo de contratualização, avaliação dos contratos, central de balanços sob comando da autoridade de saúde. É claro que em um modelo em que a prestação de serviços de saúde está fortemente amparada em uma ampla rede de provedores com formas distintas de titularidade, é necessário relativizar o poder de regulação da autoridade, pois os provedores também têm muito poder para pressionar o sistema, dado que a oferta de serviços à população depende do seu interesse em permanecer na rede. Por outro lado, a permanência dos provedores na rede pode significar mercado cativo de pacientes e estabilidade no mercado. Essa mútua dependência é outro traço marcante do modelo, mesmo considerando que há predomínio do setor público nos hospitais de alta complexidade e na rede de atenção primária.

Outro fator que pode vir a constituir um instrumento importante na responsabilização foi a aprovação do Decreto nº 136/2007, que determina o registro dos contratos e convênios no âmbito da assistência pública a cargo do SCS. Assim, têm que ser registrados os contratos ou convênios subscritos pelo SCS, pelo ICS, pelas empresas públicas vinculadas ao Departamento de Saúde ou ao SCS, os consórcios em que o governo da Catalunha, por meio do Departamento de Saúde ou o SCS tenha uma participação majoritária, os centros da rede hospitalar de utilidade pública, os centros, serviços e estabelecimentos de saúde com os quais se estabeleçam convênios ou contratos para a prestação de serviços em que o importe dos mesmos seja superior a 50% de seus ingressos totais. O registro deve conter os dados de identificação, objeto, valor anual dos serviços, valor anual liquidado do contrato. Os contratos são registrados e se tornam públicos. Apesar da importância dos registros de contratos e convênios, o decreto não tratou da prestação de contas para o cidadão e os canais para sua publicização.

Um aspecto que está diretamente relacionado à ideia de competição é a possibilidade de o cidadão escolher o médico da EAP e o CAP no qual deseja ser atendido, posta em prática a partir de outubro de 2003. Desde a aprovação da Lei nº 15/1990, essa possibilidade já era levantada dentro das condições do sistema de utilidade pública (art. 8.2). A noção subjacente é que uma procura maior pelo médico e pelo centro estimularia um padrão concorrencial dentro do sistema e permitiria, no limite, a alocação de recursos em função das escolhas feitas pelos cidadãos. Esta é uma ideia que pode gerar maiores índices de desigualdade interna dentro do sistema e exige que haja um bom sistema de planejamento para não sobrecarregar alguns centros e médicos em detrimento de outras unidades.

Finalmente, as normas consultadas levam a inferir que há uma ausência de avaliação, por parte dos cidadãos, dos equipamentos sociais mantidos pelos prestadores, que certamente poderia vir a constituir um elemento importante para fornecer informações sobre qualidade do atendimento, das instalações, da capacidade de resolver problemas, dos prazos de atendimento e de outras questões relacionadas à assistência de toda a rede de provedores e, dessa forma, ser um elemento central na pactuação de objetivos e metas por ocasião dos processos de contratação ou de renovação dos contratos. O grande número de provedores dificulta muito a ideia de participação cidadã na gestão do sistema, uma vez que, a princípio, as formas de gestão utilizadas pelos prestadores de serviços não constituem o foco da relação contratual. Esse também é um dos pontos da análise que Ruiz (1999:99) faz da situação da saúde mental:

La fragmentación de la red asistencial y la gestión privada en sí misma, limitan aún más el control y participación por parte de los usuarios, familiares, organizaciones ciudadanas y sociales e incluso de los profesionales, a veces atrapados en un doble papel de gestor/trabajador. En este sentido el mayor peso reivindicativo recae en las patronales que agrupan a las entidades proveedoras concertadas cuyos intereses e ideología no necesariamente coincide con la de los profesionales profesionales, ni entre ellas mismas, y que en cualquier caso no cuestionan el modelo de gestión.

O que existe é uma pesquisa sobre valoração e expectativa sobre os serviços assistenciais e o sistema de saúde realizada pela autoridade (a primeira foi realizada em 1994, a segunda em 2002 e a terceira em 2006). É claro que essas pesquisas são importantes, pois permitem aferir uma avaliação sobre o sistema, mas são insuficientes para orientar a tomada de decisão em relação à prestação de serviços realizada pelos provedores. Também não se verifica que a prestação de contas ao cidadão seja uma prática do modelo. Os dispositivos normativos mencionam com regularidade a necessidade de atender às demandas do cidadão. No entanto, a consulta à legislação não permite identificar os canais de prestação de contas que foram criados. A prestação de contas atende às exigências formais das estruturas de controle existentes para quaisquer organismos públicos. Os conselhos de saúde têm função meramente consultiva e de assessoramento. Apesar de existir uma legislação que favorece o direito do cidadão em muitos aspectos relacionados à saúde, não é visível o esforço de institucionalização de canais que propiciem uma ação coletiva capaz de colocar o cidadão como protagonista das decisões.

Responsabilização por competição administrada no Brasil

Com a compreensão de que condições iniciais precisam ser criadas para que o sistema de saúde possa assumir a responsabilização por competição administrada como uma das formas de prestação de contas dos gestores públicos perante os cidadãos, passaremos a examinar o conteúdo de vários dispositivos normativos desde a criação do SUS, em 1990, com a preocupação de identificar os traços que possam caracterizar uma atuação pública de prestação de serviços de saúde marcada pela contratualização, a criação de um mercado de provedores de serviços, os mecanismos da burocracia capazes de avaliar o desempenho da rede de provedores e os mecanismos capazes de permitir a avaliação dos usuários dos equipamentos sociais que prestam serviços e sua intervenção nos processos decisórios. A preocupação reside em identificar a forma como esses elementos se articulam para promover níveis de desempenho sintonizados com as demandas dos cidadãos ao tempo em que o gestor público se responsabiliza junto aos cidadãos pelo desempenho alcançado.

Em relação à diversidade de provedores, a Lei nº 8.080, de criação do SUS, por meio de vários artigos, define as condições iniciais para a organização do sistema de saúde e abre a possibilidade de que a atuação pública se organize contando com a inclusão da iniciativa privada. Em seu artigo 24, diz que o SUS poderá recorrer aos serviços ofertados pela iniciativa privada para garantir a cobertura assistencial à população e, no artigo 25, disciplina que as entidades filantrópicas e as sem fins lucrativos terão preferência para participar do Sistema Único de Saúde. Mais recentemente, a Portaria nº 3.277, ao dispor sobre a participação complementar dos serviços privados de assistência à saúde no âmbito do SUS, reafirma o entendimento de que o gestor público poderá complementar a oferta com serviços privados de assistência à saúde e a preferência por entidades sem fins lucrativos.

Por sua vez, a Resolução nº 258, de 7 de janeiro de 1991, que aprova a NOB/SUS 01/91, informa que os municípios poderão formar consórcios administrativos que visem à articulação e integração da assistência à saúde, e que eles se constituem por meio de acordos firmados entre entidades da mesma espécie, para a realização de objetivos de interesse comum dos participantes.

A Portaria nº 2.203, de 5 de novembro de 1996, que aprova a NOB SUS 1/96, trata de deixar mais clara a diversidade de provedores ao definir que os estabelecimentos do SUS-Municipal não precisam ser, obrigatoriamente, de propriedade da prefeitura, nem precisam ter sede no território do município. Suas ações, desenvolvidas pelas unidades estatais (próprias, estaduais ou federais) ou privadas (contratadas ou conveniadas), têm que estar organizadas e coordenadas, de modo que o gestor municipal possa garantir à população o acesso aos serviços e a disponibilidade das ações e dos meios para o atendimento integral.

A partir de 1998, houve uma mudança substantiva na definição do tipo de provedor. Com a Lei nº 9.637, de 15 de maio de 1998, o Poder Executivo poderá qualificar como OS (organizações sociais) as pessoas jurídicas de direito privado, sem fins lucrativos, cujas atividades sejam dirigidas, entre outras, à saúde. Em 1999, por meio da Lei nº 9.790, de 23 de março, são criadas as Oscip, instituições civis sem fins lucrativos, qualificada pelo poder público para cumprir, entre outras finalidades, as de saúde. Em 2007, com o Decreto nº 6.017, cria-se a figura jurídica do consórcio público como pessoa jurídica formada exclusivamente por entes da

Federação, mas que pode firmar termo de parceria com as Oscip para executar, entre outras, a prestação dos serviços de saúde. Amplia-se o leque de provedores juntamente com novas formas de gestão para a prestação dos serviços, acompanhando a tendência de outros países que procuraram flexibilizar a gestão em suas reformas. Está em tramitação o projeto de criação de fundações como mais uma forma de gestão para a prestação dos serviços de saúde.

Como se vê ao longo da trajetória de construção do SUS, não há nenhum impedimento para que o sistema de saúde no Brasil opere com uma rede diversificada de provedores e com arranjos organizacionais distintos, desde empresa privada, empresa sem fins lucrativos, consórcios administrativos, organizações sociais e empresa pública. Apenas não se afirma, nos textos legais, de forma categórica, que o sistema de saúde é um sistema misto que pode contar para sua operacionalização com toda a rede de provedores existentes, públicos, privados e do terceiro setor. A configuração do sistema como misto vai ocorrendo sem alardes e com as consequências que podem advir quando não há clareza nos assuntos públicos. Vão sendo criadas novas formas organizacionais, e o mercado de saúde vai se complexificando na medida em que tanto a titularidade como os arranjos organizacionais são distintos.

Definidas as possibilidades de existência de provedores distintos, encontram-se vários dispositivos que regulam a forma como se deve dar essa relação entre poder público e provedores. A Lei nº 8.080 diz que a participação complementar dos serviços privados será formalizada mediante contrato ou convênio, observadas, a respeito, as normas do serviço público. Outras referências à compra de serviços aparecem, em 1991, com a Resolução nº 258, que remete apenas ao fato de que os serviços privados contratados ou conveniados serão pagos por meio de sistema de cobertura ambulatorial.

Somente com a Portaria nº 1.286 (revogada pela Portaria nº 3.277) é que se explicitam as cláusulas necessárias aos contratos de prestação de serviços entre os estados, o Distrito Federal, os municípios, as pessoas naturais e pessoas jurídicas de direito privado de fins lucrativos, sem fins lucrativos ou filantrópicas participantes, complementarmente, do SUS. A portaria também disciplina que a participação complementar no SUS, dos serviços privados de assistência à saúde, será formalizada mediante contrato administrativo celebrado com o estado ou o município, observadas as normas para licitações e contratos da Administração Pública e as disposições da própria portaria. A Lei nº 8.666/1993, de 21 de junho, prevê as seguintes cláusulas: objeto, preço, regime de execução dos serviços, prazos, critérios de avaliação de desempenho, obrigações e responsabilidades das partes, penalidades e legislação aplicável à execução do contrato.

A figura do contrato de gestão é introduzida com a Lei nº 9.637, ao qualificar as organizações sociais como entidades que podem dirigir atividades de saúde, por meio de contrato de gestão, a ser firmado entre o poder público e a organização social, como instrumento de pactuação entre as partes. O contrato de gestão foi previsto, em 1995, no projeto de reforma administrativa do Estado brasileiro elaborado pelo Mare, na gestão do ministro Bresser-Pereira, e havia sido pensado como a forma ideal de regular as organizações sociais.

Em 1999, a Lei nº 9.782, de 26 de janeiro, ao criar a Anvisa, também define o contrato de gestão como o instrumento de avaliação de sua atuação. De forma idêntica, a Lei nº 9.961, de 28 de janeiro de 2000, ao criar a ANS, também disciplina que a administração da agência será regida por um contrato de gestão negociado entre o seu presidente e o Ministro de Estado da Saúde. Intensifica-se, pois, o uso do contrato de gestão como o instrumento preferencial para regular todos os aspectos de uma relação de prestação de serviços. O contrato de gestão trata de definir de modo muito concreto em que bases se assentam as pactuações realizadas entre distintos atores e as formas de controlar as ações executadas. É importante observar que o recurso à figura do contrato de gestão é feito em alusão às relações com as agências e organizações sociais, sem referência às relações que possam existir entre entes públicos e provedores privados de prestação de serviços.

Já a Lei nº 9.790 prevê que as relações com o Poder Público serão definidas por um termo de parceria. Outra referência à compra de serviços somente vem a ocorrer com a Portaria nº 95, de 26 de janeiro de 2001, que aprova a Noas/SUS 01/01, que de forma muito ambígua, em seu artigo 37.2, diz apenas: "o interesse público e a identificação de necessidades assistenciais devem pautar o processo de compra de serviços na rede privada, quando a disponibilidade da rede pública for insuficiente para o atendimento da população". O problema dessa formulação reside exatamente em não deixar claros os parâmetros que devem nortear o processo de compra dos serviços de saúde.

A Portaria nº 399 estabelece a adoção dos termos de compromisso de gestão municipal, estadual, do Distrito Federal e da União, em que serão definidas as responsabilidades dos gestores, as metas do Pacto pela Vida e os indicadores de monitoramento. Inova, portanto, na criação de uma nova figura a regular as relações entre os entes públicos. E, ao afirmar que a contratualização de todos os prestadores de serviços é uma meta do Pacto pela Saúde, no prazo de um ano, assim como a regulação de todos os leitos e serviços ambulatoriais, indica que as prestações de serviços ainda ocorrem sem que sejam regidas por um contrato em

Responsabilização por competição administrada

que se disciplinem direitos e deveres das partes e se acordem objetivos e metas de desempenho. Essa instrução é da maior importância, pois, se os contratos com diversos prestadores fazem parte do dia a dia do sistema de saúde pública, não há motivos para que não se criem estruturas organizativas adequadas para tratar das contratualizações. É importante registrar que o disciplinamento do contrato ou convênio como formas adequadas para regular as relações entre poder público e provedores está previsto desde a Lei nº 8.080/1990. Logo, causa muita estranheza que decorridos 16 anos ainda haja prestação de serviços sem contratos e o próprio poder público descumpra as normas existentes, quando deveria ser de seu interesse a contratualização com os provedores dada a força jurídica do instrumento.

Em 2006, a Portaria nº 3.277 revogou a Portaria nº 1.286 e disciplinou a participação complementar dos serviços privados de assistência à saúde no âmbito do SUS. No art. 3, diz que

a participação complementar dos serviços privados de assistência à saúde no SUS será formalizada mediante contrato ou convênio celebrado entre o poder público e a entidade privada; convênio, quando houver interesse comum em firmar parceria em prol da prestação de serviços/promoção da saúde à população; e contrato administrativo, quando o objeto do contrato for a mera compra de serviço.

Também disciplina que os serviços contratados e conveniados ficam submetidos às normas do Ministério da Saúde e das Secretarias de Saúde respectivas, e que os serviços contratados deverão ter como referência a tabela de procedimentos SUS. É oportuno destacar que as entidades filantrópicas e sem fins lucrativos continuam com preferência para participar do SUS.

Com a criação da figura jurídica do consórcio público — Decreto nº 6.017 — são definidos os seguintes instrumentos para regular as relações entre as partes: contrato de programa, termo de parceria e contrato de gestão.

Como se constata, a legislação aponta a necessidade de um instrumento jurídico para regular as relações entre o poder público e os provedores. A existência de relações à margem de qualquer processo diferente das possibilidades previstas em lei dificulta a consolidação do SUS, na medida em que fragiliza a atuação do gestor. A questão assume contornos mais graves quando o responsável por tal situação é o próprio gestor e demais instâncias fiscalizadoras. A contratualização é uma exigência para a consolidação do SUS, na medida em que cria as condições para uma cobrança efetiva sobre a prestação de serviços. O termo de compromisso entre entes públicos é uma inovação que procura abrir caminho para no futuro institucionalizar o contrato-programa a exemplo de outras reformas de saúde realizadas em outros países.

No que se refere ao conteúdo dos contratos, as normas não dizem muito. De um modo geral, referem-se à compra de serviços, à atividade contratada e à relação com os contratantes, mas sem um grau maior de detalhamento.

A Portaria nº 1.286 (revogada pela Portaria nº 3.277) determinava que nos contratos de prestação de serviços de assistência à saúde, celebrados com entidades privadas de fins lucrativos, sem fins lucrativos e filantrópicas, deverão constar obrigatoriamente as seguintes cláusulas: descrição da natureza e da quantidade dos serviços contratados, observado o teto orçamentário-financeiro; discriminação, quando couber, da espécie de internação, incluindo UTI; da assistência exigida; do tipo de acomodação; das consultas; dos exames; das terapias; dos casos de urgência e emergência; das internações eletivas e outras situações pertinentes aos serviços contratados; dos critérios de avaliação e controle; da obrigatoriedade de o estabelecimento indicar o número de leitos vagos por dia; da gratuidade dos serviços; da proibição de cobrança de valores complementares; e da obrigatoriedade de a entidade contratada aceitar, nas mesmas condições do contrato, acréscimos ou supressões de serviços, até determinado percentual do valor inicial do contrato, fixado pelo município ou estado, respeitados os limites estabelecidos na lei de licitações e contratos. Na cláusula do preço e das condições de pagamento: a previsão do pagamento das despesas do acompanhante, quando a presença deste decorrer de orientação médica ou disposição legal, e os prazos para a apresentação das contas e para a respectiva liquidação. Na cláusula dos prazos: fixação da obrigatoriedade de vistoria quando da prorrogação do contrato, se houver. E, por fim, os direitos e a responsabilidade dos contraentes.

Como se constata, o contrato regula atividades e não se percebe na norma nenhuma preocupação para induzir uma contratualização de resultados tendo como referência indicadores de saúde.

A Portaria nº 1.286/1993 também definia que, ouvido o respectivo Conselho de Saúde, o município ou estado poderá, para atender às peculiaridades locais de assistência à saúde da população, celebrar contratos independentes de prestação de serviços, um com a entidade mantenedora do hospital, e outro com profissionais autônomos para a prática de ações de saúde nas dependências do hospital, assegurada a utilização da infraestrutura hospitalar contratada, desde que autorizada previamente pela direção do hospital.

Outro dispositivo importante é o que concedia o prazo de 180 dias, a contar da data de publicação da Portaria nº 1.286, para municípios e estados celebrarem, mediante procedimento licitatório e conforme o disposto na portaria, contratos referentes aos serviços de saúde que vêm sendo prestados pelo setor privado sem "termo de contrato" e à conta do extinto Inamps. Observe aqui que essa portaria, revogada pela Portaria nº 3.277, foi sistematicamente desrespeitada quanto ao prazo dado para a regulação das relações entre o poder público e os provedores.

Uma nova referência, mais explícita, ao processo de contratualização veio apenas com a Lei nº 9.637, que trata das OS. Essa lei diz que na elaboração do contrato de gestão devem constar: especificação do programa de trabalho proposto pela organização social, a estipulação das metas a serem atingidas e os respectivos prazos de execução, bem como a previsão expressa dos critérios objetivos de avaliação de desempenho a serem utilizados, mediante indicadores de qualidade e produtividade e a estipulação dos limites e critérios para despesa com remuneração e vantagens de qualquer natureza a serem percebidas pelos dirigentes e empregados das OS, no exercício de suas funções.

Já a Lei nº 9.790, que criou as Oscip, prevê que as relações com o Poder Público serão definidas por um termo de parceria que deve ter as seguintes cláusulas: objeto, metas e resultados a atingir, prazos, critérios de avaliação de desempenho, previsão de receitas e despesas, relatório sobre a execução, prestação de contas, publicação na imprensa oficial do estrato do termo de parceria e de demonstrativo da sua execução física e financeira.

Verifica-se nas leis que normatizam as OS e Oscip a utilização de cláusulas contratuais orientadas para resultados. Termos como metas, avaliação de desempenho, indicadores de qualidade e de produtividade passam a ocupar um lugar importante nos instrumentos de regulação das relações entre esses entes e o poder público. Tanto essas formas organizacionais como o uso desses instrumentos surgiram com a reforma do Estado, em 1995, e expressam todo o ideário da NGP, que vê na contratualização a forma adequada para a obtenção de resultados, uma vez que obriga aos gestores públicos ao cumprimento das cláusulas pactuadas.

Já a Lei nº 9.782, de criação da Anvisa, e a Lei nº 9.961, criada pela ANS, limitam-se a dizer que o contrato de gestão é o instrumento de avaliação da atuação administrativa da autarquia e de seu desempenho, estabelecendo os parâmetros para a administração interna da autarquia bem como os indicadores que permitam quantificar, objetivamente, a sua avaliação periódica. A falta de clareza sobre o conteúdo do contrato de gestão dificulta o exame do cumprimento da norma, pois não se sabe quais são os itens que devem balizar a sua atuação.

Em 2002, a Portaria nº 373 — Noas/SUS 01/02, de 27 de fevereiro — determinou que o interesse público e a identificação de necessidades assistenciais devem pautar o processo de compra de serviços na rede privada, que deve seguir a legislação, as normas administrativas específicas e os fluxos de aprovação definidos na Comissão Intergestores Bipartite, quando a disponibilidade da rede pública for insuficiente para o atendimento da população, e que os contratos de prestação de serviços devem representar instrumentos efetivos de responsabilização dos prestadores com os objetivos, atividades e metas estabelecidas pelos gestores de acordo com as necessidades de saúde identificadas. Ao não definir com clareza quais são esses instrumentos de responsabilização dos prestadores, a Portaria nº 373/2002 dificulta que se avance no sentido de um processo de contratualização que de fato coloque de forma muito clara o que está sendo comprado, qual a responsabilidade das partes e quais as consequências do não cumprimento do acordado.

Idêntica omissão ocorre com a Portaria nº 399, que diz apenas, ao se referir às atribuições dos municípios, que os mesmos devem definir a programação físico-financeira por estabelecimento de saúde, processar a produção dos estabelecimentos próprios e contratados, realizar o pagamento dos prestadores de serviço e que os contratos devem estar em conformidade com o planejamento e a programação pactuada e integrada da atenção à saúde.

A Portaria nº 3.277, por sua vez, determina que a relação entre iniciativa privada e poder público será regulada por um plano operativo, o qual deverá conter elementos que demonstrem a necessidade de complementaridade de serviços e a utilização da capacidade instalada necessária ao cumprimento do objeto do contrato, a definição de oferta, fluxos de serviços e pactuação de metas. As metas serão definidas pelo gestor em conjunto com o prestador de acordo com as necessidades e peculiaridades da rede de serviços, devendo ser submetidas ao Conselho de Saúde. O importante a destacar nessa portaria é a obrigatoriedade de o gestor público justificar a compra de serviços da rede privada em função das necessidades de saúde, que nem sempre coincidem com a oferta de serviços. Isso obriga o gestor a atuar em função da demanda e não da oferta.

O Decreto nº 6.017/2007, apesar de referir-se a três formas pelas quais o consórcio público pode operar — contrato de programa, contrato de gestão e termo de parceria —, somente faz referência ao conteúdo do contrato de programa. Neste deverão constar cláusulas sobre:

- o objeto;
- o prazo da gestão associada;
- o modo, a forma e as condições de prestação dos serviços;
- os critérios, os indicadores, as fórmulas e os parâmetros definidores da qualidade dos serviços;

Responsabilização por competição administrada

- os critérios de fixação, revisão e reajuste das tarifas ou de outros preços públicos;
- os direitos, as garantias e as obrigações do titular e do prestador;
- os direitos e deveres dos usuários para obtenção e utilização dos serviços;
- a forma de fiscalização das instalações, dos equipamentos, dos métodos e as práticas de execução dos serviços, bem como a indicação dos órgãos competentes para exercê-la, as penalidades contratuais e administrativas a que se sujeita o prestador dos serviços, inclusive quando consórcio público e sua forma de aplicação; e
- os casos de extinção.

Como se constata, as iniciativas de normatização da relação contratual, desde a criação do SUS, são muito insuficientes. As normas mais detalhadas são aquelas que se referem às OS, Oscip e consórcios públicos. Quando a relação a ser normatizada é com a iniciativa privada e/ou com entidades filantrópicas, o que existe é um mar de incerteza em relação ao processo de compra, como é o processo de avaliação, quais os resultados que se persegue, quais as condições de oferta da prestação de serviços e quais as consequências por descumprimento de cláusulas contratuais. A ausência de normas claras sobre o assunto dificulta enormemente a função do controle social.

Os contratos compram procedimentos hospitalares e ambulatoriais por meio de processo licitatório (Lei nº 8.666/1993), por preço ou técnica e preço ou chamada pública (art. 25 da Lei nº 8.666 — inexigibilidade de licitação). A chamada pública é o procedimento pelo qual o gestor público anuncia a todos os provedores cadastrados o seu interesse em comprar serviços conforme preços da tabela SUS. Se os provedores forem privados sem fins lucrativos faz-se um convênio ou contrato de gestão e, se forem privados com fins lucrativos, faz-se o contrato. Para enquadramento na inexigibilidade, é necessária a constituição de uma rede de serviços de saúde e preços conforme tabela do SUS.

Os hospitais que realizarem procedimentos acima da quota estabelecida não recebem a diferença e, se fizerem abaixo, devem realizar mais procedimentos no mês seguinte. O SUS, portanto, não incentiva maior desempenho. Isso tanto pode estar relacionado à dificuldade de controle sobre a necessidade de um maior número de procedimentos a serem realizados pelos provedores, quanto à escassez de recursos para assumir maior volume de gastos. A política de remuneração por procedimentos pode levar os prestadores a não querer realizar procedimentos muito caros, o que resulta em sérios problemas no atendimento dos usuários do sistema.

Considerando que os preços dos procedimentos são tabelados, tem-se um mercado regulado em que os provedores não competem entre si. As relações com distintos provedores se processam como mais um mecanismo administrativo que atende às necessidades pontuais do sistema, mas sem que a relação esteja articulada a um processo de contratualização para melhoria do sistema. Não se percebe no espaço concedido aos provedores de prestações de serviços a ideia de competição para estimular um melhor desempenho do sistema, apenas a ideia de complementaridade. O fato de que os preços sejam tabelados não significa dizer que haja uma concentração de poder do lado da autoridade, pois dado o grau de dependência da rede privada, com e sem fins lucrativos, para a oferta da prestação de serviços, os provedores exercem também um grande poder sobre as autoridades, pela possibilidade de saída do sistema de saúde e pela não oferta de determinados serviços que são julgados pouco interessantes dentro de uma ótica de custo/benefício. Assim, verifica-se um padrão de dependência mútua e, em especial, para os atendimentos de média e alta complexidade, em que o poder público tem uma participação menor.

Desde o ano de 2002, com a Portaria nº 373, percebe-se uma inflexão na orientação para remunerar as unidades hospitalares públicas. Há uma recomendação de que preferencialmente deixem de ser remuneradas por produção de serviços e passem a receber recursos correspondentes à realização de metas estabelecidas de comum acordo, e define-se o termo de compromisso como o instrumento a ser firmado entre as partes envolvidas, com o objetivo de regular a contratualização dos serviços oferecidos e a forma de pagamento das unidades. A remuneração por produção é derivada da compra de atividades, mas sem bons sistemas de controle abre enormes possibilidades para fraudes. A tentativa de remunerar por metas alcançadas é um esforço de reorientar a gestão, cujo foco privilegia o processo em detrimento dos resultados.

Outro aspecto relacionado à compra de serviços é o processo de credenciamento dos provedores, que se dá pela solicitação inicial do provedor que deseja fazer parte do SUS. O processo é concluído após o relatório de vistoria realizado pela Vigilância Sanitária, que analisa a estrutura assistencial, as instalações físicas, os recursos humanos, as rotinas e as normas de atendimento, a produção do serviço, a compatibilização com a disponibilidade de recursos e a aprovação pelas demais instâncias sobre a importância e necessidade de inclusão dos serviços solicitados. Tornar-se um provedor do SUS significa submeter-se à tabela de preços definida pelo Ministério da Saúde e atender às demais exigências das autoridades de saúde. Esse processo traduz uma preocupação com a garantia de um padrão mínimo de qualidade dos serviços prestados.

Em relação às estruturas organizativas e aos mecanismos à disposição do gestor público para avaliar e controlar as contratações realizadas, não são muitas as informações disponíveis.

A Resolução nº 258 define em relação ao controle e acompanhamento que:

- a avaliação técnica e financeira do SUS em todo o território nacional será efetuada e coordenada pelo Ministério da Saúde e pelo Inamps, em cooperação técnica com estados, Distrito Federal e municípios;
- o Ministério da Saúde acompanhará, por meio de seu sistema de auditoria, a conformidade à programação aprovada da aplicação dos recursos repassados aos entes da Federação;
- o controle e a fiscalização terão como foco a legalidade dos atos, a responsabilidade dos gestores e o cumprimento do programa de trabalho.

Para operacionalizar o sistema de auditoria, foi criado o Sistema Nacional de Auditoria (SNA) do SUS (Decreto nº 1.105, de 6 de abril de 1994) com as atribuições de acompanhar, fiscalizar, controlar e avaliar a aplicação dos recursos da União repassados pelo Fundo Nacional de Saúde aos estados, ao Distrito Federal, aos municípios e às entidades prestadoras de serviços para a implementação e o desenvolvimento do SUS. O sistema é descentralizado pelas unidades do SNA nos órgãos regionais do Ministério da Saúde e pelos órgãos ou sistemas competentes, instituídos pelos demais níveis de direção.

Observa-se que tanto a NOB 01/91 quanto a NOB/SUS 92, apesar de garantirem a autonomia do gestor em termos de sua estrutura organizacional, elencam um conjunto de providências que acabam definindo minimamente o formato organizacional que devem possuir as unidades de gestão do SUS. É verdade que, analisando os aspectos de controle enumerados, constata-se que há controles quantitativos e qualitativos e alguns de difícil execução sem que haja uma capacidade institucional de gestão instalada. Estamos nos referindo à avaliação sobre eficiência da prestação de serviços, que é uma exigência real para o bom desempenho da gestão, mas que demanda a adoção de bons instrumentos gerenciais.

Por outro lado, é importante ressaltar que não há nenhuma referência a processos avaliativos dos contratos firmados com a rede de provedores. Essa referência vem apenas, de forma indireta, com a Portaria nº 1.286 (revogada pela Portaria nº 3.277), em seu artigo 7º § 2º quando diz: "No tocante à cláusula das 'penalidades', o estado ou município incluirá, no instrumento de contrato celebrado, um artigo ou parágrafo de artigo com esta redação: 'O valor da multa será descontado dos pagamentos devidos pelo Contratante ao Contratado, garantido a este o pleno direito de defesa em processo regular'".

De modo mais incisivo, quanto à institucionalização de uma capacidade de gestão, a NOB/SUS 96 dedica todo um tópico a controle, avaliação e auditoria, extrapolando a orientação até então vigente centrada apenas na auditoria. Define também como requisito básico para as unidades prestadoras de serviços de saúde o cadastro no banco de dados nacional. Recomenda às unidades gestoras a estruturação de um órgão de controle, avaliação e auditoria e as ações prioritárias de controle — procedimentos técnicos e administrativos prévios à realização de serviços e à ordenação dos respectivos pagamentos — com ênfase na garantia da autorização de internações e procedimentos ambulatoriais e o rigoroso monitoramento da regularidade e da fidedignidade dos registros de produção e faturamento de serviços. De forma muito clara defendia-se o aperfeiçoamento e a disseminação dos instrumentos e técnicas de avaliação de resultados e do impacto das ações de saúde como fundamentais à consolidação do SUS. Depois de seis anos de criação do SUS é que de forma explícita se introduziram questões tão fundamentais como as do controle, avaliação e auditoria.

Na mesma linha, a Portaria nº 95 dedica um item ao fortalecimento da regulação do SUS, agora com o seguinte entendimento:

> O importante avanço da descentralização nos últimos anos requer a ampliação do escopo da função de controle e avaliação no âmbito de estados e, particularmente, dos municípios, de forma a incorporar o enfoque de avaliação de resultados do sistema de saúde e da satisfação dos usuários às atividades tradicionais de vistoria e controle de faturamento dos prestadores. O fortalecimento das funções de controle e avaliação dos gestores do SUS deve se dar, principalmente, nas seguintes dimensões: (a) avaliação da organização do sistema e do modelo de gestão; (b) relação com os prestadores de serviços; (c) qualidade da assistência e satisfação dos usuários; e (d) resultados e impacto sobre a saúde da população.

Trata-se de um claro reconhecimento de que o controle até então está limitado à "vistoria e controle de faturamento dos prestadores". Tenta-se reorientar o foco do controle e incorporar a perspectiva do usuário do sistema, avançando na indicação de quais dimensões devem ser objeto de controle e avaliação, com a preocupação de assegurar o caráter efetivamente público do sistema. Assim:

- define como instrumento básico para o acompanhamento e a avaliação dos sistemas de saúde o relatório de gestão;
- define o controle e avaliação dos prestadores de serviços como o conhecimento global dos estabelecimentos de saúde localizados em seu território, o cadastramento de serviços, a condução de processos de compra e contratualização de serviços de acordo com as necessidades identificadas e regras legais, o acompanhamento do faturamento, da quantidade e da qualidade dos serviços prestados;
- define que a avaliação da qualidade da atenção pelos gestores deve envolver tanto a implementação de indicadores objetivos baseados em critérios técnicos, como a adoção de instrumentos de avaliação da satisfação dos usuários do sistema, que considerem a acessibilidade, a integralidade da atenção, a resolubilidade e qualidade dos serviços prestados e que a avaliação dos resultados da atenção e do impacto na saúde deve envolver o acompanhamento dos resultados alcançados em função dos objetivos, indicadores e metas apontados no plano de saúde, voltados para a melhoria do nível de saúde da população.

É visível o esforço na direção da construção de um sistema que opere com condições de eficiência gerencial. No entanto, também é visível, pela repetição das decisões em sucessivas normas, que o sistema não responde de forma competente às necessidades de gestão. A Portaria nº 373 reforçou essas orientações.

Em 9 de julho de 2002, com a Portaria nº 423, detalhou-se as atribuições básicas de cada nível de governo no controle, regulação e avaliação da assistência à saúde no SUS. Ao destacar as diretrizes fundamentais para a organização das funções de controle, a Portaria assinalou:

> A descentralização das funções de execução e, portanto, de controle, regulação e avaliação impõe aos gestores a superação de métodos que se referenciam principalmente ao controle de faturas (revisão) e instrumentos de avaliação com enfoque estrutural (vistorias) e do processo (procedimentos médicos); supervalorizados em detrimento do enfoque da avaliação dos resultados e da satisfação dos usuários. Sem subestimar a importância desses instrumentos, que devem continuar a ser usados, a construção do SUS implica mudanças estruturais e de postura gerencial, com elaboração e desenvolvimento de novos métodos e instrumentos.

Dessa maneira, a portaria reafirma as dimensões de avaliação já enunciadas desde a Noas/SUS 01/01 e avança na definição das ações atribuídas à avaliação:

- avaliação da relação entre programação/produção/faturamento;
- avaliação de qualidade e satisfação dos usuários do sistema;
- avaliação de resultados e impacto das ações e serviços no perfil epidemiológico da população.

Amplia ainda o leque de instrumentos de controle, a saber:

- cadastro nacional dos estabelecimentos de saúde;
- Cartão Nacional de Saúde;[13]
- centrais de regulação (consistem em estruturas de operacionalização da regulação do acesso assistencial, incluindo marcação de consultas, exames, internação atendimento pré-hospitalar, urgência e emergência, gestante de alto risco etc.);
- protocolos clínicos e operacionais;
- centrais de marcação de consultas e exames, e centrais de leitos;
- comissões autorizadoras/médicos autorizadores;
- indicadores e parâmetros assistenciais de cobertura e produtividade;
- manuais dos sistemas de informações hospitalares e informações ambulatoriais;
- Sistemas de Orçamentos Públicos em Saúde;[14] e
- instrumentos de avaliação da qualidade assistencial e da satisfação dos usuários.

Ou seja, tenta-se dotar o sistema de saúde de uma capacidade de controle a partir da compreensão de que este último é uma ferramenta gerencial imprescindível à tomada de decisões e correções de rumo.

O apoio às últimas normas para aperfeiçoar a capacidade de gestão veio com a Portaria nº 399, que apresenta um conjunto de medidas tendo em vista a consolidação do SUS. Define no item III — Pacto de Gestão — o apoio financeiro para a gestão do SUS destinado ao custeio de ações relacionadas com a organização dos serviços de saúde, acesso da população e aplicação dos recursos financeiros do SUS. Dessa forma, apoia entre outras as ações voltadas para a regulação, controle, avaliação, auditoria, planejamento, orçamento e programação. Também define um conjunto de responsabilidades para os municípios e estados diretamente vinculadas à regulação, controle, avaliação e auditoria, tais como:

---

[13] CNS — sistema informatizado de base nacional que possibilita a vinculação dos procedimentos realizados pelo SUS ao usuário, ao profissional que o realizou e também à unidade de saúde.

[14] Siops — padroniza informações de receitas e gastos em saúde das três esferas de governo.

Responsabilização por competição administrada

- monitorar e fiscalizar os contratos e convênios com prestadores contratados e conveniados, bem como das unidades públicas;
- monitorar e fiscalizar a execução dos procedimentos realizados em cada estabelecimento por meio das ações de controle e avaliação hospitalar e ambulatorial;
- monitorar e fiscalizar o cumprimento dos critérios nacionais, estaduais e municipais de credenciamento de serviços;
- implementar a avaliação das ações de saúde nos estabelecimentos de saúde, por meio de análise de dados, indicadores e verificação de padrões de conformidade;
- implementar a auditoria sobre toda a produção de serviços de saúde, públicos e privados, sob sua gestão, tomando como referência as ações previstas no plano municipal de saúde e em articulação com as ações de controle, avaliação e regulação assistencial.

Esse investimento revela as debilidades do sistema que depois de tantos anos de sua criação elenca um conjunto de responsabilidades para os gestores que há muito deviam fazer parte de sua estrutura organizacional. É oportuno registrar que desde a NOB 96 já se fazia referência à necessidade de regulação, controle e avaliação. Ou seja, decorridos dez anos, é como se o sistema não tivesse reagido às exigências anteriormente colocadas.

Mais recentemente, a Portaria nº 1.559, ao instituir a Política Nacional de Regulação do Sistema Único de Saúde, definiu que a regulação tem três dimensões articuladas entre si: regulação de sistemas de saúde, regulação da atenção à saúde, regulação do acesso à assistência. A regulação da atenção à saúde, que interessa mais de perto ao nosso estudo, efetivada pela contratação de serviços, controle e avaliação da produção assistencial, regulação do acesso à assistência e auditoria assistencial, contempla as seguintes ações:

- cadastramento de estabelecimentos e profissionais de saúde no SCNES;
- cadastramento de usuários do SUS no sistema do CNS;
- contratualização de serviços de saúde segundo as normas e políticas específicas do Ministério da Saúde;
- credenciamento/habilitação para a prestação de serviços de saúde;
- elaboração e incorporação de protocolos de regulação que ordenem os fluxos assistenciais;
- supervisão e processamento da produção ambulatorial e hospitalar;
- PPI;
- avaliação analítica da produção;

- avaliação de desempenho dos serviços e da gestão e de satisfação dos usuários;
- avaliação das condições sanitárias dos estabelecimentos de saúde;
- avaliação dos indicadores epidemiológicos e das ações e serviços de saúde nos estabelecimentos de saúde; e
- utilização de sistemas de informação que subsidiem os cadastros, a produção e a regulação do acesso.

Não se pode dizer que de 1996 a 2008 não tenha sido feito um esforço enorme para conduzir o sistema a uma profissionalização da sua gestão. No entanto, é fácil constatar pelos diversos dispositivos que estes ainda não conseguiram criar essa capacidade. É claro que outros elementos são necessários para profissionalizar a gestão. Não se trata da ausência de normas, mas de competência institucional para implantá-las e gerenciá-las, pois estamos falando de profissionais treinados e competentes. O que ocorre é a inexistência de vontade política para efetivar o controle das ações e de recursos institucionais que sejam aplicados aos responsáveis pela falta de controle das mesmas.

Outra importante questão sobre o controle é que, além dos conselhos de saúde, foram criados poucos espaços de atuação do cidadão. Assim, não há dispositivos normativos que institucionalizem qualquer processo avaliativo por parte dos usuários. A necessidade de conhecer a satisfação dos usuários com a qualidade da assistência, a integralidade e a resolutividade foi abordada a partir da Noas/SUS 01/01 como um dos pontos que podem vir a fortalecer o sistema, mas sem nenhum caráter de obrigatoriedade para os gestores. Da mesma forma, na estrutura orgânica de gestão do sistema não há canais de participação que articulem a presença ativa do cidadão na tomada de decisão. O que há são iniciativas que valorizam o espaço para a escuta de demandas da cidadania, a exemplo do Departamento de Ouvidoria-Geral do SUS, criado pelo Decreto nº 4.726, de 9 de junho de 2003, com o objetivo de promover a participação popular e incentivar o controle social, ouvindo reclamações, denúncias e sugestões dos cidadãos. A ouvidoria é vista como um espaço de cidadania, uma ferramenta essencial para a melhoria da gestão, um canal de mediação do acesso aos serviços de saúde e um instrumento de visibilidade do Estado, que tem entre suas finalidades implantá-la. Em 2008, a ouvidoria recebeu, por meio do serviço Disque Saúde, 7.343.932 ligações de todo o Brasil.[15] Também criada para fortalecer a cidadania foi a Carta dos Direitos dos Usuários do SUS, que reúne seis princípios

---

[15] Disponível em: <www.saude.gov.br>.

básicos com o objetivo de assegurar ao usuário o ingresso digno nos sistema de saúde. Apesar de muito importantes, os mecanismos instituídos são claramente insuficientes para tornar o sistema permeável à ação do cidadão no sentido da tomada de decisão e da prestação de contas de seus gestores, que continuam submetidos principalmente a controles processuais e distantes da prestação de contas aos cidadãos.

7

Responsabilização pelo controle social

A responsabilização pelo controle social pressupõe o controle dos cidadãos sobre a administração pública. Por sua vez, a ideia do controle sobre a administração pública pressupõe a existência de mecanismos institucionalizados de participação na estrutura organizacional das instituições, um volume de informações disponíveis, instrumentos de ação direta e indireta capazes de assegurar a sua ação controladora e formas de processamento de suas demandas e de acompanhamento e controle das soluções encaminhadas.

Para nossa análise, o foco da responsabilização pelo controle social nos sistemas de saúde da Catalunha e do Brasil recairá sobre os seguintes aspectos:

- canais institucionalizados de participação nas diversas instâncias organizativas;
- ações cidadãs na defesa de interesses públicos;
- consagração jurídica de arenas públicas de deliberação;
- direito de livre acesso dos cidadãos à informação pública; e
- instrumentos de ação direta e indireta à disposição dos cidadãos sobre a administração pública.

Responsabilização pelo controle social na Catalunha

O sistema de saúde na Catalunha tem na participação da comunidade em seus órgãos de direção um de seus traços característicos. O exame do conjunto de instrumentos normativos procurará evidenciar como se manifesta essa participação, as formas que ela assume, o conteúdo da participação e os atores envolvidos para avaliar se a responsabilização pelo controle social é uma forma de responsabilização presente no sistema.

Um primeiro olhar recai sobre os canais de participação. A Lei nº 15/1990, de Organização Sanitária, determina que o SCS terá um órgão central de participação comunitária chamado Conselho Catalão de Saúde, composto pelos seguintes membros:

- nove vogais representando a Generalitat;
- quatro representantes dos conselhos das comarcas da Catalunha;
- quatro representantes das prefeituras da Catalunha;
- quatro representantes das organizações sindicais mais representativas da Catalunha;
- três representantes das organizações sindicais mais representativas no âmbito da saúde da Catalunha;
- quatro representantes das organizações empresariais mais representativas da Catalunha;
- três representantes das corporações empresarias mais representativas no âmbito da saúde da Catalunha;
- três representantes das organizações de consumidores e usuários mais representativas da Catalunha;
- três representações das corporações profissionais de saúde da Catalunha;
- dois representantes das universidades catalãs; e
- um representante das entidades científicas.

Como se vê, é um conselho bastante amplo com representações de vários segmentos da sociedade e do governo.

Disciplina também que a região sanitária terá em sua estrutura um órgão de participação comunitária nas demarcações territoriais do SCS, chamado Conselho de Saúde, composto pelos seguintes membros:

- quatro representantes da Generalitat da Catalunha;
- dois representantes dos conselhos das comarcas do território da região correspondente;
- dois representantes das prefeituras do território da região correspondente;
- dois representantes das organizações sindicais mais representativas no âmbito territorial da região;
- dois representantes das organizações empresariais mais representativas no âmbito territorial da região;

Responsabilização pelo controle social

- um representante das associações de consumidores e usuários mais representativas no âmbito territorial da região; e
- um representante das corporações profissionais de saúde.

Por sua vez, o setor sanitário terá um conselho de participação com a seguinte composição:

- quatro representantes do Departamento de Saúde e Segurança Social;
- dois representantes das organizações sindicais mais representativas no âmbito do setor correspondente; e
- dois representantes das associações de consumidores e usuários mais representativas no âmbito do setor correspondente.

Percebe-se, portanto, em todas as instâncias organizativas — direção central, região sanitária e setor de saúde — a presença de conselhos de participação na estrutura decisória com representação de vários segmentos da sociedade. Tal desenho institucional é muito importante para matizar as distintas concepções sobre o sistema de saúde e sua funcionalidade à medida que o espaço de discussão abriga diversos segmentos da sociedade que possuem interesses igualmente distintos.

A Lei nº 20/2002, de Segurança Alimentar, define que a Agência Catalã de Segurança Alimentar terá um conselho de direção com a seguinte composição:

- o presidente e o diretor da Agência Catalã de Segurança Alimentar;
- três vogais representantes da Administração da Generalidade;
- seis vogais na representação dos entes locais mediante proposta das entidades municipais mais representativas;
- três vogais na representação das organizações empresariais do setor de alimentação;
- dois vogais na representação das organizações profissionais agrárias mais representativas na Catalunha; e
- um representante da Federação de Cooperativas Agrárias da Catalunha.

Terá também um Comitê Científico Assessor, que tratará dos aspectos técnicos e científicos da segurança alimentar, formado por um máximo de 16 peritos de reconhecida competência em segurança alimentar, advindos das universidades catalãs e dos centros de investigação de gestão do risco. Mesmo mudando o âmbito, pois agora trata-se do Conselho de Direção e do Comitê Científico Assessor, mantem-se a ideia de participação da comunidade nas estruturas decisórias.

Já a Agência de Proteção à Saúde, criada pela Lei nº 7/2003, define como órgãos de direção e participação comunitária o Conselho-Geral de Participação e os conselhos regionais de participação. O primeiro é constituído pelo presidente do conselho reitor, pelo diretor e por um número de vogais que deve incluir necessariamente a representação de organizações de consumidores e usuários, das entidades de proteção ao meio ambiente, das organizações econômicas, profissionais, sindicais e sociais mais representativas em qualquer âmbito da atividade relacionada à proteção da saúde e das administrações locais e do governo. O segundo será formado pelo diretor do Conselho Regional e pelos representantes dos setores que estão presentes no Conselho-Geral de Participação.

Em 2005, o Decreto nº 202, de 27 de setembro, criou uma comissão de participação em cada um dos centros hospitalares geridos pelo ICS, como órgãos colegiados de participação comunitária. A proposta foi de radicalizar a participação comunitária de modo a aproximar o cidadão da tomada de decisões.

As comissões de participação dos centros hospitalares geridos pelo ICS são integradas por 17 membros, sendo 11 membros, entre os quais se incluem o presidente e os vice-presidentes das comissões, representando os diversos setores e níveis do serviço público pertencentes ao sistema de saúde e seis membros representando diversos segmentos da sociedade civil, como associações de vizinhos, consumidores e usuários, corporações empresariais e sindicatos de trabalhadores. O expressivo número de representantes revela a intenção de expor ao debate de segmentos distintos da sociedade as questões de saúde no âmbito dos centros hospitalares. Nesse caso, introduz-se uma dinâmica nova que altera a forma habitual de tomada de decisões.

O Decreto nº 38/2006 define que os consórcios terão um Conselho de Saúde do Governo Territorial de Saúde como órgão de participação cidadã, integrado pelas organizações sindicais, empresariais, de vizinhança, de pessoas usuárias, profissionais e de familiares de enfermos mais representativas no território de referência. Cria também o Comitê de Direção do Mapa Sanitário, Sociossanitário e de Saúde Pública da Catalunha como órgão diretivo na determinação dos objetivos e critérios gerais de planejamento dos serviços e no processo de elaboração, revisão e execução do mapa sanitário. Apesar de majoritariamente constituído por membros da própria administração pública, abre-se à participação de três profissionais de reconhecida competência e experiência no campo do planejamento sanitário.

Como se constata, o sistema de saúde na Catalunha tem na participação da comunidade um dos seus eixos de sustentação. A participação da comunidade está presente na estrutura básica de prestação de serviços: SCS, regiões e setores de saúde e, mais recentemente, nos centros hospitalares geridos pelo ICS e nos consórcios de governos territoriais, na forma de conselhos de saúde/conselhos de

Responsabilização pelo controle social

participação. Está presente nos novos formatos organizacionais — as agências de segurança alimentar e de proteção à saúde. A ideia que preside a sua constituição é balizada pela compreensão de que, quanto mais próximo do cidadão, mais facilmente serão criadas as condições de controle da qualidade da assistência recebida.

Para lançar mais luzes a esse processo de participação, vejamos as atribuições de cada órgão. O exame de suas atribuições revelará o conteúdo decisório e, consequentemente, o nível de importância das decisões. E, mais importante, evidenciará as condições que são criadas para o exercício do controle das ações governamentais.

A Lei nº 15/1990 define que o Conselho Catalão de Saúde exercerá funções de assessoramento, consulta, acompanhamento e supervisão. A saber:

- assessorar o conselho de direção do SCS em todos os assuntos relacionados à saúde e formular propostas;
- velar para que as atuações de todos os serviços, centros e estabelecimentos que satisfaçam necessidades do sistema de saúde público catalão obedeçam às normas correspondentes e se desenvolvam de acordo com as necessidades sociais e com as possibilidades econômicas do setor público;
- informar, com caráter prévio à sua aprovação, o anteprojeto do plano de saúde da Catalunha;
- conhecer a proposta de anteprojeto de orçamento do SCS e informar sobre a mesma, previamente à sua aprovação;
- realizar quaisquer outras funções que lhe sejam atribuídas legal ou regimentalmente.

Com apenas essas funções, o conselho tem uma sua atuação limitada, e que somente poderá ser minimizada se realizar um bom acompanhamento e supervisão dos atos praticados e, mais, se dispuser de mecanismos para dar encaminhamento aos resultados do processo de acompanhamento e supervisão.

No caso das regiões sanitárias, o Conselho de Saúde também é um órgão de assessoramento, consulta, acompanhamento e supervisão das atividades da respectiva região, exercendo as seguintes funções:

- assessorar e formular propostas ao conselho de direção da região nos assuntos relacionados à proteção à saúde e à atenção primária em seu território;
- verificar se as atuações na região sanitária obedeçem às normas e se desenvolvem de acordo com as necessidades sociais e as possibilidades econômicas do setor público;
- promover a participação da comunidade nos centros e estabelecimentos de saúde;

- conhecer o anteprojeto do plano de saúde da região e informar sobre o mesmo, em caráter prévio à sua aprovação;
- conhecer o anteprojeto de orçamento da região sanitária e informar sobre o mesmo, conhecer a memória anual da região sanitária e informar sobre a mesma, com caráter prévio à sua aprovação.

Apesar dessas características, entre as suas atribuições também está a de promover a participação da comunidade.

O Conselho de Participação dos setores de saúde também possui as funções de informar, assessorar e formular propostas aos órgãos de direção sobre quaisquer questões relativas às atividades que se desenvolvam no âmbito do setor, sua adequação às normas, as necessidades sociais da população e deverá impulsionar a participação da comunidade nos centros e estabelecimentos de saúde. Os canais de participação existentes, em toda a estrutura organizativa do sistema, têm caráter apenas consultivo, configurando isso a princípio uma limitação para o exercício pleno da participação. É claro que sempre se poderá argumentar que diante de conselhos com poder deliberativo, mas inoperantes, é melhor dispor de conselhos assessores com grande poder de influência. Isso é fato, mas é apenas um dado circunstancial que não altera a essência do poder deliberativo. A real participação envolve conceder aos cidadãos o poder de decidir, e não apenas de consultar. Muitos mecanismos podem tornar o Estado mais permeável, como audiências públicas, processos de consulta, reuniões e assembleias, mas somente propiciarão participação real se tiverem poder de decisão.

A Lei nº 20/2002, que cria a Agência Catalã de Segurança Alimentar, estabelece que as funções do conselho diretor serão:

- aprovar a proposta de plano de segurança alimentar da Catalunha e o relatório anual da Agência sobre esse tema, além de definir os critérios para a gestão das crises nesse âmbito;
- aprovar o anteprojeto de orçamento da Agência e recomendar atuações nessa matéria ao diretor;
- avaliar as ações que devem ser empreendidas a partir dos ditames científicos;
- aprovar as diretrizes gerais de atuação da Agência em conformidade com os objetivos e as políticas para esta área;
- pôr em prática as diretrizes aplicáveis na Catalunha, que abarquem o governo, a Agência Espanhola de Segurança Alimentar e a Autoridade Europeia de Segurança Alimentar e dar permissão à agência para a assinatura de contratos.

Responsabilização pelo controle social **225**

Ressalte-se o seu caráter deliberativo, diferenciando-o de outros órgãos de participação, e a abrangência de suas decisões: aprovação de planos, memória anual, critérios para a gestão, anteprojeto de orçamento e avaliação de ações.

No que se refere à Agência de Proteção à Saúde, tanto o conselho-geral de participação e os conselhos regionais de participação exercem funções de participação social, de assessoramento, de consulta e de acompanhamento sobre questões relacionadas à proteção da saúde.

Para as Comissões de Participação nos centros hospitalares geridos pelo ICS, criadas pelo Decreto nº 202/2005, as funções são:

- participar no desenvolvimento e avaliação dos planos e programas assistenciais;
- promover a participação da comunidade nos centros hospitalares;
- conhecer o relatório anual do hospital e informar sobre ele, incluídos os resultados econômicos, previamente à sua aprovação;
- conhecer e debater as pesquisas de satisfação, as sugestões e as reclamações para promover uma melhora do atendimento e do nível de saúde;
- serem informadas sobre o funcionamento dos serviços, os projetos de melhoria e a coordenação entre níveis assistenciais para então realizar as propostas que considerarem convenientes;
- contribuir para a projeção das atividades do centro hospitalar na sociedade e em diversos segmentos da mesma (escolas, coletivos de imigrantes); e
- propor planos de melhoria e fazer seu acompanhamento.

Apesar de não estar dito de forma explícita, as funções a serem exercidas não têm caráter deliberativo. De forma semelhante, os conselhos de governos territoriais de saúde, criados pelo Decreto nº 38/2006, serão órgãos de participação cidadã para consulta e supervisão das atividades do consórcio.

Predominam, portanto, as funções de assessoramento, consulta, acompanhamento e supervisão nos órgãos de participação, em quase todo o sistema, com as limitações já apontadas. Importa ressaltar que não há referência na legislação aos órgãos de participação comunitária nas ABS que compõem os setores de saúde. Entre as atribuições dos diferentes órgãos, a única referência explícita à prestação de contas aparece nas funções descritas para as comissões de participações dos centros hospitalares, quando se menciona: "conhecer a memória anual do hospital e informar sobre esta, incluídos os resultados econômicos e de saúde". E, mesmo neste caso, trata-se de "conhecer". As demais referências mais próximas ao tema falam de orçamento e memória anual.

Outro aspecto relacionado ao controle social é a existência de instrumentos diretos e indiretos de ação à disposição dos cidadãos sobre a administração pública, à medida que estes podem instrumentalizar a cidadania em sua atuação de cobrança de responsabilidade dos gestores. Estamos falando da institucionalização do poder de veto, da possibilidade de destituição de autoridades e dos recursos administrativos — queixas, reclamações, recursos de apelação e reconsideração — que permitem ao cidadão se manifestar e expressar sua satisfação ou insatisfação com a prestação de serviços recebida.

Nesse sentido, a Lei nº 15/1990 disciplina os seguintes instrumentos: a possibilidade de interpor recursos que correspondam nos mesmos casos, prazos e formas previstas na legislação sobre procedimento administrativo contra os atos administrativos do SCS; os atos ditados pelos órgãos centrais de direção e gestão do SCS podem ser objeto de recurso ordinário ante o Conselho de Saúde e Seguridade Social e os de órgãos de direção e gestão das regiões sanitárias ante o diretor do SCS. As resoluções do recurso ordinário esgotam, em ambos os casos, a via administrativa; as reclamações prévias à via jurisdicional laboral deverão dirigir-se ao diretor do SCS e aos gerentes das regiões sanitárias, no âmbito de suas respectivas competências. A Lei nº 11/1995 reafirma os termos da Lei nº 15/1990. Importa reter que a possibilidade do recurso é restrita aos órgãos de direção e gestão do SCS e das regiões. Logo, a medida não se estende ao conjunto do sistema, nem mesmo para os centros e estabelecimentos de natureza pública.

Por sua vez, a Ordem de 10 de abril de 1997, que aprova os padrões de qualidade a que se refere o artigo 5º do Decreto nº 169/1996, que devem cumprir as entidades prestadoras de serviços de oxigenoterapia e outras terapias respiratórias a domicílio, determina que a entidade deve estabelecer as vias para que os usuários possam expressar reclamações e sugestões relativas à organização e funcionamento da mesma, devendo informar sobre o sistema de coleta e assegurar que a entidade disporá de um modelo padronizado para registro das reclamações e sugestões e de um registro em que anotará todas as reclamações e as respostas dadas. Idênticas exigências são feitas pela Ordem de 14 de abril de 1997, para os centros de reabilitação, e pela Ordem de 15 de abril de 1997, para os centros que realizam provas diagnósticas. Os diferentes instrumentos normativos não informam como o sistema público controlará os diferentes provedores em relação às reclamações feitas e quais serão os procedimentos adotados para lidar com as reclamações. Sem esse controle, a simples exigência de que existam protocolos de recepção de reclamações não quer dizer muita coisa.

O Decreto nº 92/2002, de 5 de março, ao estabelecer a tipologia e as condições funcionais dos centros e serviços de saúde e as normas de autorização, disciplina como um dos requisitos funcionais e assistenciais dos serviços de internação, de atenção de dia e equipes de avaliação e suporte, de centros ou serviços de assistência ambulatória às pessoas dependentes de drogas e dos centros e residências de assistência às pessoas dependentes de drogas, a disponibilização de vias de atenção às reclamações, mediante a existência de um livro ou folha oficial de reclamações, ao alcance dos usuários ou de seus familiares, e também uma caixa de sugestões. Como comentado anteriormente, sem que haja mecanismos de controle dos procedimentos adotados para as reclamações, essa exigência é letra morta, ou seja, não tem consequências práticas na vida das organizações e na melhoria da qualidade assistencial.

Já a Lei nº 7/2003 determina que:

- as pessoas interessadas podem interpor recursos contra os atos administrativos da Agência de Proteção à Saúde nos mesmos casos, prazos e formas que os estabelecidos pela legislação de procedimentos administrativos;
- os atos ditados por órgãos centrais da Agência de Proteção à Saúde podem ser objeto de recurso de alçada ante o conselho da Saúde e Seguridade Social;
- os atos ditados por órgãos de serviços regionais podem ser objeto de recurso de alçada ante o diretor-gerente da agência.

As resoluções ditadas, em ambos os casos, esgotam a via administrativa. As reclamações prévias à via judicial civil devem ser apresentadas ao conselho, que é o órgão competente para sua resolução de acordo com as normas vigente sobre procedimentos administrativos comuns. As reclamações prévias à via judicial laboral devem ser apresentadas ao diretor da agência, que é o órgão competente para sua resolução.

A preocupação em garantir o espaço para reclamações e recursos também é objeto da Lei nº 8/2007, que cria a empresa pública ICS. A lei normatiza os seguintes aspectos:

- as pessoas interessadas podem interpor os correspondentes recursos administrativos contra os atos emanados dos órgãos dos ICS, nos mesmos casos, prazos e formas estabelecidos pela legislação sobre o procedimento administrativo comum, de acordo com as especialidades determinadas;
- os atos ditados pelo diretor-gerente do ICS que não esgotam a via administrativa podem ser objeto de recurso de alçada ante o conselho de administração.

Em todos os casos, esgotam a via administrativa os atos ditados em matéria de pessoal estatutário e laboral, as resoluções dos procedimentos de responsabilidade patrimonial e os demais atos que estabelece a norma reguladora dos entes que integram o setor público do governo;

- os atos ditados pelos serviços corporativos, pelas unidades de gestão e pelas gerências territoriais do ICS não esgotam a via administrativa e podem ser objeto de recurso de alçada ante o diretor gerente do Instituto;
- as reclamações prévias em via jurisdicional ou laboral devem apresentar-se ao diretor-gerente do ICS, que é o responsável competente para sua resolução. Importa destacar a extensão da possibilidade do recurso a todos os órgãos do ICS, o que dá ao cidadão melhores condições de supervisão dos atos praticados pela administração pública.

Estes dispositivos são de fundamental importância para o controle da administração pública por dois motivos. Em primeiro lugar, porque informam o cidadão sobre suas possibilidades de recursos e de contestação. Em segundo lugar, porque incitam mais cuidados e rigor com os atos praticados. À medida que se abrem as vias de acesso para o cidadão, se potencializa a sua capacidade de "voz" no sistema. A simples possibilidade do recurso já funciona como um freio para a discricionaridade do gestor. E é por essa razão que tais instrumentos são vistos como fundamentais para habilitar a cidadania a exercer o seu papel.

Além dos instrumentos de ação direta e indireta à disposição dos cidadãos, também é importante verificar o conjunto de ações na defesa de interesses públicos, tais como: direito de petição, ação popular, mandado de segurança e ação de tutela.

A Lei Orgânica nº 4/2001, de 12 de novembro, que regula o direito de petição, determina:

- toda pessoa natural ou jurídica pode exercer o direito de petição individual ou coletivamente, nos termos e com os efeitos estabelecidos na lei, sem que seu exercício possa derivar em prejuízo algum ao peticionário. Não obstante, não resultará isento de responsabilidade quem por ocasião do exercício do direito de petição incorrer em delito ou falta;
- o direito de petição poderá ser exercido ante qualquer instituição pública, administração ou autoridade, assim como ante os órgãos de direção e administração dos organismos e entidades vinculadas ou dependentes das administrações públicas, a respeito das matérias de sua competência, qualquer que seja o âmbito territorial ou funcional destas. As petições poderão versar sobre qualquer assunto ou

matéria compreendida no âmbito de competências do destinatário, independentemente de afetarem exclusivamente o peticionário ou o interesse coletivo. Não são objetos desse direito as solicitações, queixas ou sugestões para cuja satisfação o ordenamento jurídico estabeleça um procedimento específico distinto ao regulado na lei.

A Lei nº 1/2006, de 16 de fevereiro, que regula a Iniciativa Legislativa Popular, disciplina:

- podem ser objeto de iniciativa legislativa popular as matérias sobre as quais o governo tem reconhecida sua competência e o Parlamento pode legislar, de acordo com a Constituição e o Estatuto de Autonomia, à exceção das matérias que o Estatuto de Autonomia reserva à iniciativa legislativa exclusiva dos deputados, dos grupos parlamentares ou do governo, os orçamentos do governo e as matérias tributárias;
- estão legitimadas para exercer a iniciativa legislativa popular as pessoas que têm a condição política de catalãs, de acordo com o Estatuto de Autonomia da Catalunha, e não estão privadas dos direitos políticos;
- estão legitimadas para exercer a iniciativa legislativa popular os maiores de 16 anos, inscritos como domiciliados em algum município da Catalunha e que atendam aos seguintes requisitos: a) nacionalidade espanhola; b) cidadania dos paises membros da União Europeia, exceto da Islandia, Lichtenstein, Noruega ou Suíça; c) residir legalmente na Espanha, de acordo com a normativa em matéria de estrangeiros.

A iniciativa legislativa popular se exerce por meio da apresentação à mesa do Parlamento de uma proposição de lei, com o apoio das assinaturas, devidamente autenticadas, de um mínimo de 50.000 pessoas.

Ambos os dispositivos são muito importantes para o fortalecimento da cidadania, porque criam condições de participação do cidadão, seja na proposição de leis, seja no exercício de seu papel peticionário, em muitas questões da administração pública. Outra dimensão importante na discussão do controle social é a consagração de arenas públicas de deliberação, tais como as audiências públicas, a exposição política dos projetos e os fóruns de debate. Estes espaços públicos são fundamentais para a busca de consensos, em especial de temas polêmicos. A diversidade de atores que normalmente comparecem a estas arenas públicas introduz um componente político na discussão e fortalece a cidadania, exatamente em sua dimensão política.

Neste sentido, o Edito de 30 de julho de 2003 submete à informação pública a proposta de acordo de territorialização dos serviços da rede de centros e estabelecimentos de saúde de utilização pública da Catalunha, com a finalidade de dar participação aos interessados no procedimento de territorialização. As alegações a serem feitas devem indicar a exposição de motivos de desacordo com a proposta apresentada, as modificações que sejam consideradas oportunas, os dados pessoais do signatário ou da representação de alguma entidade.

Por sua vez, o Decreto nº 37/2008 determina que o seu anteprojeto será aprovado, inicialmente, pelo conselho de direção do SCS, com apresentação prévia ao Conselho Catalão de Saúde. Posteriormente, será submetido ao trâmite de informação pública e de audiência àquelas entidades que têm a representação e a defesa de interesses afetados pelo referido mapa. A regulamentação encontra respaldo na Lei nº 13/1989, que disciplina que, se uma lei o exige, ou se o decide, segundo os casos, o governo ou o conselheiro competente, a proposta de disposição geral será submetida ao conhecimento público ou à audiência das entidades que, por lei, têm a representação e defesa de interesses de caráter geral ou afetados pela dita disposição. Ou seja, o espírito da lei é garantir que haja um momento de defesa dos interesses afetados.

A exposição e publicação de determinado projeto ou proposta objetiva exatamente mapear os pontos contraditórios, antes de sua aprovação, com o objetivo de harmonizar os interesses conflitantes. A prática desse exercício não só expõe a autoridade governamental, como se constitui uma prática democrática que consolida a cidadania. Importa destacar que não há outras referências desse tipo na legislação, o que aponta para a falta de institucionalização de espaços públicos de deliberação para encaminhamento das questões vinculadas à saúde, o que contribui para tornar o sistema impermeável ao debate e ao controle do cidadão.

O acesso livre dos cidadãos à informação pública é outro aspecto de fundamental importância na análise da responsabilização pelo controle social. O pressuposto é que somente cidadãos bem informados podem exercer a contento a sua cidadania. E aqui, não somente o acesso, como a qualidade, a oportunidade e o tempo da informação ocupam um lugar central quando se pensa em quais mecanismos são necessários para fortalecer a cidadania. Neste sentido, há um conjunto de dispositivos que versam sobre os direitos de informação.

A Lei nº 21/2000, de 29 de dezembro, sobre os direitos de informação concernentes à saúde e autonomia do paciente e à documentação clínica, determina que os cidadãos têm direito a ter conhecimento adequado dos problemas de saúde da coletividade que impliquem risco para a sua saúde e que a informação se difunda em termos verídicos, compreensíveis e adequados para a proteção da saúde. O Decreto nº 378/2000 disciplinou que com o fim de possibilitar aos cidadãos o conhecimento dos centros, serviços e estabelecimentos que configuram o sistema integral de utilização pública da Catalunha, por resolução do Conselheiro de Saúde e Seguridade Social, se dará publicidade anualmente à lista correspondente.

Igualmente importante para democratização das informações foi a publicação do Decreto nº 418/2000, de 5 de dezembro, que cria o registro de acompanhamento e gestão de pacientes em lista de espera para procedimentos cirúrgicos, com a finalidade de gestionar seus fluxos, fazer seu acompanhamento e poder garantir aos cidadãos um tempo máximo de espera. Em decorrência da criação do registro de pacientes em lista de espera, o Decreto nº 354/2002 estabeleceu os prazos máximos de acesso a determinados procedimentos cirúrgicos a cargo do SCS, determinou que o SCS estabelecerá os procedimentos oportunos para que os usuários, para os quais tenha sido indicada a realização de uma intervenção, possam acessar a informação geral sobre sua inclusão no registro de acompanhamento e gestão de pacientes em lista de espera para procedimentos cirúrgicos, assim como aos dados gerais sobre os prazos de acesso ao correspondente procedimento cirúrgico em outros centros da rede hospitalar de utilidade pública.

Por sua vez, o Real Decreto nº 1.030/2006, em seu artigo 10, disciplina que as pessoas que recebem as prestações contidas na carteira de serviços têm direito à informação e à documentação assistencial, direito à tramitação dos procedimentos administrativos necessários para garantir a continuidade da atenção e direito à documentação ou certificação médica para efeitos de registro civil. Ainda com relação ao direito à informação, o Real Decreto disciplina que no Ministério de Saúde e Consumo existirá um sistema de informação de carteira de serviços comuns do SNS, assim como das diferentes carteiras complementares das comunidades autônomas.

O Decreto nº 136 determina o registro dos contratos e convênios no âmbito da assistência de saúde a cargo do SCS. Assim, têm que ser registrados os contratos ou convênios subscritos pelo SCS, pelo ICS, pelas empresas públicas vinculadas ao Departamento de Saúde ou ao SCS, pelos consórcios em que o governo da Catalunha, por meio do Departamento de Saúde ou o SCS, tenha uma participação majoritária, pelos centros da rede hospitalar de utilidade pública, pelos centros, serviços e estabelecimentos, quando o valor de tais contratos ou convênios seja superior a 50% das receitas totais dessas entidades.

Já a Lei nº 11/2007, de 22 de junho, de acesso eletrônico dos cidadãos aos serviços públicos, disciplina que, em particular nos procedimentos relativos aos estabelecimentos de atividades de serviços, os cidadãos têm direito a obter as seguintes informações por meio eletrônico:

- os procedimentos e trâmites necessários para aceitar as atividades de serviço e para seu exercício;
- os dados das autoridades competentes em matérias relacionadas com as atividades de serviços, assim como as associações e organizações profissionais relacionadas com elas;
- os meios e condições de acesso aos registros e bases de dados públicos relativos a prestadores de atividades e as vias de recursos em caso de litígio entre quaisquer autoridades competentes, prestadores e destinatários.

Finalmente, há que se mencionar o conjunto de informações disponibilizadas ao cidadão pela internet (<www.gencat.es>): organização do sistema, lista de provedores, orçamento, empresas públicas, consórcios, direitos e deveres, serviços de saúde, carteira de identificação, procedimentos, regiões sanitárias, objetivos, missão, memória anual, contatos etc. As informações são muito fáceis de acessar e a navegação pelo site ocorre sem problemas, permitindo ao cidadão o acesso a um conhecimento básico sobre o sistema de saúde e a condição mínima necessária para qualquer ação.

Associado aos direitos à informação, em 2001 foi aprovada a Carta dos Direitos e Deveres dos cidadãos em relação à saúde e a seus aspectos sociais, como um documento programático do governo, inspirada na Declaração para a Promoção dos Direitos do Paciente na Europa (1994) e no Convênio sobre Biomedicina e Direitos Humanos do Conselho da Europa (1997). Desde 1983, com a Ordem de Credenciamento de 25 de abril de 1983, já se fazia a exigência para que os provedores fizessem constar de forma clara, em registro, os direitos e deveres do paciente. A carta regula os direitos à igualdade, à autonomia, à intimidade e à confidencialidade, constituição genética da pessoa, investigação e experimentação científica, promoção e proteção à saúde, informação assistencial e documentação clínica, informação geral sobre os serviços, participação do usuário e qualidade assistencial. Para cumprimento da carta foram definidas as seguintes estratégias: elaboração de um plano de sensibilização com os profissionais e agentes do sistema de saúde, elaboração de um plano de difusão endereçado aos cidadãos e um plano de avaliação sobre o grau de conhecimento sobre os direitos e deveres contidos na carta. Os deveres são: cuidar de sua saúde e responsabilizar-se, cumprir as normas das autoridades de saúde, cumprir as medidas sanitárias adotadas para a preven-

Responsabilização pelo controle social **233**

ção ao risco, correta e adequada utilização dos recursos, garantir a conservação e o funcionamento das instalações.

Como se constata, há uma ampla legislação que regula o direito de informação relacionada à saúde. A regulação tem abrangido o direito de conhecer os problemas de saúde da coletividade e os riscos para a saúde, a conhecer a rede de centros, estabelecimentos e serviços que configuram a rede hospitalar de utilidade pública, informações sobre as listas e prazos de espera para procedimentos cirúrgicos, informações sobre a carteira de serviços e direitos de acesso eletrônico aos serviços públicos. São direitos importantes, sem dúvida. Mas ainda são insuficientes para permitir uma escolha informada sobre os diversos aspectos relacionados à questão da saúde e para instrumentalizar uma ação coletiva da cidadania, pois não privilegiam a ação coletiva. Antes, individualizam a ação cidadã.

Responsabilização pelo controle social no Brasil

A organização do SUS no Brasil contempla a participação comunitária como um dos eixos básicos para a construção e consolidação do sistema. *A priori*, portanto, a participação comunitária efetiva o controle social à medida que a proximidade com a tomada de decisões cria, em tese, meios para uma melhor avaliação das condições em que opera o sistema, permite que a atividade do controle possa ser implementada e favorece a cobrança da prestação de contas dos gestores públicos. Assim, o exame dos dispositivos normativos tentará evidenciar as condições existentes para o exercício do controle social.

Um dos requisitos básicos para a compreensão da responsabilização é o exame dos canais institucionalizados de participação no âmbito da administração pública, na pressuposição de que o desenho institucional adotado implica condições efetivas da ação dos cidadãos na discussão e encaminhamento de suas demandas.

A figura do controle social no direito constitucional brasileiro ganha importância com a Constituição Federal de 1988. No capítulo Direitos e Deveres Individuais e Coletivos, encontramos muitos dispositivos que consagram instrumentos relacionados à participação e ao controle social, tais como: gratuidade dos atos necessários ao exercício da cidadania, acesso à justiça, devido processo legal, acesso às informações, associação sem interveniência estatal e vedação à limitação da publicidade dos atos processuais. Estes direitos são de fundamental importância para o exercício do controle social, pois, como afirma Valle (2002:90), sem liberdade de associação, sem acesso às informações e sem a garantia do devido processo legal — na órbita administrativa e judicial — não se teria como desenvolver controle seja por ausência de estrutura própria a executar a tarefa, seja por falta dos meios necessários a seu bom desenvolvimento, seja por falta de instância e mecanismos isentos de análise das questões que por ela, fiscalização, viessem a ser suscitadas.

Além desses dispositivos, a Constituição Federal de 1988 ainda traz outros para ampliar a transparência dos atos de gestão da administração pública, necessários para viabilizar um conjunto de informações que poderão ser utilizadas pelos cidadãos para questionamento das ações. Estamos nos referindo:

- aos artigos que tratam do dever de disponibilização das contas dos municípios ao contribuinte, para exame, apreciação e controle (art. 31 § 3º);
- à recomendação de que a lei determinará medidas para o esclarecimento dos consumidores acerca dos impostos incidentes sobre mercadorias e serviços (art. 150, § 5º);
- ao dever de divulgação mensal do montante de tributos arrecadados, recursos recebidos e outras informações referentes à receita corrente dos entes federados (art. 162); e
- ao dever de publicação pelo poder executivo de relatório resumido da execução orçamentária (art. 165 §3º).

Outros recursos diretamente relacionados à possibilidade de intervenção dos cidadãos também estão previstos na Constituição Federal de 1988, tais como:

- instrumentos de soberania popular pelo voto direto mediante plebiscito, referendo e iniciativa popular (art. 14, I, II e III);
- direito à participação da parte do usuário na administração pública direta e indireta (art. 37, §3º); e
- possibilidade de denúncia de irregularidades junto ao órgão de controle externo (art. 74, §2º).

Todos esses dispositivos consagram, do ponto de vista formal, condições para a existência do controle social. Sabemos, no entanto, que a real participação do cidadão está relacionada não apenas à existência legal das condições e formas de participação, mas à existência de canais de participação institucionalizados, à qualidade da informação recebida, ao poder de exigibilidade da informação ao poder público, à transparência dos processos decisórios e à capacidade de atuação

Responsabilização pelo controle social

e articulação dos cidadãos para fazer valer o interesse público e responsabilizar a administração pública pelo seu desempenho. O SUS, fruto de ampla mobilização dos setores sociais, em especial dos setores vinculados à saúde, na década de 1980, tem no controle social um de seus pilares básicos de sustentação.

A Lei nº 8.142, de 28 de dezembro de 1990, que dispõe sobre a participação da comunidade na gestão do sistema, determina que o SUS terá as seguintes instâncias colegiadas: a Conferência de Saúde e o Conselho de Saúde. A Conferência de Saúde reunir-se-á a cada quatro anos com a representação dos vários segmentos sociais, para avaliar a situação de saúde e propor as diretrizes para a formulação da política de saúde nos níveis correspondentes, convocada pelo Poder Executivo ou, extraordinariamente, pelo Conselho de Saúde. Constitui-se, portanto, em um espaço público de deliberação sobre a política de saúde nas esferas municipais, estaduais, do Distrito Federal e da União, que congrega vários atores sociais e interesses nem sempre convergentes. O exercício democrático do debate configura as conferências como um importante espaço de construção coletiva das questões vinculadas à saúde. É assim uma arena pública de deliberação e um espaço em que os atores buscam impor suas concepções e prioridades. Logo, constitui um espaço em que a política ocupa lugar central, na medida em que a política se expressa pela busca de convergência dos interesses divergentes. Fortalece-se assim a cidadania ao exercitar a política em espaços dessa natureza.

O Conselho de Saúde, em caráter permanente e deliberativo, é um órgão colegiado composto por representantes do governo, prestadores de serviço, profissionais de saúde e usuários, para atuar na formulação de estratégias e no controle da execução da política de saúde na instância correspondente, inclusive nos aspectos econômicos e financeiros. O caráter permanente e deliberativo permite ao conselho participar intensamente na intermediação de interesses para a construção da política de saúde, uma vez que a sua composição traz para o espaço de decisão um conjunto de tensões, próprias da diversidade dos participantes.

Essas duas instâncias têm potencialmente capacidade de exercer a ação fiscalizatória sobre a administração pública, especialmente sobre os conselhos de saúde, e dessa forma têm condições de pressionar a administração à prática sistemática da prestação de contas. E, mais do que simplesmente cobrar prestação de contas, que ela não se limite aos aspectos legais e processuais, mas incorpore as dimensões da qualidade, equidade, satisfação do cidadão, eficiência, eficácia e efetividade nas ações realizadas. Essas instâncias, para reforçar o controle social, terão que criar condições para aflorar a exposição pública dos interesses particulares a fim de que o debate seja travado à luz das diferenças e dessa maneira os sujeitos envolvidos possam chegar à definição de interesses comuns. Para Bresser-Pereira e Cunill Grau (1999:25), trata-se de

> distinguir entre o controle social difuso e o institucionalizado, assim como o exercido por meio de organizações que representam interesses particulares — as organizações corporativas — a respeito dos cidadãos como tais — sem mediações de partidos ou movimentos — e daquelas organizações e movimentos que apelam à propagação de convicções práticas, mais ligadas à defesa de direitos que de interesses.

Evidentemente, a ação política dos conselhos depende das condições em que exerce a sua função, do nível de capacitação técnica dos conselheiros para fazer uma discussão aprofundada sobre os diversos aspectos da saúde e tomar decisões e do nível de amadurecimento político dos conselheiros, que lhes permita entender as relações políticas que permeiam o processo decisório e as interfaces com outros interesses constituídos na sociedade.

Para Oliveira (2006:35), o funcionamento dos conselhos está relacionado com a assimetria das lógicas simbólicas presentes nos fluxos comunicacionais e informacionais. Isso significa dizer que:

> As assimetrias sociais e simbólicas da sociedade têm forte impacto nos processos comunicacionais dos conselhos tendo em vista a origem social dos conselheiros, os diferentes interesses dos quais são portadores e a maneira como eles entendem as questões de saúde e do controle público. Se levarmos em conta o princípio de que nenhuma prática social ou política pode ser exercida sem os respectivos processos comunicacionais e disponibilidade de informações, nem sempre a ausência ou disponibilidade de uma e outra coisa significam a existência de uma comunicação capaz de nortear debates ou aglutinar as pessoas em torno de consensos visando ao interesse coletivo na saúde. Para que isso ocorra, é necessário um mínimo de igualdade cognitiva e política entre os seus membros para quebrar a assimetria dos fluxos simbólicos norteadores da ação.

A Resolução nº 258 reafirma as funções dos conselhos de saúde definindo a paridade como critério de representação, para os representantes dos governos, prestadores de serviços, profissionais de saúde (50%) e usuários (50%). A resolução, claramente, favoreceu o segmento dos usuários na composição dos conselhos. No entanto, como afirmamos anteriormente, no conselho se expressarão distintas visões de mundo que terão repercussões no encaminhamento das políticas e no

Responsabilização pelo controle social

exercício do controle e, assim sendo, esse favorecimento não significa muito, pois tudo dependerá das articulações políticas que o segmento dos usuários poderá fazer. Como diz Oliveira (2006:36):

> A participação de cada um é proporcional apenas àquilo que se coloca dentro do seu horizonte social de entendimento, ou seja, aos marcos cognitivos que delimitam e facilitam o nosso entendimento do mundo e das coisas e que nos permitem interpretar e codificar as mensagens sociais em termos individuais ou coletivos.

Nessa resolução, define-se de uma forma mais concreta algumas atribuições dos conselhos: aprovação dos planos de saúde em cada esfera de atuação e fiscalização da movimentação dos recursos repassados pelo Ministério da Saúde. O caráter deliberativo dos conselhos é reafirmado pela Portaria nº 545, de 20 de maio de 1993, que estabelece normas e procedimentos reguladores do processo de descentralização da gestão das ações e serviços de saúde, por meio da NOB/SUS 01/93 e pela Portaria nº 2.203, que aprovou a NOB/SUS 01/96.

Uma nova instância de participação só vem a ser definida com a Lei nº 9.782. A lei determinou que a agência será dirigida por uma diretoria colegiada, devendo contar, também, com um procurador, um corregedor e um ouvidor, além de unidades especializadas incumbidas de diferentes funções. A institucionalização da ouvidoria abre um canal de acolhimento das demandas, das reclamações e das sugestões dos usuários, podendo vir a ser um importante canal de intermediação entre cidadãos e administração pública, desde que seja constituída com autonomia em relação aos gestores, condição fundamental para o exercício de suas funções.

De forma semelhante, a Lei nº 9.961, que criou a ANS, também disciplinou que a agência será dirigida por uma diretoria colegiada, devendo contar, também, com um procurador, um corregedor e um ouvidor, além de unidades especializadas incumbidas de diferentes funções, de acordo com o regimento interno. A figura do ouvidor em uma agência, pela sua flexibilidade e grau de autonomia de decisão, pode aumentar muito as possibilidades de acesso do cidadão à administração pública. A lei também introduziu outro espaço de participação social, ao criar a Câmara de Saúde Suplementar, integrada pelo seu presidente, representação dos ministérios da Fazenda, Previdência e Assistência Social, Trabalho e Emprego, Justiça, Saúde, representação do Conselho Nacional de Saúde, Conselho Nacional dos Secretários Estaduais de saúde, Conselho Nacional dos Secretários Municipais de Saúde, Conselho Federal de Medicina, Conselho Federal de Enfermagem, Federação Brasileira de Hospitais, Confederação Nacional de Saúde, Hospitais, Estabelecimentos e Serviços, Confederação das Santas Casas de Misericórdia, Hospitais e Entidades Filantrópicas, Confederação Nacional da Indústria, Confederação Nacional do Comércio, Central Única dos Trabalhadores, Força Sindical, Social-Democracia Sindical e por um representante das entidades de defesa do consumidor, de associações de consumidores de planos privados de assistência à saúde, do segmento de autogestão de assistência à saúde, das empresas de medicina de grupo, das cooperativas de serviços médicos que atuem na saúde suplementar, das empresas de odontologia de grupo, das cooperativas de serviços odontológicos que atuem na área de saúde suplementar e das entidades de portadores de deficiência e de patologias especiais.

O grande número de representantes demonstra bem a complexidade da saúde e é também revelador das dificuldades de operar um consenso, dada a diversidade de interesses representados na câmara. Os participantes tecem distintas articulações que são processadas nos âmbitos interno e externo dos espaços institucionais, em busca da defesa de suas posições e interesses.

O fato de a legislação consagrar essas instâncias de participação, e em especial o caráter deliberativo dos conselhos de saúde, aponta para um sistema que em sua estruturação criou um mecanismo que poderá realizar um bom controle sobre as ações da administração pública. É claro que o fato de os conselhos terem atribuições de formulação da política coloca uma dificuldade para o exercício do controle, na medida em que poderá faltar a isenção necessária para o julgamento das ações implementadas. Em que medida o fato de participar ativamente da formulação de estratégias da política de saúde não prejudica a ação de controle, que por definição deve ser exercida de forma autônoma? Os conselhos devem supervisionar ou exercer uma função gerencial? Os conselhos devem ampliar suas responsabilidades executivas ou consolidar os mecanismos de controle sobre a ação pública?

Cunill Grau (2006:274), ao examinar a questão, tem o seguinte entendimento:

> Pode o envolvimento do cidadão na gestão pública ser considerado uma forma de controle social ou esse controle só pode ser exercido externamente à administração? A resposta ao primeiro enunciado, a partir de nossa perspectiva, é categórica: a cogestão é irreconciliável com o controle. A eficácia deste está diretamente ligada à independência e à autonomia que os sujeitos sociais mantenham em relação aos atores estatais. Portanto, o controle precisa ser externo à administração pública para que a relação com ela seja reguladora e não constitutiva.

Para examinar mais de perto essa questão, é importante verificar quais são as competências dos conselhos de saúde. Uma avaliação de suas competências evidenciará as reais possibilidades de controle que podem ser exercidas de modo a resultar em um processo de responsabilização do gestor público.

A Lei nº 8.142, de 28 de dezembro de 1990, que dispõe sobre a participação da comunidade na gestão do SUS, determina que os municípios, os estados e o Distrito Federal, para receberem recursos da União, deverão contar, entre outras exigências, com o Conselho de Saúde, constituído de forma paritária, da forma como estabelece o Decreto nº 99.438, de 7 de agosto de 1990. O caráter impositivo da norma institucionaliza as condições para a existência dos conselhos, obrigando os gestores a conviverem com uma nova instância de decisão.

Por sua vez, a Resolução nº 258/1991 definiu dois requisitos básicos para as transferências automáticas e diretas de recursos de custeio do SUS para os municípios: a criação de Conselhos Municipais de Saúde, compostos por representantes do governo municipal, prestadores de serviço, profissionais de saúde e usuários, com composição paritária; e a apresentação do Plano Municipal de Saúde aprovado pelos respectivos conselhos. Observe-se que a Resolução nº 258 não só reafirma a vinculação entre recebimentos de recursos e criação de conselhos, mas define como uma das competências do conselho a aprovação do Plano Municipal de Saúde. Considerando que o plano evidencia todas as opções feitas em termos das prioridades de saúde, da forma como as ações serão conduzidas, dos atores envolvidos, das formas de gestão e da alocação de recursos, a Resolução nº 258 atribuiu um papel de grande importância aos conselhos em função de seu poder deliberativo, e colocou para os conselheiros a necessidade de dominarem um conjunto de conhecimentos para poderem assumir com consciência a tarefa de discussão e aprovação do plano de saúde.

A Portaria nº 545 — SUS 01/93, de 20 de maio de 1993, que estabelece normas e procedimentos reguladores do processo de descentralização da gestão das ações e serviços de saúde, na mesma linha de atribuir novas responsabilidades aos conselhos de saúde, determina que os conselhos aprovarão os critérios de programação dos quantitativos dos serviços, por ordem de prioridade entre prestadores públicos, filantrópicos e privados, assegurado o acesso ao universo de prestadores existentes, atendidos os requisitos de qualidade e respeitadas as necessidades de cobertura identificadas no Plano de Saúde e os termos de compromisso que contemplem as metas que o gestor se propõe a cumprir no período de um ano. Como se vê, a Portaria nº 545/1993, a exemplo das outras normas operacionais do SUS, vai gradativamente definindo novas atribuições aos conselhos de saúde, numa clara intenção de dotá-los de capacidade de intervenção na construção do SUS. O poder de aprovação sobre planos de saúde, quantitativos de programação de serviços, termos de compromisso e de fiscalização sobre os fundos de saúde dá um enorme poder aos conselhos. Outrossim, suscita mais uma vez a seguinte questão: em que medida o crescente envolvimento dos conselheiros com aspectos da gestão não prejudica a capacidade de análise dos resultados alcançados?

O fato é que novos decretos e portarias vão estabelecendo novas atribuições para os conselhos, em um processo de institucionalização a partir do Estado. A estratégia é clara: transformar os conselhos em atores importantes da construção do SUS fazendo-os protagonistas da gestão e uniformizar um conjunto de atribuições para lidar com a grande diversidade dos municípios com níveis distintos de desenvolvimento político.

Assim, a reafirmação do poder fiscalizatório do conselho sobre os recursos transferidos pelo Fundo Nacional de Saúde é objeto do Decreto nº 1.232, de 30 de agosto de 1994. Com o Decreto nº 1.651, de 28 de setembro de 1995, que regulamenta o Sistema Nacional de Auditoria no âmbito do SUS, torna-se obrigatória a aprovação, pelos respectivos conselhos de saúde, do relatório de gestão a ser enviado ao Ministério, para comprovação da aplicação de recursos transferidos aos estados e municípios. Com a Portaria nº 1.886, de 18 de dezembro de 1997, que aprova normas e diretrizes do Programa de Agentes Comunitários de Saúde e do Programa de Saúde da Família, os conselhos assumem uma nova atribuição, qual seja, a de aprovação da implantação dos referidos programas nos municípios. Com a Portaria nº 176, de 8 de março de 1999, que estabelece critérios e requisitos para a qualificação dos municípios e estados ao incentivo à Assistência Farmacêutica Básica, os conselhos agora têm a atribuição de verificar a aplicação dos recursos financeiros correspondentes às contrapartidas estadual e municipal para a assistência financeira. É importante destacar que essa aplicação deve constar do Relatório de Gestão e das prestações de conta que também devem ser aprovadas pelos conselhos. No âmbito do estado, o Plano Estadual de Assistência Farmacêutica Básica deve ser aprovado pelo Conselho Estadual de Saúde.

Em 2001, novas atribuições foram definidas. Agora, a Portaria nº 393, de 29 de março, ao instituir a Agenda de Saúde, determinou que os estados e o Distrito Federal teriam 30 dias, após a publicação da portaria, para elaborar suas agendas em conjunto com os respectivos conselhos de saúde, devendo ser apreciadas pelas plenárias dos conselhos em sessão especialmente convocada para esse fim e que os municípios teriam 30 dias, após a publicação das correspondentes agendas estaduais, para elaborar suas agendas em conjunto com os respectivos conselhos de

Responsabilização pelo controle social

241

saúde, devendo ser apreciadas pelas plenárias dos conselhos também em sessão especial.

Com a portaria, o envolvimento dos conselhos com os gestores é colocado de forma explícita — via elaboração da agenda em conjunto. A agenda é um documento sobre as prioridades de saúde e orienta a formulação dos planos de saúde e dos termos de compromisso.

Em complemento, a Portaria nº 548, de 12 de abril de 2001, cria vários instrumentos de gestão, e em todos eles reforça o poder dos conselhos de saúde. Assim, disciplina:

- as Agendas de Saúde, ao serem consolidadas e adaptadas em cada esfera de governo, comporão um processo de responsabilização progressiva, tendo por base as referências políticas, epidemiológicas e institucionais de cada esfera, sempre com a homologação do Conselho de Saúde correspondente;
- os Planos de Saúde são documentos de intenções políticas, de diagnóstico, de estratégias, de prioridades e de metas, vistos sob uma ótica analítica. Devem ser submetidos na íntegra aos conselhos de saúde correspondentes, em cada nível de gestão do SUS;
- o Relatório de Gestão é elaborado a partir da matriz de informações constituída pelo Quadro de Metas. Sua elaboração compete ao respectivo gestor do SUS, mas deve ser obrigatoriamente referendado pelos conselhos e comissões intergestores;
- os conselhos de saúde e as comissões intergestores (CIB e CIT) poderão, no que lhes couber, determinar ou pactuar alterações nos Quadros de Metas.

Como se constata, todos os instrumentos de gestão devem passar obrigatoriamente pelo exame dos conselhos, o que configura esses organismos como interlocutores privilegiados da tomada de decisões. Agendas, Planos, Quadros de Metas e Relatórios, de uma forma lógica e sequenciada, colocam o conselho em condições de exercer o controle *ex ante* e *ex post* do conjunto de políticas adotadas, com as ressalvas já feitas em relação ao seu envolvimento na gestão.

O controle *ex ante* permite participar da formulação da política e o controle *ex post* permite participar da aferição de indicadores e avaliação daquilo que foi planejado. Os conselhos de saúde têm, assim, do ponto de vista formal, grande poder para controlar a ação governamental e, em consequência, têm condições de exigir do gestor uma prestação de contas que se paute não apenas pelos aspectos de legalidade, mas incorpore as dimensões da eficácia da política de saúde.

Em 2006, com a Portaria nº 399, que divulgou o Pacto pela Saúde — Consolidação do SUS e suas diretrizes —, houve novo aumento de atribuições e um reforço para a atuação dos conselhos. A portaria definiu que:

- os projetos de investimento apresentados para o Ministério da Saúde deverão ser aprovados nos respectivos conselhos de saúde e na CIB, devendo refletir uma prioridade regional;
- os termos de compromisso de gestão devem ser aprovados nos respectivos conselhos;
- os municípios, estados, Distrito Federal e União deverão implementar ouvidorias com vistas ao fortalecimento da gestão estratégica do SUS;
- as diferentes instâncias deverão prover as condições materiais, técnicas e administrativas necessárias ao funcionamento dos conselhos e as condições necessárias à realização das Conferências de Saúde.

A institucionalização da ouvidoria como um canal para o fortalecimento da gestão do SUS é um espaço para reforçar a atuação dos conselhos na medida em que é possível acolher a opinião do usuário sobre o real funcionamento do sistema, sugerir mudanças, cobrar respostas às demandas do cidadão e constituir-se um espaço para dar voz ao cidadão. A disseminação de ouvidorias pelo sistema de saúde é função da ouvidoria-geral do SUS, criada pelo Decreto nº 4.726, que tem por objetivo promover a participação popular, incentivar o controle social e intermediar a relação entre o cidadão e o SUS.

Todos os dispositivos que tratam de definir normas operacionais do SUS obedecem à mesma lógica: dotar os conselhos de saúde de instrumentos capazes de transformá-los em protagonistas da tomada de decisão nas questões de saúde. Assim, os conselhos estão presentes na elaboração da Agenda, dos Planos de Saúde, dos Quadros de Metas, dos projetos de investimento. Estão presentes na aprovação de programas, de relatórios de gestão, de prestação de contas, da programação de serviços. Estão presentes na fiscalização da aplicação de recursos dos Fundos de Saúde. Logo, pode-se afirmar que a atuação dos conselhos abrange um amplo leque de aspectos envolvidos na gestão do SUS.

Diante de tantas atribuições, algumas com grande grau de complexidade, é imperativo que os conselhos desenvolvam um conjunto de competências administrativas e se apropriem de ferramentas de gestão para poderem exercer suas funções deliberativas pautadas pela construção de um sistema de saúde no qual prevaleçam os princípios de integralidade da assistência, equidade e universalidade do acesso e dê respostas às necessidades de saúde da população. Este esforço é fundamental para que o papel dos conselhos possa ser exercido em toda a sua plenitude, pois, conforme Oliveira (2006:31), "as profundas desigualdades materiais e simbólicas da sociedade se reproduzem no interior dos conselhos reiterando a verticalidade do poder e dificultando a comunicação entre os seus membros e, por consequência, a prática do controle público.".

A institucionalização dos conselhos de saúde, nas diversas esferas de gestão, com suas inúmeras atribuições e pelo caráter deliberativo de suas decisões, aponta para a responsabilização pelo controle social como um traço característico do sistema. No entanto, é pertinente discutir outros aspectos envolvidos na responsabilização pelo controle social para poder ter uma compreensão melhor da sua possibilidade de efetivação no âmbito do sistema de saúde. O desenho institucional adotado para o controle social limita-se à criação dos conselhos de saúde, com um amplo leque de instrumentos reguladores da gestão. A legislação não diz que os centros e estabelecimentos que prestam serviços ao SUS tenham instâncias de participação. Tudo se resume à figura dos conselhos municipais, estaduais, do Distrito Federal e da União.

Outrossim, não há no conjunto de leis outros instrumentos de ação diretos ou indiretos à disposição dos cidadãos para controle da administração pública, tais como poder de veto, destituição de autoridades, recursos administrativos diversos — queixas, reclamações, recursos de apelação e reconsideração. Em relação à possibilidade de reclamação, este recurso é disponibilizado ao cidadão pela Constituição Federal (§ 3º do artigo 37) que estabelece que a lei disciplinará as formas de participação do usuário na administração pública direta e indireta, regulando especialmente as reclamações relativas à prestação dos serviços públicos em geral, asseguradas a manutenção de serviços de atendimento ao usuário e a avaliação periódica, externa e interna, da qualidade dos serviços. Os recursos das decisões administrativas estão disciplinados na Lei nº 9.784, de 29 de janeiro de 1999, que regula o processo administrativo no âmbito público.

A institucionalização das ouvidorias, proposta pela Portaria nº 399/2006 — SUS, poderá vir a ser um canal de aproximação do usuário com a administração, abrindo um espaço para o acolhimento de queixas, reclamações e sugestões. É bom destacar que a Portaria nº 399/2006 não estabelece prazos para a implantação das ouvidorias e também não define normas para a sua criação. E, assim sendo, abre-se um amplo leque de possibilidades de formatos de ouvidoria. As ouvidorias que nascem subordinadas diretamente à administração podem comprometer inclusive o seu trabalho como um organismo independente da gestão. A legislação também não prevê procedimentos administrativos para que as pessoas possam recorrer de decisões tomadas pela administração. Ou seja, o cidadão tem à sua disposição poucos recursos para manifestar-se individualmente ou coletivamente. A possibilidade de manifestação vai se dar por meio do direito de petição, da ação popular, do mandado de segurança e da ação de tutela previstos na Constituição Federal, assim como a possibilidade da representação contra o exercício negligente ou abusivo de cargo, emprego ou função na administração. Mas é bom que se registre que nenhuma dessas ações é mencionada no conjunto de dispositivos normativos do SUS, o que sinaliza a necessidade de os cidadãos conhecerem previamente esses mecanismos para poder encaminhar quaisquer ações de defesa de interesses.

Um outro aspecto revelador do espaço que o cidadão ocupa no processo de formulação, execução e implementação de políticas refere-se à existência de arenas públicas decisórias, como os fóruns e as audiências. Estes são espaços de debates e de construção de consensos sobre determinado tema. O amplo processo de discussão que se abre nessas arenas torna mais visíveis as opções de políticas, os atores que participam do processo, os interesses que orientam posições e, portanto, o produto das decisões tem muito mais chance de ser posto em prática, pois estará legitimado pelo processo de discussão entre os atores.

A legislação consultada refere-se apenas às Conferências de Saúde, que ocorrem de quatro em quatro anos, para avaliar a situação de saúde e propor as diretrizes para a formulação da política de saúde. Apesar de sua importância a dimensão temporal das conferências também é um fator limitante, uma vez que o largo intervalo entre uma e outra impede um acompanhamento mais próximo das deliberações tomadas. Além das conferências, não existe outro espaço de natureza semelhante que articule interesses divergentes vinculados à questão da saúde e que sejam espaços institucionalizados.

De importância crucial para o fortalecimento da cidadania, o livre acesso dos cidadãos à informação pública também não é objeto tratado no corpo de leis que normatizam o SUS. Há apenas uma referência na Lei nº 8.080 que determina o direito à informação, às pessoas assistidas, sobre sua saúde. Inclusive, o foco recai sobre a saúde e não sobre aspectos da gestão. O livre acesso à informação é normatizado apenas na Constituição, que em seu artigo 37, § 3º, informa que será regulamentado o acesso dos usuários a registros administrativos e a informações sobre atos do governo, observando o disposto no artigo 5, incisos X e XXIII. De importância nessa questão é a Carta dos Direitos dos Usuários da Saúde, que contempla o seguinte conjunto de direitos:

- todo cidadão tem direito ao acesso ordenado e organizado aos sistemas de saúde;
- todo cidadão tem direito a tratamento adequado e efetivo para seu problema;
- todo cidadão tem direito ao atendimento humanizado, acolhedor e livre de qualquer discriminação;
- todo cidadão tem direito a atendimento que respeite sua pessoa, seus valores e seus direitos;
- todo cidadão também tem responsabilidades para que seu tratamento aconteça da forma adequada;
- todo cidadão tem direito ao comprometimento dos gestores da saúde para que os princípios anteriores sejam cumpridos.[16]

Como se constata, o sistema não trabalha com a ideia de informar aos cidadãos para que eles possam fazer uma escolha consciente sobre os diversos aspectos relacionados à saúde. Consequentemente, não se criam condições para que os cidadãos possam exercer sua ação de controle da ação pública.

Outro aspecto relacionado à informação é o conjunto de matérias à disposição do cidadão na internet: o que é o SUS, direitos, ações e programas, indicadores, ouvidoria, mecanismos de participação social, medicamentos, biblioteca, orientação e prevenção, legislação etc. Há um amplo leque de informações que podem instrumentalizar, em tese, a ação do cidadão no encaminhamento de muitas e variadas questões de saúde.

Do exposto, o que é mais expressivo no conjunto de leis é a força dos conselhos como instâncias deliberativas da política de saúde. No entanto, essa força deve ser relativizada, pois toda a ideia de controle social repousa na capacidade institucional dos conselhos. Ou seja, se os conselhos forem atuantes e bem capacitados, as chances de realizarem um bom controle aumentam. Caso contrário, a sua atuação apenas legitima as posições dos gestores. O controle social para legitimar-se deve ter autonomia para atuar e organicidade para executar bem o seu papel, abrir-se à comunidade para recepcionar suas demandas e levá-las para o fórum de debates e deliberações, ser transparente em sua ação criando mecanismos de comunicação com a sociedade e saber tecer as articulações necessárias para lidar com interesses divergentes no âmbito do conselho.

---

[16] Disponível em: <www.saude.gov.br>.

De outra parte, como se articulam os conselhos com outros segmentos da sociedade? Como e onde é feita a prestação de contas das decisões tomadas pelo conselho? Como se dá a escolha dos membros dos conselhos? Qual o grau de independência e autonomia dos conselheiros? Qual o nível de capacitação dos conselheiros? Como são recepcionadas as demandas sociais? Como se dá o processo decisório no âmbito dos conselhos? Quais são as práticas em uso do controle social? São muitas as perguntas e poucas as respostas. Concentrar a força do controle social apenas na existência dos conselhos é insuficiente se não existem outros procedimentos de escuta ao cidadão e recursos à sua disposição para instrumentalizar a sua ação fiscalizadora e ao mesmo tempo propositiva. Audiências, fóruns, exposição pública de projetos, conselhos em nível das unidades de saúde, um grande programa informativo sobre direitos e deveres do usuário, existência de recursos administrativos, ouvidorias, direitos de petição e iniciativa de ação popular são mecanismos que podem potencializar a "a voz", na concepção de Hirshmam (1970), e dessa forma criar condições de melhorias efetivas para uma gestão em que a responsabilização seja um valor para todos que fazem a administração pública. Como afirma Oliveira (2006:38),

> o poder inerente ao controle público não pode prescindir da palavra e do diálogo, ou seja, de práticas discursivas, para construir e interferir no espaço público e organizar politicamente os interesses coletivos, o que enseja a emergência de núcleos de poder cujas feições podem ser de verticalidade ou de horizontalidade, o que vai depender de como essas variáveis são apreendidas e colocadas em prática nos conselhos. E vale acentuar que o poder e/ou característica de um dado discurso está diretamente vinculado à localização social dos interlocutores e de acordo com as competências culturais, simbólicas e políticas de que são portadores. Essas variáveis estabelecem e explicitam o elo entre a ação, o significado da ação e as relações sociais gerando o que Paulo Freire chama de práxis.

O fato de os conselhos de Saúde serem parte integrante da estrutura de decisão do SUS é sem dúvida muito importante e abre possibilidades para que o controle social se efetive, desde que os conselhos possam de fato exercer as suas atribuições tal como definido na legislação e desenvolvam um amplo processo de articulação política com outras esferas da sociedade civil em torno das questões de saúde. No entanto, dada a ausência de outros mecanismos que possam fortalecer a ação coletiva, ainda não é visível no sistema a presença ativa do cidadão como um

Responsabilização pelo controle social

ator que participa da formulação, do acompanhamento, do controle e da avaliação das políticas de saúde.

A promoção da *societal accountability* exige que, além da ação dos conselhos, pautadas pela autonomia, permeabilidade e transparência, haja um conjunto de dispositivos formais de participação na sociedade que seja capaz de colocar o cidadão no centro de processo decisório.

8

Responsabilização pelo controle de resultados

A responsabilização pelo controle de resultados implica que os gestores públicos prestem contas aos cidadãos das ações públicas implantadas, com base nos resultados alcançados. Isso significa que o foco da gestão deixa de priorizar os aspectos burocráticos centrados no processo, para valorizar os aspectos vinculados a resultados, alterando todo um conjunto de atitudes e práticas de gestão. Não basta apenas atender à legalidade dos processos, mas evidenciar o alcance de resultados que atendam às necessidades dos cidadãos e que tenham sido definidos a partir de suas intervenções no processo de tomada das decisões.

Assim, o exame dos instrumentos normativos dos sistemas de saúde na Catalunha e no Brasil será feito com o objetivo de identificar a presença de elementos gerenciais relativos ao uso de indicadores de desempenho para orientar a gestão, a liberdade dos administradores para tomar decisões, o ciclo integral da gestão, os incentivos individuais e coletivos relacionados à produtividade, os mecanismos de satisfação do usuário e de controle social da ação governamental, que são conformadores de uma nova cultura de administração pública e que, em tese, podem, se bem articulados, vir a constituir-se em uma nova forma de responsabilização da gestão pública: a responsabilização pelo controle de resultados.

Responsabilização pelo controle de resultados na Catalunha

A organização do sistema na Catalunha tem na contratualização das ações e prestações dos serviços de saúde um de seus pontos mais destacados. A contratualização é a consequência natural do modelo implantado a partir da Lei nº 15/1990, que tem entre uma de suas orientações a crença de que não importa a titularidade dos prestadores de serviço, se pública ou privada, mas a oferta das ações e prestações de serviços ao cidadão conforme suas necessidades e no tempo em que são demandadas.

A contratualização pressupõe um acordo entre as partes em que se negocia, entre outros aspectos, os serviços, as condições em que eles devem ser oferecidos, o prazo, a duração, as formas de pagamento, os mecanismos de avaliação e a forma de prestação de contas. Todos esses aspectos devem levar ao alcance de metas pactuadas que, por sua vez, devem estar articuladas às necessidades de saúde da população, consubstanciadas em um plano de saúde. Assim, é da essência da contratualização a busca de resultados. O contrato deve traduzir de forma objetiva quais são os resultados que o contratante deseja alcançar e que o contratado pode executar.

Dessa maneira, a responsabilização pelo controle de resultados tem na contratualização as condições para o seu exercício, na medida em que o contrato pode disciplinar padrões de desempenho, metas a serem alcançadas, recursos alocados a cada atividade e mecanismos de aferição de cada um dos itens pactuados. Pode também normatizar as formas de prestação de contas, os canais, a periodicidade e o público interessado. Igualmente, pode informar sobre as formas de gestão e os canais de consulta aos cidadãos. Logo, o pressuposto básico é o de que a existência de um processo de contratualização garante as condições para a responsabilização pelo controle de resultados.

Em decorrência, o exame dos instrumentos normativos que configuram o sistema na Catalunha procurará evidenciar os aspectos envolvidos no processo de contratualização, focalizando a preocupação com a obtenção de resultados, ao tempo em que também analisará outros aspectos que também são conformadores de um processo de responsabilização pelo controle de resultados: a liberdade de atuação dos gestores, o ciclo planejamento/execução/controle/avaliação, os incentivos individuais e coletivos relacionados à produtividade, os processos de avaliação *ex post*, a utilização de padrões de desempenho, os mecanismos de satisfação do usuário e de controle social da ação governamental.

Assim sendo, sem ordem de prioridade, examinemos os dispositivos que disciplinam o processo de contratualização. Nessa discussão, focalizaremos apenas os aspectos relacionados à preocupação em normatizar o alcance de resultados e suas formas de controle, uma vez que no capítulo 5 sobre responsabilização por competição administrada já foi feita uma ampla discussão sobre a contratualização.

Responsabilização pelo controle de resultados

A Locs, ao criar o SCS, informa que as contratações a serem feitas devem ajustar-se às previsões da legislação sobre contratos das administrações públicas e que os contratos de gestão de serviços de saúde em regime de convênio se regem por normas específicas. E que a regulação dos requisitos, alcance, procedimentos e sistemas de seleção, para o estabelecimento dos contratos de gestão dos serviços em regime de convênio é de competência do conselho executivo. Como se vê, não há nenhuma referência, nesse momento, a uma gestão orientada por resultados. A criação da central de balanços, em 1991, como um instrumento de consenso entre os provedores da rede hospitalar de utilidade pública e o SCS, com o objetivo de produzir informações econômicas e financeiras de cada centro e produzir informações agregadas para o planejamento e compra de serviços de saúde, constituiu-se um passo importante para a criação de condições para uma gestão orientada por resultados, na medida em que os indicadores a serem produzidos têm condições de sinalizar o resultado da gestão e apontar possíveis correções de rumo. A Lei nº 11/1995 não traz nenhuma alteração em relação a esses dispositivos.

A regulação dos convênios e contratos vem apenas com o Decreto nº 169/1996, após seis anos da Locs, cumprindo assim disposição adicional que encarregava o governo de regular, mediante decreto, os requisitos, o alcance, os procedimentos e os sistemas de seleção para estabelecimentos dos contratos de gestão de serviços de saúde, tomando como referência a legislação sobre contratos da administração pública e tendo em conta as previsões do Plano de Saúde da Catalunha e as normas específicas de ordenação de serviços.

A regulação constituiu um avanço importante na construção do sistema, mas quando se faz uma leitura de seu artigo 6º, que dispõe sobre o conteúdo dos contratos, verifica-se que a obrigatoriedade se refere apenas aos serviços e às prestações, ao sistema de pagamento, à duração, aos direitos e às obrigações recíprocas, à relação de informações que o centro deve facilitar ao SCS para que ele possa avaliar a realização das atividades pactuadas. Entretanto, não há referência, em nenhuma parte, aos indicadores de desempenho que o contratante deve alcançar, às metas a serem alcançadas, às formas de avaliação e aos mecanismos de penalização pelo descumprimento do objeto do contrato.

Tudo se resume à formulação "direitos e obrigações" e à "relação de informações" que serão disponibilizadas ao SCS, deixando um amplo campo de discricionaridade para o gestor. É importante destacar que o decreto abrangia todos os convênios firmados entre o SCS e as entidades titulares dos hospitais da rede hospitalar de utilidade pública, entre o SCS e as entidades públicas ou privadas e todos os contratos firmados pelo SCS. Logo, a ausência de requisitos obrigatórios na formatação dos convênios, vinculados a desempenho e resultados, tem implicações para todos os convênios vigentes. O decreto também normatiza os requisitos mínimos para as entidades poderem estabelecer convênios ou contratos com o SCS. São eles a autorização de funcionamento pela autoridade competente, possuir certificado de credenciamento, desenvolver uma unidade de controle interno, facilitar uma auditoria interna e apresentar um plano trienal com a previsão de recursos humanos e de investimentos. Igualmente, estende essa exigência de cumprimento dos padrões para as entidades que tenham subscritos convênios ou contratos para a gestão de serviços por conta do SCS, quando subcontratam algum desses serviços. Não se verifica, também, nenhuma exigência relacionada a desempenho, metas e resultados.

O Decreto nº 36/1997, que determina os padrões de qualidade para a contratação de serviços, também não se refere a padrões de desempenho ou resultados. Apenas indica de forma descritiva os aspectos organizativos e de pessoal, os aspectos de qualidade da assistência e da atenção global ao usuário e aspectos ligados à estrutura, às instalações e aos equipamentos necessários para que os centros apresentem o seu pedido de credenciamento na rede hospitalar. É claro que a garantia de padrões mínimos de organização e de qualidade da assistência são prerrequisitos importantes para permitir uma contratualização orientada por resultados.

O Decreto nº 345/2001, que reafirmou os termos do Decreto nº 169/1996, continua regulando os convênios e contratos sem que se exijam como conteúdo obrigatório cláusulas direcionadas para desempenho, resultados esperados e mecanismos de avaliação. Sempre se poderá argumentar que a expressão "direitos e obrigações" contempla todos os aspectos vinculados a exigências e, portanto, também pode se referir a desempenho. Porém, a não explicitação dos aspectos relacionados a desempenho, indicadores e metas direciona essas questões ao poder de negociação das partes.

A Lei nº 7/2003, que cria a Agência de Proteção à Saúde, estabelece que a agência poderá firmar contratos e convênios com entes públicos e privados e que entre ela e o SCS será firmado um contrato de relações no qual devem constar obrigatoriamente os objetivos, a relação de serviços que serão produzidos, o marco de responsabilidades da agência e das pessoas que ocupam cargos dirigentes, os objetivos de produção que se deseja alcançar, as condições em que os serviços serão produzidos e os mecanismos de acompanhamento e controle.

Observe-se a obrigatoriedade de indicar no contrato os objetivos de produção, os mecanismos de acompanhamento e controle, o que reforça o compromisso de execução na medida em que o contrato de relações é objeto de avaliação pelo

SCS. Estabelece-se entre dois entes públicos uma relação contratualizada, típica da iniciativa privada, com definição clara de regras relativas ao objeto do contrato. E introduz-se claramente uma lógica orientada para resultados, acompanhada de um processo de responsabilização da agência e dos seus dirigentes pelo alcance desses resultados. No entanto, é bom destacar que para os demais convênios e contratos não há referências quanto ao seu conteúdo, com as consequências já apontadas na análise de outros instrumentos normativos.

Com a Lei nº 8/2007, que transforma o preexistente ICS em empresa pública, normatiza-se o uso do contrato-programa entre o ICS e o SCS. Nesse instrumento já se prevê de forma clara que do contrato-programa devem constar, entre outros aspectos, os objetivos, os resultados esperados, os mecanismos para avaliar os objetivos e resultados efetivamente alcançados, os indicadores e o marco de responsabilidade do ICS para os centros, serviços e estabelecimentos do instituto. Como se constata, a exemplo da Lei nº 7/2003, a orientação para resultados também é muito clara e possibilita a qualquer cidadão acesso ao contrato-programa para saber em que bases se dá a contratualização.

A Lei também determina que o SCS deve acompanhar a execução do contrato para o seu efetivo cumprimento. Tal formulação está em conformidade com os princípios de criação da empresa pública ICS — flexibilidade, agilidade, capacidade de inovação, uso de novas tecnologias de informação — e tenta consolidar entre entes públicos relações baseadas em contratos, inspiradas nas práticas gerenciais da iniciativa privada. É importante destacar que a contratualização dos serviços com o ICS abrange apenas parte da prestação dos serviços de saúde e coloca muitas indagações sobre os conteúdos dos diversos contratos, em relação aos aspectos relacionados a metas e resultados e regras disciplinadoras sobre o não cumprimento das cláusulas contratuais, que são firmados com distintos provedores.

Nesse contexto é de fundamental importância examinar os procedimentos da avaliação, na medida em que esta pode ser a ferramenta gerencial a identificar os fatores críticos do sistema e os fatores de acerto e, em ambas as situações, subsidiar ações de planejamento para consolidar e aperfeiçoar a prestação dos serviços de saúde. Outrossim, a adoção da avaliação como prática sistemática da gestão pode minimizar alguns problemas decorrentes do processo de contratualização, na medida em que ela consiste em um check list das ações realizadas e a realizar e das condições em que as atividades se materializam.

O Decreto nº 202/1985, de criação da rede hospitalar de utilidade pública, regula que os centros hospitalares que se integrarem à rede terão que desenvolver uma unidade de controle interno, facilitar uma auditoria interna e apresentar um plano trienal com a previsão de recursos humanos e de investimentos. Todos são dispositivos que podem favorecer uma avaliação das atividades realizadas, seja por comparação permitida pelo plano, seja pela fiscalização viabilizada pela auditoria, seja pelo registro de atividades por meio do controle interno. A preocupação, no momento em que se definia a rede como o arranjo organizacional preferencial para estruturar a prestação dos serviços de saúde, era criar condições para que o poder público exercesse a sua função controladora. É bom ressaltar que o decreto não informa sobre a periodicidade da avaliação, sobre o seu conteúdo e as consequências para os centros hospitalares que não cumprem com o que está estabelecido. E, dessa forma, as proposições de controle vão se efetivar em função de outras variáveis, perdendo o poder público a força que advém dos instrumentos normativos.

A Locs determina que devem ser estabelecidos por regimento os sistemas que permitam a avaliação e o controle periódicos dos centros geridos pelo ICS, assim como dos distintos contratos de gestão de serviços de saúde formalizados pelo SCS com quaisquer entidades públicas ou privadas, a fim de verificar o grau de eficiência e qualidade desses serviços e fixar os critérios mais adequados para sua contratação em sucessivas anualidades.

É importante destacar que no momento a lei não define o formato dos sistemas, o grau de eficácia, eficiência e qualidade dos serviços prestados nem os critérios que serão utilizados para a contratação dos provedores e suas sucessivas anualidades, deixando isso para uma regulamentação posterior. Sinaliza apenas para a importância de avaliar as atividades realizadas a partir de sua eficiência. Também disciplina que o plano de saúde da Catalunha deve incluir os mecanismos de acompanhamento e avaliação do plano em função dos objetivos definidos e dos padrões que se deseja alcançar. Isso aponta, portanto, para a criação de uma estrutura capaz de dar conta de múltiplas dimensões avaliativas da questão da saúde, tais como:

- promoção, prevenção da enfermidade, atenção básica e reabilitação;
- homogeneização e equilíbrio entre as regiões;
- disposição e habilitação de centros, serviços e estabelecimentos;
- pessoal, organização administrativa, informação e estatística;
- eficácia, qualidade, satisfação dos usuários e custo.

A Lei nº 11/1995 ratificou o entendimento sobre a necessidade de avaliação, evidenciando que, após cinco anos de aprovação da Lei nº 15/1990, ainda não foram definidos os critérios de avaliação do desempenho dos centros, serviços e estabelecimentos vinculados ao ICS e nem os critérios para contratação dos provedores. Somente com o Decreto nº 169/1996, que começou a regular os contratos e convênios, foi determinado que os centros, com os quais se tenham estabelecido convênio ou contrato, devem disponibilizar informações ao SCS, a fim de que o mesmo possa avaliar as atividades pactuadas.

Outra regulamentação relativa à avaliação dos convênios e contratos de gestão de serviços de saúde no âmbito do SCS vem com o Decreto nº 345/2001. Ele determina que é da responsabilidade do SCS realizar a avaliação dos convênios e contratos. O Decreto nº 169/1996 havia estabelecido apenas que era da competência do conselho de direção do SCS fixar os critérios gerais, estabelecer e atualizar os convênios e contratos, sem fazer referência à avaliação. Assim sendo, o Decreto nº 345 definiu nova competência para o SCS e determinou a necessidade de os contratos e convênios serem avaliados. Também é de sua competência inspecionar os centros, serviços e estabelecimentos com os quais se tenham estabelecido convênios ou contratos de gestão de serviços. O Decreto nº 345 não se refere, é bom destacar, aos parâmetros da avaliação dos convênios e contratos e também é vago no uso do termo atividade inspetora. Permanecem, portanto, sem uma institucionalização os termos em que os convênios e contratos serão avaliados.

Uma outra referência do decreto vinculada à avaliação é o dispositivo que prevê a penalização por descumprimento das previsões dos convênios ou contratos de gestão, desde que haja cláusulas explícitas a esse respeito. Da leitura, como não há definições sobre parâmetros de avaliação, infere-se que todos os aspectos a serem avaliados devem estar contidos no instrumento do contrato que regula a compra da prestação de serviços de saúde. O decreto aponta a necessidade de que o sistema se organize para assumir a atividade da avaliação, pois com a contratação de muitos provedores é natural que demandas gerenciais vinculadas ao controle e avaliação se coloquem de uma forma muito incisiva. Essa é inclusive uma das consequências naturais da separação entre provisão e financiamento que caracteriza o sistema.

A Lei nº 7/2003 volta a se referir à avaliação ao definir as competências de seu conselho reitor: avaliar periodicamente os programas de atuação e o nível de consecução dos objetivos; avaliar periodicamente o desenvolvimento do plano anual derivado do contrato de relações com o SCS e ao regular a competências do SCS de avaliar os serviços e as atividades da agência incluídos no contrato de relações firmado entre ambos. A preocupação com a avaliação é coerente com a lógica que norteia a sua criação e, em especial, as suas relações com o SCS pautadas por um contrato. A Lei nº 7 também disciplina que a agência deve elaborar um relatório anual sobre a análise da gestão em matéria de proteção à saúde na Catalunha, que detalhe as atuações de prevenção e controle que tenham sido realizadas no presente exercício, para apresentação ao governo. No entanto, a lei não define que nesse relatório haja critérios para avaliação da atuação da agência, assumindo mais um caráter descritivo das atividades de prevenção e controle realizadas.

A avaliação volta a ser objeto de lei, agora com o Decreto nº 5/2006. O decreto determina que os centros hospitalares que tenham sido credenciados, sujeitos a um plano de melhoria, serão avaliados anualmente e que a avaliação pode ser de dois tipos: auditoria interna dos pontos pendentes, realizada pelo mesmo centro e envio ao Departamento de Saúde, e auditoria externa, realizada por parte de entidades avaliadoras autorizadas. Também disciplina que as entidades avaliadoras serão auditadas periodicamente por pessoal técnico do Serviço de Qualidade Assistencial e Credenciamento, da Direção-Geral de Recursos Sanitários. Constata-se dessa forma que o foco da avaliação aqui é um foco voltado, no caso dos hospitais, para condições mínimas para ingresso na rede hospitalar de utilidade pública e não um foco sobre o desempenho dos hospitais após o credenciamento. Em relação às entidades avaliadoras, o foco recai também sobre as condições exigidas para que elas desempenhem a função de avaliadoras dos diversos provedores.

Já o Decreto nº 38/2006 disciplina que os governos territoriais devem avaliar os resultados e elaborar uma memória anual com recomendações e conclusões para apresentação ao conselho de direção do SCS. Essa avaliação deverá ser feita levando em consideração o estabelecimento dos objetivos anuais, as prioridades e os critérios e instrumentos de medida das atividades realizadas, balizadas pela qualidade, equidade e satisfação dos usuários. Percebe-se no instrumento, diferentemente dos instrumentos analisados até o momento, que aqui se definem os parâmetros da avaliação — objetivos anuais, prioridades, critérios e instrumentos de medida das atividades realizadas — balizados pela qualidade, equidade e satisfação dos usuários. Os parâmetros e princípios são fundamentais para balizar qualquer instrumento de avaliação que venha a ser proposto, na medida em que dão uniformidade ao processo de avaliação e definem com clareza quais são os valores que se deseja sejam aqueles a caracterizar o sistema de saúde.

A Lei nº 8/2007 traz um foco avaliativo sobre o gestor ao determinar que os cargos diretivos do órgão serão submetidos periodicamente a procedimentos de verificação das responsabilidades da gestão encomendada. O conselho de administração deve regular estes procedimentos, que devem permitir avaliar, em todos os casos, a eficiência na atividade desenvolvida, a equidade nas decisões, a austeridade e o controle do gasto, a ação para conseguir a qualidade total e a ética na atuação.

Nesse sentido, trata das ações desenvolvidas sob a ótica do responsável pelo desempenho obtido. Cria-se, portanto, uma possibilidade de responsabilizar diretamente o gestor sob um conjunto de aspectos da gestão. E este é um ponto muito importante da discussão, que é o de definir de forma clara as atribuições dos gestores na condução de uma ação administrativa, e está afinado com o ideário das propostas de reforma da administração pública de cobrança de resultados dos gestores. A responsabilização do gestor já havia sido objeto da Lei nº 7/2003, que criou a Agência de Proteção à Saúde, mas não de forma tão explícita.

Como se constata, não são muitos os instrumentos normativos que se referem à avaliação *ex post* das ações e prestações de serviços de saúde. Desde 1996, há referências explícitas à avaliação dos contratos, mas não se determinam os parâmetros de tal avaliação. Tudo remete ao instrumento do contrato, o que coloca a necessidade de que eles sejam bons instrumentos jurídicos de proteção do interesse público. Se os contratos são bem detalhados no que se refere ao seu objeto, às metas, aos indicadores de desempenho e, em especial, aos mecanismos de avaliação e às formas de prestação de contas, o poder público tem condições efetivas de responsabilização do contratado e, ao mesmo tempo, tem condições de ser *accountable* ao cidadão. Se os contratos não são bem definidos, abre-se uma enorme possibilidade de que o poder público não possa responsabilizar o contratado pelo não cumprimento do que foi acordado e, em decorrência, não possa ter julgada a sua ação do ponto de vista da efetividade. Os contratos são avaliados anualmente nas cláusulas preço e quantidade. A Central de Balanços faz uma avaliação anual dos indicadores de produtividade e eficiência econômica. Como se compram atividades, o foco de avaliação é restrito aos aspectos de volume, deixando em segundo plano a avaliação de resultados, que como já afirmamos anteriormente é restrita a 5% do valor do contrato.

Somente a partir de 2006, com a aprovação do Decreto nº 38, é que a avaliação foi definida de forma clara em função de parâmetros e princípios. No conjunto de instrumentos normativos, antes dessa data não há informações mais detalhadas sobre o processo de avaliação — conteúdo, atores envolvidos, tempo, duração, penalizações, premiações etc. A fim de lançar um pouco mais de luz a essa discussão, é importante analisar um dos elementos centrais em uma gestão orientada por resultados, que é o uso dos indicadores de desempenho.

O Decreto nº 202/1985, que cria a rede hospitalar de utilidade pública, disciplina que os centros hospitalares que integrarem a rede terão que fornecer os indicadores de gestão que se estabeleçam e ajustar a gestão dentro dos limites fixados pelo governo. Deduz-se então que o poder público definirá um conjunto de indicadores que deverão ser objeto da contratualização com os diversos provedores de prestação dos serviços de saúde. Não há maiores informações no decreto sobre os indicadores de gestão, nem como eles se articulam com o Plano de Saúde.

Por sua vez, a Lei nº 15/1990 diz que os centros e estabelecimentos vinculados ao ICS deverão confeccionar e remeter ao SCS, conforme determine os seus regimentos, os indicadores de saúde e econômicos que serão comuns para todos eles e a valoração econômica das atividades que desenvolvem. A premissa básica é a de buscar uniformidade entre as unidades públicas não só em relação aos indicadores, mas também em relação ao custo de desenvolvimento das atividades. Poder-se-ia argumentar que os custos envolvidos em uma prestação de serviço podem diferir de uma unidade para outra, em função de muitas variáveis. Mas, sem entrar nessa discussão, o importante a reter é que o SCS, unidade controladora, passe a dispor das informações relativas a indicadores de custo.

A lei também regula o Plano de Saúde da Catalunha, que deve incluir, além de uma avaliação inicial do estado de saúde, dos serviços e programas prestados, os objetivos e níveis a alcançar com respeito a indicadores de saúde e enfermidade; promoção da saúde, prevenção da enfermidade, atenção básica e reabilitação; homogeneização e equílibro entre as regiões; disposição e habilitação de centros, serviços e estabelecimentos; pessoal, organização administrativa, informação e estatística; eficácia, qualidade, satisfação dos usuários e custo. O Departamento de Saúde e Seguridade Social formulará os critérios gerais de planejamento e fixará os objetivos, índices e níveis básicos a alcançar nas matérias objeto de inclusão no plano de saúde da Catalunha, que é a expressão dos diversos planos de saúde das regiões, que por sua vez se originaram dos anteprojetos da região sanitária (planos de saúde das regiões e dos setores de saúde).

Ou seja, o processo de planejamento tem mão dupla. De um lado, é descendente, no sentido de que o Departamento de Saúde e Seguridade Social definiu os critérios básicos para orientação dos outros níveis do sistema de saúde; do outro, é ascendente, porque o plano de saúde é o resultado da junção e harmonização dos vários planos de saúde das distintas regiões. Com essa estratégia, objetiva-se harmonização em meio à heterogeneidade das regiões, a partir de uma definição básica sobre os indicadores de saúde a perseguir.

Responsabilização pelo controle de resultados

A Lei nº 11/1995 disciplina que devem estabelecer-se por regimento os sistemas que permitam a avaliação e o controle periódico dos centros, serviços e estabelecimentos geridos pelo ICS, assim como os contratos de gestão de serviços de saúde formalizados pelo SCS com quaisquer entidades públicas ou privadas, a fim de verificar o grau de eficiência dos serviços e fixar os critérios mais adequados para a sua renovação.

Outra referência sobre indicadores de desempenho pode ser encontrada com a Lei nº 20, que regulamenta que o Plano de Segurança Alimentar da Catalunha deve, em primeiro lugar, incluir os objetivos e os níveis que se pretenda alcançar quanto ao controle sanitário de alimentos e os âmbitos relacionados direta ou indiretamente com a segurança alimentar: a saúde, a nutrição e o bem-estar dos animais; em segundo lugar, deve incluir a saúde vegetal; em terceiro, os produtos zoossanitários, fitossanitários e a contaminação ambiental. A Lei nº 7/2003 também determina que se deve trabalhar com o estabelecimento de indicadores de recursos, atividades e resultados para avaliação anual.

Também o Decreto nº 5/2006 definiu que a certificação de credenciamento se emitirá com base em uma porcentagem de padrões de credenciamento que o centro alcance, e se pode outorgar sujeito à execução de um plano de melhoria apresentado pelo hospital. Os padrões alcançados se determinam em relação com os intervalos quantitativos e qualitativos de grau de cumprimento de padrões estabelecidos por parte do Departamento de Saúde. É claro que aqui se trata do uso de padrões de desempenho para ingresso na rede hospitalar de utilidade pública. Mas o importante a reter é a sistemática de utilização de indicadores como um parâmetro para a tomada de decisão.

De forma idêntica, o Decreto nº 38/2006, ao regular a criação de governos territoriais, trata do uso de indicadores de desempenho. Diz que os governos territoriais de saúde devem estabelecer os critérios e instrumentos de medida das atividades realizadas e os resultados obtidos a respeito da qualidade, a equidade e a satisfação dos usuários dos serviços de saúde.

Como se constata, o uso dos indicadores de desempenho é uma ferramenta que vem sendo apresentada pelos diversos instrumentos normativos, gerando a sua obrigatoriedade pelos diversos centros, estabelecimentos e serviços de prestações de saúde. No entanto, é bom ressaltar que os instrumentos normativos, apesar de defenderem o uso dos indicadores, não entram em seu detalhamento, nem muito menos informam sobre os procedimentos a serem adotados quando os mesmos não forem cumpridos. Em nenhum instrumento normativo consultado se define, por exemplo, o que seja eficiência, eficácia e efetividade das ações de saúde, mesmo estes indicadores sendo formas consagradas de avaliação de qualquer política pública.

Tal situação ganha relevo quando se trata dos provedores contratados pelo SCS, pois os indicadores de saúde seriam indispensáveis para orientar o processo de compra dos serviços e para aferir a qualidade dos serviços prestados e o alcance das metas em conformidade com os indicadores. Novamente, infere-se que a falta de normatização detalhada sobre esse aspecto, para orientar a compra dos serviços de saúde, somente pode ser resolvida com contratos que contemplem essa dimensão. E, no campo da institucionalidade, as referências a esse respeito são muito poucas. Apenas no contrato de relações entre a Agência de Proteção à Saúde e o SCS e no contrato-programa entre o ICS e o SCS, há referências explícitas a objetivos produzidos e resultados esperados.

O exame dos contratos releva que a compra se refere apenas a atividades. Logo, o sistema não opera com base em resultados, explicando em parte a ausência de institucionalização dos indicadores de desempenho para regular os contratos. No entanto, o sistema opera com a Central de Balanços, que produz indicadores de produtividade e de eficiência com o objetivo de avaliar o desempenho de todos os provedores e orientar o processo de melhoria em diferentes aspectos da gestão. Um outro fator que merece ser discutido em um sistema em que a função da regulação assume um papel muito importante é a integração dos processos de planejamento/execução/controle/avaliação.

A Lei nº 15/1990 determinou que os centros e estabelecimentos que configuram o SCS — centros, serviços e estabelecimentos de proteção à saúde e de atenção básica do governo, das prefeituras, das demais entidades locais da Catalunha e das fundações beneficientes-assistenciais vinculadas às administrações públicas e aquelas sem fins lucrativos — deverão contar com um sistema integral de gestão que permita implantar uma direção por objetivos e um controle de resultados, delimitar claramente as responsabilidades de direção e gestão, e estabelecer um adequado controle na avaliação dos diferentes parâmetros que influem, de modo preponderante, nos custos e qualidade da assistência. A lei, apesar de não citar explicitamente o ciclo planejamento/execução/controle/avaliação, refere-se a um sistema integral de gestão e esta formulação pressupõe um sistema em que o ciclo se manifeste. É importante destacar que a orientação dada à gestão é voltada para a obtenção de resultados, e o foco central da avaliação recai sobre o controle da qualidade e dos custos da assistência.

Formulação idêntica é feita em relação à Agência de Proteção à Saúde, que deve contar com um sistema integral de gestão para implantar um controle de resultados, delimitar claramente as responsabilidades e estabelecer uma adequada avaliação dos parâmetros que incidem sobre a qualidade e custos dos serviços. A Lei nº 8/2007 também estabeleceu que o instituto deve contar com um sistema integral de gestão que permita conhecer e controlar a qualidade e os custos dos serviços e os resultados obtidos no exercício de suas atividades, globalmente e em cada nível de responsabilidade, assim como efetuar a avaliação do funcionamento do sistema e a consecução dos objetivos fixados, respeitando os princípios de autonomia de gestão de cada centro.

Ou seja, do ponto de vista das proposições, o sistema deve ter uma gestão que permita conduzir as ações administrativas de modo que resultados sejam gerados dentro de padrões de qualidade e em sintonia com objetivos previamente definidos. Um exame mais atento, no entanto, irá revelar que não são muitos os instrumentos normativos voltados para melhorar e ampliar a capacidade institucional de gestão dos provedores que se vinculam ao governo. Os demais provedores têm ampla autonomia de gestão e a sua relação com a autoridade se dá por meio de um contrato. Com os Decretos nº 219 e nº 220, ambos de 11 de outubro, percebe-se um esforço nessa direção, com uma reestruturação do Departamento de Saúde e uma modificação na estrutura dos órgãos centrais do ente público SCS, respectivamente.

A reestruturação do Departamento de Saúde foi balizada por um novo conceito que prioriza três elementos: a saúde pública, a atenção básica e os serviços sociais de atenção à dependência e, também, pela necessidade de redefinição das competências e das linhas de responsabilidade entre o Departamento de Saúde, o SCS e o ICS, para reforçar o papel de autoridade do Departamento de Saúde, com as funções de planejamento, coordenação, avaliação e informação. O Departamento de Saúde passa então a se estruturar nos seguintes órgãos: Secretaria-Geral, Direção-Geral de Recursos de saúde, Direção-Geral de Saúde Pública, Direção-Geral de Planejamento e Avaliação e Direção de Estratégia e Coordenação.

Sem entrar na discussão de cada estrutura, merecem destaque, pela criação de condições para a criação de uma gestão orientada para resultados, as seguintes instituições:

- a Direção-Geral de Planificação e Avaliação, com as funções de:
  - formular os critérios gerais de planificação e de avaliação, determinando as estratégias para tornar efetivas as políticas de saúde e de serviços, e avaliar os resultados;
  - coordenar o desenho do Plano de Saúde da Catalunha, o seu acompanhamento e avaliação;

- analisar a saúde pública da população da Catalunha, seus determinantes e as desigualdades na saúde;
- orientar os serviços para obtenção de resultados e a qualidade;
- elaborar estudos para facilitar a formulação e a avaliação da planificação da saúde na Catalunha;
- dirigir a planificação operativa dos planos diretores coordenado-se com a Direção de Estratégia e Coordenação.
- a Subdireção-Geral de Planificação Sanitária, com as funções de:
  - dirigir, coordenar e avaliar o desenho do Plano de Saúde da Catalunha e das regiões sanitárias do SCS, em colaboração com outros entes, organismos e unidades;
  - definir as estratégias e os critérios para a aplicação do Plano de Saúde da Catalunha nos âmbitos relacionados;
  - impulsionar o desenvolvimento de recomendações e critérios para a melhora da prática clínica e para a orientação dos serviços de saúde, de acordo com as previsões da política da área;
  - avaliar a aplicação e o grau de consecução dos objetivos do Plano de Saúde da Catalunha, seu impacto na saúde da população e na demanda e na utilização dos serviços, em termos de satisfação dos usuários;
  - promover e coordenar estudos sobre análises de necessidades de saúde e de serviço.

Essa reestruturação objetiva melhorar a capacidade de planejamento do sistema de modo que fossem criadas as condições para a melhoria das condições de saúde da população. Por sua vez, as modificações na estrutura do SCS tinham por objetivo fortalecer o seu papel de ente integrador e regulador da provisão de serviços de saúde, de modo a criar condições para impulsionar os mecanismos do funcionamento e dos resultados do sistema, permitindo conhecer e analisar a qualidade dos serviços e sua resposta frente às necessidades dos cidadãos. Igualmente, objetivava-se potencializar a avaliação do processo de compra de serviços e de seus resultados em termos de saúde e de satisfação dos cidadãos.

A Direção do SCS tem os seguintes órgãos: Subdireção e Secretaria Técnica. A Subdireção, por sua vez, se estrutura em área de serviços e qualidade, área de recursos, área de patrimônio e investimentos e gerência de planejamento de serviços. Merecem destaque algumas áreas em função de sua relação com uma gestão preocupada com a obtenção de resultados:

Responsabilização pelo controle de resultados

- a área de serviços e qualidade, que tem as funções de garantir a prestação dos serviços do conjunto do sistema de saúde mediante os instrumentos de compra de serviços, a geração e a difusão de estratégias e de instrumentos de avaliação de compra, velar pela sua qualidade e gerir a prestação em matéria de farmácia e prestações complementares;
- a divisão de compra de serviços assistenciais, vinculada à área de serviços e qualidade, com as funções de distribuir os recursos destinados à compra de serviços de saúde, de acompanhamento e a avaliação da compra desses serviços e a definição e a formulação dos diferentes modelos de compra e pagamento dos serviços;
- a divisão de avaliação de serviços, vinculada à área de serviços e qualidade, com as funções de desenvolver os mecanismos para conhecer e avaliar a qualidade e os resultados obtidos pelos serviços de saúde;
- a gerência de planejamento de serviços que desenvolve as seguintes funções:
  - analisar e estudar a demanda e a utilização de serviços de saúde;
  - definir a carteira de serviços de utilização pública;
  - impulsionar o desenvolvimento e a avaliação do plano de saúde e os planos estratégicos e diretores;
  - impulsionar o desenvolvimento de recomendações e a melhora da prática clínica e a qualidade dos serviços;
  - analisar o custo-efetividade das intervenções do Plano de Saúde;
  - estabelecer os planos estratégicos de reordenação de serviços necessários para dar resposta às necessidades detectadas;
  - desenhar o novo mapa sanitário e de saúde pública da Catalunha e monitorar seu desenvolvimento no território;
  - analisar e colaborar no desenvolvimento dos planos funcionais dos centros de saúde, em consonância com as diretrizes do mapa sanitário e de saúde pública da Catalunha.

Verifica-se, portanto, um investimento na melhoria da capacidade institucional de gestão nos órgãos superiores que pode, de forma concreta, resultar em medidas que conduzam o sistema a alcançar os resultados desejados no Plano de Saúde. No entanto, a preocupação em integrar os processos de planejamento/execução/controle/avaliação não é visível no restante do sistema, mesmo para os centros, estabelecimentos e serviços que estão vinculados ao ICS. Essa questão é de fundamental importância, dado que a integração dos processos é a garantia de que são criadas as condições mínimas para uma gestão consequente no sentido do uso racional dos recursos, do atendimento das demandas e da resolubilidade dos problemas de saúde.

Outro fator relacionado a uma gestão orientada por resultados diz respeito à utilização de um conjunto de incentivos individuais e coletivos para estimular aumentos de produtividade. Não foi possível constatar nos instrumentos normativos o uso de incentivos nessa perspectiva. Uma das explicações pode ser encontrada pela presença de uma grande rede de provedores na prestação dos serviços de saúde, o que desloca a preocupação com a produtividade para o próprio prestador, que assume os riscos da prestação de serviços. A Central de Balanços, ao estabelecer um *ranking* de provedores em torno dos indicadores de produtividade pactuados e dar conhecimento aos provedores de sua situação, pretende incentivá-los à melhoria, mas sem atribuir premiações. Do mesmo modo, o processo de auditoria sobre os provedores já credenciados também opera no sentido de estimulá-los a manter e/ou melhorar os seus indicadores. O sistema não opera para estimular desempenho acima do que está estabelecido em contrato, conforme já apontado. É claro que esse fato explica apenas parcialmente a ausência dos incentivos, pois parte dos provedores pertence ao poder público. Para eles, com a transformação do ICS em empresa pública, espera-se que operem com mais eficiência, dado que o ICS passa a ser mais um provedor do SCS e não deve operar na base de orçamentos. Logo, a questão da produtividade, tanto individual quanto coletiva, também deveria ocupar a atenção dos gestores. Por outro lado, há que se pensar na produtividade do sistema como um todo, e isso exige a utilização de incentivos diversos.

Nessa discussão sobre os elementos que podem vir a configurar uma gestão por resultados, é central a liberdade de atuação dos gestores para a tomada de decisão, expressando assim um grau de autonomia financeira e administrativa para a condução das ações de gestão, ou seja, as ações de planejamento, execução, controle e avaliação.

A Lei nº 11/1995, que trata da Organização Sanitária, traz dois dispositivos que apontam para uma maior autonomia dos gestores:

- a possibilidade de constituição de organismos, a formação de consórcios e a criação ou participação do SCS em qualquer outra entidade admitida em direito, assim como a criação de qualquer empresa pública, pelo conselho executivo do SCS;
- o ICS pode realizar todos os atos e negócios jurídicos necessários para o desenvolvimento adequado das suas funções, de acordo com o regime jurídico aplicado, sob as diretrizes gerais do SCS.

Responsabilização pelo controle de resultados

Na primeira situação, se presume que haverá maior liberdade de atuação para os administradores em função dos tipos de arranjos organizacionais criados e, no segundo caso, a liberdade de atuação está diretamente derivada da abrangência autorizativa da própria lei.

Em 2002, a Lei nº 20 criou a Agência Catalã de Segurança Alimentar, como organismo autônomo administrativo com personalidade jurídica própria e plena capacidade para realizar o cumprimento de suas funções. Essa norma legal ajusta a atividade da agência ao direito público, salvo nos casos em que possa atuar com sujeição ao direito privado. A exemplo da Agência Catalã de Segurança Alimentar, a Agência de Proteção à Saúde também é um organismo autônomo, com personalidade jurídica própria, autonomia administrativa e financeira e plena capacidade de realizar suas funções. A Agência de Proteção à Saúde está vinculada funcionalmente ao SCS, mediante a formalização do correspondente contrato de relações que disciplina todos os aspectos envolvidos na contratualização. O formato de agência permite um grau muito maior de liberdade ao gestor, à medida que este pode atuar subordinado ao direito privado e, assim sendo, ficar livre de algumas amarras próprias da administração pública que acabam, muitas vezes, impondo demoras no processo de tomada de decisão, o que compromete a execução das atividades.

Em 2007, a Lei nº 8 avança ainda mais, ao garantir maior liberdade de atuação ao gestor. Cria a empresa pública ICS como entidade de direito público, que atua sujeita ao direito privado, com personalidade jurídica própria e plena capacidade para realizar suas funções. O ICS goza de autonomia funcional e de gestão e permanece vinculado ao departamento competente em matéria de saúde, o qual, no exercício de sua autoridade, deve garantir que a política assistencial e econômica da nova entidade seja coerente com os objetivos e prioridades do departamento e com os princípios do sistema de saúde pública.

O estatuto de empresa pública foi conferido ao ICS com o objetivo de fazê-lo funcionar de acordo com uma orientação empresarial pública de gestão: agilidade, flexibilidade, capacidade de inovação, otimização das novas tecnologias da informação, introdução de novos instrumentos e mecanismos de avaliação de objetivos e resultados da gestão. Tudo isso pressupõe maior liberdade de atuação para o gestor. O cargo diretivo do ICS tem autonomia e plena responsabilidade, somente limitada pelos critérios e instruções diretas emanadas de órgãos superiores de governo do organismo. Apesar da liberdade de contratação de provedores e dos múltiplos arranjos organizacionais que o sistema pode implementar, há um nível de centralização muito grande das decisões relativas à organização e funcionamento do sistema sanitário no SCS, tolhendo a liberdade dos gestores nas demais instâncias organizacionais. Para os provedores cuja titularidade não é pública, está assegurada ampla autonomia de gestão.

Em relação à satisfação dos usuários, de modo geral os instrumentos normativos fazem referência à necessidade de buscá-la. Todavia, não existem muitas normas específicas sobre o assunto. Somente em 2001 teve início o plano de levantamento de satisfação dos usuários dos diferentes serviços. Na primeira fase (2002-04), foram realizadas pesquisas de satisfação das seguintes linhas de serviço:

- atenção primária — medicina geral e enfermaria;
- atenção hospitalar — hospitalização de emergência;
- atenção básica — convalescência de média e larga instância e curas paliativas;
- atenção em saúde mental; e
- atenção psiquiátrica.

No período de 2005/06, foi realizada uma pesquisa de satisfação com a linha de serviço de atenção hospitalar urgente. Em julho de 2006, foi iniciado novo trabalho de campo para medir a satisfação com as linhas de serviço que foram objeto de pesquisa em 2003/04, o que permitirá comparar os resultados. Em 2007, tem início, pela primeira vez, um estudo para conhecer a opinião, expectativas e percepções das famílias das pessoas atendidas nos centros de saúde, de atenção psiquiátrica e de saúde mental com internamento. Em 2008, repetiu-se o estudo sobre os serviços de urgências hospitalares, e pela primeira vez foi feito o de atenção especializada ambulatorial. E no plano de pesquisa de 2009, incorporaram-se o estudo do transporte não urgente e a terceira edição dos serviços dos CAPs, hospitais e centros de saúde mental ambulatorial. As dimensões avaliadas foram: acessibilidade dos serviços, o trato dos profissionais, a informação do processo assistencial, a competência profissional e a confiança, o conforto, a organização e a coordenação entre os serviços, a continuidade assistencial, o apoio pessoal e a atenção psicossocial. As pesquisas revelaram que a satisfação dos usuários com os diversos serviços de saúde alcançou a seguinte nota média: em 2004, 7,5; em 2005, 7,2; em 2006, 7,7; em 2007, 7,5. [17] O resultado da avaliação indica que os cidadãos atribuem um desempenho regular ao sistema de saúde e que há um amplo espaço para melhorias.

Conforme o site do CatSalut, a voz da cidadania é incorporada na contratação dos serviços, na medida em que ele facilita a cada entidade provedora os

---

[17] Dados disponíveis em: <www.gencat.es>.

Responsabilização pelo controle de resultados

resultados da consulta e inclui em seus contratos de compra de serviços de saúde cláusulas de satisfação, a fim de que cada uma das entidades provedoras possa fazer progressos em relação aos aspectos apontados pelas pessoas consultadas. Isso não significa, no entanto, que os cidadãos participem da tomada de decisão sobre as políticas de saúde e sobre os seus arranjos operacionais. Significa apenas que periodicamente os cidadãos são ouvidos sobre alguns aspectos do sistema e que os resultados são objeto de análise pelo conjunto de provedores. É claro que as pesquisas são importantes e atendem ao objetivo segundo o qual foram formuladas, mas não podem ser consideradas como espaço de atuação do cidadão.

Quanto aos mecanismos de controle social para a fiscalização das ações governamentais, há em várias instâncias a figura do Conselho de Saúde, que tem funções de assessoramento e acompanhamento das ações da área. Trata-se, portanto, de uma função limitante à medida que não pode deliberar sobre quaisquer aspectos do sistema. Verifica-se também que são poucos os instrumentos normativos que se referem à prestação de contas, dificultando o exercício da *accountability*, e quando existem não disponibilizam informações. É o caso, por exemplo, da Central de Balanços, que produz informações econômicas e financeiras de todos os provedores e não disponibiliza ao público tal informação. Ela é de domínio apenas dos próprios centros e da autoridade de saúde. São princípios da Central de Balanços: confidencialidade dos dados, participação e controle por parte dos centros por meio da comissão técnica criada para trabalhar os dados e o retorno das informações aos centros. Recentemente, com o Decreto nº 136/2007, abre-se uma janela para dar mais visibilidade às relações contratualizadas. No entanto, a publicação dos contratos ainda é insuficiente para produzir alterações na relação Estado/sociedade, pois há que se criar vários mecanismos de atuação do cidadão para que ele possa ter voz nos processos decisórios.

Responsabilização pelo controle de resultados no Brasil

Discutir responsabilização pelo controle de resultados na área da saúde pública no Brasil implica discutir as condições de gestão que foram criadas para o conjunto das ações e serviços de saúde, a partir da Lei nº 8.080. São muitas as formas de apreender as condições de gestão e variados os seus aspectos, mas nos interessa nesta análise examinar os mecanismos gerenciais voltados para criar uma cultura gerencial orientada pelos resultados. Resultados que respondam às necessidades do cidadão e que possam ser por ele avaliados em um processo de prestação de contas das ações do gestor público. Nesse sentido, o foco de análise recairá sobre os seguintes aspectos:

- a presença do ciclo programação, execução, controle e avaliação para explicar a forma como as ações são conduzidas;
- a utilização de indicadores de desempenho para orientar a gestão;
- avaliação *ex post* para comparar as metas estabelecidas com as metas desejadas;
- liberdade do gestor para a tomada de decisões;
- utilização de pesquisas de satisfação com o usuário como meio de balizar a gestão; e
- canais de participação e controle social sobre a ação governamental.

Esses aspectos, juntos, de forma articulada, criam as condições efetivas para que uma gestão seja *accountable* ao cidadão à medida que toda a ação gerencial é norteada pela preocupação em utilizar bem os recursos públicos existentes de modo que, ao fim de um determinado período, o esforço de gestão possa ser aferido por resultados passíveis de medição e possam ser submetidos à apreciação e aprovação do cidadão. E, mais do que isso, realimentar o processo de tomada de novas decisões.

Sabe-se, no entanto, que a consolidação de uma cultura gerencial exige que as ações administrativas sejam recursivas no tempo de modo que se tornem parte essencial do *modus operandi* de uma organização. Não se altera uma cultura de um momento para outro, pois os elementos conformadores de uma organização se enraízam e criam vínculos. Assim, o foco da análise privilegiará também a continuidade das proposições gerenciais contidas nos instrumentos normativos.

A expectativa é a de que um conjunto de exigências reafirmadas, ao longo de um determinado período, possa efetivamente criar condições de mudança e alterar o *modus operandi* na direção de uma gestão fortemente marcada pela preocupação com resultados e só de forma secundária com os processos. Com este entendimento, passaremos a examinar o conjunto de normas disciplinadoras do SUS.

Em primeiro lugar, sem prioridade na ordem da discussão, há um conjunto de dispositivos normativos que incentivam o uso de indicadores de desempenho como uma ferramenta gerencial para avaliar o resultado da gestão a partir de 1998. A primeira iniciativa vem com a Portaria nº 3.925, de 13 de novembro de 1998, que, ao aprovar o Manual para a Organização da Atenção Básica no SUS, propõe um conjunto de indicadores como instrumento para acompanhamento e avaliação dos resultados obtidos por meio da implementação das ações relativas à Atenção Básica. Os indicadores seriam pactuados entre os gestores estaduais e municipais em uma planilha anual de metas. É importante destacar que essa proposição surge somente após oito anos de criação do SUS. Esse longo período indica que até o momento as ações e prestações de serviços de saúde não eram orientadas por indicadores, sugerindo uma gerência do cotidiano em que as ações vão sendo feitas à medida que os problemas vão surgindo.

Em 2001, a Portaria nº 95 procurou consolidar o uso dos indicadores de desempenho, colocando-os agora como exigência para que os municípios habilitados nas condições de gestão da NOB 01/96 possam receber o PAB Ampliado e incluindo-os como parte integrante do Plano Municipal de Saúde (Quadro de Metas). Além do estímulo em fazer com que os gestores passassem a utilizar os indicadores no planejamento e execução de suas ações, a Portaria nº 95/01 também trouxe a definição de áreas de atuação estratégicas mínimas para os municípios habilitados na condição de Gpab-A, por meio da indicação de alguns problemas de saúde que teriam que ser objeto de atenção, como o controle da tuberculose, a eliminação da hanseníase, o controle da hipertensão arterial, o controle da diabetes *mellitus*, a saúde da criança, a saúde da mulher e a saúde bucal.

Essa definição de áreas de atuação objetivava fazer com que a gestão do município tivesse foco e pudesse ser avaliada a partir do uso de indicadores. É bom destacar o uso de artifícios financeiros pelo Ministério da Saúde para fazer com que os municípios começassem a formular e executar suas iniciativas de gestão a partir de indicadores de desempenho. A Portaria nº 95/2001 inova também ao tentar definir remuneração por realização de metas ao estabelecer que unidades hospitalares públicas sob gerência de um nível de governo e gestão de outro, habilitado em gestão plena do sistema, preferencialmente deixem de ser remunerados por produção de serviços e passem a receber recursos correspondentes à realização de metas estabelecidas de comum acordo.

Novos instrumentos de gestão foram criados com a Portaria nº 548: agendas, planos de saúde, quadros de metas e relatórios de gestão. Todos eles balizados pelo princípio de definição de indicadores de saúde. Assim, as Agendas de Saúde — nacional, estaduais e municipais — deverão destacar e justificar os eixos prioritários de intervenção, os objetivos, os indicadores e as metas prioritárias da Política de Saúde em cada esfera de governo, em cada exercício anual, e os Quadros de Metas — também nacional, estaduais e municipais — partes integrantes dos Planos de Saúde, deverão conter os indicadores e as metas prioritárias de cada esfera de governo em cada exercício anual. A obrigatoriedade de que o gestor em cada esfera de governo tenha que formular a agenda e o plano de saúde levando em consideração um conjunto de indicadores para a definição de metas revela a intenção do Ministério da Saúde em dotar o sistema de resolubilidade. Espera-se que o exercício da formulação de uma agenda obrigue o gestor a avaliar, entre os problemas, quais são aqueles que devem ser priorizados e, uma vez definida a agenda, iniciar o processo de planejamento que viabilize e contemple o conjunto de ações eleitas para alcançar os indicadores de saúde. A articulação entre agenda, plano, indicadores, quadro de metas é claramente uma orientação voltada para resultados cujo ponto de chegada é o alcance das metas.

Em 2002, a Portaria nº 373 ratificou as áreas de atuação estratégicas mínimas da condição de Gpab-A do município, já aprovadas pela Portaria nº 95, reforçando, portanto, a continuidade da política de saúde e disciplina que o município deve firmar o Pacto de Indicadores da Atenção Básica com o estado a que pertence.

Deve-se ressaltar que de uma sugestão sobre o uso dos indicadores de saúde feita em 1998, a Portaria nº 373/2002 passou a ter um caráter mais impositivo para levar os gestores a se comprometerem com o alcance de metas e a modificação e/ou manutenção dos indicadores de saúde. No entanto, somente em 2005, com a Portaria nº 21, é que se aprova a relação de Indicadores da Atenção Básica que deverão ser pactuados entre municípios, estados e Ministério da Saúde. A Portaria nº 21 não só define os indicadores, mas o seu cálculo, e orienta como eles devem ser analisados. E, assim sendo, impede que qualquer gestor se omita de planejar suas ações e serviços sem levar em conta tais indicadores. Desde 1998 que os instrumentos normativos falavam em indicadores de saúde e apenas sete anos depois é que se aprova a relação de indicadores da atenção básica, revelando a morosidade das decisões gerenciais, o grau de dificuldade na condução do sistema e, provavelmente, o grau de resistência à adoção dos indicadores pelos gestores, visto que eles podem, com muita facilidade, evidenciar um déficit na sua capacidade de gestão. Em 2006, a Portaria nº 493 aprovou a relação de indicadores da Atenção Básica, dando continuidade à política de saúde orientada por indicadores e, para reforçar a sua implementação, estabeleceu mecanismos, fluxos e prazos para o processo de pactuação das metas entre os gestores das três esferas de governo.

Um novo instrumento gerencial foi criado com a Portaria nº 699, de 30 de março de 2006, que regulamentou as Diretrizes Operacionais dos Pactos pela Vida e de Gestão, para consolidar o processo de pactuação dos indicadores entre os gestores e estabelecer as responsabilidades relativas a metas e objetivos do pacto. Trata-se dos termos de compromisso de gestão municipal, estadual, Federal e do Distrito Federal, que tornarão públicos os indicadores de monitoramento. Os

Responsabilização pelo controle de resultados

termos de compromisso substituem o processo de habilitação nos diferentes tipos de gestão. O entendimento é o de que o termo de compromisso favorece mais o envolvimento do gestor no cumprimento daquilo que foi pactuado.

O processo de pactuação consubstanciado no termo de compromisso por envolver negociação, defesa de interesses e posições e busca de consensos é ele mesmo um poderoso instrumento de capacitação gerencial. Assim é que a Portaria nº 1.097 definiu que o processo da Ppias seja instituído no âmbito do SUS, no qual, em consonância com o processo de planejamento, sejam definidas e quantificadas as ações de saúde para a população residente em cada território, bem como efetuados os pactos intergestores para garantia de acesso da população aos serviços de saúde. Do processo, deve resultar o termo de compromisso para garantia de acesso, que deve conter as metas físicas e orçamentárias das ações a serem ofertadas nos municípios de referência, que assumem o compromisso de atender os encaminhamentos acordados entre os gestores para atendimento da população residente em outros municípios.

Dentro de uma lógica racionalizadora, a Portaria nº 91 unificou o processo de pactuação de indicadores e estabeleceu os indicadores do Pacto pela Saúde. O Ministério da Saúde definiu para cada unidade da federação as metas a serem alcançadas e os estados, por sua vez, promovem a pactuação das metas com os municípios. É uma ação articulada que envolve as três esferas de governo e que objetiva a obtenção de compromissos entre todos os atores do processo de gestão do SUS.

Observa-se que a partir de 2005 o esforço de gestão tem sido para consolidar a utilização de indicadores de saúde como instrumento importante de alocação de recursos e de avaliação das ações de saúde e para firmar o processo de pactuação como um compromisso. Em 2008, essa estratégia foi aprofundada com a Portaria nº 325, que estabeleceu prioridades, objetivos e metas do Pacto pela Vida para 2008, os indicadores de monitoramento e avaliação do Pacto pela Saúde e as orientações, prazos e diretrizes para a sua pactuação. Em relação às diretrizes, a portaria determinou que o processo de pactuação:

- seja articulado com o Plano de Saúde e sua programação anual, promovendo a participação das várias áreas técnicas envolvidas no Pacto pela Saúde;
- guarde coerência com os pactos firmados nos termos de compromisso de gestão;
- seja precedido da análise do relatório de gestão do ano anterior, identificando as atividades desenvolvidas e as dificuldades relacionadas à sua implantação;

- seja fundamentado pela análise da situação de saúde, com a identificação de prioridades de importância local-regional e a avaliação dos indicadores e metas pactuados em 2007; e
- desenvolva ações de apoio e cooperação técnica entre os entes para qualificação do processo de gestão.

Ou seja, pretende-se estimular uma integração entre plano de ação, termo de compromisso de gestão, relatório de gestão e processo de pactuação. Espera-se que os gestores desenvolvam um conjunto de competências que os habilite à tarefa gerencial. Está clara, em todos os dispositivos, a necessidade de reorientar a ação de gestão em direção a resultados concretos expressos de forma objetiva por meio de um conjunto de indicadores. A pactuação, sendo um processo negociado, faz parte dessa estratégia de comprometimento com o resultado, pois se espera que haja um conhecimento adequado sobre o que está sendo pactuado e que haja um empenho do gestor na obtenção dos resultados.

O longo período de existência do SUS e o pouco tempo de experiência de gestão com base em indicadores de desempenho revela um forte grau de improvisação na gestão para o tratamento das questões relativas à saúde. Sem dispor de indicadores de saúde que possam orientar a ação do gestor, dificilmente o sistema cria condições efetivas de sua avaliação pelos cidadãos. O sistema de saúde torna-se impermeável à avaliação que somente poderá ser feita de forma subjetiva. Se os cidadãos não conhecem as metas a serem perseguidas, e se não há indicadores para aferir desempenho, como pode o sistema ser *accountable*? A inflexão feita na direção de obrigar os gestores a usar novos instrumentos de gestão capazes de levar a uma avaliação das condições de saúde e, em função dela, definirem indicadores concretos de desempenho, traduz com acerto uma preocupação em fazer com que o sistema responda às necessidades de saúde da população. No entanto, há ainda um longo caminho até a completa internalização de novos valores gerenciais, especialmente os que estão diretamente relacionados à eficiência e eficácia da ação pública.

A prática da avaliação *ex post*, para que seja possível comparar as metas estabelecidas com as metas realizadas, é outro aspecto da gestão diretamente relacionado com o uso de indicadores, a definição de metas, a elaboração de planos e relatórios de gestão. A avaliação é a base da prestação de contas, pois permite verificar os acertos e os erros da tomada de decisão em um momento passado, ao mesmo tempo em que permite pensar o futuro. Um processo avaliativo pode ter muitos focos, mas o que nos interessa é verificar se a avaliação está voltada para os resultados. Igualmente, nos interessa identificar a consistência dos processos avaliativos e a utilização dos resultados da avaliação.

No início do SUS, a avaliação contemplava somente aspectos de natureza legal. A Lei nº 8.080 dizia apenas que o Ministério da Saúde acompanharia, por meio de seu sistema de auditoria, a conformidade à programação aprovada da aplicação dos recursos repassados a estados e municípios. Logo, seria uma avaliação com foco na legalidade da aplicação dos recursos. Com a aprovação da NOB/SUS 01/91, por meio da Portaria nº 258, de 7 de janeiro de 1991, manteve-se a função fiscalizadora do Ministério da Saúde e introduziu-se o relatório de gestão como requisito básico para a transferência automática de recursos aos municípios. A obrigatoriedade do relatório, que deveria conter o plano de trabalho elaborado, o plano de trabalho executado e os resultados alcançados, representava um esforço de comparação entre aquilo que fora estabelecido com o que fora realizado, mas evidenciava também que para mover o sistema em uma determinada direção era necessária a adoção de mecanismos indutores, no caso a transferência automática de recursos.

Em 1994, o Decreto nº 1.232 reafirmou a função de controle do Ministério da Saúde sobre a conformidade da aplicação dos recursos transferidos à programação dos serviços e ações constantes dos planos de saúde. Também definiu que a União exercerá o controle finalístico global do SUS, utilizando-se, nesse sentido, dos instrumentos de coordenação de atividades e da avaliação de resultados. Complementando esse esforço, o Decreto nº 1.651 regulamentou o Sistema Nacional de Auditoria para desenvolver as atividades de:

- controle da execução, para verificar a sua conformidade com os padrões estabelecidos ou detectar situações que exijam maior aprofundamento;
- avaliação da estrutura, dos processos aplicados e dos resultados alcançados, para aferir sua adequação aos critérios e parâmetros exigidos de eficiência; e
- auditoria da regularidade dos procedimentos praticados por pessoas naturais e jurídicas, mediante exame analítico e pericial.

Mantém-se o foco nos procedimentos, mas há uma abertura para a avaliação dos resultados mediante a prestação de contas e relatório de gestão que deve conter a programação e execução física e financeira do orçamento, do projeto, dos planos e das atividades e a comprovação dos resultados alcançados quanto à execução do plano de saúde.

A NOB/SUS 1/96, aprovada pela Portaria nº 2.203, em função do processo de reorientação do modelo de atenção, defende o aperfeiçoamento e a disseminação dos instrumentos e técnicas de avaliação de resultados e do impacto das ações do SUS e que a avaliação do cumprimento das ações programadas em cada nível de governo deve ser feita em relatório de gestão anual. A Portaria nº 3.925, de forma complementar à NOB/SUS 1/96, propôs, como instrumento para acompanhamento e avaliação dos resultados obtidos das ações relativas à atenção básica, um conjunto de indicadores. A preocupação reside em dispor de mecanismos que permitam avaliar de forma objetiva o impacto das ações sobre as condições de saúde da população. Pela primeira vez, uma proposição com chances reais de avaliar os resultados alcançados em sintonia com os problemas da comunidade e, mais do que isso, subsidiar o planejamento de ações futuras. A fim de dar materialidade à proposição, o Ministério da Saúde tornou públicos os indicadores de saúde para facilitar que todos os municípios harmonizem suas ações em uma mesma direção e possam estabelecer comparações entre si, o que pode vir a se constituir em outro mecanismo de controle.

Igualmente, assume o compromisso de anualmente publicar a relação de indicadores que devem balizar as ações de saúde, o que obriga os gestores a prestar contas do ano anterior em termos do alcance ou não dos indicadores e fazer a adequação necessária para o ano seguinte. O conjunto de procedimentos tratados na Portaria nº 3.925/1898 efetivamente estabeleceu a preocupação com o alcance de resultados, expressos por meio dos indicadores, como eixo central da gestão. Novas complementações para tornar consolidado o uso dos indicadores vêm com a Portaria nº 476, de 14 de abril de 1999, que disciplinou que o desempenho dos indicadores deve ser avaliado ao fim de cada exercício e que as metas dos indicadores pactuados deve fazer parte do Plano Estadual de Saúde, bem como com a Portaria nº 832, de 28 de junho de 1999, que criou no âmbito do Ministério da Saúde a Comissão de Acompanhamento dos Indicadores da Atenção Básica.

Observa-se, assim, de forma sistemática, que há um esforço para consagrar o uso dos indicadores de saúde como um padrão para avaliar desempenho. E como uma das estratégias para a sua utilização permanente pelos gestores, a Portaria nº 95 determinou que os municípios já habilitados nas condições de gestão da NOB 01/96 somente estarão aptos a receber o PAB Ampliado se, entre outros aspectos, a Secretaria Estadual de Saúde tiver examinado o desempenho dos indicadores de avaliação da atenção básica do ano anterior e se o município tiver estabelecido o pacto de melhoria dos indicadores do ano subsequente. Ou seja, os gestores terão que assumir a gestão das ações e serviços prestados, pautados pela preocupação com os indicadores de saúde, mesmo que seja sob pressão do Ministério da Saúde.

E com a compreensão de que o fortalecimento das funções de controle e avaliação dos gestores é fundamental no processo de construção do SUS, e que apenas o uso dos indicadores é insuficiente, a Portaria nº 95/2001 orienta que a avaliação a ser realizada pelas três esferas de governo deveria priorizar as seguintes dimensões:

- avaliação da organização do sistema e do modelo de gestão;
- relação com os prestadores de serviços;
- qualidade da assistência e satisfação dos usuários;
- resultados e impacto sobre a saúde da população sempre tendo como eixo orientador a promoção da equidade no acesso e na alocação dos recursos, e como instrumento básico para o acompanhamento e avaliação dos sistemas de saúde o relatório de gestão.

Em relação ao controle e avaliação dos prestadores de serviço, as orientações recaem sobre o conhecimento global dos estabelecimentos de saúde localizados em seu território, o cadastramento de serviços, a condução de processos de compra e contratualização de serviços de acordo com as necessidades identificadas e regras legais, o acompanhamento do faturamento, quantidade e qualidade dos serviços prestados. No que se refere aos contratos de prestação de serviços, estes devem ser firmados de modo a responsabilizar os prestadores com os objetivos, atividades e metas estabelecidas pelos gestores de acordo com as necessidades de saúde identificadas. Quanto à avaliação da qualidade da atenção, o foco deve ser tanto a implementação de indicadores objetivos fundamentados em critérios técnicos, como a adoção de instrumentos de avaliação da satisfação dos usuários do sistema, que considerem a acessibilidade, a integralidade da atenção e a resolubilidade e qualidade dos serviços prestados. A avaliação dos resultados da atenção e do impacto na saúde deve envolver o acompanhamento dos resultados alcançados em função dos objetivos, indicadores e metas apontados no plano de saúde, voltados para a melhoria do nível de saúde da população.

Como se constata, tenta-se dar um salto de qualidade nas funções de controle e avaliação fazendo com que os gestores percebam os múltiplos aspectos envolvidos na execução das ações e prestações de serviços de saúde, e que sem uma atenção devida podem comprometer a eficiência, a eficácia e, em especial, a efetividade das ações postas em prática.

A Portaria nº 95/2001 também define que para os municípios se habilitarem à gestão plena do sistema municipal serão necessários, entre outros requisitos:

- o detalhamento da programação de ações e serviços que compõem o sistema municipal, bem como o Quadro de Metas, mediante o qual será efetuado o acompanhamento dos relatórios de gestão;
- demonstrar desempenho satisfatório nos indicadores constantes do pacto da atenção básica;
- demonstrar desempenho satisfatório na gestão da atenção básica;
- apresentar o relatório de gestão do ano anterior à solicitação do pleito, devidamente aprovado pelo Conselho Municipal de Saúde; e
- comprovar a organização do componente municipal do Sistema Nacional de Auditoria e de mecanismos de controle e avaliação.

Requisitos semelhantes são exigidos para os estados se habilitarem à gestão avançada do sistema estadual/gestão plena do sistema estadual. Observa-se assim mais uma vez o uso de condicionantes para habilitação dos municípios/estados a um tipo de gestão como um mecanismo de indução para a adoção de determinadas competências gerenciais.

Há uma compreensão por parte dos formuladores do sistema de saúde de que é uma necessidade a estruturação das atividades de controle e avaliação, e que essas atividades devem contemplar aspectos relacionados à prevenção, promoção e recuperação da saúde, mas também aspectos relacionados ao funcionamento e organização do sistema. É com esse espírito que foram publicadas duas portarias:

- a Portaria nº 393, que, ao instituir a Agenda de Saúde, definiu que para cada um dos eixos prioritários — redução da mortalidade infantil e materna, controle de doenças e agravos prioritários, reorientação do modelo assistencial e descentralização, melhoria da gestão, do acesso e da qualidade das ações e serviços de saúde, desenvolvimento de recursos humanos do setor saúde e qualificação do controle social — sejam definidos objetivos específicos e seus indicadores, com suas respectivas formas de cálculo e fontes de comprovação, de modo a permitir uma efetiva responsabilização e acompanhamento do desempenho dos gestores. As agendas orientam a elaboração dos planos de saúde dos respectivos níveis de governo e servirão de base para a elaboração dos futuros relatórios de gestão, correlacionando os resultados obtidos com os recursos aplicados. Dessa forma, é possível compatibilizar dois objetivos relevantes: a direcionalidade comum da política de saúde e a flexibilidade para incorporar as especificidades dos diversos entes da federação;
- a Portaria nº 548, que determinou que os relatórios devem avaliar o cumprimento dos objetivos e metas explicitados no Quadro de Metas. As Agendas de

Saúde — nacional, estaduais e municipais — deverão destacar e justificar os eixos prioritários de intervenção, os objetivos, os indicadores e as metas prioritárias da política de saúde em cada esfera de governo e em cada exercício anual. Os Quadros de Metas são partes integrantes dos Planos de Saúde que servirão de base para elaboração dos relatórios de gestão. Deverão conter os indicadores e as metas prioritárias de cada esfera de governo em cada exercício anual e legislação estruturante do SUS. Os relatórios de gestão deverão avaliar o cumprimento dos objetivos e das metas explicitadas no Quadro de Metas, bem como da aplicação dos recursos em cada esfera de governo em cada exercício anual. Ou seja, o relatório não deve constituir uma peça meramente descritiva das ações realizadas e não executadas; ele deve possuir um caráter avaliativo que de fato pontue de forma crítica as dificuldades pelo não alcance das metas e aponte os fatores que facilitaram a implementação de determinadas ações. O que se espera com essa obrigatoriedade de avaliação é impedir que os gestores simplesmente relatem as ações ocorridas sem manifestar compromisso com a execução das mesmas.

Com esses mecanismos de gestão, a Portaria nº 373 reafirmou a necessidade de fortalecimento das funções de controle e avaliação dos gestores do SUS, já previstas na Portaria nº 95, nas seguintes dimensões:

- avaliação da organização do sistema e do modelo de gestão;
- relação com os prestadores de serviços;
- qualidade da assistência e satisfação dos usuários;
- resultados e impacto sobre a saúde da população.

Definiu também que os estados e municípios deverão elaborar seus respectivos planos de controle, regulação e avaliação, que consistem no planejamento do conjunto de estratégias e instrumentos a serem empregados para o fortalecimento da capacidade de gestão. Outro aspecto regulamentado são os requisitos para os municípios se habilitarem à Gpab-A que reforçam portarias anteriores no que diz respeito à necessidade de apresentarem desempenho satisfatório nos indicadores do pacto da atenção básica, no Plano e na Agenda de Saúde e nos Quadros de Metas aprovados pelo Conselho Municipal de Saúde. A Portaria, portanto, reforça a função do planejamento como uma função que articula as iniciativas de gestão.

Mesmo com um esforço sistemático para orientar os gestores à adoção de um modelo de gestão focado nos resultados, somente com a Portaria nº 21, é que se pode dizer que o sistema tem efetivamente um instrumento objetivo capaz de mudar o modelo de gestão, que é a relação de indicadores da atenção básica que devem ser pactuados entre os três níveis de governo. A existência da relação de indicadores impede que os gestores dos diversos níveis a desconheçam. Logo, cria condições para reorientar a tomada de decisões e as práticas de gestão vigentes. Outrossim, cria de modo objetivo condições de operar com foco nas condições de saúde da população.

De acordo com a preocupação de gerar resultados, a Portaria nº 699, que regulamentou as Diretrizes Operacionais dos Pactos Pela Vida e de Gestão, determinou o seguinte:

- o termo de cooperação entre entes públicos deve conter as metas e um plano operativo;
- as unidades públicas prestadoras de serviço devem, preferencialmente, receber os recursos de custeio correspondentes à realização das metas pactuadas no plano operativo e não por produção; e
- o processo de monitoramento do pacto deverá seguir as seguintes diretrizes: ser orientado pelos indicadores, objetivos, metas e responsabilidades que compõem o respectivo termo de compromisso de gestão.

Reafirma-se a tentativa de remuneração atrelada à realização das metas pactuadas no plano e não por produção, em um claro esforço de reorientar o foco da ação gerencial. O esforço dos gestores deve ser canalizado para produzir resultados, expressos por meio do desempenho dos indicadores e do alcance de metas.

Para dar mais consistência a toda a concepção do novo modelo que se deseja implantar, a Portaria nº 3.085 regulamentou o sistema de planejamento do SUS com os objetivos específicos de apoiar e participar da avaliação periódica relativa à situação de saúde da população e ao funcionamento do SUS; e monitorar e avaliar o processo de planejamento, as ações implementadas e os resultados alcançados, para fortalecer o sistema e contribuir para a transparência do processo de gestão do SUS. Mais uma vez, tenta-se institucionalizar o ciclo planejamento/execução/controle/avaliação para reforçar a visão articulada e integral dos processos. A orientação volta-se para a obtenção de metas que alterem a situação de saúde da população e que devem permear todo o ciclo citado. Essa compreensão sobre o fortalecimento do sistema de gestão e planejamento é reafirmada pela Portaria nº 399, que divulgou o Pacto pela Saúde 2006, e pela Portaria nº 1.559, que instituiu a política nacional de regulação do SUS, com foco na avaliação de desempenho dos serviços e da gestão, da satisfação dos usuários, das condições sanitárias dos estabelecimentos de saúde, dos indicadores epidemiológicos e das ações e serviços de saúde nos estabelecimentos de saúde.

Avaliando o conjunto de dispositivos normativos ficou claro que o modelo de gestão que se quer implantar deve:

- priorizar resultados, expressos por meio da melhoria dos indicadores de saúde;
- utilizar todos os instrumentos de gestão — agenda, planos, quadros de metas e relatórios de gestão;
- valorizar as funções de controle e avaliação, de modo que elas apontem os problemas a corrigir e os acertos das decisões e, portanto, daquilo que deve ser mantido e aperfeiçoado;
- responsabilizar o gestor pelos resultados;
- eliminar a cultura da improvisação na condução das ações e serviços.

Também ficou claro, pelas sucessivas normas que estão sempre a reafirmar determinados procedimentos, que o sistema se move muito lentamente na direção desejada, exigindo às vezes que muitos mecanismos de indução sejam criados.

Contudo, apesar dos instrumentos de avaliação criados e postos em prática, não se percebe ainda que a cultura de uma gestão por resultados tenha sido institucionalizada. A estratégia tem sido a de criar os mecanismos e torná-los obrigatórios. No entanto, há um componente de inércia no sistema que nem mesmo uma excessiva normatização conseguiu vencer. Quase 10 anos depois da primeira tentativa para orientar a gestão por um conjunto de indicadores, ainda são necessários novos instrumentos de gestão para consolidar essa orientação, indicando que essa ainda é uma questão em aberto para o conjunto do sistema.

Um processo de avaliação *ex post* cujo foco seja a comparação entre metas estabelecidas e realizadas demanda que a gestão seja norteada pela integração dos processos de programação orçamentária, execução e avaliação, de modo que todas as atividades sejam desenvolvidas a partir de um processo prévio de planejamento que estabeleça não apenas aonde se quer chegar, mas também a forma, os recursos alocados para tal finalidade, o acompanhamento e a implementação das atividades e como avaliar os resultados alcançados. E, a partir dos resultados, iniciar mais uma vez o ciclo.

A Portaria nº 2.203, de 5 de novembro de 1996 (que aprova a NOB/SUS 1/96), reafirmou a preocupação contida na NOB/SUS 92 ao determinar que o exercício da função gestora no SUS, em todos os níveis de governo, exige a articulação permanente das ações de programação, controle, avaliação e auditoria. E vai mais além, ao defender a integração operacional das unidades organizacionais, que desempenham essas atividades, no âmbito de cada órgão gestor do sistema, e a apropriação dos seus resultados e a identificação de prioridades, no processo de decisão política da alocação dos recursos, evidenciando a necessidade de que as etapas do ciclo planejamento/execução/controle/avaliação sejam articuladas a partir de uma preocupação com a obtenção e apropriação dos resultados.

Em 1999, a Portaria nº 476 regulamentou o processo de acompanhamento e de avaliação da atenção básica quanto aos resultados alcançados e quanto à oferta de serviços financiados pelo PAB, conforme expresso no Manual para Organização da Atenção Básica à Saúde e na NOB/SUS 1/96, e estabeleceu como estratégia para o acompanhamento e avaliação de resultados da atenção básica os pactos que serão firmados entre os estados e os municípios, formalizados por meio de termo de compromisso, e os pactos que deverão ser firmados entre os estados e o Ministério da Saúde, formalizados por meio de planilhas de metas. Definiu também que é de responsabilidade das Secretarias Estaduais de Saúde propor a meta de cada indicador, estabelecer a meta, formalizar os termos de compromisso, avaliar o desempenho dos indicadores e desenvolver estratégias de acompanhamento da atenção básica. Como se constata, há um avanço em relação à NOB/SUS 1/96, pois ficam claras para todos os gestores as figuras do termo de compromisso das planilhas de metas e os conteúdos que cada um deve conter para operacionalizar uma gestão orientada para o alcance de resultados. Trata-se, pois, de dar um destaque à avaliação como consequência do processo de pactuação. Essa compreensão sobre os processos que devem ser implementados foi reafirmada pela Portaria nº 832/1999.

Em 2001, novas portarias tentam consolidar essa concepção de ciclo. Primeiro, a Portaria nº 95, que afirmou que as funções de controle e avaliação devem ser coerentes com os processos de planejamento, programação e alocação de recursos em saúde tendo em vista sua importância para a revisão de prioridades e diretrizes da política, e que se deve realizar uma avaliação permanente do impacto das ações do sistema sobre as condições de saúde dos seus munícipes e sobre o seu meio ambiente, incluindo o cumprimento do pacto de indicadores da atenção básica. Coerência significando alinhamento ao que foi planejado. Ou seja, os sistemas de controle e avaliação não podem ser desenhados sem que haja uma estreita relação com aquilo que foi planejado e com os recursos alocados.

Depois, a Portaria nº 548 ressaltou que deve haver articulação entre os diversos instrumentos, suas etapas de tramitação e seus respectivos níveis de responsabilidade. Quer dizer, definição de prioridades (agenda) como subsídio para os planos de saúde e para as programações, com o destaque de um conjunto de metas adaptadas às circunstâncias locais e regionais, que servirão de base à prestação de contas (quadro de metas e relatório de gestão) e à retroalimentação do processo

Responsabilização pelo controle de resultados

de planejamento. Todos esses instrumentos devem estar vinculados ao processo de elaboração da proposta orçamentária em cada de nível de governo, de modo que as ações planejadas sejam inseridas nas respectivas leis orçamentárias e planos plurianuais.

Em 2002, a Portaria nº 373 reafirmou a concepção de que as funções de controle, regulação e avaliação devem ser coerentes com os processos de planejamento, programação e alocação de recursos. Encontramos idêntica preocupação na Portaria nº 399, ao definir a PPI da atenção em saúde, como um processo que visa a definir a programação das ações de saúde em cada território e nortear a alocação dos recursos financeiros para a saúde a partir de critérios e parâmetros pactuados entre os gestores. O processo de monitoramento dos pactos deve acompanhar as seguintes diretrizes: ser orientado pelos indicadores, objetivos, metas e responsabilidades que compõem o respectivo termo de compromisso de gestão.

Analisando os instrumentos normativos é possível deduzir que apenas com a obrigatoriedade dos instrumentos de gestão aprovados com a Portaria nº 548, o ciclo de planejamento, em sua rigorosa aplicação, tem condições mais realísticas de funcionar no âmbito do sistema. E, mesmo assim, já vimos que a avaliação de dimensões diversas do sistema — provedores, contratos, organização etc. — só recentemente tem sido objeto de atenção. O foco maior tem recaído na avaliação dos indicadores de saúde a partir de 2005. É claro que a avaliação de indicadores de saúde de forma indireta avalia também outros aspectos da organização, mas é muito limitada considerando que a proposta do ciclo de planejamento pressupõe a avaliação de todas as ações que forem planejadas, sejam ações de natureza técnica e administrativa, sejam ações epidemiológicas. Todos os outros instrumentos normativos trazem essa discussão no campo da "proposição para funcionamento do sistema", mas não criam instrumentos fortes o suficiente para induzir uma ação gerencial no sentido de consagrar as etapas de planejamento e avaliação como atividades rotineiras no âmbito do sistema.

Entendemos que a efetiva aplicação da Portaria nº 548/2001 poderá conduzir à implantação do ciclo, pois o esforço do planejamento envolvido na formulação da agenda, do plano e do quadro de metas leva necessariamente à preocupação com a alocação de recursos. Por sua vez, a obrigatoriedade do relatório de gestão faz com que as atividades de controle e avaliação ganhem mais espaço na organização e funcionamento do sistema. É importante dizer que essas atividades deveriam ser realizadas sem a necessidade de portarias, normas ou leis que a disciplinassem, uma vez que fazem parte integrante do ato de administrar. No entanto, é visível, pelas sucessivas normas, que o sistema como um todo ainda não alcançou um padrão de desempenho gerencial que não necessite de mecanismos indutores por parte do Ministério da Saúde. É exatamente a necessidade de induzir mudanças de natureza gerencial que tem levado o ministério a aprovar muitos instrumentos normativos que criem incentivos funcionais, individuais e coletivos vinculados à busca de eficiência e produtividade do sistema.

A primeira iniciativa nessa direção veio com a aprovação da NOB/SUS 1/96, pela Portaria nº 2.203, que definiu um conjunto de incentivos:

- um acréscimo percentual ao montante do PAB, sempre que estiverem atuando integradamente à rede municipal equipes de saúde da família, agentes comunitários de saúde, ou estratégias similares de garantia da integralidade da assistência;
- o IVR, que consiste na atribuição de valores adicionais equivalentes a até 2% do TFA do estado, transferidos, regular e automaticamente, do Fundo Nacional de Saúde ao Fundo Estadual de Saúde, como incentivo à obtenção de resultados de impacto positivo sobre as condições de saúde da população;
- o Ivisa, que consiste na atribuição de valores adicionais equivalentes a até 2% do teto financeiro da vigilância sanitária do estado, transferidos, regular e automaticamente, do Fundo Nacional de Saúde ao Fundo Estadual de Saúde, como incentivo à obtenção de resultados de impacto significativo sobre as condições de vida da população.

Os incentivos, como se constata, são dirigidos para estimular a adesão dos municípios a determinados programas de interesse do ministério e para estimular a obtenção de resultados.

Além dos incentivos criados, a Portaria nº 2.203/96 também definiu um conjunto de prerrogativas para os municípios que assumissem a condição de gestão plena de atenção à saúde, implicando a transferência, regular e automática, dos recursos do PAB e PBVS referentes às ações de epidemiologia e de controle de doenças, bem como a subordinação à gestão municipal de todas as unidades básicas de saúde, estatais ou privadas, estabelecidas no território municipal. Além disso, a gestão plena do sistema municipal, com a transferência, regular e automática, dos recursos referentes ao TFA, remuneração por serviços de vigilância sanitária de média e alta complexidade e remuneração pela execução do Programa Desconcentrado de Ações de Vigilância Sanitária, quando assumida pelo município.

Igualmente, um conjunto de prerrogativas foi definido para os estados que assumissem a gestão avançada do sistema estadual, o que significa a transferência, regular e automática, dos recursos correspondentes à FAE e ao PAB relativos aos municípios não habilitados pela NOB, transferência regular e automática também do PBVS e do Ivisa referente aos municípios na mesma situação, remuneração por serviços produzidos na área da vigilância sanitária e transferência de recursos referentes às ações de epidemiologia e controle de doenças. Além disso, também concedia aos estados a gestão plena do sistema estadual, com a transferência regular e automática dos recursos correspondentes ao valor do TFA e do IVR. O conjunto de prerrogativas também é usado como incentivos para que estados e municípios adotem determinados tipos de gestão e, assim sendo, assumam responsabilidades na condução de determinados programas e adotem determinadas práticas gerenciais.

A Portaria nº 1.882/1997, ao estabelecer o PAB, também introduziu novos incentivos, pois o PAB é composto de uma parte fixa destinada à assistência básica e de uma parte variável relativa a incentivos para o desenvolvimento de ações de vigilância sanitária, vigilância epidemiológica e ambiental, assistência farmacêutica básica, programas de agentes comunitários de saúde, de saúde da família e de combate às carências nutricionais. A estratégia era disponibilizar os recursos somente aos municípios que assumissem responsabilidades com os programas. Adotava-se dessa forma uma lógica financeira para institucionalizar os programas.

A Portaria nº 3.925/1998 reafirmou o PAB com uma parte fixa e variável e deixou mais clara a estratégia do Ministério da Saúde, ao criar um conjunto de incentivos para o desenvolvimento de ações estratégicas da atenção básica. É bom ressaltar que nesse momento foi crucial consolidar a reorientação do modelo de assistência em direção à atenção básica, feita pela Portaria nº 1.886/1997. Assim, foram criados os incentivos a esses programas, especialmente ao Programa de Combate às Carências Nutricionais, destinado ao desenvolvimento de ações de nutrição e alimentação voltadas a grupos populacionais determinados, com prioridade ao grupo materno infantil, visando combater a desnutrição e proteger o estado nutricional. Além dos incentivos vinculados a programas, a portaria também definiu o IVR, a ser regulamentado pela CIT (União, estados, municípios).

A estratégia continuava a mesma: obter a adesão dos municípios aos programas, por meio da concessão de benefícios financeiros, e tentar criar uma dinâmica organizacional voltada para resultados. Com a Portaria nº 176/1999, a estratégia para viabilizar a assistência farmacêutica básica foi disponibilizar este incentivo unicamente aos municípios habilitados conforme a NOB/SUS 1/96 que aderissem ao pacto de gestão dessa assistência, negociado na Comissão Intergestores Bipartite (estado/município).

Em 1999, por meio da Portaria nº 476 e da Portaria nº 832, o Ministério da Saúde condicionou mais uma vez o recebimento de recursos financeiros à obtenção de resultados, agora por meio do Índice de Valorização de Resultados, que poderia ser recebido somente pelos estados que foram submetidos à avaliação do Ministério da Saúde e obtiveram resultados positivos.

Em 2001, criou-se nova maneira de incentivar a municipalização das ações de vigilância sanitária. Assim, a Portaria nº 145, de 1º de fevereiro de 2001, definiu que do valor *per capita* a que cada unidade federada fazia jus, R$ 0,06 (seis centavos) seria utilizado como incentivo à municipalização das ações de vigilância sanitária, de acordo com a complexidade das ações a serem pactuadas e executadas. Ainda em 2001, por meio da Portaria nº 95, definiu-se que o incentivo consistiria em conceder um conjunto de prerrogativas aos municípios e estados em função do tipo de gestão. Essa estratégia já havia sido utilizada e a sua repetição é reveladora do *modus operandi* do Ministério da Saúde para induzir a adoção de ações no âmbito do sistema.

Assim, são prerrogativas dos municípios que se habilitam à Gpab-A: transferência regular e automática dos recursos referentes ao PAB Ampliado, gestão municipal de todas as unidades básicas de saúde, públicas ou privadas, localizadas no território municipal, e ao PAB Variável, desde que qualificado conforme as normas vigentes. Dos municípios que se habilitam à gestão plena do sistema municipal: receber, diretamente do Fundo Municipal de Saúde, o montante total de recursos federais correspondente ao limite financeiro programado para o município, compreendendo a parcela destinada ao atendimento da população própria e aquela destinada ao atendimento à população referenciada, de acordo com o termo de compromisso para garantia de acesso firmado, além da gestão do conjunto das unidades ambulatoriais especializadas e hospitalares, estatais ou privadas, estabelecidas no território municipal.

Igualmente, definiu um conjunto de prerrogativas para os estados que se habilitassem à Gestão Avançada do sistema estadual: a transferência regular e automática dos recursos correspondentes ao PAB relativos aos municípios não habilitados, a transferência de recursos referentes às ações de vigilância sanitária, a transferência de recursos referentes às ações de epidemiologia e controle de doenças. E para os estados que se habilitassem à gestão plena do sistema estadual, concedia os seguintes benefícios: transferência regular e automática dos recursos correspondentes ao valor do TFA, deduzidas as transferências fundo a fundo realizadas a municípios habilitados, igual transferência referente às ações realizadas na área de vigilância sanitária, remuneração por serviços produzidos na área da vi-

Responsabilização pelo controle de resultados

gilância sanitária, normalização complementar, pactuada na CIB e aprovada pelo CES, relativa ao pagamento de prestadores de serviços assistenciais sob sua gestão, inclusive alteração de valores de procedimentos, tendo a tabela nacional como referência mínima, e, por fim, a transferência de recursos referentes às ações de epidemiologia e de controle de doenças.

Novas demandas vão surgindo e a estratégia para lidar com o seu atendimento era criar incentivos financeiros. Assim, é objeto da Portaria nº 399, de 22 de fevereiro de 2006, a definição de novos incentivos dentro da parte variável do bloco financeiro da atenção básica. Nessa perspectiva, o PAB Variável passa a ser composto pelo financiamento das seguintes estratégias: saúde da família, agentes comunitários de saúde, saúde bucal, compensação de especificidades regionais, fator de incentivo da atenção básica aos povos indígenas e incentivo à saúde no sistema penitenciário. Os recursos do PAB Variável serão transferidos ao município que aderir e implantar essas estratégias específicas. Idêntica estratégia pode ser conferida na Portaria nº 698, de 30 de março de 2006, que definiu que o PAB Variável será constituído por recursos financeiros destinados ao custeio dos mesmos programas mencionados acima, além do programa de política de atenção integral à saúde do adolescente em conflito com a lei e em regime de internação e internação provisória, assim como outros que venham a ser instituídos por meio de ato normativo específico.

Com o mesmo raciocínio, mas agora para induzir compromissos gerenciais, a Portaria nº 699, de 30 de março de 2006, determinou que apenas os estados, o Distrito Federal e os municípios que assinarem o termo de compromisso de gestão farão jus às prerrogativas financeiras do pacto, tais como recursos para a gestão e regulação, e terão prioridade para o recebimento dos recursos federais de investimentos, excetuando as emendas parlamentares e os vinculados a políticas específicas pactuadas.

Dentro da mesma filosofia, a Portaria nº 3.085, de 1º de dezembro de 2006, propôs a instituição de incentivo financeiro para a implementação do sistema de planejamento do SUS, a ser transferido de forma automática aos Fundos de Saúde, em parcela única, destinado a apoiar a organização e/ou a reorganização das ações de planejamento dos estados, do Distrito Federal e dos municípios, com vistas à efetivação do referido sistema, com ênfase no desenvolvimento dos instrumentos básicos.

Tais instrumentos normativos tinham como eixo central dotar o sistema de capacidade institucional de gestão para lidar com demandas e complexidades sempre crescentes. Com essa preocupação, a Portaria nº 649, de 28 de março de 2006, definiu a transferência de R$ 100.000,00 (cem mil reais) por curso de graduação, aos municípios que aderiram ao Prosaúde e receberem alunos de enfermagem, medicina e/ou odontologia nas Unidades Básicas de Saúde municipais das equipes de Saúde da Família. E a parcela única de R$ 30.000,00 (trinta mil reais) por aluno residente, como valor de transferência para estruturação de Unidades Básicas de Saúde municipais das equipes de Saúde da Família, aos municípios que receberem nessas unidades médicos residentes de Medicina de Família e Comunidade. Ou seja, o investimento na melhoria da gestão diz respeito não apenas aos aspectos administrativos propriamente ditos, mas aos aspectos de formação de recursos humanos.

Em 2007, surgiu uma nova regulamentação do financiamento e transferência dos recursos federais a título de incentivos. A Portaria nº 204, para o bloco de atenção básica, definiu que o PAB Variável passaria a ser constituído por recursos financeiros destinados ao financiamento das mesmas estratégias definidas pela Portaria nº 698, realizadas no âmbito da atenção básica em saúde. Definiu também um conjunto de incentivos que constituem o Componente Limite Financeiro da Média e Alta Complexidade Ambulatorial e Hospitalar (MAC), dos estados, do Distrito Federal e dos municípios, destinado ao financiamento de ações de média e alta complexidade em saúde e de incentivos transferidos mensalmente. Os incentivos do MAC incluem aqueles atualmente designados: Centro de Especialidades Odontológicas, Samu, Centro de Referência em Saúde do Trabalhador, Adesão à Contratualização dos Hospitais de Ensino, dos Hospitais de Pequeno Porte e dos Hospitais Filantrópicos, Fator de Incentivo ao Desenvolvimento do Ensino e da Pesquisa Universitária em Saúde (Fideps), Programa de Incentivo de Assistência à População Indígena, Incentivo de Integração do SUS (Integrasus) e outros que venham a ser instituídos.

Ainda, no campo dos incentivos, definiu o Componente da Vigilância Epidemiológica e Ambiental em Saúde destinado às ações de Vigilância, Prevenção e Controle de Doenças, composto pelos seguintes incentivos: subsistema de vigilância epidemiológica em âmbito hospitalar, laboratórios de saúde pública, atividade de promoção à saúde, registro de câncer de base populacional, serviço de verificação de óbito, campanhas de vacinação, monitoramento de resistência a inseticidas para o *Aedes Aegypti*, contratação dos agentes de campo, DST/Aids e outros que venham a ser instituídos.

Na mesma linha, a Portaria nº 1.861, de 4 de setembro de 2008, estabeleceu recursos financeiros para a adesão dos municípios com equipes de Saúde da Família, priorizados a partir do Índice de Desenvolvimento da Educação Básica

(Ideb), ao Programa Saúde na Escola (PSE) que objetiva a implantação de um conjunto de ações de promoção, prevenção e atenção à saúde de forma articulada com a rede de educação pública básica e em conformidade aos princípios e diretrizes do SUS.

Como se constata, a estratégia de construção do SUS tem sido sempre a mesma, qual seja, alocar recursos mediante a adesão dos municípios para implementação dos programas ou alocar recursos para obrigar ao gestor a assumir determinadas práticas gerenciais. Essa estratégia foi fundamental para ir delineando a configuração que o sistema possui atualmente, decisiva para lidar com a heterogeneidade dos diversos municípios brasileiros e para garantir padrões gerenciais básicos de atuação.

A questão que se coloca é se os municípios, especialmente os que já possuem muitos problemas de gestão, podem assumir indefinidamente novas demandas apenas em função do recebimento de recursos financeiros. É bom ressaltar que cada decisão política que resulte em programas novos gera uma estrutura administrativa para a sua operacionalização, o que implica recursos materiais, humanos, tecnológicos, sociais, financeiros e políticos que complexificam a estrutura já existente.

Outrossim, a estratégia privilegiou o aspecto institucional. Todos os incentivos foram voltados para alocar mais recursos à organização. É importante que se diga que, com exceção de alguns programas que estabeleciam parâmetros de eficiência, quase todos os programas não estabeleciam nenhum parâmetro avaliativo. Cria-se o programa, definem-se algumas diretrizes gerais, define-se a forma de habilitação dos municípios aos programas, mas não se diz como os programas serão avaliados. E essa dimensão é importante, pois são muitos os programas que os municípios assumiram ao longo do tempo. Logo, às funções básicas de assistência com problemas de avaliação somam-se os programas, cada um a exigir uma atenção especial do gestor.

Nos instrumentos normativos, não há referência a incentivos individuais. Esse aspecto desconsidera completamente os recursos humanos que são responsáveis pelo cumprimento de todas as tarefas do sistema. Desconsidera assim um elemento de fundamental importância para o sucesso das reformas. Considerando-se o patamar histórico de salários baixos, não é possível entender a falta de atenção a esse aspecto.

Diante dessa situação, é possível afirmar que a estratégia do Ministério da Saúde de implantar vários programas nos municípios, atrelados à concessão de recursos financeiros, tem sido bem-sucedida. O que não se pode afirmar é que a estratégia da alocação de recursos garanta a eficiência de tais programas, pois isso tem a ver com a capacidade de gestão. Os programas são necessários? Sim, mas são articulados como se tudo dependesse da adesão, e a adesão é apenas o passo inicial. Os programas precisam de uma estrutura administrativa que os recepcione, implemente, controle e avalie os seus resultados. Necessitam ser acolhidos dentro de uma perspectiva de assistência integral à saúde. Dentro da lógica de uma gestão orientada para resultados ficamos no meio do caminho. Definimos os instrumentos que potencialmente podem alterar o *status quo* da situação de saúde e da gestão, mas não institucionalizamos uma cultura gerencial que valorize o controle e a avaliação dos resultados das ações executadas para alimentar o processo de tomada de decisão.

Em relação ao processo de tomada de decisão, um aspecto que tem sido objeto de atenção em reformas de Estado realizadas em todo o mundo é a liberdade de atuação do administrador. Trabalha-se com a ideia de que em contextos complexos e que exigem rapidez de decisão e resultados, deve-se dar autonomia para o gestor decidir sobre as melhores maneiras de encaminhar as demandas da sua agenda e aquelas que ainda não se transformaram em pontos de agenda, mas que igualmente pedem a sua atenção. Paralelamente, trabalha-se com a perspectiva de que os mecanismos de controle social da ação governamental e os mecanismos de contratualização de resultados têm condições de exigir maior grau de responsabilização do gestor público. Ou seja, um sistema de freios é acionado na medida em que a ação pública é fiscalizada.

Em toda a legislação do SUS tem sido uma constante a definição de competências dos gestores nos três níveis de governo, de uma forma extremamente detalhista. Se, por um lado, isso ajuda no processo de divisão de responsabilidades, por outro lado, deixa pouco espaço para a livre atuação do gestor. A liberdade de atuação, da forma como a literatura da nova gestão pública coloca, somente é percebida por meio de duas leis aprovadas depois de 1998.

Primeiro, a Lei nº 9.782/1999, que criou a Anvisa como autarquia sob regime especial, vinculada ao Ministério da Saúde. A natureza de autarquia especial conferida à agência é caracterizada pela independência administrativa, estabilidade de seus dirigentes e autonomia financeira. Inclusive, o seu diretor-presidente, nomeado pelo presidente da República, com mandato de três anos, somente poderá ser exonerado de forma imotivada nos quatro meses iniciais de sua gestão, findos os quais será assegurado seu pleno e integral exercício, salvo nos casos de prática de ato de improbidade administrativa, de condenação penal transitada em julgamento e de descumprimento injustificado do contrato de gestão da autarquia.

Nessa Lei, ficam evidenciados um novo arranjo organizacional — a agência — e um novo instrumento de regulação — o contrato de gestão —, duas inovações gerenciais para dar mais espaço para atuação do gestor.

Outra iniciativa da mesma natureza foi a criação da ANS (Lei nº 9.961/2000) que também é uma autarquia sob o regime especial, vinculada ao Ministério da Saúde, como órgão de regulação, normatização, controle e fiscalização das atividades que garantam a assistência suplementar à saúde. A natureza de autarquia especial conferida à ANS é caracterizada por autonomia administrativa, financeira, patrimonial e de gestão de recursos humanos, autonomia nas suas decisões técnicas e mandato fixo de seus dirigentes. O seu diretor-presidente será designado pelo presidente da República e investido na função por três anos, admitida uma única recondução por igual período. Após os quatro primeiros meses de exercício, o diretor-presidente somente perderá o mandato em virtude de condenação transitada em julgamento, condenação em processo administrativo, a ser instaurado pelo Ministro de Estado da Saúde, assegurados o contraditório e a ampla defesa, acumulação ilegal de cargos, empregos ou funções públicas e descumprimento injustificado de objetivos e metas acordados no contrato de gestão.

As duas agências assumem um papel importante de regulação de aspectos diretamente relacionados à prestação dos serviços de saúde, em sintonia com as discussões ocorridas no Brasil, a partir de 1995, com a proposta do Bresser-Pereira de reforma do aparelho de Estado. No entanto, são experiências circunscritas e não expressam a totalidade do sistema no que se refere ao grau de liberdade para a tomada de decisão. Em relação aos contratos, também esta é a forma preconizada na reforma do Estado para regular relações contratuais entre entes públicos ou entre entes públicos e privados. Os contratos devem conter os serviços que serão prestados, os objetivos e metas a alcançar, duração, prazos, preços, forma de pagamento, mecanismos de avaliação, entre outros elementos, de modo que possa ser um instrumento de aferição da gestão em curso. O processo de contratualização deve ser transparente, de modo a constituir também um elemento que favoreça o controle social.

A legislação estruturante do SUS é ampla na perspectiva do controle social. A ação fiscalizadora dos conselhos se expressa de várias formas. Aqui, privilegiaremos o foco que evidencia o poder fiscalizador dos conselhos, inclusive o seu poder de veto. Assim, a Resolução nº 258, que aprovou a NOB/SUS 1/91, definiu que os conselhos de saúde atuarão na formulação de estratégias e no controle da execução da política de saúde na instância correspondente, inclusive nos aspectos econômicos e financeiros, e que aprovarão os Planos de Saúde em cada esfera de sua atuação, bem como a fiscalização da movimentação dos recursos repassados às Secretarias Estaduais, Municipais e/ou Fundos de Saúde.

A Portaria nº 393/1991 definiu que as agendas estaduais e municipais serão aprovadas pelos respectivos conselhos de saúde. Por sua vez, a Portaria nº 548/2001 reafirmou o poder dos conselhos ao definir que as Agendas de Saúde, ao serem consolidadas e adaptadas em cada esfera de governo, comporão um processo de responsabilização progressiva, tendo por base as referências políticas, epidemiológicas e institucionais de cada esfera, sempre com a homologação do conselho de saúde correspondente, e que os Planos de Saúde, que são documentos de intenções políticas, de diagnóstico, de estratégias, de prioridades e de metas vistos sob uma ótica analítica, devem ser submetidos na íntegra aos conselhos de saúde correspondentes, em cada nível de gestão do SUS.

A Portaria nº 699/2006, por sua vez, definiu que os termos de compromisso da gestão municipal, estadual, do Distrito Federal e da União deverão ser aprovados pelos conselhos municipais, estaduais, do Distrito Federal e nacional, respectivamente. Ora, os termos de compromisso constituem o instrumento de pactuação dos indicadores de saúde e das metas a serem alcançadas. Logo, são instrumentos de grande importância para a configuração do sistema, pois aí estarão expressas as opções políticas em termos da prestação de serviços de saúde que os conselhos podem ou não aprovar.

A Portaria nº 3.277/2006, ao dispor sobre a participação complementar dos serviços privados de assistência à saúde no âmbito do SUS, determinou que a necessidade de complementação de serviços deverá ser aprovada pelo Conselho de Saúde e constar do Plano de Saúde, e que as metas serão definidas pelo gestor em conjunto com o prestador, de acordo com as necessidades e peculiaridades da rede de serviços, devendo ser submetidas ao conselho. Novamente, se explicita a responsabilidade dos conselhos para a configuração que o sistema pode assumir, pois o tamanho da participação da iniciativa privada no SUS depende de sua aprovação. É claro que no processo de aprovação muitas variáveis estão em jogo, mas não se pode fugir ao fato de que, ao homologar as propostas trazidas pelo gestor, o conselho torna-se igualmente responsável.

Em 2007, a Portaria nº 91, ao unificar o processo de pactuação de indicadores, definiu que as metas pactuadas pelos municípios, os estados, o Distrito Federal e a União deverão passar por aprovação dos respectivos conselhos de saúde. É importante destacar a importância do papel dos conselhos dado que as metas pactuadas orientarão todo o processo de gestão, além de que elas têm a ver com uma questão maior, que é o próprio quadro de saúde populacional que se deseja alcançar.

Ainda em 2007, ao se regulamentar o financiamento e a transferência dos recursos federais para as ações e serviços de saúde, a Portaria nº 204, determinou que a comprovação da aplicação dos recursos repassados pelo Fundo Nacional de Saúde aos Fundos de Saúde dos Estados, do Distrito Federal e dos municípios, far-se-á para o Ministério da Saúde, mediante relatório de gestão, que deve ser elaborado anualmente e aprovado pelo respectivo Conselho de Saúde. O poder de aprovar ou não o relatório de gestão igualmente se revela um instrumento que dá grande força aos conselhos.

E, em 2008, a Portaria nº 1.861 determinou que a Secretaria Municipal de Saúde apresentará o projeto ao Conselho Municipal de Saúde para aprovação. Mais uma vez, a ação dos conselhos é central para o encaminhamento de qualquer proposta feita pelos gestores, o que possibilita a melhoria ou a recusa das propostas.

Constata-se que a ação fiscalizatória que os conselhos poderão exercer é enorme, em especial a ação dos conselhos municipais, que é muito demandada. A ação fiscalizatória, vista pela possibilidade da aprovação de procedimentos, contempla desde autorização para guias de internamento, planejamento das atividades ambulatoriais, termos de compromisso dos gestores e entre gestores, compra de serviços à iniciativa privada, relatórios de gestão, até projetos que o município deseja implementar. Observa-se, pois, que do ponto de vista do controle a legislação favorece que os conselhos tenham um papel de fundamental importância para a configuração do sistema.

É claro que a simples atribuição de competências por si só não é suficiente para uma atuação efetiva. Já há bastante discussão acumulada nesse sentido. No entanto, o fato de que toda a legislação reforça de forma contínua o poder dos conselhos abre a possibilidade real de que condições possam ser criadas para tornar efetiva essa fiscalização, de modo a contribuir para que as decisões tomadas sejam de fato decisões para o aperfeiçoamento do sistema na perspectiva da assistência integral da saúde.

Um outro aspecto relacionado à capacidade de fiscalização do cidadão são os dispositivos voltados para identificar a satisfação do usuário com a prestação de serviços. A legislação deixa muito a desejar nesse ponto, pois em apenas duas portarias constata-se a preocupação com a satisfação do usuário. São as Portarias nº 95, Noas/SUS 01/01, de 26 de janeiro de 2001, e nº 373, que recomendam que a avaliação da qualidade da atenção pelos gestores deve envolver tanto a implementação de indicadores objetivos baseados em critérios técnicos, como a adoção de instrumentos de avaliação da satisfação dos usuários do sistema, que considerem a acessibilidade, a integralidade da atenção e a resolubilidade e qualidade dos serviços prestados. Atente-se para o fato de que isso é apenas uma recomendação. Além dessas portarias, o que há é um imenso vazio de quase 20 anos, revelando que a aposta do SUS está centrada na ação dos conselhos, pelo fato já apontado de que a legislação confere a eles grande poder. Deixa-se, portanto, de contar com a satisfação do usuário como mais um recurso que pode melhorar muito a gestão, na medida em que se pode aferir diversos aspectos vinculados à prestação de serviços — qualidade, tempo para o atendimento, resolubilidade, custos, desempenho etc., — para dessa forma tornar o sistema *accountable*. É importante também apontar como um fator limitante o fato de que não se percebe que a prestação de contas ao cidadão seja um valor perseguido nos instrumentos normativos. Valoriza-se, é claro, a figura dos conselhos, mas nada se diz sobre as formas de participação do cidadão e sobre as formas pelas quais o processo de prestação de contas possa ser transparente e acessível.

Conclusão

Uma análise comparativa das formas de responsabilização nos sistemas de saúde da Catalunha e do Brasil

A o definirmos as linhas gerais desse estudo, centrado nos instrumentos normativos para analisar a construção das formas de responsabilização nos sistemas de saúde da Catalunha e do Brasil, consideramos que uma possibilidade seria constatar se os instrumentos normativos aprovados ao longo do tempo poderiam não apresentar coerência com os modelos teóricos das formas de responsabilização, mas que eles podiam sinalizar a orientação de cada sistema e que seria possível distinguir entre os planos do discurso das reformas e a realidade, e entre os elementos constitutivos de cada forma de responsabilização em cada contexto específico. Vejamos mais de perto cada forma de responsabilização para apreendermos melhor os aspectos assinalados, ao tempo em se apontam as semelhanças e diferenças entre os dois sistemas e as dificuldades associadas às distintas formas de responsabilização.

A análise dos instrumentos normativos face aos elementos definidores das formas de responsabilização por competição administrada, pelo controle de resultados e pelo controle social, nos capítulos anteriores, revelou alguns pontos de semelhança e de diferença na forma como os elementos possíveis de conformarem as formas de responsabilização se apresentam nos sistemas de saúde na Catalunha e no Brasil. Agora, além de explicitar melhor essas semelhanças e diferenças, procura-se responder à indagação sobre a existência ou não dessas formas de responsabilização nos sistemas de saúde e quais as dificuldades encontradas ou obstáculos a serem superados para sua institucionalização. Dessa forma, retoma-se a preocupação inicial de saber se o discurso das reformas que coloca o cidadão como eixo central das reformas e, por conseguinte, a obrigatoriedade de o gestor público agir em função das demandas e interesses do cidadão, assume concretude na prática.

Responsabilização por competição administrada nos sistemas de saúde da Catalunha e do Brasil

A análise da responsabilização por competição administrada nos dois sistemas de saúde preocupou-se em identificar se os instrumentos normativos criavam condições para a introdução de uma lógica de quase mercado nas relações entre entes de natureza jurídica distinta, se capacitavam a burocracia para avaliar e regular o desempenho dos provedores, se dotavam os sistemas de mecanismos de recompensa/punição ao padrão de desempenho alcançado e se institucionalizavam formas de avaliação dos serviços prestados e formas de intervenção pelos cidadãos de modo que o processo como um todo resultasse em um Estado mais *accountable* aos cidadãos.

A compreensão era a de que esses elementos respondiam à seguinte lógica: a criação de quase mercados levaria a um melhor desempenho dos provedores, que seriam avaliados em função das metas pactuadas, ao tempo em que também seriam avaliados pelos cidadãos sobre a qualidade e pertinência dos serviços prestados. O gestor público, por sua vez, prestaria contas aos cidadãos de seu desempenho no gerenciamento do sistema. Partindo dessa premissa, constatamos, pela análise dos diversos instrumentos normativos, os seguintes pontos de semelhança entre os dois sistemas:

- os sistemas operam com uma pluralidade de provedores públicos e privados para assegurar a assistência à saúde, sob a forma de empresas privadas, filantrópicas, públicas, cooperativas, fundações, consórcios e agências. A pluralidade de provedores foi estimulada a partir da compreensão de que a forma tradicional e burocrática da administração pública era insuficiente para dar conta de demandas crescentes e complexas com a agilidade requerida pelos cidadãos. As novas formas de gestão, por se regerem por práticas distintas da administração tradicional, poderiam garantir agilidade, flexibilidade e eficiência às ações de saúde. Deve-se ressaltar, contudo, que na Catalunha há um leque muito maior de novas formas organizacionais, fruto da opção clara por um modelo em que as funções de compra e provisão estariam separadas;
- as relações com os provedores são estabelecidas por meio de contratos ou convênios; as relações do ente público com as agências vinculadas à área da saúde

Conclusão

se fazem por contrato de relações ou contrato de gestão. O contrato é um instrumento muito antigo nas relações entre provedores na Catalunha, enquanto no Brasil o seu uso com as características do modelo catalão ainda é muito recente e não extensivo a todo o sistema;

- nos dois sistemas a compreensão é de que a formalização das relações por meio de um instrumento jurídico como o contrato pode fortalecer a responsabilização dos gestores com as metas pactuadas e dessa forma levar a uma gestão mais orientada a resultados e com capacidade de dar respostas às demandas dos cidadãos;
- prioridade às relações contratuais com entidades sem fins lucrativos. Os instrumentos normativos deixam clara a preferência em estabelecer relações com entidades sem fins lucrativos, sempre que o poder público não possa prestar os serviços de saúde. Na prática, o que se constata é uma grande presença de provedores privados com fins lucrativos. No Brasil, a institucionalização do SUS se deu com a presença de uma grande rede de provedores privados, que inclusive já existia antes de sua criação. Na Catalunha, a opção inicial de construção da rede hospitalar de utilidade pública incluiu todos os provedores existentes;
- não há dispositivos normativos que disciplinem a prestação de contas dos contratos, convênios e demais ações para os cidadãos. O controle das contas ainda é feito de forma tradicional, privilegiando os aspectos de legalidade do processo. Dessa forma, a prestação de contas ainda é assunto das controladorias e auditorias do governo. No Brasil, há a obrigatoriedade de que as contas sejam aprovadas pelos conselhos de saúde, que se propõem a fazer o controle social. Na Catalunha, os conselhos de saúde são apenas consultivos e não há obrigatoriedade de prestação de contas;
- não se percebe se a autoridade estabelece premiações e punições à sua rede de provedores como forma de estimular um determinado padrão de desempenho. Os contratos se referem a essa possibilidade, mas não estabelecem de modo claro como isso ocorre. Sabe-se que no caso da punição a margem de manobra da autoridade é estreita, em especial quando os serviços são prestados por entidades que realizam sozinhas um determinado serviço, pois a punição pode causar prejuízos à população. Na Catalunha, o que normalmente acontece é uma advertência ao provedor para que ele possa melhorar o seu desempenho. Essa advertência é consequência do processo de auditoria dos padrões previamente definidos de qualidade. Em relação ao desempenho, também não há estímulos para fazer acima do que está contratado, uma vez que o sistema remunera o excesso de atividades muito abaixo do padrão previamente acordado em con-

trato. No Brasil, há um conjunto de incentivos funcionais que tentam estimular o desempenho dos gestores, mas não há, pelo menos de forma visível, nenhuma punição para o não alcance das metas pactuadas. Da mesma forma, não há estímulos para um desempenho melhor, pois o sistema não remunera quando os provedores realizam acima do que foi definido;

- não é visível a forma como a competição é estimulada entre os provedores. No caso da Catalunha, onde a separação entre provisão e financiamento é bem demarcada e foi realizada com fortes argumentos de estímulo aos provedores para oferecer um serviço melhor, esperava-se que a concorrência fosse o padrão. Na verdade, o que há é um "falso mercado" em que os provedores assumem um volume de serviços "x" e recebem por esses serviços tarifas iguais previamente acordadas. No Brasil, apesar de o sistema funcionar com a presença de múltiplos provedores (privados, ONGs, filantrópicos etc.) não há também concorrência estimulada. A relação dos provedores com o sistema é feita por meio de convênios e/ou contratos, e ainda há um número elevado de entidades que prestam serviços ao SUS sem nenhum instrumento legal e, em especial, sem um instrumento com metas pactuadas. Percebe-se, pois, que, apesar de a Catalunha ter um sistema mais harmônico, padece tanto quanto o Brasil da ausência de concorrência. Cai por terra, portanto, o argumento da constituição dos quase mercados no caso da Catalunha, uma vez que não há transferência de riscos;

- ausência da participação do cidadão na avaliação da prestação de serviços. Em nenhum dos sistemas percebe-se o cidadão como um ator com capacidade de influenciar a gestão. No Brasil, os conselhos de saúde abrem uma possibilidade maior para que a participação ocorra, desde que haja uma articulação por parte dos conselhos para estimular o debate e divulgar informações. No caso da Catalunha, percebe-se que há um esforço orientado para que o indivíduo conheça os seus direitos e acione o sistema para fazer a sua defesa. Assim, há um conjunto de direitos que regulam vários aspectos da questão da saúde;

- a estrutura de regulação/controle do poder público parece insuficiente. Na Catalunha, há um esforço para dotar o SCS de uma estrutura de regulação, mas esta parece insuficiente dado o número elevado de provedores. O Brasil vem fazendo um esforço para dotar os municípios de condições gerenciais para controlar a rede de provedores, mas não são visíveis os resultados;

- o controle da eficiência, eficácia e qualidade dos contratos deixa muito a desejar nos dois sistemas. Na Catalunha, por meio do processo de credenciamento dos provedores à rede hospitalar de utilidade pública e do processo de auditoria regular ao qual são submetidos os provedores em relação aos padrões de qualidade definidos, torna-se mais fácil a consecução desses objetivos. No entanto, a eficiência do sistema é avaliada apenas em termos de custo, e não há de fato uma avaliação contrato a contrato. No Brasil, a situação é bastante precária, uma vez que somente a partir de 2006 foi estabelecido um conjunto de indicadores de desempenho como metas para os gestores; e

- em ambos os sistemas o que se compra majoritariamente são atividades (altas hospitalares, urgências, consultas etc.). Na Catalunha 5% do volume dos contratos é definido em termos de resultados. No Brasil, apenas compram-se atividades.

Esses aspectos evidenciam que os sistemas de saúde procuraram formas alternativas de gestão para superar os tradicionais entraves da administração tradicional burocrática — consórcios, cooperativas, organizações sociais, organizações de interesse particular, fundações, empresas públicas —, introduziram procedimentos para disciplinar as relações entre entes públicos e privados ou entre entes públicos, contratos e convênios e criaram uma rede de múltiplos provedores. Independentemente das nuances entre os sistemas de saúde na concretização desses aspectos, o argumento para a constituição dos novos arranjos organizacionais foi o mesmo: tornar a administração mais ágil e com mais capacidade para resolver problemas. Dessa maneira, percebe-se que há uma aderência da realidade ao modelo, pois novas formas organizacionais dotadas de flexibilidade, agilidade e capacidade de resposta sempre constaram do cardápio de soluções da NGP para configurar um novo modo de gestão da coisa pública. É importante ressaltar que a construção de um modelo de gestão com base em arranjos organizacionais novos foi se dando de forma gradativa, em sintonia com o avanço das propostas mais gerais de reforma do Estado. Esse processo gradativo também pode ser explicado na medida em que a aprovação de determinadas mudanças somente pode ser feita em função da correlação de forças políticas vigentes em determinados momentos, o que pode resultar em avanços e recuos das medidas propostas. Outrossim, é oportuno destacar que a construção desse modelo de gestão vai se diversificando ao longo do tempo e incorporando novas e variadas formas, em um processo de permanente mutação para se adaptar às dificuldades do ambiente.

Quanto às diferenças encontradas entre os elementos constituintes da responsabilização pela competição administrada, ressaltamos:

- a contratualização, no sentido mais rigoroso do termo, é muito mais intensa na Catalunha, sendo uma ideia disseminada por todo o sistema. Há um conjunto muito grande de dispositivos autorizativos para o SCS, as regiões sanitárias, centros e estabelecimentos poderem firmar contratos e convênios. A contratualização é assim um dos pilares de sustentação do modelo catalão de saúde, juntamente com o processo de credenciamento de hospitais e centros, avaliação sistemática dos contratos e constituição da rede hospitalar de utilidade pública. No Brasil, prevalece até hoje um percentual expressivo de provedores que prestam serviços ao SUS sem contratos (Pompeu, 2004). Essa situação contraria qualquer esforço de racionalizar a gestão do sistema de saúde, pois o que prevalece é uma relação entre poder público e provedores fortemente centrada na falta de controles;

- os contratos são muito mais regulados na Catalunha do que no Brasil. Há uma vasta legislação que disciplina o conteúdo dos contratos, a formalização, o fluxo, a duração, o marco de responsabilidade dos agentes envolvidos, o registro e a sua publicização. No Brasil, a regulamentação é muito menor, deixando em aberto aspectos importantes da relação contratual mesmo quando existe a obrigatoriedade do contrato, como é o caso das OS, e praticamente inexiste para a longa relação de provedores: apenas 20% dos provedores privados têm contrato regular com o SUS (Pompeu, 2004);

- o processo de credenciamento dos provedores é um elemento diferencial na comparação entre os dois sistemas. Na Catalunha, o processo não é novo e cada vez mais se estende para outras áreas da saúde, revelando a sua importância em um sistema que por opção assumiu a contratualização de serviços como parte integrante do seu modelo de assistência. Um outro aspecto relacionado ao processo de credenciamento de provedores é que na Catalunha ele é condição básica para o ingresso do provedor na rede hospital de utilidade pública e, atualmente, é feito por auditores independentes. No Brasil, o processo de credenciamento é feito por solicitação do provedor pela vigilância sanitária para sua inclusão no SUS;

- é mais clara a separação entre as funções de provisão e financiamento na Catalunha, inclusive com setores específicos para cuidar da função de compras da prestação de serviços. O SCS assume toda a responsabilidade de compra de serviços a partir da gestão da rede de saúde existente e em função de tarifas previamente acordadas com os provedores, que levam em consideração a estrutura e a complexidade dos hospitais e centros, bem como os recursos consumidos. No Brasil, essa separação ainda não é assumida pelo sistema, apesar de que na prática, em especial para os serviços de média e alta complexidade, haja uma separação entre provisão (ampla maioria dos provedores estão na rede privada) e financiamento, de responsabilidade do poder público. Na legislação mais recente, tenta-se fazer com que o gestor público não exerça apenas o papel de

Conclusão

provedor, mas também o de gestor do sistema, o que inclui as funções de planejamento, acompanhamento, controle e avaliação de seus provedores. É bom lembrar que no Brasil recai sobre o poder público municipal toda a execução das ações e prestações de serviço;

- a abrangência dos contratos é muito maior na Catalunha, pois de forma muito clara os contratos podem regular a prestação de serviços na atenção primária, atenção hospitalar especializada, transportes de urgência, terapias e a gestão de centros, estabelecimentos e serviços. No Brasil, a legislação é omissa quanto ao objeto do contrato e, portanto, não se sabe exatamente o que não é permitido. A falta de clareza abre portas para qualquer possibilidade de contratos;

- a legislação na Catalunha permite que os contratos regulem tanto a prestação de serviços como a gestão de serviços. No Brasil, a legislação é mais uma vez ambígua. A regulamentação recente das organizações sociais abre espaço tanto para a prestação de serviços quanto para a gestão;

- por falta de clareza da legislação brasileira quanto aos contratos, não encontramos dispositivos que autorizem a subcontratação de empresas, o que é permitido na Catalunha com autorização do SCS. Essa possibilidade acentua a contratualização como marca do sistema e introduz a um grau de complexidade maior, pois estabelece uma ampla rede de prestação de serviços;

- a adoção da forma organizacional por consórcio é mais restrita no Brasil, uma vez que ela é permitida apenas para entes públicos. Deve-se ressaltar, contudo, que o Decreto nº 6.017, que aprovou os Consórcios Públicos, permite que entes públicos firmem termo de parceria com as Oscip. Na Catalunha, os consórcios têm uma abrangência maior pela inclusão de atores distintos nas parcerias;

- a pactuação de objetivos e metas no Brasil tem sido feita por meio dos instrumentos de programação pactuada integrada e termo de compromisso apenas recentemente; na Catalunha essa pactuação é feita por meio por contratos, contratos de relações e contratos-programa, o que acentua o foco na contratualização.

Vistas as semelhanças e diferenças, evidencia-se que a prestação e a gestão dos serviços de saúde na Catalunha estão mais sintonizadas com o ideário da reforma gerencial. O leque de atividades permitido por meio dos contratos-programa indica mais flexibilidade na gestão. Do mesmo modo, a possibilidade de subcontratações no marco do contrato é um outro indicador dessa sintonia, assim como a pluralidade de provedores e a permissão para que centros e estabelecimentos da rede de saúde possam igualmente realizar contratos para a prestação de serviços. Ao retirar o foco da provisão, o sistema de saúde na Catalunha faz uma aposta no papel regulador do Estado e no sistema de gestão, pois a eficiência do sistema passa a residir na sua capacidade de gerenciamento dos contratos com os múltiplos provedores. A existência dessas condições, no entanto, não é suficiente para afirmar a existência da responsabilização pela competição administrada. Sem que o poder público tenha desenvolvido uma grande capacidade de regulação do sistema (os dispositivos não permitem avaliar o acerto da decisão de compra dos serviços, a forma como é premiado/punido o desempenho, como são definidas a contratação dos serviços), sem que haja incentivos à concorrência entre fornecedores de bens e serviços (o que há de fato é uma relação mais de colaboração do que de concorrência em que diversos provedores constituem a rede e prestam serviços a partir da pactuação das condições de contratação) e sem a participação do usuário na avaliação dos equipamentos sociais à sua disposição, a opção de contratualização não atende às orientações básicas que regulam os processos de competição administrada.

No Brasil, apesar de existir um processo de compra de serviços mediado seja por contratos, seja por convênios, não se percebe minimamente que o funcionamento do sistema de saúde leve à forma de responsabilização por competição administrada. Assim, as relações com distintos provedores se processam como mais um mecanismo administrativo que atende às necessidades pontuais, mas sem que a relação esteja articulada a um processo de contratualização para melhoria do sistema de saúde. Outrossim, não se percebe no espaço concedido aos provedores de prestações a ideia de competição para estimular melhor desempenho do sistema, mas apenas a de complementaridade. Mesmo quando se estimulam os consórcios entre instituições públicas, a noção é de complementar o serviço. Como afirmamos anteriormente, na perspectiva da responsabilização por competição administrada, a contratualização atende a objetivos concretos de melhoria da eficácia e, mais do que isso, o faz mantendo com o cidadão uma relação permanente de prestação de contas. Se isso não acontece, a contratualização pode melhorar a racionalidade do sistema de gestão, mas ainda estará muito longe do ideal de responsabilização. A responsabilização por competição administrada tanto induz um esforço para o bom desempenho, como é capaz de regular o desempenho medíocre e, dessa forma, tem condições de imputar responsabilidade aos gestores e assegurar que os termos da relação pactuada entre gestor público e provedores sejam cumpridos.

Pelas razões já apontadas, a responsabilização pela competição administrada ainda é um processo em construção tanto na Catalunha como no Brasil. Na Catalunha, apesar do forte acento na contratualização, ainda não está claro que ela

Conclusão

tenha trazido avanços significativos para a participação cidadã e para a responsabilização dos gestores na perspectiva de resultados efetivos para os cidadãos. Apesar dessa constatação, em função do longo aprendizado proporcionado por relações contratuais entre gestor público e provedores, há condições mais efetivas para se promover a responsabilização pela competição administrada com o aperfeiçoamento do modelo, melhoria da estrutura de controle e a inclusão do cidadão na tomada de decisões. O Brasil teria que fazer um investimento muito maior, especialmente de regulamentar de forma mais clara, com mais objetividade e em sintonia com os planos de saúde o processo de contratualização no âmbito do SUS. Em ambos os sistemas, é imprescindível trazer para a arena de decisões o cidadão e aprofundar o processo de transparência e de prestação de contas dos gestores públicos.

A responsabilização pela competição administrada é, portanto, apenas uma possibilidade no horizonte. Os elementos que a caracterizam foram incorporados de uma forma desequilibrada com clara preferência para os aspectos que permitiam uma abertura ao mercado — pluralidade de provedores, de arranjos, de contratos — em detrimento dos aspectos que se referiam ao cidadão e à estrutura de regulação, necessários à configuração da responsabilização. Como os elementos não se articulam com o mesmo peso, não se institucionaliza a forma de responsabilização pela competição administrada, que se ressente de uma estrutura de regulação forte capaz de imprimir a constituição de um quase mercado submetido à concorrência e preferência do cidadão. Confirma-se a nossa suposição inicial de que há um problema de aderência entre modelo e realidade. Confirma-se, também, a validade de utilizar os instrumentos normativos para examinar a forma de responsabilização pela competição administrada na medida em que por meio deles é possível descobrir as escolhas feitas do ponto de vista da gestão — se elas favorecem ou dificultam a responsabilização. Igualmente, o exame dos instrumentos normativos revela quais os elementos que ganharam mais visibilidade e dessa forma aponta para as dificuldades a serem superadas se se deseja de fato que a responsabilização seja um processo vivo e orgânico.

Nessa perspectiva, a institucionalização da responsabilização pela competição administrada, além das condições já apontadas, exige, entre outras coisas:

- que os gestores dos sistemas de saúde criem mecanismos para estimular a competição entre provedores em direção a um melhor desempenho dentro de parâmetros de eficiência na alocação de recursos, mas sem esquecer a avaliação da eficácia e da efetividade de suas ações;

- que se disseminem os espaços de participação do cidadão de modo que ele possa influenciar na tomada de decisões;
- que se reoriente a sistemática de prestação de contas para que ela incorpore também os aspectos de resultados e seja direcionada em uma linguagem acessível para os cidadãos;
- que se aprofunde o mecanismo de contratualização para definir com mais clareza os objetivos de saúde e os resultados que se pretende alcançar;
- que se aperfeiçoe a estrutura de regulação a fim de que ela se aproprie das ferramentas gerenciais adequadas ao papel de regular e monitorar o desempenho dos provedores; e
- que se instale uma sistemática de avaliação que identifique os aspectos passíveis de mudança e aqueles que precisam ser mantidos e/ou reforçados.

A agenda como se vê não é simples. E o mais importante é compreender que estes processos estão imbricados e que de uma forma sinérgica devem alimentar o processo de prestação de contas dos gestores aos cidadãos e incorporá-los à dinâmica do processo decisório das políticas de saúde. Muitos dos aspectos aqui apontados não dependem de novos instrumentos normativos, mas da vontade política dos gestores em assumir a responsabilização como um valor a orientar a sua prática de gestão.

Diferentemente do modelo teórico que define a prestação de contas, o sistema de incentivos, a participação do cidadão na avaliação da prestação de serviços e o papel regulador da burocracia como traços importantes da responsabilização pela competição administrada, os sistemas de saúde analisados dedicam pouco espaço a essas questões. Nesse sentido, ao privilegiarem os aspectos vinculados ao mercado em detrimento dos mecanismos de controle, ao invés de criarem condições para a responsabilização do gestor público, consagram a impermeabilidade do sistema, característica da burocracia, que se procurava combater com as reformas. Aliás, pode-se acentuar a opacidade do sistema uma vez que há uma pluralidade de provedores e de arranjos organizacionais.

Responsabilização pelo controle social nos sistemas de saúde da Catalunha e do Brasil

A responsabilização pelo controle social pressupõe que haja mecanismos institucionalizados de participação no desenho das instituições de modo a propiciar

Conclusão

condições efetivas para que a administração possa ser controlada pelos cidadãos, acessibilidade às informações para a tomada de decisões de forma consciente, arenas públicas de deliberação para a busca de consensos, arranjos institucionais que permitam a manifestação do cidadão para reclamar, cobrar, exigir e sugerir e o compromisso com relações democráticas em que se pratica o exercício de influência mútua.

Foi essa a perspectiva de avaliação dos instrumentos normativos que estruturou os dois sistemas de saúde. O foco de análise procurou identificar a existência dos elementos relacionados ao controle social das políticas públicas de saúde e ao processo de responsabilização dos gestores públicos. Esse entendimento reconhece que não basta a existência de normas para assegurar o controle social, dado que ele é produto das condições políticas existentes na textura social. Significa apenas que a norma pode assegurar um determinado desenho que amplie ou reduza o espaço público no qual os cidadãos podem se manifestar e influenciar a ação pública.

Com essa compreensão, a análise dos instrumentos normativos relacionados à responsabilidade pelo controle social revela, nos dois sistemas:

- que a participação comunitária se faz por meio da figura dos conselhos de saúde com representação de diferentes segmentos da sociedade. Na Catalunha, os conselhos estão disseminados por todas as instâncias — SCS, regiões e setores sanitários e hospitais pertencentes ao ICS. No Brasil, os conselhos estão presentes nas três esferas de gestão;
- que o desenho institucional de participação, ao privilegiar os conselhos, não contempla uma preocupação com a ampliação do espaço público. Em ambos os sistemas, as outras alternativas de ampliação do espaço público não se dão de forma sistemática e não se encontram enraizadas no tecido social. Na Catalunha, há a audiência pública para assuntos limitados. No Brasil, há as conferências de saúde que ocorrem de quatro em quatro anos e a construção de um sistema de ouvidorias. Apesar de serem iniciativas importantes, são insuficientes para criar a cultura de participação e debates sobre as questões da saúde;
- que tanto o direito de petição quanto o de iniciativa legislativa popular são instrumentos à disposição dos cidadãos, constituindo recursos importantes da cidadania;
- que o cidadão está ausente da tomada de decisões relativas à formulação e avaliação das políticas de saúde. Mesmo considerando os fóruns existentes de participação, o desenho institucional não favorece a presença do cidadão. É bom ressaltar que a ampla maioria dos instrumentos normativos fazem men-

ção ao cidadão como razão de ser das decisões. Na prática, ele é o grande ausente das decisões;

- que os dois sistemas disponibilizam um conjunto importante de informações aos cidadãos por meio de suas páginas eletrônicas, permitindo o acesso de um modo fácil às principais informações sobre o sistema e sua organização;

- que em ambos os sistemas foram definidas Cartas de Direitos e Deveres do cidadão, sendo que na Catalunha é muito mais abrangente o leque de direitos e percebe-se que há uma estratégia para divulgação e sensibilização dos profissionais e agentes para o cumprimento dos direitos.

Nota-se que os dois sistemas consagram determinados mecanismos, como os conselhos, direito de petição e de iniciativa popular, mas não estimulam a ampliação do espaço público. Esse fato tem implicações diretas para a ausência de um ambiente que estimule a participação social além dos espaços institucionalizados. As semelhanças limitam-se a esses aspectos, mas já apontam para as dificuldades da responsabilização pelo controle social.

Os pontos divergentes, em maior número, são os seguintes:

- as funções dos conselhos são distintas. No Brasil a função é deliberativa e, na Catalunha, é de assessoramento e consulta. No Brasil, os conselhos têm um poder muito grande para deliberar sobre vários aspectos da gestão: agendas e planos de saúde, quadro de metas, relatórios de gestão, fiscalização dos fundos de saúde. Os conselhos de saúde, formalmente, podem exercer o controle social na medida em que não há restrições para o leque de assuntos que eles podem tratar. Os conselhos de saúde na Catalunha limitam-se a opinar. Sem entrar na discussão da eficácia de atuação dos conselhos, a existência dos conselhos como parte da estrutura decisória do SUS no Brasil configura um desenho institucional claramente superior ao desenho da Catalunha;

- o número de conselhos. A Catalunha possui um número maior de conselhos na estrutura organizacional do seu sistema de saúde, considerando que eles estão presentes nos diversos setores de saúde e regiões, no órgão de direção central e nos centros hospitalares geridos pelo ICS. Como cada município pode ter vários setores da área da saúde, há uma disseminação maior dos conselhos. No Brasil, os conselhos estão presentes nas esferas municipal, estadual e União, mas não estão espalhados pelos provedores do sistema de saúde. É claro que, pelo tamanho do Brasil, há um maior número de conselhos, mas aqui estamos nos referindo à sua presença na estrutura do sistema;

Conclusão   **305**

- os instrumentos administrativos à disposição do cidadão. Na Catalunha, existem nos instrumentos que regulam a prestação dos serviços de saúde os recursos, as reclamações, as queixas, a responsabilidade patrimonial pela demora em resoluções administrativas, os prazos para apreciação de pedidos de particulares, o registro de contratos e convênios, os prazos para atendimento de procedimentos cirúrgicos e para responder uma petição. No Brasil, não há na legislação do SUS nenhuma referência a qualquer tipo de instrumento dessa natureza, o que dificulta a ação da cidadania, que deve ter disponibilizado para sua atuação instrumentos diversos em diferentes espaços públicos. A não existência desses instrumentos dificulta uma intervenção maior dos cidadãos que não sabem o que fazer, nem a quem recorrer, em situações nas quais o seu direito esteja ameaçado. É claro que essas possibilidades existem no Brasil em outros dispositivos legais. Aqui, estamos apenas apontando que eles estão ausentes da legislação do SUS;
- os espaços públicos de deliberação. O período de informação pública em audiências na Catalunha aparece apenas na discussão do mapa de saúde. No Brasil, o fórum de deliberação pública são as conferências de saúde municipais, estaduais e nacional. As conferências de saúde são espaços para avaliação da saúde e formulação de diretrizes. Logo, não se trata apenas de informar, como é o caso das audiências na Catalunha, mas de discutir e deliberar. Constituem, pois, importante espaço público de deliberação em que se confrontam projetos políticos distintos e que juntamente com os conselhos de saúde podem vir a se constituir forças propulsoras de mudança;
- a institucionalização de espaços de expressão para o cidadão. Apesar do pouco espaço disponível nos dois sistemas, é possível perceber algumas diferenças importantes. Na Catalunha, há à disposição do cidadão instrumentos para acolher suas críticas e sugestões e realiza-se, regularmente, pesquisas sobre sua percepção do sistema de saúde e graus de satisfação. No Brasil, os espaços para críticas e reclamações são quase invisíveis. Somente a partir de 2003, com a criação do Departamento de Ouvidoria-Geral do SUS, vem sendo feito um esforço de institucionalização de ouvidorias em todo o sistema. Não há pesquisas de satisfação dos cidadãos, apesar da recomendação de que elas sejam feitas nos instrumentos normativos mais recentes. A institucionalização de espaços diversos para escuta do cidadão é condição *sine qua non* para democratizar a tomada de decisões;
- a regulamentação dos direitos do cidadão. Na Catalunha, há um conjunto de direitos do cidadão — direito de informação sobre os serviços sanitários, direito à

qualidade assistencial, direito a conhecer o plano de saúde, direito a conhecer os centros, serviços e estabelecimentos, direito a acessar a informação sobre listas de espera em procedimentos cirúrgicos, direito a acompanhar a tramitação dos processos e direito a conhecer os problemas de saúde da coletividade. No Brasil, não há legislação sobre esses aspectos. Percebe-se, assim, que há na Catalunha um forte investimento para assegurar um conjunto de direitos ao cidadão para potencializar a ação individualizada;

- a institucionalização de espaços públicos de deliberação para encaminhamento das questões vinculadas à saúde. Realizado pouco frequentemente nos dois locais, sua falta contribui para tornar o sistema impermeável ao debate e ao controle do cidadão. Na Catalunha, não existe praticamente nada e, no Brasil, o espaço é ocupado pelas Conferências de Saúde que se realizam apenas a cada quatro anos;

- a presença do cidadão como um ator importante no processo de construção do sistema de saúde. No Brasil, aposta-se tudo na figura do Conselho de Saúde, mas, nos casos em que o conselho ocupa um papel passivo, as possibilidades de articular uma influência maior do cidadão são praticamente nulas. Na Catalunha, igualmente, não é visível a participação do cidadão, apesar das esporádicas pesquisas de satisfação realizadas.

Avaliando todos esses elementos, não se pode afirmar que a responsabilização pelo controle social esteja presente no sistema de saúde no Brasil. O controle social se baseia em uma cidadania ativa. A promoção da *accountability* exige que além da ação dos conselhos de saúde, pautada pela autonomia, permeabilidade e transparência, haja um conjunto de dispositivos formais de participação na sociedade que seja capaz de colocar o cidadão no centro do processo decisório. E nessa direção quase nenhum investimento tem sido feito, o que resulta em um sistema que coloca todas as suas fichas no Conselho de Saúde que pode, como já analisamos anteriormente, em função de um conjunto de circunstâncias relacionadas à sua constituição, assumir posições meramente homologatórias, sem poder de deliberar de forma consciente, e uma postura de passividade no que se refere à articulação com outros atores sociais, reduzindo assim o seu potencial de agente de controle social.

Igualmente, a análise do conjunto de instrumentos à disposição do cidadão e, em especial, a forma como se efetiva na prática — conselhos de participação, recursos administrativos, direito de petição e direito à informação — não permitem afirmar que a forma de responsabilização pelo controle social exista no sistema catalão. Há poucas referências ao processo de prestação de contas pelos prestadores de serviços, de modo que não se conhecem os níveis de eficiência dos serviços prestados. As informações limitam-se a alguns aspectos do sistema, não se constituindo em ferramentas de intervenção política. Os conselhos, apesar de sua disseminação, não têm função deliberativa. As arenas públicas de deliberação praticamente não existem. É possível inferir apenas que existem elementos que, se bem articulados, podem levar à efetividade do controle social.

Considerando que o controle social implica construção de um espaço público em que o cidadão se faça presente nas decisões públicas, como evoluir na análise, depois de identificadas as diferenças entre os dois países? No caso do Brasil, o que emerge com força é o poder dos conselhos e das conferências de saúde nas três esferas de governo, ambos com poder deliberativo, o que contrasta com a Catalunha, que ao criar seus mecanismos de participação conferiu a eles apenas um poder consultivo. Na Catalunha, há uma preocupação muito maior com o direito à informação do cidadão e os recursos à sua disposição, inclusive com a adoção das cartas de serviço, instrumento muito utilizado nas reformas gerenciais do Estado nos países europeus.

Parece que estamos diante de duas estratégias distintas. A questão é: o que tem sido mais efetivo para a responsabilização no sistema de saúde? Essa não é uma resposta fácil, pois nenhuma das estratégias isoladamente garante a responsabilização, e sua manifestação depende, compartilhando do pensamento de Bresser-Pereira e Cunill Grau (2006), de muitas variáveis, como:

- o estabelecimento de uma articulação com as instituições da democracia representativa, em lugar de contrapor-se a elas;
- o reforço das capacidades institucionais do Estado;
- o desenho organizacional do Estado, fator fundamental para incentivar os cidadãos a atuar no espaço público;
- a disseminação da informação;
- a incorporação de boa parte da população alheia à esfera pública (privatização da sociabilidade);
- os tipos e formas de informação capazes de habilitar a cidadania para o controle sobre o governo (desenho institucional);
- os mecanismos de prestação de contas;
- o direito de livre acesso dos cidadãos à informação pública.

O que é possível afirmar, considerando a ampliação do espaço público em campos de participação e de escuta, é que os dois sistemas têm dificuldades distintas para concretizar a responsabilização pelo controle social. Na Catalunha, apesar de os conselhos não terem função deliberativa, há um número muito maior deles, ampliados com a criação das Comissões de Participação nos centros hospitalares em 2007, o que pode criar condições efetivas para que o exercício do controle seja potencializado e, nessa perspectiva, seja um elemento muito presente em todo o sistema de saúde. É claro que essa possibilidade somente se efetivará se eles realizarem a contento as suas funções de acompanhamento e supervisão e possuírem mecanismos para cobrar os encaminhamentos feitos. Do mesmo modo, os recursos existentes à disposição do cidadão, desde que ampliados para todo o sistema, e o conjunto de direitos do cidadão em relação a muitos aspectos da saúde, também estabelecem melhores condições para uma ação informada, pois favorecem a escuta, que é um dos elementos fundamentais de um Estado voltado para o cidadão. No Brasil, há um caminho mais longo para ampliar o espaço público como campo de participação e escuta. A existência dos conselhos e conferências, com caráter deliberativo, favorece a institucionalização da responsabilização pelo controle de resultados, mas vistos isoladamente são insuficientes para a sua promoção, dado que não há nenhuma outra articulação com outras dimensões da responsabilização, tais como a formalização de um conjunto de direitos do cidadão, um desenho institucional que garanta a manifestação expressa dos cidadãos com a adoção de muitos e variados canais de participação.

Em razão dessas considerações, nos dois sistemas, ainda se faz necessário para a institucionalização da responsabilização pelo controle social dar ao cidadão melhores condições de controlar e avaliar a ação pública. Isso implica uma ação mais efetiva por parte dos conselhos, melhoria na qualidade da informação recebida pelo cidadão, institucionalização de muitos e amplos espaços públicos em diversas instâncias e níveis, mecanismos à disposição dos cidadãos que de fato levem ao controle e avaliação da ação pública, de modo a modificar a relação Estado/sociedade.

Responsabilização pelo controle de resultados nos sistemas de saúde da Catalunha e do Brasil

A responsabilização pelo controle dos resultados realiza-se basicamente mediante a avaliação *a posteriori* do desempenho das políticas e a prestação de contas ao cidadão dos resultados alcançados. A premissa básica é de que uma gestão orientada por resultados tem mecanismos de aferição do desempenho, da satisfação do usuá-

Conclusão

rio e de controle social, liberdade do gestor para a tomada de decisões, incentivos vinculados à produtividade e eficiência que articulados configuram as condições necessárias para a responsabilização dos gestores públicos.

A análise do conjunto de instrumentos normativos, tanto na Catalunha como no Brasil, evidencia que em ambos, em relação à responsabilização pelo controle de resultados, estão presentes os seguintes elementos:

- o esforço de construção de uma gestão orientada para resultados. Deve-se, todavia, assinalar que há diferenças substantivas, em especial em relação à contratualização, que tem sido uma característica muito forte do sistema catalão. Desse modo, há uma experiência acumulada que permite, no momento, pensar em introduzir elementos mais qualitativos nos contratos entre comprador/provedores. No Brasil, deve-se destacar a tentativa de introduzir os termos de compromisso que apontam claramente para um sistema de contratualização no futuro;

- a adoção de muitas ferramentas gerenciais — planos, relatórios, agendas, indicadores, pactuação de metas voltadas para transformar a administração burocrática. No Brasil, a adoção tem sido imposta por meio de sucessivas portarias do Ministério da Saúde, que assumiu como estratégia, dadas as enormes diferenças existentes entre os municípios e estados brasileiros, a via normativa e um modelo uniformizador de competências gerenciais para a criação de uma capacidade institucional. Na Catalunha, a atuação dos organismos centrais não tem assumido esse caráter. Uma possibilidade explicativa reside no fato de que, ao contratualizar as atividades vinculadas à prestação dos serviços de saúde, o foco desloca-se para a gestão dos contratos e não para a gestão interna de cada unidade. Dito de outro modo, os provedores têm autonomia de gestão para conduzir suas unidades da forma como cada um julgar conveniente;

- o cidadão é um ator ausente da construção do sistema de saúde. Essa ausência é determinada por um desenho institucional que se limita a dar espaço aos conselhos de saúde, mas que não articula outros espaços de escuta ao cidadão. Como comentamos anteriormente, tudo depende da atuação dos conselhos. Se eles centrarem sua atuação em uma articulação com outros movimentos sociais e com os cidadãos por meio da divulgação das informações, do debate público e de outras estratégias, há uma probabilidade de que as preocupações da cidadania sejam incorporadas. Caso contrário, mesmo que assumam posições em defesa dos interesses dos cidadãos, têm sua ação limitada por não incorporarem na sua prática a pluralidade de visões que caracteriza o espaço público;

- os mecanismos de prestação de contas se limitam aos aspectos burocráticos próprios da administração, seguindo o caminho tradicional de prestação de contas aos órgãos de controladoria e auditoria. Não há prestação que vincule a ação a resultados e nem uma prestação de contas direcionada ao cidadão;
- não há clareza em relação às regras disciplinadoras sobre o não cumprimento das cláusulas contratuais que são firmadas com distintos provedores. Na Catalunha, remete-se ao próprio instrumento do contrato, o que dificulta a transparência do conjunto do sistema, pois, como são muitos os provedores, seria necessário que os cidadãos tivessem acesso a todos os contratos e suas avaliações para que pudessem ter subsídios para avaliar o fiel cumprimento dos termos contratuais. No Brasil, a situação ainda é mais opaca, pois sequer há uma relação contratual nos moldes existentes na Catalunha;
- não se percebe como os usuários participam da tomada de decisão sobre as políticas de saúde e sobre os arranjos operacionais. Na Catalunha, as autoridades afirmam que os resultados obtidos pelas pesquisas realizadas sobre os serviços são compartilhados com os provedores para que eles possam introduzir melhorias no sistema. É claro que isso é positivo, mas não pode ser confundido com a participação ativa do cidadão nas discussões e decisões sobre as políticas a serem implementadas. No Brasil, nem mesmo são realizadas pesquisas de satisfação. Tudo se resume à participação dos conselhos e de quatro em quatro anos das conferências de saúde;
- a eficácia dos contratos não é aferida. A efetividade dos contratos, apesar de constarem em todos os instrumentos normativos e planos, não é objeto de avaliação. Isso está diretamente vinculado ao fato de que os contratos compram apenas atividades, o que dificulta pensar em termos de efetividade. É muito mais simples pensar apenas em eficiência do sistema se por eficiência se entende o custo financeiro para realizar um determinado volume de prestação de serviços;
- a centralização de atividades. Nos dois sistemas há uma elevada centralização, apesar das tentativas ao contrário. Na Catalunha, por meio do grande poder de planejamento, financiamento e controle do CatSalut, e no Brasil, por meio do protagonismo do Ministério da Saúde na definição de regras e financiamento do sistema de saúde;
- o uso de indicadores de desempenho para orientar a tomada de decisões. Tanto na Catalunha como no Brasil, é visível o esforço para que o sistema de saúde adote os indicadores de desempenho como uma ferramenta de gestão. No Brasil, somente a partir de 2005 se aprovou a relação dos indicadores

Conclusão   **311**

de desempenho da Atenção Básica. Na Catalunha, a partir de 2003, com a criação da Agência de Proteção à Saúde, houve uma referência explícita ao uso dos indicadores de desempenho. Deve-se mencionar que apesar desses marcos temporais toda a legislação dos dois sistemas de saúde faz referência à necessidade de usar os indicadores de desempenho para orientar a gestão. O surgimento tão recente dos mesmos mostra a dificuldade de adoção de um padrão para a gestão dos sistemas, apesar de ser tão importante. Na Catalunha, os indicadores de saúde são definidos no Plano de Saúde e fazem parte dos contratos. É importante salientar, contudo, que apenas 5% do contrato é orientado para resultados e 95% para atividades. É oportuno ressaltar que a Central de Balanços do SCS na Catalunha produz indicadores de produtividade e de eficiência dos provedores que fazem parte da rede hospitalar de utilidade pública com o objetivo de avaliar o desempenho da rede de provedores e induzir melhorias na gestão;

- a avaliação *ex post*. Os dois sistemas de saúde referem-se à importância da avaliação como uma forma de acompanhar e controlar as ações executadas. O esforço de avaliação é mais antigo na Catalunha. No Brasil, ele surgiu apenas em 1998 e de forma mais explícita apenas a partir de 2001. A avaliação é vista como uma ferramenta imprescindível da gestão cujo foco deva cobrir os diferentes aspectos da prestação de serviços;

- a criação das agências como organismos mais ágeis e com maior flexibilidade para atuar na área da saúde. As agências são diferentes na sua natureza, mas revelam a mesma estratégia dos sistemas de buscar alternativas organizacionais com condições de superar os problemas das formas burocráticas tradicionais.

As iniciativas apontadas evidenciam que tem sido feito de forma sistemática um investimento para aperfeiçoar a capacidade institucional de gestão de cada um dos sistemas de saúde. No entanto, o esforço em transformar uma gestão pública burocrática orientada por processos para uma gestão pública orientada para resultados apresenta nos dois sistemas muitas diferenças:

- na Catalunha, a preocupação em integrar os processos de planejamento não é visível para o restante do sistema, mesmo para os serviços que estão vinculados ao ICS. Uma explicação pode ser o fato de que os provedores têm autonomia de gestão e que não é, portanto, necessário que a autoridade se manifeste. No Brasil, o Ministério da Saúde é o protagonista na adoção dos instrumentos gerenciais do sistema. Nesse sentido, tem procurado fazer com que os gestores do sistema nas diferentes esferas de atuação assumam o ciclo planejamento/execução/controle/avaliação como o ciclo capaz de dotar o sistema de uma capacidade de gestão;

- os contratos estabelecidos entre o gestor público e provedores evidenciam que a Catalunha define claramente as atividades que são objeto do contrato — altas hospitalares, urgências, consultas externas, ambulatório, preço, condições de ajustes e demais aspectos da relação contratual. No Brasil, para as novas figuras organizacionais — OS, Oscip, Agências — é que se define com mais clareza o conteúdo do contrato;

- no que se refere à avaliação dos contratos, na Catalunha eles são avaliados anualmente. Os resultados alcançados, em especial os resultados de produtividade e economia, são contabilizados na Central de Balanços do CatSalut para efeito de discussão com os provedores. Os resultados não são de domínio público. No Brasil, não existem procedimentos avaliativos que procurem harmonizar as condições de gestão da rede de provedores;

- em relação aos padrões de desempenho *versus* contratos, na Catalunha, a sistemática de avaliação anual permite identificar a posição de cada um dos provedores em relação ao conjunto em termos de produtividade e custos. No Brasil, não há essa sistemática, o que é uma fragilidade do sistema e uma dificuldade para a sua melhoria;

- a definição dos resultados a serem alcançados se dá de forma diferenciada. Na Catalunha, os resultados (5% do contrato) são negociados com os provedores pela autoridade. No Brasil, o Ministério da Saúde define os resultados de gestão em termos de indicadores de saúde que os gestores do SUS deveriam alcançar. Estes por sua vez deveriam pactuar o alcance de tais resultados com seus provedores. No entanto, isso não ocorre e o padrão que prevalece é o de que a oferta é que orienta a demanda. Os resultados são avaliados pela autoridade na Catalunha e no Brasil pelo Ministério da Saúde;

- na Catalunha o credenciamento dos provedores que fazem parte da rede hospitalar de utilidade pública já vem de longa data e é considerado um pilar de sustentação do modelo. O processo de credenciamento define o perfil do provedor do sistema em termos de qualidade, criando facilidades para a definição de um perfil uniformizador dos prestadores de serviço. No Brasil, o processo de credenciamento é feito por solicitação do provável provedor e pela Vigilância Sanitária;

- quanto ao uso de pesquisas com usuários, na Catalunha, desde os anos 1990, realizam-se pesquisas com o cidadão para saber de sua percepção sobre os pro-

Conclusão

blemas de saúde e sobre a assistência dos serviços. No Brasil, não se realizam pesquisas dessa natureza apesar de haver recomendação por parte do Ministério da Saúde, em 2001, para que os gestores realizem pesquisas com os usuários sobre acessibilidade, integralidade e satisfação com o sistema de saúde;

- como o sistema de saúde catalão é formado por uma pluralidade de provedores que têm com o SCS uma relação contratual, a liberdade dos gestores para tomar decisões é muito maior do que no Brasil, principalmente se a referência forem os gestores das instâncias municipais e estaduais, em função do grande controle que exerce o Ministério da Saúde. No âmbito do setor público, as agências são estruturas criadas com maior autonomia de gestão.

Do exame dos vários aspectos constituintes da responsabilização pelo controle de resultados, é possível afirmar que, no Brasil, estão sendo criadas de forma lenta, mas consistente, as condições para que essa forma de responsabilização se materialize. O sistema tem se pautado pela busca constante da melhoria dos instrumentos gerenciais, pelas tentativas de que eles incorporem uma orientação para resultados, pelo esforço em construir uma gestão que se paute pelo ciclo do planejamento, pelo poder que é conferido aos conselhos de saúde para fiscalizar as ações dos gestores, e pelo uso de indicadores para orientar a pactuação de metas. No entanto, todas essas iniciativas estão em processo de consolidação e ainda há muito a fazer para criar uma capacidade institucional de gestão com foco em resultados, pois disso depende uma mudança na cultura gerencial, que continua presa ao modelo burocrático. Entre os desafios que se colocam, podemos citar a necessidade de:

- homogeneizar a competência de gestão, dada a heterogeneidade dos municípios brasileiros;
- lidar com a falta de investimentos sistemáticos na capacitação dos recursos humanos;
- fazer com que os conselhos de saúde atuem de forma efetiva em seu fiel cumprimento das normas;
- ampliar o campo de escuta do cidadão com a implantação das ouvidorias e demais fóruns de deliberação pública.

É importante também apontar como um fator limitante o fato de que não se considera a prestação de contas ao cidadão uma meta a ser alcançada por meio dos instrumentos normativos. Valoriza-se, é claro, a figura dos conselhos, mas nada se diz sobre o cidadão e sobre a maneira como a prestação de contas, envolvendo não apenas aspectos legais, mas de resultados da ação gerencial, possa ser feita. Em decorrência, não se vislumbra essa forma de responsabilização no SUS apesar das importantes iniciativas já tomadas para realizar a gestão orientada pelos resultados.

De forma análoga, não é possível afirmar que a responsabilização pelo controle de resultados esteja presente no sistema catalão. E existem algumas razões para tal afirmativa:

- os contratos não são avaliados sob uma ótica de resultados. As referências a resultados são muito genéricas e só recentemente vem sendo introduzido um conjunto de instrumentos normativos que se refere explicitamente a objetivos, indicadores, resultados esperados e mecanismos de aferição dos resultados;
- apesar de os instrumentos normativos se referirem à avaliação não há informações mais detalhadas sobre o processo de avaliação — conteúdo, atores envolvidos, tempo, duração, penalizações, premiações etc. Recentemente, com a modificação da estrutura do SCS, a questão da compra e avaliação das prestações de saúde ganhou mais destaque;
- há um nível de centralização muito grande das decisões relativas à organização e funcionamento do sistema no SCS, apesar da liberdade de contratação de provedores e dos múltiplos arranjos organizacionais do sistema, que tolhe a liberdade dos gestores nas demais instâncias organizacionais. Também recentemente, a partir da criação da Agência de Proteção à Saúde, uma maior autonomia foi dada aos gestores, à medida que também se responsabiliza o gestor pela condução das ações;
- apesar de os dispositivos apontarem para um sistema integral de gestão desde a Lei nº 15/1990, não é possível afirmar que ele ocorra de forma a privilegiar em condições de igualdade as etapas do planejamento, pelas dificuldades vinculadas aos processos de controle e avaliação;
- não se percebe como os usuários participam da tomada de decisão sobre as políticas de saúde e sobre os arranjos operacionais, a despeito de a menção às necessidades de saúde da população fazer parte de toda argumentação dos instrumentos normativos;
- os mecanismos de controle social têm função apenas de consulta e assessoria, dificultando uma ação mais decisiva nas diversas instâncias em que atuam;
- são poucos os instrumentos normativos que se referem à prestação de contas, dificultando o exercício da *accountability*. Com o Decreto nº 136/2007, que obriga o registro dos contratos e a sua publicização, abriu-se uma janela para dar mais

Conclusão

visibilidade às relações contratualizadas. No entanto, a publicação dos contratos ainda é insuficiente para produzir alterações na relação Estado/sociedade, pois há que se criar vários mecanismos de atuação do cidadão para que a ele possa ter voz nos processos decisórios.

Todos esses argumentos apontam, pois, para a não institucionalização da responsabilização pelo controle de resultados. Entretanto, é possível afirmar que em função da opção feita pela separação das funções de compra e financiamento, esse tipo de responsabiliação pode vir a ser implantada. Para tanto, é necessário que seja institucionalizado um amplo processo de avaliação, estruturado em várias dimensões, articulado às metas do Plano de Saúde e com a participação do cidadão. Esse processo deve ser precedido, é claro, pela pactuação de indicadores de desempenho e metas. O uso consagrado do instrumento do contrato para definir a compra da prestação de serviços de saúde e a larga experiência de contratualização abre possibilidades enormes de que a responsabilização pelo controle de resultados possa ser alcançada. É fundamental também incorporar a dimensão da prestação de contas como um valor fundamental na construção de um sistema que busca a equidade, a universalidade e o atendimento às necessidades de saúde do cidadão.

Assim, em ambos os sistemas não é possível afirmar que a responsabilização esteja presente. Os motivos não são iguais, mas há três elementos que se manifestam nos dois sistemas e condicionam a não institucionalização da responsabilização pelo controle de resultados — o cidadão é um ator ausente da construção do sistema, os mecanismos de prestação de contas se limitam a seus aspectos burocráticos e o esforço para criar uma gestão orientada para resultados ainda é insuficiente.

Em termos de possibilidades de institucionalização dessa forma de responsabilização, em função das condições criadas ao longo da trajetória dos dois sistemas, acreditamos que em um futuro próximo ela seria possível na Catalunha, pois é visível, observando o conjunto dos dispositivos, que há uma forte orientação gerencial na concepção do sistema, bem como a disseminação do uso dos contratos como instrumento de regulação. Nesse sentido, é possível com os instrumentos disponíveis avançar em direção a um aumento no percentual que avalia resultados e, assim, gradativamente, ir substituindo a contratualização por atividades, em contratualização por resultados. No Brasil, a responsabilização pelo controle de resultados teria um caminho mais longo a ser percorrido, especialmente em função do fato de que o sistema não assume com clareza a contratualização como um instrumento de regulação com os diversos provedores dos serviços de saúde. A contratualização existe, é um fato, mas há poucas normas que disciplinem o assunto, como se fosse uma questão secundária. Por outro lado, o fato de não existir sistematicamente um processo de credenciamento dos provedores, da forma como está institucionalizado na Catalunha, cria maiores dificuldades para impor um determinado padrão de qualidade para entrada e manutenção na rede de provedores. O Brasil tem no poder deliberativo dos conselhos de saúde um ponto extremamente positivo a favor de um sistema mais *accountable*, mas para que favoreça um processo de responsabilização pelo controle de resultados se faz necessária não apenas uma ação nas instâncias deliberativas, mas um processo de articulação com a sociedade civil para expressão e controle de suas demandas.

À guisa de conclusão, podemos dizer que os sistemas de saúde nos dois países, ao longo do tempo, foram incorporando um conjunto de instrumentos normativos vinculados às distintas formas de responsabilização analisadas, mas que essa construção não resultou em sua consolidação. Apesar de a construção se caracterizar pela continuidade das proposições gerenciais para transformar o *modus operandi* do sistema, tornando-o mais ágil e eficiente no atendimento às necessidades do cidadão e evidenciando que o sistema de saúde é permeável às mudanças em seu entorno e, em especial, às mudanças que sinalizam a necessidade de dotar a administração pública com mais capacidade de resposta, a não materialização das formas de responsabilização indica que essa questão não se resolve apenas no campo normativo. Efetiva-se também em um campo político e social com condições de acolher as possibilidades de fazer com que os gestores sejam responsabilizados pelo seu desempenho e os cidadãos sejam capazes de exercer o seu direito de cobrar e influir em uma gestão responsável. Essa compreensão não significa dizer que não seja importante a reafirmação de um conjunto de dispositivos orientados para a responsabilização, mas sim afirmar as suas limitações, pois a responsabilização é antes de tudo um valor da sociedade, fruto do seu tecido social.

Tornando mais clara essa afirmativa, entendemos que os elementos que caracterizam a competição administrada nos sistemas de saúde são insuficientes para a promoção da responsabilidade por competição administrada porque os sistemas de saúde criaram novas formas organizacionais, institucionalizaram um mercado de provedores para o funcionamento do sistema e adotaram novas ferramentas de

Conclusão **317**

gestão, mas foram incapazes de incluir o cidadão como ator influente na tomada de decisões gerenciais e de criar mecanismos para obrigar aos gestores públicos a pautarem seu desempenho pela preocupação em prestar contas.

Por sua vez, a responsabilização pelo controle de resultados não se efetiva em função das dificuldades das estruturas organizacionais em absorver todas as exigências que são postas para modificação de controles burocráticos por controles de resultados. Os dois sistemas têm feito esforços consideráveis para melhorar as suas capacidades de gestão com adoção de muitos instrumentos gerenciais e com uma forte preocupação com resultados, mas a lógica que preside os sistemas continua não privilegiando os resultados. Continua centrada em atividades, cristalizando um *modus operandi* que, se trouxe algum alívio na forma rígida de atuação da burocracia, não foi capaz de alterá-la substancialmente. Em decorrência, a prestação de contas dos sistemas continua presa à forma tradicional que privilegia a legalidade e os aspectos processuais. Deve-se ressaltar também que as mudanças normativas não foram capazes de tornar mais permeável o sistema ao cidadão, apesar dos avanços conseguidos.

Concluímos também que a responsabilização pelo controle social nos sistemas analisados tem amplas dificuldades de implantação, à medida que exige variadas formas de manifestação da sociedade no espaço público que o desenho institucional dos sistemas de saúde não contempla. As formas de participação institucionalizadas são claramente insuficientes para conformar a responsabilização pelo controle social.

Essas conclusões, apesar de chegarem ao mesmo ponto que é a não institucionalização das formas de responsabilização nos dois sistemas de saúde, foram produzidas com lógicas distintas. No Brasil, com a Constituição de 1988, houve um forte processo de descentralização, levando os municípios a ocuparem papel estratégico na condução das políticas sociais e, no caso da saúde, sendo os principais responsáveis pela execução das políticas. Na Catalunha, após a aprovação da Constituição de 1978 e com a devolução das competências às Comunidades Autônomas, os municípios ocuparam um papel marginal na execução das políticas de saúde. Só recentemente, com a aprovação dos Governos Territoriais de Saúde, previu-se um papel mais ativo por parte dos municípios.

Outra importante questão é o fato de que a estratégia de construção dos sistemas de saúde no Brasil se apoia fortemente na descentralização e compartilhamento de competências entre os entes municipais, estaduais e nacional que são definidas por meio das normas operacionais do SUS, enquanto na Catalunha, apesar de uma grande normatização, ela é fortemente amparada no processo de constituição da rede de provedores/processo de credenciamento/processo de contratualização/processo de avaliação.

Que outras conclusões podemos extrair a partir dessas constatações?

- Que as normas, de um modo geral, procuraram dar vida aos discursos de reforma, em especial nos aspectos que procuravam alterar o *modus operandi* da administração pública, ao introduzirem muitas práticas inspiradas na gestão empresarial.

- Que existe um conjunto de elementos, presentes em vários dispositivos normativos, que objetivam assegurar as condições para a existência das formas de responsabilização — competição administrada, controle social e controle por resultados — mas que ainda são insuficientes para garantir que elas existam em toda a sua plenitude, indicando que não há aderência entre modelo e realidade.

- Que apesar de não haver condições de afirmar que as novas formas de responsabilização estejam presentes nos sistemas de saúde estudados, pode-se inferir, a partir dos elementos encontrados, quais as dificuldades a serem vencidas para que se efetivem as formas de responsabilização analisadas.

- Que a incorporação de um conjunto de instrumentos normativos na Catalunha e no Brasil relativos à responsabilização se articulam a lógicas distintas e mostram dificuldades diferentes de institucionalização.

- Que apesar de avanços consideráveis no sentido da democratização dos sistemas de saúde, de novos desenhos institucionais que favorecem a participação e de um esforço para produzir resultados de acordo com as demandas da sociedade, os sistemas de saúde da Catalunha e do Brasil não consolidaram os mecanismos de responsabilização, evidenciando que ainda há um longo caminho a percorrer para sua efetiva institucionalização.

Finalmente, em função das conclusões acima, acreditamos que temos uma agenda abrangente sobre os desafios e dificuldades das novas formas de responsabilização em setores vitais para o cidadão, como é o caso da saúde.

BIBLIOGRAFIA

ABRUCIO, Fernando Luiz. Os avanços e os dilemas do modelo pós-burocrático: a reforma da administração pública à luz da experiência internacional recente. In: BRESSER-PEREIRA, Luiz Carlos; SPINK, Peter (Orgs.). *Reforma do Estado e Administração Pública Gerencial*. Rio de Janeiro: FGV, 1998.

_____. Responsabilização pela Competição Administrada. In: BRESSER-PEREIRA, Luiz Carlos; CUNILL GRAU, Nuria. (Orgs.). *Responsabilização na administração pública*. Tradução de Luis Reyes Gil. São Paulo: Clad/Fundap, 2006.

_____; LOUREIRO, Maria Rita. Finanças públicas, democracia e *accountability*. In: BIDERMAN, Ciro; ARVATE, Paulo (Orgs.). *Economia do setor público no Brasil*. Rio de Janeiro: Elsevier, 2004.

ALMEIDA, Célia Maria de. Os modelos de reforma sanitária dos anos 80: uma análise crítica. *Saúde e Sociedade*, v. 5, n. 1, p. 3-53, 1996.

_____. Reforma do Estado e reforma de sistemas de saúde: experiências internacionais e tendências de mudança. *Ciência & Saúde Coletiva*, v. 4, n. 2, p. 263-286, 1999.

ARIZNABARRETA, Koldo Echebarria. Responsabilización y responsabilidad gerencial: instituciones antes que instrumentos. In: CONGRESO INTERNACIONAL DEL CLAD SOBRE LA REFORMA DEL ESTADO Y DE LA ADMINISTRACIÓN PÚBLICA, 8. *Anales...* Panamá, 28-31 oct. 2003.

BANCO MUNDIAL. *Informe sobre la financiación de los servicios sanitarios*, 1987.

_____. *Informe sobre el Desarrollo en el Mundo*, 1993.

_____. The *State in a changing world*. World Development Report 1997: summary. Disponível em: <www.eldis.org/static/DOC3863.htm>. Acesso em: 25 set. 2006.

BANCO INTERAMERICANO DE DESENVOLVIMENTO. *Informe de Progresso Econômico e Social*. Washington: Banco Interamericano de Desarrollo, 1977.

BAÑO, Rodrigo. Participación ciudadana: elementos conceptuales. In: CORREA, Enrique; NOÉ, Marcela (Eds.). *Nociones de una ciudadanía que crece*. Santiago: Flacso-Chile, 1998. (Serie Libros Flacso).

BARROS, Maria E. et al. *Política de Saúde no Brasil: Diagnóstico e Perspectivas*. Instituto de Pesquisa Econômica Aplicada. Brasília, fevereiro de 1996 (Texto para discussão, n. 401).

BEHN, Robert D. O novo paradigma da gestão pública e a busca da accountability democrática. *Revista do Serviço Público*, ano 49, n. 4, out./dez. 1998.

BERRONES, Ricardo Uvalle. El fortalecimiento de la vida democrática: la nueva relación de la sociedad y el Estado. *Revista del Clad Reforma y Democracia*, Caracas, n. 20, jun. 2001. Disponível em: <www.clad.org>.

BORSANI, Hugo. Relações entre política e economia: Teoria da Escolha Pública. In: BIDERMAN, Ciro; ARVATE, Paulo (Orgs.). *Economia do Setor Público no Brasil*. Rio de Janeiro: Elsevier, 2004.

MARE (Ministério da Administração e Reforma do Estado). *Plano Diretor da Reforma do Aparelho do Estado*. Brasília, 1995.

BRESSER-PEREIRA, Luiz Carlos. Reforma administrativa do sistema de saúde. In: REUNIÃO DO CONSELHO DIRETIVO DO CLAD – COLÓQUIO TÉCNICO PRÉVIO, 25. *Anais...* Buenos Aires, 25 out. 1995.

_____. *Reforma do Estado para a cidadania*: a reforma gerencial brasileira na perspectiva internacional. São Paulo: Editora 34; Brasília: Enap, 1998.

_____. A Reforma do Estado dos anos 90: lógica e mecanismos de controle. *Lua Nova*, n. 45, 1998a.

_____. Reflexões sobre a reforma gerencial brasileira de 1995. *Revista do Serviço Público*, ano 50, n. 4, out./dez. 1999.

_____. Reforma da nova gestão pública. *Revista do Serviço Público*, ano 53, n. 1, jan./mar. 2002.

Bibliografia

_____. Instituições, bom estado e Reforma da Gestão Pública. In: BIDERMAN, Ciro; ARVATE, Paulo (Orgs.). *Economia do setor público no Brasil*. Rio de Janeiro: Elsevier, 2004.

_____. Reforma Gerencial e o SUS. Conferência no Seminário Política de Gestão Pública Integrada. In: OLIVEIRA, Fátima Bayma de (Org.). *Política de Gestão Pública Integrada*. Rio de Janeiro: FGV, 2008.

_____; CUNILL GRAU, Nuria. Entre o Estado e o mercado: o público não estatal. In: _____; _____ (Orgs.). *O público não estatal na Reforma do Estado*. Rio de Janeiro: FGV, 1999. p. 15-48.

_____; _____ (Orgs.). *Responsabilização na Administração Pública*. Tradução de Luis Reyes Gil. São Paulo: Clad/Fundap, 2006.

CAIDEN, Gerald E.; CAIDEN, Naomi J. Enfoques y lineamientos para el seguimiento, la medición y la evaluación del desempeño en programas del sector público. *Revista del Clad Reforma y Democracia*, Caracas, n. 12, oct. 1998. Disponível em: <www.clad.org>.

CAMPOS, Anna Maria. *Accountability*: quando poderemos traduzi-la? *RAP*, Rio de Janeiro, FGV, v. 24, n. 2, fev./abr. 1990.

CAMPOS, Gastão W. de Sousa. O SUS entre a tradição dos sistemas nacionais e o modo liberal-privado para organizar o cuidado à saúde. *Ciência e Saúde Coletiva*, n. 12 (supl.), p. 1865-1874, 2007.

CANO, F. Alava. *Acreditación em Cataluña*. Disponível em: <www.federacionfaiss.com/_documentos/_Granada/_3/Alava.ppt>. Acesso em: maio 2009.

CARVALHO, Wagner. A reforma administrativa da Nova Zelândia nos anos 80-90: controle estratégico, eficiência gerencial e *accountability*. *Revista do Serviço Público*, ano 48, n. 3, set./dez. 1997.

CATALÀ, Jonh Prats. Administración pública y desarrollo em América Latina. *Revista del Clad Reforma y Democracia*, Caracas, n. 11, jun. 1998.

CHRISTENSEN, Tom; LAEGREID, Per. La nueva administración pública: el equlíbrio entre la gobernanza política y la autonomia administrativa. *Revista do Serviço Público*, ano 52, n. 2, abr./jun. 2001.

CLAD. *Una nueva Gestión Pública para América Latina*. Documento doctrinario suscrito por el Consejo Directivo del Clad. Caracas, 1998.

_____. Uma nova gestão pública para a América Latina. *Revista do Serviço Público*, ano 50, n. 1, jan./mar. 1999.

CONSELHO CIENTÍFICO DO CLAD. Responsabilização na Nova Gestão Pública Latino-Americana. In: BRESSER-PEREIRA, L. C.; CUNILL GRAU, N. (Orgs.). *Responsabilização na Administração Pública*. Tradução de Luis Reyes Gil. São Paulo: Clad/Fundap, 2006.

COSTA, Frederico Lustosa. Desafios da reforma democrática do Estado. In: CONGRESO INTERNACIONAL DEL CLAD SOBRE LA REFORMA DEL ESTADO Y DE LA ADMINISTRACIÓN PÚBLICA, 8. *Anales...* Panamá, 28-31 oct. 2003.

COUTINHO, Marcelo James Vasconcelos. Administração pública voltada para o cidadão: quadro teórico-conceitual. *Revista do Serviço Público*, ano 51, n. 3, jul./set. 2000.

CUNILL GRAU, Nuria. La transparencia en la gestión pública ¿Cómo construirle viabilidad? Diciembre, 2005. In: MEZONES, Francisco (Ed.). *Transparencia en la gestión pública*: ideas y experiencias para su viabilidad. Guatemala: BID, Indes, Instituto Nacional de Administración Pública de Guatemala, 2006.

_____. Responsabilização pelo controle social. In: BRESSER-PEREIRA, Luiz Carlos; CUNILL GRAU, Nuria. (Orgs.). *Responsabilização na Administração Pública*. Tradução de Luis Reyes Gil. São Paulo: Clad/Fundap, 2006.

DI PIETRO, Maria Sylvia Z. A defesa do cidadão e o da Res publica. *Revista do Serviço Público*, n. 2, abr./jun. 1998.

DINIZ, Eli. Globalização, Reforma do Estado e Teoria Democrática Contemporânea. *São Paulo em Perspectiva*, v. 15, n. 4, p. 13-22, 2001.

ECHEVERRIA, Marcela Noé. Ciudadanía y políticas públicas. In: CORREA, Enrique; NOÉ, Marcela (Eds.). *Nociones de una ciudadanía que crece*. Santiago: Flacso-Chile, 1998 (Serie Libros Flacso).

FEDERACIÓN DE ASOCIACIONES PARA LA DEFENSA DE LA SANIDAD PÚBLICA [MARTIN, Manuel Garcia]. *Análisis de la iniciativa de financiación privada (PFI)*. Concesiones de obra para construir hospitales. Madrid: Fadsp, 2007.

FLEURY, Sônia. *Reforma del Estado*. Diseño y gerencia de políticas y programas sociales. [s. l.]: Banco Interamericano de Desarrollo, Instituto Interamericano para el Desarrollo Social, 2002.

_____. A reforma sanitária e o SUS: questões de sustentabilidade. *Ciência & Saúde Coletiva*, v. 12, n. 2, p. 307-317, 2007.

Bibliografia

FUNDACIÓN ALTERNATIVAS. *Cuadernos con alternativas*. Sistema nacional de salud análisis y propuestas. Disponível em: <alternatboletin@virtualsw.es>. Acesso em: mar. 2009.

GARCIA, Manuel Martín. Los resultados de la globalización en los sistemas sanitarios europeos. In: FEDERACIÓN DE ASOCIACIONES PARA LA DEFENSA DE LA SANIDAD PÚBLICA (Org.). *Globalización y Salud*. Madrid: QAR Comunicación, 2005.

GAULT, David Arellano. Nueva Gestión Pública: el meteorito que mato al dinosaurio? Lecciones para la reforma administrativa en países como México. *Revista del Clad Reforma y Democracia*, Caracas, n. 23, jun. 2002. Disponível em: <www.clad.org>.

HARMON, Michael M.; MAYER, Richard. *Teoría de la Organización para la Administración Pública*. México: Fondo de Cultura Econômica, 1999.

HERNÁNDEZ, Andrés et al. *El espacio de la política en la gestión pública*. El reto de construir gerencia social orientada por valores públicos, democratizar la administración publica y fortalecer la ciudadanía activa y la acción colectiva. Disponível em: <www.minproteccionsocial.gov.co/pars/library/documents/DocNewsNo16276DocumentNo4357.PDF>. Acesso em: 24 fev. 2008.

HERNÁNDEZ, Miguel Ángel V.; ARES, Alfredo C. *Reformas en la sanidad española*. Madrid: Centro de Estudios Superiores Felipe II, Universidad Complutense de Madrid, [s.d.]. Disponível em: <www.ucm.es/info/ec/jec9/pdf/A10%20-%20Villacorta,%20Miguel%20% C1ngel%20y%20Cabezas,%20Alfredo.pdf>. Acesso em: mar. 2009.

HIRSCHMAN, Albert O. *Exit, voice and loyalty*: responses to decline in firms, organizations and States. Cambridge, Massachusetts: Harvard University Press, 1970.

HUSENMAN, Samuel et al. Reforma do Estado no setor de saúde: os casos da Catalunha, Canadá, Reino Unido e Estados Unidos. *Cadernos Enap*, Brasília, n. 13, 1997. Disponível em: <www.enap.gov.br>.

INFORME ABRIL. *Informes y recomendaciones*. Comisión de Análisis y Evaluacion del Sistema Nacional de Salud, jul. 1991.

INSALUD. *Plano Estratégico*, 1998. Disponível em: <www.insalud.org>.

JORDANA, Jacint. As comunidades autônomas e a política de descentralização na Espanha democrática. In: FLEURY, Sonia (Org.). *Democracia, descentralização e desenvolvimento*: Brasil e Espanha. Rio de Janeiro: FGV, 2006.

KETTL, Donald F. A revolução global: reforma da administração do setor público. In: BRESSER-PEREIRA, Luiz Carlos; SPINK, Peter (Orgs.). *Reforma do Estado e Administração Pública Gerencial*. Rio de Janeiro: Fundação Getulio Vargas, 1998.

KLIKSBERG, Bernardo. Desigualdad y desarrollo em América Latina: el debate postergado. *Revista del Clad*, n. 14, jun. 1999.

LA UNIÓ ASSOCIACIÓ D ENTITATS SANITÀRIES I SOCIALS. *Anàlisi de l'evolució del preu de l'alta hospitalària i dels valors IRR i IRE 2008*. Secretaria d'Economia i Finances, Desembre 2008.

LAWRENCE, R. Jones; THOMPSON, Fred. Um modelo para uma nova gerência pública. *Revista do Serviço Público*, ano 51, n. 1, jan./mar., 2000.

LEVY, Evelyn. Control social y control de resultados: un balance de los argumentos y de la experiencia reciente. In: BRESSER-PEREIRA, Luiz Carlos; CUNILL GRAU, Nuria (Eds.). *Lo público no-estatal em la Reforma del Estado*. Versão para o espanhol de Carlos Sánchez. Caracas: Clad; Buenos Aires: Editorial Paidós, 1998.

LIBRO BLANCO PARA LA MEJORA DE LOS SERVICIOS PÚBLICOS. *Una Administración al Servicio de los Ciudadanos*. 2. ed. Madrid: Editorial Ministerio de Administraciones Públicas, 2000.

LÓPEZ CASASNOVAS, Guillem et al. Los nuevos instrumentos de la gestión pública. *Colección Estudios Econômicos*, n. 31, fev. 2003. Edición electrónica disponible en: <www.estudios.lacaixa.es>.

LONGO, Francisco. La responsabilización por el rendimiento en la gestión pública: problemas y desafíos. In: CONGRESO INTERNACIONAL DEL CLAD SOBRE LA REFORMA DEL ESTADO Y DE LA ADMINISTRACIÓN PÚBLICA, 8. *Anales...* Panamá, 28-31 oct. 2003.

MARCH, James G.; OLSEN, Johan P. *Democratic governance*. New York: The Free Press, 1995.

MARINI, Caio. O contexto contemporâneo da administração pública na América Latina. *Revista do Serviço Público*, ano 53, n. 4, out./dez. 2002.

MARTÍN, Guillermo. Tres reformas sobre tres administraciones originalmente similares: Reino Unido, Nueva Zelândia y Canadá. Desde el Estado de Bienestar al dogma privatista. *Revista del Clad Reforma y Democracia*, Caracas, n. 25, fev. 2003. Disponível em: <www.clad.org>.

MARTINEZ, Francisco L.; ARIZNABARRETA, Koldo E. *La nueva gestión pública en la reforma del nucleo estratégico del gobierno*: experiencias latinoamericanas. Washington: Banco Interamericano de Desarrollo/División Estado y Sociedad Civil, Nov. 2000.

MARTINS, Humberto F. Em busca de um regime contratual de gestão: a recente implementação de contratos de gestão na administração pública brasileira. In: PEIXOTO, João Paulo M. (Org.). *Modernização e Reformas do Estado*. Rio de Janeiro: UVA, 2000.

_____. Gestão de Recursos Públicos: orientação para resultados e *accountability*. *Revista Eletrônica sobre a Reforma do Estado*, Salvador, n. 3, set./nov. 2005. Disponível em: <www.direitodoestado.com.br>. Acesso em: 23 set. 2008.

_____. Cultura de resultados e avaliação institucional: avaliando experiências contratuais na administração pública federal. *Revista Eletrônica sobre a Reforma do Estado*, Salvador, n. 8, dez. 2006, jan./fev. 2007. Disponível em: <www.direitodoestado.com.br>. Acesso em: 23 set. 2008.

MELO, Marcus A. A política da Ação Regulatória: responsabilização, credibilidade e delegação. *RBCS*, v. 16, n. 46, jun. 2001.

MENEGUZZO, Marco. Repensar la modernizacion administrativa y el New Public Management. La experiência Italiana: innovación desde la base y desarrollo de la capacidad de gobierno local. *Revista del Clad Reforma y Democracia*, Caracas, n. 11, jun. 1998. Disponível em: <www.clad.org>.

MITELLBRUM, Carlos Ponte. Neoliberalismo en España: efectos sobre el sistema de salud. In: FEDERACIÓN DE ASOCIACIONES PARA LA DEFENSA DE LA SANIDAD PÚBLICA (Org.). *Globalización y Salud*. Madrid: QAR Comunicación, 2005.

MOORE. Mark H. *Gestión estratégica y creación de valor en el sector público*. Barcelona: Paidos, 1998.

MORENO, Fernando Saínz. La reforma administrativa em España. In: CONGRESO INTERNACIONAL DEL CLAD SOBRE LA REFORMA DEL ESTADO Y DE LA ADMINISTRACIÓN PÚBLICA, 8. *Anales...* Panamá, 28-31 oct. 2003.

MURILLO, Carles. El sistema sanitario en España. In: MEDICAL FORUM EXPO — HEALTH, BUSINESS AND ECONOMY FORUM HEALTH — CARE SYSTEMS IN TRANSITION. *Anales...* Barcelona, 12-13 jun. 1998.

NAVARRO, Vicente. Situación de salud en el mundo. In: FEDERACIÓN DE ASOCIACIONES PARA LA DEFENSA DE LA SANIDAD PÚBLICA (Org.). *Globalización y Salud*. Madrid: QAR Comunicación, 2005.

NOGUEIRA, Marco Aurélio. Un Estado para la sociedad civil. *Revista del Clad Reforma y Democracia*, Caracas, n. 14, jun. 1999. Disponível em: <www.clad.org>.

O'DONNELL, Guillermo. *Accountability* horizontal e novas poliarquias. *Lua Nova*, n. 44, p. 26-54, 1998.

OLIVEIRA, W. de C. *Desafios e contradições comunicacionais nos conselhos de saúde*. Coletânea de comunicação e informação em saúde para o exercício do controle social. Distrito Federal: Ministério da Saúde/Conselho Nacional de Saúde, 2006.

OLSON, Mancur. *The logic of collective action*: public goods and the theory of groups. Cambridge: Cambridge University Press, 1971.

ORMOND, Derry; LOFFLER, Elke. A nova gerência pública. *Revista do Serviço Público*, ano 50, n. 2, abr./jun. 1999.

OSBORNE, David; GAEBLER, Ted. *Reinventando o governo*: como o espírito empreendedor está transformando o setor público. 6. ed. Brasília: MH Comunicação, 1995.

OSZLAK, Oscar. ¿Responsabilización o respondibilidad?: el sujeto y el objeto de un estado responsable. In: CONGRESO INTERNACIONAL DEL CLAD SOBRE LA REFORMA DEL ESTADO Y DE LA ADMINISTRACIÓN PÚBLICA, 8. *Anales...* Panamá, 28-31 oct. 2003.

_____. *Transformacion estatal y gobernabilidad en el contexto de la globalizacion*: un analisis comparativo de Argentina, Brasil, Chile y Uruguay — el caso Argentino. Buenos Aires: TOP, 2004.

OSPINA, Sonia. Evaluación de la gestión pública: conceptos y aplicaciones en el caso latinoamericano. In: CONGRESO INTERNACIONAL DEL CLAD SOBRE LA REFORMA DEL ESTADO Y DE LA ADMINISTRACIÓN PÚBLICA, 5. *Anales...* Santo Domingo, Rep. Dominicana, 24-27 oct. 2000.

PACHECO, Regina Silvia. Contratualização de resultados no setor público: a experiência brasileira e o debate internacional. In: CONGRESO INTERNACIONAL DEL CLAD SOBRE LA REFORMA DEL ESTADO Y DE LA ADMINISTRACIÓN PÚBLICA, 9. *Anales...* Madrid, España, 2-5 nov. 2004.

PALMA-SOLÍS, Marco A. et al. Influencias y hegemonías en la orientación de la investigación de las reformas de salud. *Cadernos Saúde Pública*, Rio de Janeiro, v. 22, n. 12, p. 2527-2537, dez. 2006.

| Bibliografia **327**

PALOMO, Luiz. Fundamentos de la globalización y de sus efectos sobre la salud. In: FEDERACIÓN DE ASOCIACIONES PARA LA DEFENSA DE LA SANIDAD PÚBLICA (Org.). *Globalización y Salud*. Madrid: QAR Comunicación, 2005.

PANÉ, O.; JOSÉ MARÍA, F. Consorcios, fundaciones y empresas públicas en atención primaria. *Revista Cuadernos de Gestión*, Instituto de Economia Aplicada a la Empresa de la Universidad del País Vasco, enero 2000.

PARAMIO, Ludolfo. Reforma del Estado y desconfianza política. In: CONGRESO INTERNACIONAL DEL CLAD SOBRE LA REFORMA DEL ESTADO Y DE LA ADMINISTRACIÓN PÚBLICA, 7. *Anlaes...* Lisboa, 8-11 out. 2002.

_____. Reforma política y reforma del Estado. *Revista del Clad Reforma y Democracia*, Caracas, n. 30, out. 2004. Disponível em: <www.clad.org>.

_____. Reforma del Estado y reforma política. In: CONFERENCIA IBEROAMERICANA DE MINISTROS DE ADMINISTRACIÓN PÚBLICA Y REFORMA DEL ESTADO, 6. *Anales...* San José, Costa Rica, 8-9 jul. 2004a.

PINO, Eloísa del. Por qué y como debe abordarse el estúdio de las actitudes ciudadanas hacia la administración pública? In: CONCURSO DEL CLAD SOBRE LA REFORMA DEL ESTADO Y DE LA ADMINISTRACIÓN PÚBLICA, 17. *Anales...* Caracas, 2003.

POLLITT, C.; BOUCKAERT. G. Avaliando reformas da gestão pública: uma perspectiva internacional. *Revista do Serviço Público*, ano 53, n. 3, ju./set. 2002.

POMPEU, João Claudio. *A situação contratual da rede hospitalar privada vinculada ao SUS*: alguns elementos para reflexão. Dissertação (Mestrado) — Escola Nacional de Saúde Pública da Fundação Oswaldo Cruz, Rio de Janeiro, 2004.

PONTE, Carlos. Un espejo en donde mirarse: la experiencia de Nueva Zelanda. In: FEDERACIÓN DE ASOCIACIONES PARA LA DEFENSA DE LA SANIDAD PÚBLICA (Org.). *Globalización y Salud*. Madrid: QAR Comunicación, 2005.

POPIK, Sebastian. Una Agenda de Investigacion sobre la reforma de la Administracion Publica en la Argentina. *Documento 13*, Centro de Estudios para el Desarrollo Institucional, ago. 1998. Disponível em: <http://faculty.udesa.edu.ar/tommasi/cedi/dts/dt13.pdf>.

PRIETO-ORZANCO, A. Es conveniente regular las externalizaciones? ¿Es factible una regulación de las externalizaciones? *Revista Administración Sanitaria*, v. 6, n. 2, p. 423-32, 2008.

PRZEWORSKI, Adam. Sobre o desenho do Estado: uma perspectiva agente x principal. In: BRESSER-PEREIRA, L. C.; SPINK, Peter (Orgs.). *Reforma do Estado e Administração Pública Gerencial*. Rio de Janeiro: FGV, 1998.

PUTNAM, R. D. The prosperous community: social capital and public Life. *American Prospect*, n. 13, 1993.

QUIRÓS, Mário M. Responsabilização pelo Controle de Resultados. In: BRESSER-PEREIRA, Luiz Carlos; CUNILL GRAU, Nuria. (Orgs.). *Responsabilização na Administração Pública*. Tradução de Luis Reyes Gil. São Paulo: Clad/Fundap, 2006.

RAMIÓ MATAS, C. Externalización de servicios públicos y corrientes neoempresariales: los problemas de la administración relacional en el contexto de un gobierno multinivel. In: CONGRESO INTERNACIONAL DEL CLAD SOBRE LA REFORMA DEL ESTADO Y DE LA ADMINISTRACIÓN PÚBLICA, 5. *Anales...* Santo Domingo, Rep. Dominicana, 24 -27 oct. 2000.

RAMONEDA, Josep. Democracia amenazada. *El País*, 10 jan. 2009. Disponível em: <www.elpais.com/articulo/semana/Democracia/amenazada/elpepuculbab/20090110elpbabese_9/Tes>. [resenha do livro *Democracia S.A.*, de Sheldon S. Wolin].

REPULLO, José R. Externalización, eficiencia y calidad. Público y privado en la sanidad. *Revista Calidad Asistencial*, v. 23, n. 2, p. 83-7, 2008.

REZENDE, Flávio da Cunha. O dilema do controle e a falha sequencial nas reformas gerenciais. *Revista do Serviço Público*, ano 53, n. 3, jul./set. 2002.

RICHARDSON, Ruth. Responsabilización política y gerencia del desempeno del sector público: examinado vínculos y lecciones. *Revista del Clad Reforma y Democracia*, Caracas, n. 19, fev. 2001. Disponível em: <www.clad.org>.

RODRIGUEZ LARRETA, Horácio; REPETTO, Fabián. Herramientas para una administración pública más eficiente: gestión por resultados y control social. *Documento de Trabajo 39*, Fundación Gobierno y Sociedad, Sept. 2000.

RUIZ, I. de La Mata. El mito de la gestión privada: el modelo catalán de salud mental. *Psiquiatría Pública*, v. 11, n. 3, mayo/jun. 1999.

SÁEZ, R. Vladimiro. Gestión estatal y ciudadanía destinataria. In: CORREA, Enrique; NOÉ, Marcela (Eds.). *Nociones de una ciudadanía que crece*. Santiago: Flacso-Chile, 1998. (Serie Libros Flacso).

SANAGUSTÍN, José Puente; SÁIZ, Roberto V. Análisis del Anteproyecto de Ley de Reforma del Instituto Catalán de la Salud. *Salud 2000*, Revista de la Federación de Asociaciones para la Defensa de la Sanidad Pública, n. 109, p. 18-21, nov. 2006.

SÁNCHEZ BAYLE, Marciano. Nuevos modelos de gestión y política sanitarias. *Cadernos de Atención Primaria*, v. 11, n. 1, p. 39-45, 2004.

SERRA, Alberto. *Modelo aberto de gestão para resultados no setor público.* Tradução de Ernesto Montes-Bradley y Estayes. Natal, RN: Secretaria de Estado da Administração e dos Recursos Humanos, 2008.

SOMOZA, F. J. Elola. La evaluacion de la reforma sanitaria, una base necesaria para reformas futuras. *Rev. San. Hig. Púb.*, n. 4, p. 287-297, jul./ago., 1991.

SOUZA, Celina; CARVALHO, Inaiá M. de. Reforma do Estado, descentralização e desiguladades. *Lua Nova*, n. 48, 1999.

SPOSATI, Aldaíza; LOBO, Elza. Controle social e políticas de saúde. *Cadernos de Saúde Pública*, Rio de Janeiro, v. 8, n. 4, p. 366-378, oct./dec., 1992.

TRAVER, Josep. El consorcio: un instrumento al servicio del consenso en la gestión de los servicios sanitarios. La experiencia de Cataluña. *DS*, v. 2, Ene./Dic. 1994.

TROSA, Sylvie. *Gestão pública por resultados.* Quando o Estado se compromete. Rio de Janeiro: Revan; Brasília: Enap, 2001.

VAITSMAN, J.; PAES-SOUSA, Rômulo. Avaliação e gestão democrática de políticas públicas. In: CONGRESSO INTERNACIONAL BRAZILIAN STUDIES ASSOCIATION — BRASA, 9. *Anais...* Tulane University, New Orleans, Louisiana, 27-29 mar. 2008 (versão preliminar).

VALLE, Vanice Regina Lirio do. Controle social: promovendo a aproximação entre administração pública e cidadania. In: TCU. *Perspectivas para o controle social e a transparência na administração pública.* Brasilia: TCU, Instituto Serzedello Correa, 2002.

VIDAL LLOBATERA, Xavier T. *Catalunya* — Legislació sobre ordenació sanitària de Catalunya, 1990 (Quaderns de Legislació, 23).

VILLALBI, Joan-Ramon et al. Los servicios de salud pública: progresos y problemas prioritarios. *Informe Sespas*, Barcelona, 2002. Disponível em: <www.sespas.es>.

YALTA, Nelson Shack. Avances en la implementación de indicadores de desempeño en los organismos públicos del Perú Gestión pública por resultados y programación plurianual

— Documentos presentados en la Primera Reunión de Responsables de Presupuesto de América Latina y el Caribe. In: SEMINARIO REGIONAL DE POLÍTICA FISCAL SANTIAGO DE CHILE, 15. *Anales...* Instituto Latinoamericano y del Caribe de Planificación Económica y Social (Ilpes), 27-30 ene. 2003.

WILLIAMSON, O. *Markets and hierarchies*: analysis and antitrust implications. New York: The Free Press, 1975.

WOLIN, Sheldon S. *Democracia S.A.* La democracia dirigida y el fantasma del totalitarismo invertido. Traducción de Silvia Villegas. Barcelona: Katz, 2008.

Fontes na internet

<www.gencat.es>

<www.saude.gov.br>

<www.planejamento.gov.br>

Legislação do Brasil

BRASIL. Constituição (1988). Senado Federal, 2002.

BRASIL. Decreto nº 1.105, de 6 de abril de 1994.

BRASIL. Decreto nº 1.232, de 30 de agosto de 1994.

BRASIL. Decreto nº 4.726, de 9 de junho de 2003.

BRASIL. Decreto nº 6.017, de 17 de janeiro de 2007.

BRASIL. Lei nº 8.080, de 19 de setembro de 1990.

BRASIL. Lei nº 8.142, de 28 de dezembro de 1990.

BRASIL. Lei nº 8.666, de 21 de junho de 1993.

BRASIL. Lei nº 9.637, de 15 de maio de 1998.

BRASIL. Lei nº 9.782, de 26 de janeiro de 1999.

BRASIL. Lei nº 9.784, de 29 de janeiro de 1999.

Bibliografia

BRASIL. Lei nº 9.790, de 23 de março de 1999.

BRASIL. Lei nº 9.961, de 28 de janeiro de 2000.

MINISTÉRIO DA SAÚDE. Portaria nº 545, de 20 de maio de 1993.

MINISTÉRIO DA SAÚDE. Portaria nº 1.286, de 26 de outubro de 1993.

MINISTÉRIO DA SAÚDE. Portaria nº 2.203, de 5 de novembro de 1996.

MINISTÉRIO DA SAÚDE. Portaria nº 1.882/GM, de 18 de dezembro de 1997.

MINISTÉRIO DA SAÚDE. Portaria nº 3.925, de 13 de novembro de 1998.

MINISTÉRIO DA SAÚDE. Portaria nº 476, de 14 de abril de 1999.

MINISTÉRIO DA SAÚDE. Portaria nº 832, de 28 de junho de 1999.

MINISTÉRIO DA SAÚDE. Portaria nº 95, de 26 de janeiro de 2001.

MINISTÉRIO DA SAÚDE. Portaria nº 145, de 1º de fevereiro de 2001, republicada em 8 de fevereiro de 2001.

MINISTÉRIO DA SAÚDE. Portaria nº 393, de 29 de março de 2001.

MINISTÉRIO DA SAÚDE. Portaria nº 548, de 12 de abril de 2001.

MINISTÉRIO DA SAÚDE. Portaria nº 373, de 27 de fevereiro de 2002.

MINISTÉRIO DA SAÚDE. Portaria nº 21, de 5 de janeiro de 2005.

MINISTÉRIO DA SAÚDE. Portaria nº 399, de 22 de fevereiro de 2006.

MINISTÉRIO DA SAÚDE. Portaria nº 493, de 10 de março de 2006.

MINISTÉRIO DA SAÚDE. Portaria nº 649/GM, de 28 de março de 2006.

MINISTÉRIO DA SAÚDE. Portaria nº 687, de 30 de março de 2006.

MINISTÉRIO DA SAÚDE. Portaria nº 699/GM, de 30 de março de 2006.

MINISTÉRIO DA SAÚDE. Portaria nº 1.097, de 22 de maio de 2006.

MINISTÉRIO DA SAÚDE. Portaria nº 3.085, de 1º dezembro de 2006.

MINISTÉRIO DA SAÚDE. Portaria nº 3.277, de 22 de dezembro de 2006.

MINISTÉRIO DA SAÚDE. Portaria nº 91/GM, de 10 de janeiro de 2007.

MINISTÉRIO DA SAÚDE. Portaria nº 204, de 29 de janeiro de 2007.

MINISTÉRIO DA SAÚDE. Portaria nº 325, de 21 de fevereiro de 2008.

MINISTÉRIO DA SAÚDE. Portaria nº 1.559, de 1º de agosto de 2008.

MINISTÉRIO DA SAÚDE. Portaria nº 1.861, de 4 de setembro de 2008.

INAMPS. Resolução nº 258, de 7 de janeiro de 1991.

Legislação da Catalunha e da Espanha

CONSTITUCIÓN ESPAÑOLA DE 1978. Aprobada por las Cortes el 31 de octubre de 1978. Ratificada en referéndum de 6 de diciembre de 1978. Sancionada por S. M. el Rey el 27 de diciembre de 1978.

DECRETO nº84/1985 de 21 de marzo, de medidas para la reforma de la Atención Primaria de Salud en Cataluña (DOGC núm. 527, de 10 de abril de 1985).

DECRETO nº 55/1989 de 13 de marzo, de creación de la Dirección General de Recursos Económicos y de la Seguridad Social.

DECRETO nº 56/1989 de 13 de marzo, de reestructuración del Instituto Catalán de Salud.

DECRETO nº 169/1996 de 23 de mayo, por el que se regula el establecimiento de los convenios y contratos de gestión de servicios sanitarios en el ámbito del Servicio Catalán de la Salud (DOGC Núm. 2211 — 29/5/1996).

DECRETO nº 36/1997 de 18 de febrero, por el que se establecen em relación con los estándares de calidad para la contratación de servicios sanitarios en el ámbito del Servicio Catalán de la Salud (DOGC Núm 2237 — 24/2/1997).

DECRETO nº 179/1997 de 22 de julho que regula el sistema de pago del Servicio Catalán de Salud.

DECRETO nº 309/1997 de 9 de diciembre, por el que se establecen los requisitos de acreditación de las entidades de base asociativa para la gestión de centros, servicios y establecimientos de proteción de la salud e de atención sanitaria y sociosanitaria (DOGC Núm 2539 — 16/12/1997).

DECRETO nº 262/2000 de 31 de julio, de reestructuración del Departamento de Sanidad y Seguridad Social.

DECRETO nº 418/2000 de 5 de deciembre, se creó el Registro de seguimiento y gestión de pacientes en lista de espera para procedimientos quirúrgicos, con la finalidad de gestionar sus flujos, hacer su seguimiento y poder garantizar a los ciudadanos y ciudadanas unos tiempos máximos de espera (DOGC núm. 3305, de 15/1/2001).

Bibliografia

DECRETO nº 92/2002 de 5 de marzo, por el que se establecen la tipología y las condiciones funcionales de los centros y servicios sociosanitarios y se fijan las normas de autorización.

DECRETO nº 163/2002 de 11 de junio, por el que se regula la actividad de evaluación integral ambulatoria en geriatría, cuidados paliativos y trastornos cognitivos que puede contratar el Servicio Catalán de la Salud.

DECRETO nº 354/2002 de 24 de diciembre, por el que se establecen los plazos máximos de acceso a determinados procedimientos quirúrgicos a cargo del Servicio Catalán de la Salud DOGC núm. 3795 de 8 de gener de 2003.

DECRETO nº 5/2006 de 17 de enero, por el que se regula la acreditación de centros de atención hospitalaria aguda y el procedimiento de autorización de entidades evaluadoras (DOGC de 10 de mayo de 2006).

DECRETO nº 30/2006 de 28 de febrero, por el que se crea el Plan director de salud mental y adicciones y su Consejo Asesor (DOGC Núm 4584 — 2/3/2006).

DECRETO nº 53/2006 de 8 de junio, por el que se regula la autorización de centros y servicios sanitarios.

DECRETO nº 136/2007 de 19 de junio, por el que se crea el Registro de Convenios y Contratos en el ámbito de la asistencia sanitaria pública. DOGC de 21 de junio de 2007.

DEPARTAMENTO DE LA PRESIDENCIA. Ley nº 20/2002 de 5 de julio, de seguridad alimentaria.

DEPARTAMENTO DE SALUD. Decreto nº 202/2005 de 27 de septiembre, por el que se crean y se establecen las normas reguladoras de los órganos de participación de los centros hospitalarios gestionados por el Instituto Catalán de la Salud. DOGC núm. 4479 — 29/09/2005.

DEPARTAMENTO DE SALUD. Decreto nº 220/2005 de 11 de octubre, por el que se modifica la estructura de los órganos centrales del ente público Servicio Catalán de la Salud (DOGC Núm 4489 — 14/10/2005).

DEPARTAMENTO DE SALUD. Decreto nº 219/2005 de 11 de octubre, de reestructuración del Departamento de Salud (DOGC Núm 4489 — 14/10/1985).

DEPARTAMENTO DE SALUD. Decreto nº 38/2006 de 14 de marzo, por el que se regula la creación de gobiernos territoriales de salud (DOGC Núm 4594 — 16/3/2006).

DEPARTAMENTO DE SALUD. Decreto nº 53/2006 de 28 de marzo, de medidas de reforma del Instituto Catalán de la Salud.

DEPARTAMENTO DE SALUD. Decreto nº 37/2008 de 12 de febrero, por el que se regula el Mapa sanitario, sociosanitario y de salud pública.

DEPARTAMENT DE SANITAT Y SEGURETAT SOCIAL. Decreto nº 202/1985, de 15 de julio, de creación de la Red Hospitalaria de Utilización Pública (DOGC Núm 568 — 29-VII — 1985).

DEPARTAMENTO DE SANIDAD Y SEGURIDAD SOCIAL. Decreto nº 378/2000 de 21 de noviembre, por el que se configura el sistema sanitario integral de utilización pública de Cataluña (SISCAT) (DOGC Núm 3279 — 4/12/2000).

DEPARTAMENTO DE SANIDAD Y SEGURIDAD SOCIAL. Decreto nº 345/2001 de 24 de diciembre, por el que se regula el establecimiento de los convenios y contratos de gestión de servicios sanitarios en el ámbito del Servicio Catalán de la Salud (DOGC 3542 — 28/12/2001).

DEPARTAMENTO DE SANIDAD Y SEGURIDAD SOCIAL. Servicio Catalán de la Salud. Edicto de 30 de julio de 2003, por el que se somete a información pública la propuesta de acuerdo de territorialización de los servicios sociosanitarios de la red de centros, servicios y establecimientos sociosanitarios de utilización pública de Cataluña. DOGC núm. 3937 — 31/07/2003.

LEY nº 12/1983 de 14 de julio, de creación del Instituto Catalán de Salud.

LEY nº 30/1984 de 2 de agosto, de medidas para la Reforma de la Función Pública.

LEY nº 14/1986 de 25 de abril, General de Sanidad — BOE 101 de 29/4/1986.

LEY nº 13/1989 de 14 de diciembre, de organización, procedimiento y régimen jurídico de la administración de la Generalidad de Cataluña.

LEY nº 15/1990 de 9 de julio, de Ordenación Sanitaria de Cataluña.

LEY nº 30/1992 de 26 de noviembre, Régimen Jurídico de las Administraciones Públicas y del Procedimiento Administrativo Común.

LEY nº 30/1994 de 24 de noviembre, de Fundaciones y de incentivos fiscales a la participación privada en actividades de interés general, BOE 282, de 25/11/1994.

LEY nº 13/1995 de 18 de mayo, de Contratos de las Administraciones Públicas (LCAP).

LEY nº 11/1995 de 29 de septiembre, de modificación parcial de la Ley 15/1990, de 9 de julio, de Ordenación Sanitaria de Cataluña (DOGC 2116 de 18 de octubre de 1995).

LEY nº 6/1997 de 14 de abril, de Organización y Funcionamiento de la Administración General del Estado.

Bibliografia **335**

LEY nº 15/1997 de 25 de abril, sobre habilitación de nuevas formas de gestión del Sistema Nacional de Salud.

LEY nº 50/1998 de 30 de diciembre, de Medidas Fiscales, Administrativas y del Orden Social. BOE Núm 313, de 31 de diciembre de 1998.

LEY nº 55/1999 de 29 de diciembre, de Medidas fiscales, administrativas y del orden social. BOE, 30 Dezembro 1999 (núm. 312).

LEY nº 21/2000 de 29 de diciembre, sobre los derechos de información concernientes a la salud y la autonomía del paciente, y la documentación clínica.

LEY nº 7/2003 de 25 de abril, de Proteción de la Salud. BOE Núm 126, 27 de mayo de 2003.

LEY nº 16/2003, de 28 de mayo, de cohesión y calidad del Sistema Nacional de Salud. BOE Núm 128, de 29 de mayo de 2003.

LEY nº 1/2006 de 16 de febrero, de la Iniciativa Legislativa Popular.

LEY nº 8/2007 de 30 de julio, del Instituto Catalán de la Salud. BOE núm 197, Viernes 17 agosto 2007.

LEY ORGÁNICA nº 4/2001 de 12 de noviembre, reguladora del Derecho de Petición. BOE núm. 272, Martes 13 noviembre 2001.

MINISTERIO DE SANIDAD Y CONSUMO. Real Decreto nº 1.030/2006 de 15 de septiembre, por el que se establece la cartera de servicios comunes del Sistema Nacional de Salud y el procedimiento para su actualización. BOE Núm 222, de 16 de Septiembre de 2006.

ORDEN de 21 de noviembre de 1981 de regulación de la asistencia sanitaria concertada (DOCG núm. 187, de 21 de diciembre).

ORDEN de 25 de abril de 1983 (DOCG núm 325, de 4 de mayo).

ORDEN de 6 de junio de 1985 se garantiza la prestación de servicios hospitalares mediante los convenios que se establecen con centros de titularidad ajena a la Seguridad Social.

ORDEN de 10 de julio de 1991 (DOCG núm. 1477, de 7 de agosto).

ORDEN de 10 de abril de 1997, por la que se aprueban los estándares de calidad a que se refiere el artículo 5 del Decreto nº 169/1996, de 23 de mayo, que deben cumplir las entidades prestadoras de servicios de oxigenoterapia y otras terapias respiratorias a domicilio (DOGC Núm 2374 — 18/4/1997).

ORDEN de 14 de abril de 1997, por la que se aprueban los estándares de calidad a que se refiere el artículo 5 del Decreto nº 169/1996, de 23 de mayo, que deben cumplir los centros de rehabilitación (DOGC Núm 2380 — 28/4/1997).

ORDEN de 15 de abril de 1997, por la que se aprueban los estándares de calidad a que se refiere el artículo 5 del Decreto nº 169/1996, de 23 de mayo, que deben cumplir los centros que realizan pruebas diagnósticas (DOGC Núm 2399 — 27/5/1997).

REAL DECRETO nº 1949/1980 de 31 de julio, sobre Traspasos de Servicios del Estado a la Generalidad de Cataluña en materia de Sanidad y Servicios y asistencia sociales. BOE de 1/10/1980.

REAL DECRETO LEGISLATIVO nº 1.091/1988 de 23 de septiembre, por el que se aprueba el Texto Refundido de la Ley General Presupuestaria (Vigente hasta el 1 de enero de 2005).

REAL DECRETO nº 63/1995 de 20 de enero, sobre ordenación de prestaciones sanitarias del SNS.

REAL DECRETO-LEY nº 10/1996 de 17 de junio, sobre la habilitación de nuevas formas de gestión del Insalud.

REAL DECRETO nº 29/2000 de 14 de enero, sobre nuevas formas de gestión del Instituto Nacional de la Salud.

Siglas

ABS	—	Área Básica de Saúde
AGCS	—	Acordo Geral sobre Comércio e Serviços
AIH	—	Autorização de Internação Hospitalar
ANS	—	Agência Nacional de Saúde Suplementar
Anvisa	—	Agência Nacional de Vigilância Sanitária
APA	—	Autorização de Procedimentos Ambulatoriais de Alto Custo
BID	—	Banco Interamericano de Desenvolvimento
CAP	—	Centro de Atenção Primária
CatSalut	—	[denominação abreviada do] Serviço Catalão de Saúde
CEO	—	Centros de Especialidades Odontológicas
Cepal	—	Comissão Econômica para a América Latina e o Caribe
Clad	—	Centro Latinoamericano de Administração para o Desenvolvimento
CNES	—	Cadastro Nacional de Estabelecimentos de Saúde
CNS	—	Cartão Nacional de Saúde
Conass	—	Conselho Nacional de Secretários de Saúde
Conasems	—	Conselho Nacional de Secretarias Municipais de Saúde
EAP	—	Equipes de Atenção Primária

FAE	— Fator de Apoio ao Estado
FAE	— Fração Assistencial Especializada
FAM	— Fator de Apoio ao Município
Fideps	— Fator de Incentivo ao Desenvolvimento do Ensino e da Pesquisa Universitária em Saúde
Gpab-A	— Gestão Plena da Atenção Básica Ampliada
ICS	— Instituto Catalão de Saúde (ICS)
Inamps	— Instituto Nacional de Assistência Médica da Previdência Social
Ideb	— Índice de Desenvolvimento da Educação Básica
Insalud	— Instituto Nacional de La Salud (Instituto Nacional de Saúde)
Inserso	— Instituto Nacional de Serviços Sociais
Integrasus	— Programa de Incentivo de Assistência à População Indígena
Ivisa	— Valorização do Impacto em Vigilância Sanitária
IVR	— Índice de Valorização de Resultados
Locs	— Lei de Organização Sanitária da Catalunha
Lofage	— Lei de Organização e Funcionamento da Administração Geral do Estado
MAC	— Componente Limite Financeiro da Média e Alta Complexidade Ambulatorial e Hospitalar
Mare	— Ministério da Administração Federal e da Reforma do Estado
NOB 01/91	— Norma Operacional Básica do SUS 01/91
NOB 01/93	— Norma Operacional Básica do SUS 01/93
NOB 01/96	— Norma Operacional Básica do SUS 01/96
Noas/SUS 01/01	— Norma Operacional da Assistência à Saúde 01/01
Noas/SUS 01/02	— Norma Operacional da Assistência à Saúde 01/02
NGP	— Nova Gestão Pública
NHS	— National Health Service
OCDE	— Organização para a Cooperação e o Desenvolvimento Econômico
OMS	— Organização Mundial de Saúde
ONA	— Organização Nacional de Acreditação

OS	—	Organizações Sociais
Oscip	—	Organizações da Sociedade Civil de Interesse Público
PAB	—	Piso da Atenção Básica
PAB Fixo	—	Piso de Atenção Básica Fixo
PAB Variável	—	Componente Piso da Atenção Básica Variável
PBVS	—	Piso Básico da Vigilância Sanitária
PFI	—	Project Financial Initiatives
Pnass	—	Programa Nacional de Avaliação de Serviços de Saúde
PNH	—	Política Nacional de Humanização
PPI	—	Programação Pactuada Integrada
Ppias	—	Programação Pactuada e Integrada da Assistência
Ppivs	—	Programação Pactuada e Integrada da Vigilância em Saúde
PSE	—	Programa Saúde na Escola
SAI-SUS	—	Sistema de Informações Ambulatoriais
Samu	—	Serviço de Atendimento Móvel de Urgência
SCS	—	Serviço Catalão de Saúde
SCNES	—	Sistema de Cadastro Nacional de Estabelecimentos de Saúde
SES	—	Secretaria Estadual de Saúde (SES)
Sihsus	—	Sistema de Informações Hospitalares
Siops	—	Sistema de Informações sobre Orçamento Público em Saúde
SNA	—	Sistema Nacional de Auditoria
SNS	—	Sistema Nacional de Saúde
SMS	—	Secretaria Municipal de Saúde (SMS)
SUS	—	Sistema Único de Saúde
Susep	—	Superintendência Nacional de Seguros Privados
UCA	—	Unidade de Cobertura Ambulatorial
UEV	—	Unidades padronizadas de valoração
TFA	—	Teto Financeiro da Assistência

Impressão e Acabamento
Imprinta Express Gráfica e Editora Ltda.
Tel – 021 3977-2666
e-mail.: comercial@imprintaexpress.com.br
Rio de Janeiro – Brasil